# 메가라학파

대우학술총서
636

# 메가라학파

The Circle of Megara

변증가, 쟁론가 혹은 소피스트

김유석 지음

아카넷

# 머리말

이 책은 소크라테스 사후, 그의 삶과 철학을 계승했던 이른바 '소크라테스주의자들' 가운데 하나인 메가라학파에 관한 연구이다. 메가라학파는 소크라테스의 제자였던 에우클레이데스가 자신의 고향인 메가라에 세웠으며, 서기전 4세기부터 2세기 중반까지 약 한 세기 반에 걸쳐 활동한 뒤에 사라졌다. '학파'라고는 하지만, 조직을 대표하는 공식적인 사상이나 엄밀한 이론 체계가 있었던 것은 아니고 구성원의 선발에 엄격한 제한을 두지도 않았다. 오히려 철학에 관심 있는 사람들은 누구든 수업과 토론에 참여할 수 있었으며, 학파의 성원들역시 선생의 견해에 얽매이지 않고 자유롭게 자기 의견을 개진하곤했다. 그런 의미에서 메가라학파는 학원의 수장과 계승자, 그리고 공식적인 학설로 대표되었던 전통적인 의미의 철학 학파(school)였다기보다는, 오히려 소크라테스가 젊은이들과 나눴던 대화와 탐문의 정신을 계승한 철학 동아리(circle)에 더 가까웠다고 할 수 있다.

메가라 철학자들은 학파의 정체성을 규정할 만한 어떤 형이상학이나 윤리학의 체계를 세우기보다는, 오히려 소크라테스의 문답법과 이에 기반한 논박의 기술에 열중했다. 그들은 자기들이 소크라테스적 탐문 정신의 진정한 계승자라고 생각했으며, 스스로를 '변증가'라고 불렀다. 반면에 논적들은 메가라 철학자들을 일컬어 말싸움을 일삼는 '쟁론가'라 불렀고, 철학자라기보다는 소피스트로 취급하기도 하였다. 아닌 게 아니라 메가라 철학자들이 만들었다고 알려진 몇몇 역설과 논변은 소피스트적 궤변과 오류 추론의 대표 사례들로 간주되어 오늘날 대학의 교양 논리학에서 다뤄지기도 한다. 그러나 실제로 메가라 철학자들이 전개했던 논변들의 이면에는 존재와 인식, 그리고 언어에 대한 진지한 반성의 흔적이 담겨 있다. 그것은 한마디로 말해, '일상의 경험에 기반한 앎과 그것의 전달 매체인 언어가 운동과 변화로 가득한 세계를 온전히 반영할 수 있는가'라는 질문으로 정리될 수 있다. 이 책은 그런 메가라 철학자들이 수행했던 고민의 흔적을 추적하며 그 맥락과 사유의 일단을 알아보려는 시도이다.

이 책에서는 학파의 설립자인 에우클레이데스로부터 에우불리데스, 디오도로스 크로노스 그리고 스틸폰 등 이른바 메가라학파를 대표하는 철학자들을 중심적으로 다루었다. 이들의 저술은 오늘날 거의 다 소실되었기에, 동시대인들과 후대인들의 증언들을 검토하는 속에서 학파의 문제의식과 개별 철학자들의 사상을 최대한 재구성하고 그 의미를 이해·평가하고자 하였다. 아울러 메가라 철학자들이 당대의 라이벌 철학자들과 어떤 문제들을 놓고서 토론과 논쟁을 벌였는지도 살펴보았다. 독자들은 이 책을 통해 메가라학파가 플라톤과 아리스토텔레스가 활약했던 '고전기' 중엽부터 아카데메이아 회의주의, 에피쿠로스, 스토아학파가 자리를 잡기 시작한 '헬레니즘' 초기에 걸쳐, 당시의 철학적 담론에 적잖은 영향을 끼쳤음을 볼 수 있을 것이다. 또한 이 책의 「부록」에는 메가라학파에 관한 증언들과 단편들을 번역 수록함으로써, 해당 철학자들의 사상을 구체적으로 확인하고 음미할 수 있도록 하였다. 마지막으로 「찾아보기」에는 이 책에 언급된 메가라학파 관련 인물들과 작품들, 그리고 주요 철학 개념들을 최대한 상세히 정리 수록함으로써, 내용 확인에 도움이 되도록 함과 동시에, 후속 연구에 유용한 정보 자료로 활용할 수 있도록 하였다.

이 책의 문제의식은 필자가 박사학위 논문을 준비하던 2000년대 초반으로 거슬러 올라간다. 플라톤 초기 대화편의 극적인 요소들과 그 철학적 기능에 관해 연구를 하고 있었던 필자는 소크라테스가 언제나 지적이고 명민한 젊은이들에게 둘러싸여 있었으며, 스승의 사후, 그들 대부분이 철학자의 길에 들어섰다는 사실에 깊은 인상을 받았다. 하지만 무엇보다도 놀라웠던 점은 소크라테스라는 한 명의 스승으로부터 서로 다른 목소리를 내는 다양한 철학자들이 나왔다는 사실이다. 그들 중 누군가는 스승의 검박한 삶과 덕의 실천을 철학의 모델로 삼았는가 하면, 반대로 누군가는 스승의 삶에서 쾌락의 노예가 아닌 주인의 모습을 보았고, 또 누군가는 스승이 행했던 철학적 대화와 탐문의 방법을 가장 중요한 것으로 간주했던 것이다. 비록 플라톤과 크세노폰을 제외하고, 그들의 저술들은 모두 소실되어 단편들만이 남아 있지만, 필자는 언젠가 그들이 펼쳤던 사유의 흔적을 추적해보겠다고 다짐했다. 그 뒤로 약 20년 가까운 시간이 흘렀고, 이 책은 그 다짐의 작은 결과이다. 이 책을 통해 메가라학파의 철학뿐만이 아니라, 그들이 동시대인들과 교류하고 대결하는 속에서 공유했던 철학적 문제의식과 담론들을 한결 더 풍성하고 입체적으로 살펴볼 수 있기를 기대한다. 하지만 분명히 말해야 할 것은 이 책에서 다룬 메가라학파가 그리스 고전기부터 헬레니즘 사이에 형성되었던 '소크라테스적 전통'이라는 거대한 빙산의 아주 작은 부분에 불과하다는 사실이다. 우리에게는 더 많은 연구와 토론이 필요하며, 이 책이 소크라테스적 전통에 관한 관심을 촉발시킬 수 있는 작은 계기가 되었으면 하는 바람이다.

이 책이 나오기까지는 많은 분들의 지지와 도움이 있었다. 필자가 연구원으로 있는 (사)정암학당의 이정호 이사장님은 강원도 횡성의 연구실을 개방하여 연구원 누구나가 이용할 수 있도록 배려해주셨다. 덕분에 오랜 기간 주말마다 횡성 연구실에 머물며 좋은 환경 속에서 집필에 전념할 수 있었다. 이정호 선생님의 따뜻한 도움과 배려에 깊은 감사의 마음을 전하고자 한다. 또한 필자가 버거운 삶을 핑계로 추구해야 할 학문의 정체성을 외면하지 않도록 단단히 가르쳐주신 두 분의 은사, 숭실대학교의 한석환 선생님과 프랑스 국립과학연구소(CNRS)의 뤽 브리송(Luc Brisson) 선생님께도 존경의 마음을 전하고 싶다. 마지막으로 이 책은 대우재단 학술연구지원사업의 지원을 받은 것임을 밝힌다. 집필 내용과 관련하여 귀중한 충고를 해주신 심사위원 선생님들과 재단 담당자분들, 그리고 좋은 책이 나올 수 있도록 신경 써주신 아카넷 출판사 김정호 대표님과 신종우 편집자님, 직원분들께도 감사의 마음을 전한다.

2022년 3월 1일, 용인에서
김유석

# 일러두기

- 연대는 예수 탄생 이전(BCE)과 이후(CE)를 각각 '서기전'과 '서기'로 표기했다.

- 기호는 다음과 같은 기준으로 표기했다.

  [= 단편 숫자]: 「부록」에 수록된 메가라학파 단편(관련 증언들) 번호로, 클라우스 되링(Klaus Döring)이 편집하고 주석을 단 *Die Megariker. Kommentierte Sammlung der Testimonien*(Amsterdam, Verlag B.R. Grüner N.V., 1972)의 것이다.

  [= SSR + 로마자 + 알파벳 + 숫자]: 가브리엘레 잔난토니(Gabriele Giannantoni)의 『소크라테스와 소크라테스주의자들의 남은 단편들*(Socratis et Socraticorum Reliquiae*, 4 vols., Napoli, Bibliopolis, 1990, 통칭 SSR)』의 출처로, 인용상의 관례를 따라 표기했다(ex. 「생애」 VI, 24 [= SSR II A 7]). 단, 아리스티포스와 퀴레네학파의 단편을 수록한 제2권 4장과 후주의 형식의 해설을 담은 제4권을 구별하기 위하여 전자는 "SSR IV"로, 후자는 "SSR vol. IV"로 표기했다.

  [ ]: 말줄임표 또는 내용 이해에 도움을 주기 위해 필자가 첨가한 경우

  ( ): 메가라학파 단편 원전에 있거나 번역어의 이해를 돕기 위해 필자가 한자나 영어를 병기한 경우

  〈 〉: 메가라학파 단편 원전에서는 함축 등의 이유로 생략되었지만 내용 전달을 위해 원서의 편집자가 임의로 추가한 부분

  〈***〉: 메가라학파 단편 사본(寫本)의 흠결(欠缺), 즉 전승 과정에서 빠졌거나 없어진 부분

  **|숫자 또는 알파벳|**: 메가라학파 단편 원전의 쪽 번호 또는 문단 번호

  †: 메가라학파 단편 사본 가운데 모호하거나 손상된 부분

- 각주는 꼭 필요하다고 생각되는 것들로 최소화했으며, 그 기준은 다음과 같다. ① 단편의 출전과 관련된 기본 정보(저자, 작품 정도, 증언의 맥락 등) ② 증언의 내용과 관련하여 언급된 인물이나 사건 등 역사, 정치, 문화적 맥락에 관한 정보 ③ 텍스트를 달리 읽거나 수정한 경우, 혹은 텍스트 독법을 둘러싸고 논란이 발생한 경우 ④ 기타 내용 이해에 꼭 필요하다고 필자가 판단한 경우. 또한 2차 문헌을 언급할 때는 '저자, 출판연도, 쪽수'만을 표기했다(ex. L. Brisson 2001, 201; 김유석 2017b, 265-266).

- 「부록」은 되링의 *Die Megariker. Kommentierte Sammlung der Testimonien*(Amsterdam,

Verlag B.R. Grüner N.V., 1972)을 저본(底本)으로 삼고, 잔난토니의 『소크라테스와 소크라테스주의자들의 남은 단편들(SSR)』을 참고하여 필자가 직접 번역한 것이다. 소크라테스주의자들에 관한 증언은 1990년 이후로 SSR이 표준판으로 인정받게 되었다. 이는 메가라학파의 경우도 마찬가지여서, 되링의 비판본 역시 오늘날 자연스럽게 SSR로 대체되고 있다. 그럼에도 불구하고, 본 번역에서 단편들의 선정 기준과 배치 순서는 SSR이 아니라, 되링의 것을 기본으로 삼았는데, 그 이유는 다음과 같다. ① 메가라학파에 한해서 살펴볼 경우, 되링의 비판본에 수록된 단편들은 SSR에 수록된 단편들과 배치 순서를 제외하고는 거의 차이가 없다. 다만 되링의 비판본에서는 중복된다고 판단되어 빠진 것들이 SSR에는 모두 수록되었을 뿐이다. ② 그런데 SSR은 메가라학파만이 아니라 소크라테스주의자들의 단편들을 모두 다루다 보니, 출전의 표기 방식이 되링의 것에 비해 매우 복잡하다. 본서는 메가라학파의 단편들만을 다룬다는 점에서 되링의 표기 방식이 한결 더 직관적이고 보기 편하다고 판단했다. ③ 또한 SSR은 비슷한 내용의 여러 단편들을 하나의 항목으로 묶어 분류하는 바람에 같은 항목에 속한 여러 단편들을 구별해서 인용하기가 불편한 반면, 되링은 하나의 단편마다 각각 하나씩의 번호를 부여했기에 단편들을 구별하여 인용하기에 편리하다고 판단했다.

하지만 되링의 비판본에 수록된 모든 단편들은 SSR과 교차 검토를 수행했으며, 필요하다고 판단한 경우에는 되링이 아닌 SSR의 단편을 채택하기도 했다. 다만 장기적으로는 메가라학파만이 아니라, 소크라테스주의와 소크라테스 철학 전반의 연구와 관련하여 SSR의 완역이 반드시 필요하다고 생각한다. 단편의 인용 순서는 되링의 비판본과 일치하고, 단편의 출전과 SSR의 출처를 병기하여 비교할 수 있도록 했으며, "단편 번호(되링) + 단편의 출전 + [= SSR 출처]"(ex. 1 아울루스 겔리우스, 『앗티카의 밤』 VII, 10, 1–4 [= SSR II A 2])으로 표기했다.

- 번역은 의역을 원칙으로 했는데, 이는 번역이 원문의 질서와 정신을 모두 담아내는 것이 불가능하다면, 질서보다는 정신을 존중하는 쪽이 좀 더 바람직하는 생각에 기반한 것이다. 다만, 한국어 번역이 있는 경우에는 기존의 번역을 따르되 필요하다고 판단하면 일부 수정하여 인용하기도 했다. 인용에 참고한 번역서들의 정보는 본서의 「참고문헌」에 수록했다. 또한 원문의 한 단어를 여러 개의 번역어로 옮기거나, 원문의 다양한 단어들을 하나의 번역어로 옮겨야 하는 경우 문맥에 따라 자유롭게 번역 용어들을 선택했으며, 「찾아보기」에 주요 개념들의 목록을 최대한 상세히 수록하여 용어의 일관성 여부를 확인할 수 있도록 했다.

- 「찾아보기」에서 대괄호 안의 숫자는 「부록」에 수록된 단편의 번호, 아라비아 숫자는 본문의 쪽 번호이다.

# 차례

# I
# 서론: 소크라테스의 후예들과 메가라학파

## 1. 소크라테스의 예언

> 헌데 이런 말을 하고 나니, 여러분에게 예언을 남기고 싶다는 욕구가 생기는
> 군요. 내게 유죄 표를 던진 여러분에게 말이오. […] 사실 여러분이 지금 이
> 일을 자행한 것은 삶을 검토당하는 데서 벗어날 수 있으리라 생각해서였소.
> 하지만, 나는 여러분에게 정반대의 일이 일어날 것이라고 말하겠소. 여러분
> 을 검토하려는 이들은 더 많아질 것이오. 내가 지금껏 그들을 자제시켜왔다
> 는 것을 여러분이 눈치채지 못했을 뿐이오. 게다가 그들은 더 젊은 만큼 더
> 혹독할 것이며, 그만큼 여러분을 더욱 짜증나게 만들 것이오.
>
> - 플라톤, 『소크라테스의 변명』 39c-d

소크라테스는 평생 시민들과 덕에 관해 대화를 나누며 그들의 혼
을 돌보는 일에 헌신하였다. 하지만 사람들은 그와의 대화를 통해 자
기들의 무지가 드러나는 것을 불편하게 여겼다. 특히 대중들 앞에서
자기들의 주장과 신념이 논박당했을 때, 그들은 스스로의 무지를 부

끄러워하기보다는, 오히려 감추어진 무지를 드러낸 소크라테스를 비난했다. 결국 몇몇 사람들은 "소크라테스가 도시의 신을 믿지 않았고, 새로운 영적인 것을 도입하였으며, 젊은이들을 타락시켰다"는 이유로 그를 고발하였고, 재판 끝에 소크라테스의 유죄 판결과 사형 선고를 이끌어냈다. 그런데 소크라테스는 재판관들을 원망하는 대신, 자신에게 유죄 표를 던진 이들을 향해 담담하면서도 단호하게 예언을 남긴다.[1] 즉 자신이 아테네인들을 상대로 행했던 삶의 검토는 젊은이들에 의해 이어질 것이며, 그들은 자기보다 젊은 만큼 더욱 철저할 것이요, 그만큼 시민들을 더욱 귀찮게 하리라는 것이다. 그리고 예언은 현실이 된다. 재판의 보고자인 플라톤과 크세노폰을 비롯하여 많은 젊은이들이 소크라테스의 죽음에 분노했고, 그의 뒤를 이어 철학의 길에 들어섰기 때문이다.[2] 그런 점에서 볼 때, 『변명』은 자신의 철학적 삶에 대한 변론인 동시에, 젊은 철학자들의 등장을 예고한 일종의 철학 선언이라고 해도 과언이 아니다.

그렇다면 소크라테스가 지금껏 자제시켰지만 앞으로는 자신의 뒤를 이어 시민들을 검토할 것이라고 예언한 젊은이들은 어떤 사람들

---

1 플라톤, 『소크라테스의 변명』 24b-c(이하 『변명』); 크세노폰, 『소크라테스의 변론』 10(이하 『변론』); 『회상』 I, 1, 1; 디오게네스 라에르티오스, 『저명한 철학자들의 생애와 학설』 II, 40(이하 『생애』). 플라톤과 크세노폰의 기록이 소크라테스의 재판에 대한 객관적인 보고라고 믿기는 어렵다. 두 사람이 보고한 재판의 내용도 차이가 나며, 플라톤은 소크라테스가 총 세 번의 연설을 했다고 말한 반면, 크세노폰은 소크라테스가 1차 연설 이후 유죄 판결을 받은 뒤에, 재판의 결과를 인정하지 않고 이후의 연설을 모두 거부했다고 말하기 때문이다. 그렇게 보았을 때, 플라톤의 묘사대로 소크라테스가 정말 재판관들에게 예언을 남겼는지는 확인할 수 없다. 플라톤이 스승의 철학적 삶의 계승을 정당화하고자 꾸며낸 극적인 장치일 수도 있다. 소크라테스의 기소 항목들에 담긴 철학적, 역사적, 정치적 의미에 관해서는, cf. 김유석 2013a, 5-37.
2 플라톤, 『제7서한』 324c-326b.

이었을까? 그들은 소크라테스와 어떤 관계였길래, 소크라테스는 그들이 자기를 계승할 것이라고 말했던 걸까? 소크라테스는 제자를 받지 않았다. 무엇보다도 그는 보수를 받고서 학생들을 가르치지 않았다. 『변명』속 소크라테스는 이 점을 분명히 언급하며, 심지어 자신의 가난한 삶을 그 증거로서 내세우기까지 한다.[3] 사실 이런 모습은 소크라테스와 소피스트가 대비되는 측면이기도 하다. 스스로를 덕의 교사로 칭했던 소피스트들은 젊은이들에게 보수를 받고 각종 강연과 대화의 기회를 제공했다. 플라톤의 『프로타고라스』에는 히포크라테스라는 젊은이가 등장하는데, 그는 프로타고라스의 제자가 되기 위해 자기 재산은 물론 친척의 재산까지도 바칠 것이라고 말한다.[4] 이와 반대로 소크라테스는 자기 이야기에 귀를 기울이려는 사람이 있다면, 보수를 받기는커녕 오히려 돈을 줘가면서까지 대화를 원했다고 한다.[5] 그러나 소피스트들과 소크라테스 간의 이런 차이가 아테네인들의 눈에는 잘 드러나지 않았다. 오히려 일반인들의 시선으로는 양자가 구별되지 않았다.[6] 이들에게 겹쳐 보였던 가장 대표적인 모습은 소피스트들이나 소크라테스 모두 언제나 많은 젊은이들에게 둘러싸여, 그들로부터 열광적인 지지를 받는 광경이었다. 그렇다면 소피스트가 아니라 소크라테스를 추종했던 젊은이들은 누구였을까? 또 그들은 무슨 이유로 소크라테스에게 열광했을까?

3  플라톤, 『변명』 31a–c.
4  플라톤, 『프로타고라스』 310a–311a.
5  플라톤, 『에우튀프론』 3d–e.
6  예컨대 아리스토파네스는 그의 희극 『구름』에서 소크라테스를 학원의 장이자, 젊은이들에게 돈을 받고 논쟁의 기술을 가르치는 선생으로 묘사한다. 이에 관해서는, cf. 김유석 2013a, 17–25.

소피스트들과 달리, 소크라테스는 자신이 선생이라고 생각하지 않았다. 그도 그럴 것이, 그는 언제나 자신이 무지하다고 주장해왔는데, 무지한 사람이 뭔가를 가르친다는 것은 있을 수 없는 일이다. 『변명』에서 소크라테스는 자신에 대한 적대감이 생겨난 원인을 들려준다. 그는 '소크라테스보다 더 지혜로운 사람은 없다'라는 신탁의 내용을 검증하기 위해 지혜롭기로 이름난 사람들을 찾아다녔고, 그들과 대화를 나누며 질문을 던졌다. 하지만 대화자들은 토론 주제에 관해 무지했을 뿐만 아니라, 자기들이 무지하다는 사실조차 모르고 있었다. 반면에 소크라테스는 대화의 주제에 관해서는 그들과 마찬가지로 무지했지만, 적어도 자신이 무지하다는 사실만큼은 알고 있었다.[7] 어찌 보면 소크라테스가 다른 사람들에 비해 더 나았던 부분은 바로 이런 반성적인 지혜를 가지고 있었다는 점이라 할 수 있다. 이후 소크라테스는 대화를 통해 사람들이 겪고 있었던 이른바 이중의 무지를 깨닫도록 하는 데 헌신하였다. 하지만 사람들은 자신의 무지를 부끄러워하기보다는, 오히려 자신을 논박한 소크라테스를 원망했다. 특히 여러 사람들 앞에서 논박당했을 때, 대화자의 수치심은 배가되었고, 소크라테스에 대한 원망과 분노 역시 한결 더 강해졌다. 젊은이들이 등장한 것은 바로 이런 상황과 무관하지 않다.

그뿐만이 아니라 젊은이들, 그러니까 가장 많은 여가를 누리며 가장 부유한 사람들의 아들들이기도 한 젊은이들이 자발적으로 날 따라다녔고 사람들을 검토하는 걸 들으며 즐거워했소. 또한 종종 자기들이 직접 내 흉

---

7 플라톤, 『변명』 21a-22e.

내를 내곤 하더니 결국에는 다른 사람들을 검토하려 시도하더군요. 그러다가 그들은 뭔가를 안다고 믿지만 실은 거의 혹은 아예 무지한 자들이 사람들 가운데 쌔고 쌨다는 걸 발견한 것 같소. 그래서 그런 이유로 젊은이들에게서 검토를 받은 사람들은 자기들 자신이 아니라 나에게 화를 내면서 소크라테스라는 지극히 부정의한 사람이 있는데, 그가 젊은이들을 망치고 있다고 말했던 것이오.

– 플라톤, 『변명』 23c–d

소피스트들처럼 돈을 받고 제자들을 거두지 않았음에도 불구하고 소크라테스를 따랐던 젊은이들, 그리고 소크라테스가 자신의 뒤를 이을 것이라고 예언했던 젊은이들의 정체는 바로 그의 대화를 지켜보며 즐거워했던 젊은이들이었다. 그런데 이 대목은 향후 소크라테스의 후예가 될 이 젊은이들에 관해 몇 가지 중요한 정보를 전해준다.

첫 번째로 눈여겨봐야 할 것은 이 젊은이들이 '가장 많은 여가를 누리며 가장 부유한 사람들의 아들들'이라는 언급이다. 이때 중요한 것은 이들이 그저 부유층이라는 사실이 아니라, 부로 인해 여가를 누릴 수 있는 사람들이라는 점이다. 여기서 '여가'라고 옮긴 그리스어 스콜레(scholē)는 플라톤 이래로 철학함의 외적 조건으로서 간주되어 왔다.[8] 왜냐하면 인간은 생존을 위한 활동에서 어느 정도 자유로워졌

---

8  특히 플라톤은 이 개념을 철학적 대화를 수행할 수 있는 외적인 조건으로서 매우 중요하게 여겼는데, '여가(scholē)', '여가를 즐기다(scholazein)' 그리고 '여가 없음(ascholia)'과 같은 어휘들은 그의 초기 작품들부터 후기 대화들에 이르기까지 무려 열일곱 편의 작품들 속에 빈번히 등장한다. Cf. L. Brandwood 1976. 소크라테스의 대화에서 여가의 의미와 역할에 관해서는, cf. 김유석 2020, 167–188.

을 때, 비로소 자연을 관조하고 인간을 탐구할 수 있는 여유를 얻었기 때문이다.[9] 또한 여가는 고대 그리스의 자유 개념과도 무관하지 않다. 노예 노동을 경제적 기반으로 삼았던 그리스 사회에서 자유란 다른 무엇보다도 노동으로부터의 자유를 의미했다. 따라서 여가를 누릴 수 있었던 사람들은 스스로 노동하지 않고 타인의 노동의 결과를 전유할 수 있는 자유인들뿐이었다. 반면에 자유인들 중에서도 재산이나 명예, 권력 등에 집착하여 여가 없이 바쁘게 살았던 사람들의 경우, 시민들은 종종 여가 없는 그들의 삶이 노예의 처지와 다를 바 없다 하여 손가락질을 하곤 했다.[10] 이렇게 볼 때, 소크라테스의 주변에 모여들었던 젊은이들은 경제적인 필요나 정치적인 욕심 등에 얽매이지 않고, 소크라테스의 대화와 그 속에서 이루어지는 덕의 탐구를 여유 있게 즐길 수 있는 사람들이었던 것이다. 달리 말하면 이들은 철학적 탐구의 조건을 갖춘 일종의 예비 철학자들이라 할 수 있다.

두 번째로 주목할 부분은 젊은이들이 소크라테스가 대화자들을 검토하는(exetazein) 것을 들으며 즐거워했다는 언급이다. 소크라테스는 재판에서 자신이 정치인들과 시인들, 그리고 장인들 가운데 지혜롭기로 이름난 사람들과 대화를 나눴다고 밝힌다. 정치인들은 도시국가의 운영을, 시인들은 예술과 공동체의 교육을, 장인들은 생산과 기술을 담당하는 사람들이었다고 생각한다면, 소크라테스는 공동체를

---

9  아리스토텔레스 역시 관조적인 삶의 조건으로서 여가를 거론하고 있다. Cf. 아리스토텔레스, 『형이상학』I, 1, 981b17–25 ; 『정치학』VIII, 3, 1338a9–13. Cf. 송대현 2014, 123–164.

10  예컨대 플라톤은 『테아이테토스』(172c–173b)에서 여가의 존재 유무를 기준으로 철학자를 자유인에, 수사가를 노예에 비유하는 모습을 볼 수 있다.

구성, 유지하는 거의 모든 부류의 사람들을 검토한 셈이 된다. 젊은 이들은 소크라테스가 자신의 독특한 문답법적인 대화를 통해 사회적 유명인사들의 무지와 허위의식을 폭로하는 것을 보고 통쾌해했다. 어쩌면 그들은 또한 젊은이들은 현실의 불합리함과 기성세대의 부정 의에 대한 불만을 소크라테스의 대화를 구경하는 속에서 어느 정도 해소했을지도 모른다. 하지만 소크라테스의 검토는 단순한 논쟁 이 상의 의미를 갖는다. 왜냐하면 그가 행한 검토는 대화자의 주장과 신 념에 대한 검증과 대화자가 내세우는 가치에 대한 평가뿐만 아니라, 대화자의 잘못된 믿음과 허위의식에 대한 논박의 계기까지를 모두 포함하기 때문이다.[11] 그런 점에서 젊은이들은 소크라테스의 대화를 구경하면서 그저 논쟁의 기술이나 승리에 열광하는 데 그치지 않고, 누구나 당연한 것으로 여겼을 가치들이나 도덕적인 신념들에 대하여 끊임없이 의심하고 질문을 던졌던 소크라테스의 자세에 영향을 받았 다고 볼 수 있다. 이는 '검토하지 않는 삶은 인간에게 살 가치가 없다' 라는[12] 그의 탐문 정신을 계승한 것이라 하겠다.

마지막으로 주목할 부분은 젊은이들이 소크라테스의 대화를 흉 내내어 자기들이 직접 사람들을 검토하려 했다는 언급이다. 그들 의 행동은 소크라테스에 대한 사회적 적대감이 확산된 원인이 되었 다. 왜냐하면 젊은이들에게 논박을 당한 사람들은 금세 소크라테스 의 대화를 떠올리고는 그가 젊은이들에게 나쁜 영향을 끼쳤다고 생

---

11  여기서 '검토하다(exetazein)'는 플라톤의 대화편들에서 '함께 탐구하다(suzētein)', '살펴 보다(diaskopein, episkopein)', '논박하다(elenchein)', '조사하다(ereunan)' 등의 동사들 과 거의 같은 의미로 번갈아가며 사용된다. Cf. 김유석 2009, 59, n. 5.
12  플라톤, 『변명』 38a.

각했기 때문이다. 특히 이런 적대감은 소크라테스에 대한 세 번째 기소 항목, 즉 '젊은이들을 타락시켰다'는 비난과도 무관하지 않다. 하지만 무엇보다도 중요한 점은 이 부분이 소크라테스가 재판의 말미에서 했던 예언, 즉 '지금까지는 자기가 젊은이들을 자제시켜왔지만(kateichon), 앞으로는 그들이 자신의 뒤를 이어 사람들을 검토해나갈 것'이라는 예언의 근거가 된다는 것이다(39d1-3). 소크라테스는 왜 젊은이들을 자제시켜왔을까? 사실 소크라테스의 일을 그 자체로만 놓고 보면 젊은이들을 말려야 할 이유는 전혀 없다. 왜냐하면 그의 일은 대화자들의 무지를 깨닫게 하라는 신의 명령으로서 사람들에게 유익한 것이기 때문이다. 따라서 소크라테스 혼자서 검토하는 것보다는 젊은이들이 함께 하는 편이 더 많은 사람들의 혼을 돌볼 수 있다. 그런데도 소크라테스가 젊은이들을 자제시켜왔다면, 그것은 그가 젊은이들이 각자 온전한 철학자로 성장할 때까지 기다렸음을 의미한다고 추측해볼 수 있다. 처음에 젊은이들은 소크라테스가 문답식 대화로 사람들을 검토하고 논박하는 것을 '들으면서 즐거워했다(chairousin akouontes, 23c4)'. 더 나아가 그들은 자기들이 직접 소크라테스의 대화를 '흉내내더니(mimountai, 23c5)', 급기야는 자기들이 직접 사람들을 검토하는 일에 '손을 댔던 것이다(epicheirousin […] exetazein, 23c5)'. 이러한 묘사는 젊은이들이 철학의 구경꾼에서 모방자로, 모방자에서 진정한 의미의 탐구자로 성장해가는 과정을 뜻한다고 볼 수 있다. 소크라테스가 젊은이들을 제지했다면, 그것은 아직 그들이 온전한 철학자가 아니라 철학자의 모방꾼에 머물러 있는 동안이었을 것이다. 하지만 그들이 더 이상 흉내내기에 머물지 않고 제대로 철학적 탐문의 능력을 갖추게 되었을 때, 소크라테스는 법정에서 자신을 대신하게 될 철학자들로 젊은이들을 소개하게 된 것이다. 그리고 이들은 소크라테스의 계승자들로서 장차 철학사에서 이른바 '소크라테스주의자들(hoi Sōkratikoi)'이라는 이름으로 불리게 된다. 요 컨대 소크라테스의 죽음은 역설적으로 많은 철학자들의 탄생을 예고 한다고 볼 수 있다.[13] 플라톤과 크세노폰을 비롯하여, 여러 소크라테 스주의자들, 특히 이 책에서 다루고자 하는 메가라학파의 철학자들 이 결코 제자를 거둔 적이 없었던 소크라테스를 스승으로 삼아 철학 의 길에 들어섰기 때문이다.

## 2. 전통적인 철학 학파들과 소크라테스의 모임

플라톤이 아카데메이아를 세우고 아리스토텔레스가 뤼케이온을 설립했던 것과 달리, 또 그 전과 후의 많은 철학자들이 자신의 학교 를 짓고 제자들을 가르쳤던 것과 달리, 소크라테스는 학교를 세우지 도 않았고, 선생을 자처하며 제자들을 거두지도 않았다. 그러나 그의 주변에는 많은 젊은이들이 모여들었고, 또 그들 중 다수는 소크라테 스의 뒤를 이어 철학자의 길에 들어섰다. 그렇다면 소크라테스와 젊 은이들이 했던 교류의 방식과 특징은 어땠을까?

소크라테스와 그를 따랐던 젊은이들의 모임을 이해하기 위해서 는 먼저 우리가 철학의 '학파'[14]라고 부르는 조직의 특징들을 살펴볼

---

13 Cf. L. Brisson 2018, 237.
14 대개 우리가 철학 '학파', '학교' 혹은 '학원' 등으로 옮기는 그리스어는 '하이레시스 (hairesis)', '스콜레(scholē)', 그리고 '디아트리베(diatribē)'이다. 먼저 하이레시스는 1차

필요가 있다.[15] 학파에 관한 언급이 본격적으로 등장하기 시작한 것은 서기 1세기와 2세기에 활동했던 학설사가들의 증언들로부터인데, 이들은 철학의 초창기부터 다양한 학파들이 있어왔다고 말하며, 여러 가지 방식으로 그 학파들을 분류했다.[16] 학파에 관한 이들의 언급들을 종합해보면, 우리는 다음과 같은 특징들을 찾아볼 수 있다. 첫째, 학파는 학교의 형태로 존재했다. 따라서 기본적으로 토지와 건물을 갖추고 있었다. 둘째, 몇몇 학파들은 신화 속 영웅들이나 신들(특히 무사 여신들)을 숭배하는 종교적인 결사체의 성격을 띠기도 했다. 또한 그런 학파들은 제사의 기능도 담당했으며, 그로 인해 도시로부터 경제적인 지원을 받기도 하였다. 셋째, 학파의 중심에는 그 설립자가 있었다. 설립자는 학교의 수장이었고, 그의 사상은 학파의 대

적으로 '(숙고를 통한) 선택'을 뜻하지만, 그 의미가 확장되어 '철학의 원리를 가르치는 행위, 체계, 조직'를 뜻하게 되었다. '스콜레'와 '디아트리베'는 각각 '여가'와 '시간보내기'를 뜻하며, 이 단어들 역시 점차 '철학 등의 탐구에 몰두하는 일'의 의미와 함께 '교육 행위(강의)', '교육이 이루어지는 장소와 조직'을 뜻하게 되었다.

15 철학 학파의 기원과 주요 특징들에 관해서는, cf. T. Dorandi 2002, 55-62.
16 예를 들어 디오게네스 라에르티오스는 철학을 자연학, 윤리학, 변증술로 나누고는, 그중 윤리학의 학파들에 관해 다음과 같이 열거한다. 『생애』 I, 18-19 [= 단편 35]: "윤리학은 소크라테스에게서 비롯되었다. […] 그런데 윤리학의 학파는 열 개로 다음과 같다. 아카데메이아학파, 퀴레네학파, 엘리스학파, 메가라학파, 견유학파, 에레트리아학파, 변증술학파, 소요학파, 스토아학파, 에피쿠로스학파. 한편, 구 아카데메이아학파는 플라톤이 세웠고, 중기 학파는 아르케실라오스가, 신 학파는 라퀴데스가 세웠다. 퀴레네학파는 퀴레네 사람인 아리스티포스가 세웠고, 엘리스학파는 엘리스 사람인 파이돈이 세웠으며, 메가라학파는 메가라 사람인 에우클레이데스가 세웠고, 견유학파는 아테네 사람인 안티스테네스가 세웠으며, 에레트리아학파는 에레트리아 사람인 메네데모스가 세웠고, 변증술학파는 카르타고 사람인 클레이토마코스가 세웠으며, 소요학파는 스타게이로스 사람인 아리스토텔레스가 세웠고, 스토아학파는 키티온 사람 제논이 세웠다. 반면에 에피쿠로스학파는 에피쿠로스 자신의 이름에서 비롯되었다."

표 사상으로서 가르침을 통해 제자들과 더 어린 학생들에게 전수되었다. 넷째, 대다수의 학파들은 그저 강의만을 제공하는 교육 기관에 머물지 않고, 선생들과 학생들이 함께 지내며 삶을 공유하는 일종의 생활 공동체적인 성격을 띠기도 하였다. 다섯째, 학교장이 죽거나 은퇴를 할 경우, 제자들 중에서 다음 학교장이 선출되었다. 이를 '디아도케(diadochē)'라고 불렀는데, 이 말은 '계승자'라는 뜻이다. 계승자는 전임 교장에 의해 선택되거나, 투표를 통해 선출되었다. 고대 후기로 갈수록 이러한 계승의 성격은 더 강해졌는데, 예컨대 신 플라톤주의 학파의 경우 학파의 수장들이 계승을 거듭하며 수 세기에 걸쳐 그 명맥이 유지되었다.

물론 모든 철학 학파들이 이런 특징들을 전부 갖추고 있었던 것은 아니다. 또한 학파들마다 강조했던 성격들도 조금씩 달랐다. 하지만, 우리가 '학파'라고 부르는 조직들 사이에는 일종의 가족 유사성 같은 것이 있는 것처럼 보이는데, 앞서 언급한 특징들은 여러 학파들이 전부, 혹은 일부 공유하고 있었던 내용들이라 할 수 있다. 반면에 소크라테스와 그의 추종자들의 모임에서는 이러한 학파의 특징들이 거의 드러나지 않는다. 소크라테스의 모임은 학교의 형태를 띠지 않았다. 따라서 건물과 토지를 소유하지도 않았고, 공식적으로 정해진 모임의 장소도 없었다. 물론 도시로부터의 경제적 지원도 없었다. 또한 소크라테스의 모임이 종교적 숭배에 기원을 두었다거나 종교적 결사의 성격을 띠었다는 보고도 없다. 오히려 소크라테스는 신을 믿지 않는다는 불경죄로 고발당해 죽음을 맞이했다. 스스로 무지함을 자처했던 소크라테스는 자신의 생각을 내세우거나 가르치지 않았다. 따라서 모임을 규정할 만한 공식적인 이론도 없었으며, 스승의 생각이 제자들에 의해 체계화되거나 계승되는 일 역시 없었다. 그렇게 볼때, 소크라테스의 모임이 '학교'나 '학파'라고 불리지 않았던 것은 조금도 놀랄 일이 아니다. 모임은 장소의 제약을 거의 받지 않았다. 소크라테스는 젊은이들을 만날 수 있는 곳이라면, 체육관이나, 시장, 길거리, 친구의 집 등 군이 장소를 가리지 않았다. 이러한 모임의 가장 큰 특징은 바로 개방성이라 할 수 있다. 소크라테스는 자신과 대화를 원하는 젊은이는 그 누구도 막지 않았다.[17] 이는 선생의 가르침을 이해할 수 있는 소수의 사람들만을 제자로 받아들이거나,[18] 대중들을 위한 공개 강연과 학파 성원들만을 위한 내부 강의를 구별해서 운영했던 여느 철학 학파들과는 다른 모습이었다.[19] 몇몇 철학사가들은 이러한 개방성이 소크라테스의 탐구하는 삶 그 자체에서 비롯된 특징이라고 보기도 했다.[20]

하지만 그렇다고 해서 소크라테스와 젊은이들의 모임 안에 학파적인 모습이 전혀 없었다고만은 할 수 없다. 그들을 하나로 묶었던 것

---

**17** 소크라테스의 일상에 관한 증언으로는, cf. 크세노폰, 『회상』 I, 1, 10: "더욱이 그는 항상 개방된 곳에 있었다. 그는 아침 일찍 공공산책로와 체육관에 갔고, 시장이 붐빌 무렵에는 그곳에 나타났으며, 하루의 나머지 시간은 항상 많은 사람들과 어울릴 수 있는 곳에 있었다. 주로 소크라테스가 말을 했고, 원하는 사람들은 그의 말을 들을 수 있었다."

**18** 예컨대 퓌타고라스학파가 그렇다. Cf. 김인곤(外) 옮김, 『소크라테스 이전 철학자들의 단편 선집』, 172-173(이하 『선집』).

**19** 예컨대 아카데메이아와 뤼케이온. Cf. J. Dillon 2003, 2-15.

**20** 헤겔은 예수와 소크라테스를 비교하곤 했는데, 예수가 폐쇄적인 종파를 설립하고, 소수의 제자들에게 자신의 사상을 전했던 것에 반해, 소크라테스는 제자들이 아닌 친구들을 곁에 두었고, 그들에게 이론을 강요한 것이 아니라, 삶의 모범을 보이고 의식의 내적 탐구를 수행함으로써 영향을 끼쳤다고 평가한다. Cf. 헤겔, 『청년 헤겔의 신학론집』, 268-269.

은 문답법이라는 철학적 탐구 방법을 매개로 소크라테스와 대화자들이 맺은 인간관계였다.[21] 거기서는 모임의 정체성을 유지해주는 중요한 특징 두 가지를 엿볼 수 있다. 하나는 모임의 성원들이 소크라테스로부터 탐문 정신, 구체적으로 말해 철학적 대화를 통한 비판과 검토의 정신을 물려받았다는 점이고, 다른 하나는 이들이 매우 느슨하게나마 덕에 관한 소크라테스의 문제의식을 공유하고 있었다는 점이다.[22] 비록 소크라테스는 자신이 덕의 선생이라고 생각하지 않았지만,[23] 높은 수준의 도덕적인 삶을 영위함으로써 자신과 함께 시간을 보냈던 사람들에게 영향을 끼치는 방식으로 그들을 교육했던 것이다. 즉 소크라테스가 영위했던 일상의 삶은 그를 중심으로 주변의 제자들 사이에 강력한 정서적 연대감을 형성했던 것으로 보인다.

그렇지만 여기에는 주의해야 할 것이 있다. 그것은 소크라테스가 누구나 가리지 않고 대화를 나눴다고 해서 모두와 친밀한 관계를 맺었다고 단정할 수는 없다는 사실이다. 오히려 소크라테스는 대화 주제에 따라, 혹은 젊은이들의 지적인 성향이나 재능에 따라 각각의 수준에 맞게 대화를 진행하고 인간관계를 이어갔을 가능성이 높다. 이렇게 추측할 수 있는 근거는 플라톤의 『향연』 말미에 등장하는 알키비아데스의 증언이다. 알키비아데스는 소크라테스가 언제나 넋 나간 표정으로 아름다운 젊은이들을 쫓아다니며 익살을 부리지만, 어느 순간 자신의 내면을 드러낼 때가 있는데, 그때에는 지혜와 절제의 보석을 볼 수 있다고 말한다(216c-217a). 하지만 문제는 소크라테

21  Cf. O. Gigon 1947, 94; L. Montoneri 1984, 16.
22  Cf. C. Rowe 2015, 26-28.
23  Cf. 크세노폰, 『회상』 I, 2, 3.

스가 자기 내면의 아름다움을 누구에게나 쉽게 보여주거나 공유하지는 않는다는 점이다. 알키비아데스 역시 자신의 미모를 무기로 소크라테스를 유혹했으나 결국에는 그의 선택을 받지 못했다며 슬퍼한다 (218d-219d). 사실 이 작품에서 알키비아데스가 에로스에 관한 대화, 달리 말해 철학의 공유가 모두 끝난 뒤에야(그것도 술에 취해!) 등장한다는 사실은 그저 우연이 아니다. 요컨대 소크라테스는 그가 만나는 모든 사람들에게 똑같이 자신의 생각을 공유하거나 전달하지는 않았던 것처럼 보인다. 반면에 플라톤의 또 다른 대화편인 『파이돈』에는 소크라테스와 뜻을 같이 할뿐더러 높은 수준의 철학적 식견을 갖춘 대화자들이 여럿 등장한다. 소크라테스는 작품의 곳곳에서 이들을 '헤타이로스(hetairos)'이라고 부르는데,[24] 이 말에는 그저 친교를 나누거나 정보를 공유하는 사이가 아니라, 정치적으로 뜻을 함께 하고 철학적인 삶을 나누는 '동지'라는 의미가 담겨 있다.

　이러한 일화들을 고려한다면, 우리는 다음과 같이 추측해볼 수 있다. 소크라테스는 누구나 가리지 않고 대화를 나눴지만, 자신의 생각까지 모두와 동등하게 나눴다고 보기는 어렵다. 그의 주변에 있었던 사람들은 두 부류였다. 한 부류는 소크라테스와 자유롭게 교류했던 사람들로서 이들의 관계는 다소 느슨했고, 그 만남 역시 다소 우연적인 방식으로 이루어졌다. 반면에 다른 한 부류는 수적으로 제한되어 있었고 한결 더 내밀한 관계를 유지하는 사람들이었다. 그리고 아마도 후자에 속했을 젊은이들 중 몇몇은 저마다 자신에게 고유한 방식과 철학적 지향점을 가지고서 소크라테스가 했던 것과 같은 철학

---

24　플라톤, 『파이돈』 67b, 68b, 76d, 82c, 85e, 91b, 98b, 110b.

자의 길을 걷고자 했다. 그들의 구체적인 생각과 탐구 방식은 저마다의 개성에 따라 달라졌지만, 적어도 스승이 수행했던 철학적 탐문의 삶을 이어나갔다는 점에서, 그들은 훗날 '소크라테스주의자들'이라고 불리게 된다.

## 3. 소크라테스주의자들과 철학의 계승

그렇다면 소크라테스가 '동지들'이라고 부를 만한 젊은이들은 누구였을까? 플라톤은 『파이돈』의 도입부에서 화자인 파이돈의 입을 빌려 소크라테스가 죽던 날 그의 마지막을 지켜봤던 사람들의 이름을 열거한다. 그에 따르면, 아테네인들로는 아폴로도로스를 비롯하여 크리톤과 크리토불로스 부자, 헤르모게네스, 에피게네스, 아이스키네스, 안티스테네스, 크테시포스, 그리고 메넥세노스까지 아홉 명이 있었고, 외국인들로는 엘리스 출신인 파이돈 자신을 비롯하여 테바이에서 온 심미아스와 케베스, 파이돈데스, 메가라 사람인 에우클레이데스와 테륍시온까지 여섯 명이 있었다고 한다. 또 파이돈은 덧붙여 말하기를, 퀴레네 출신의 아리스티포스와 암브라키아 사람인 클레옴브로토스는 아이기나에 머물고 있었기에 자리하지 못했으며, 얄궂게도(!) 플라톤은 아파서 올 수 없었다고 한다.[25] 플라톤의 이러한 보고가 오늘날의 역사가들이 하는 것처럼 온전히 객관적이라고 단정할 수는 없지만, 적어도 그가 소크라테스의 직계 제자임을 감안한다면,

---

[25] 플라톤, 『파이돈』 59b-c.

스승의 측근들에 관한 가장 오래된 증언이라는 점에서 가볍게 여길 것은 아니다.

고대의 증언들에 따르면, 이들 중 몇몇은 소크라테스의 제자가 되기 전까지 다양한 지적 편력을 거쳤다. 심미아스와 케베스는 퓌타고라스주의자인 필롤라오스의 제자였으며, 안티스테네스는 고르기아스에게서 수사술을 배웠고, 에우클레이데스는 한때 엘레아학파의 영향을 받았다고 전해지며, 아리스티포스는 프로타고라스의 영향을 받았다고 한다. 심지어 플라톤 역시 소크라테스의 제자가 되기 전에 헤라클레이토스주의자인 크라튈로스의 제자였다고 한다.[26] 이러한 보고들은 사실 여부를 떠나서 소크라테스의 모임이 지닌 개방성과 제자들의 자유분방한 성격을 간접적으로 보여준다. 또한 이 보고들은 한 명의 스승으로부터 한 명의 후계자가 나오는 여느 학파들과 달리, 왜 소크라테스로부터는 다양한 개성을 지닌 여러 철학자들과 그들의 학파들이 생겨났는지에 대한 이유 역시 어느 정도 설명해준다. 그렇다면 이 제자들은 어떤 식으로 스승의 철학을 발전시켜나갔을까? 소크라테스주의자들에 관한 가장 직접적인 정보는 디오게네스 라에르티오스에게서 얻을 수 있다.

그[소크라테스]를 따랐던 이른바 소크라테스주의자들 가운데 지도자들은 플라톤, 크세노폰, 안티스테네스였다. 다른 한편, 전통적인 열 명의 소크라테스주의자들 중에서 단연 돋보였던 이들은 아이스키네스, 파이돈, 에

---

26  Cf. 아리스토텔레스, 『형이상학』 I, 6, 987a32-33: "플라톤은 젊은 시절 처음에는 크라튈로스와 헤라클레이토스주의자들의 견해에 동조했다고 한다."

우클레이데스, 아리스티포스 네 명이었다. 실로 가장 먼저 크세노폰에 관해 말해야 하고, 이어서 견유학파의 안티스테네스에 관해, 그 다음으로는 소크라테스주의자들에 관해 말해야 하며, 이어서 그런 식으로 플라톤에 관해 말해야 하니, 왜냐하면 그를 필두로 열 개의 학파가[27] 시작되며, 그 자신이 구 아카데메이아를 세웠기 때문이다.

― 『생애』 II, 47 [= 단편 36]

고대의 증언들에 따르면, 이들은 그저 소크라테스의 삶과 정신을 계승했을 뿐만 아니라, 스승의 대화를 흉내내어 대화 형식으로 글을 썼다고 한다. 아리스토텔레스가 그런 글들을 비극이나 디튀람보스 등과 함께 '소크라테스식 담론(logos Sōkratikos)' 혹은 '소크라테스적 대화(dialogos Sōkratikos)'라고 불렀던 것을 감안한다면,[28] 소크라테스적 대화는 아마도 서기전 4세기 무렵 지식인들 사이에서 유행하던 글쓰기 방식이었을 것이다.[29] 하지만 플라톤과 크세노폰을 제외한 다른 철학자들의 저술은 모두 소실되었기에, 이들에 관해서는 몇몇 고대의 증언들에 의존할 수밖에 없다.

먼저 아이스키네스(서기전 430~360년경)는 아테네의 스페토스구 출신으로 철학적 대화들을 썼다고 하는데, 14편 정도의 제목만이 오늘날 전해지고 있다.[30] 그 가운데 『알키비아데스』와 『아스파시아』라는

---

**27** Cf. 『생애』 I, 18-19 [= 단편 35].

**28** 아리스토텔레스, 『시학』 1, 1447a28-b3; 『수사학』 III, 1417a18-21; 『시인들에 관하여』, in 아테나이오스, 『향연석의 현인들』 XI, 505b-c [= Fr. 72 Rose].

**29** 소크라테스식 담론의 특징과 그 저자들에 관해서는, cf. 칸 2015, 33-83.

**30** Cf. 『생애』 II, 60-61.

작품에는 덕이 수련을 통해 획득되고 향상될 수 있다는 주장이 담겨 있다고 한다. 특히『알키비아데스』는 플라톤의『알키비아데스 1』과 내용적으로 비슷하며, 크세노폰의『회상』(IV. 2)에 묘사된 소크라테스와 에우튀데모스 간의 대화와도 유사점이 있다고 전해진다. 그리고『아스파시아』에서는 플라톤의『메넥세노스』에도 등장한 바 있는 (페리클레스의 후처이자 소크라테스에게 수사술을 가르쳐줬다고 알려진) 아스파시아가 크세노폰과 그의 아내를 상대로 소크라테스가 전개했던 것과도 유사한 논박술을 펼쳤다는 내용이 담겨 있다고 있다.

다음으로 파이돈은 엘리스 출신으로, 조국이 몰락하면서 노예가 될 뻔했지만, 소크라테스의 도움으로 자유를 찾았다고 한다. 그 역시 몇 편의 철학적 대화를 썼다고 하는데, 페르시아에서 온 관상가 조퓌로스와 소크라테스 간의 대화를 그렸다고 하는『조퓌로스』와 시몬이라는 지혜로운 구두 장인을 등장시킨『시몬』은 이른바 소크라테스적 탐문의 성격을 띤 작품들이라고 알려져 있다. 이 작품들에서 소크라테스는 혈통이나 재능, 신체적 조건, 혹은 가문 등과 상관없이 누구나 철학자가 될 수 있음을 역설했다고 하는데, 이를 통해서 파이돈은 소수의 엘리트를 대상으로 하는 철학이 아닌, 대중 철학의 가능성을 강조했던 것으로 보인다. 또 이런 생각은 소크라테스가 법정에서 자신은 젊은이와 나이 든 이, 가난한 자와 부자, 내국인과 외국인을 가리지 않고 대화를 나눠왔다고 주장한 것과도 맞닿아 있다고 볼 수 있다.

아이스키네스와 파이돈이 주로 개인적으로 활동했던 것과 달리,[31]

---

[31] 다만 파이돈은 훗날 고향인 엘리스로 돌아가 학교를 세웠다고 한다. Cf.『생애』II, 105.

아리스티포스, 안티스테네스, 에우클레이데스는 모두 이른바 소크라테스주의 학파들과 관련하여 이야기된다. 먼저 아리스티포스는 퀴레네 출신으로 소크라테스의 명성을 좇아 아테네에 왔다고 한다. 그는 보수를 받고 가르침을 제공했던 최초의 소크라테스주의자로 알려져 있다. 그는 쾌락(즐거움)을 가장 중요한 가치로 보았으며, '가장 좋은 것은 쾌락을 피하는 것이 아니라 쾌락의 주인이 되는 것'이라 주장했다고 한다.[32] 또 아리스티포스는 시간, 장소, 사람을 가리지 않고 모든 상황에 유연하게 대처하며 자신을 적응시켰다고 한다. 그가 어떠한 환경이나 상황에서든 자기 자신을 적응시키는 모습과 관련하여, 사람들은 그를 오뒷세우스에 비교하기도 한다. 오뒷세우스는 이타케의 왕으로서 화려한 외투와 고급스러운 옷을 입기도 했지만, 동시에 난파자로서 누더기를 걸치고 바랑을 맨 채 떠돌아다니기도 했다. 때로는 칼륍소 곁에 머물며 육체적 쾌락을 맛보기도 했지만, 폴뤼페모스의 동굴에 갇혀 동료를 잃는 고통을 겪기도 했다. 아리스티포스 역시 그와 마찬가지로 아무 거리낌도 없이 쾌락에 열중했는가 하면, 또 아무렇지도 않게 빈곤과 고통을 감내하기도 했다는 것이다. 그에 관해서는 쾌락주의의 창시자 정도로 알려져 있지만, 실제로 쾌락주의 학파로 알려진 퀴레네학파가 만들어진 것은 동명의 손자인 아리스티포스에 이르러서였다.

다음으로 안티스테네스(서기전 445~366년)는 뒤에 다룰 메가라학파의 에우클레이데스와 함께 소크라테스주의자들 가운데 최고 연장자였다. 그는 소피스트인 프로디코스나 히피아스와 동시대인이었고,

---

32 『생애』 II, 75.

소크라테스의 제자가 되기 전에는 고르기아스에게서 수사학을 배웠다고 한다. 그는 70편이 넘는 작품을 썼다고 하는데, 『생애』에 남아 있는 그의 작품 목록을 보면, 안티스테네스는 연설문에서 시작하여, 수사학, 문법학, 문학비평은 물론, 윤리학과 자연학, 신학 등 거의 모든 학문 분야를 다루고 있음을 볼 수 있다.[33] 하지만 오늘날 남아 있는 것은 오뒷세우스와 아이아스 간의 무구다툼을 소재로 한 두 편의 시범연설뿐이다.[34] 안티스테네스는 윤리학과 관련하여 덕이 가르쳐질 수 있다고 보았다. 다만 덕에 이르기 위해서는 좋고 나쁨에 관한 선입견들을 모두 지우고 백지상태를 만들어야 한다. 왜냐하면 그것들은 사회가 잘못된 관습과 규범을 통해 우리에게 주입시킨 것들이기 때문이다. 따라서 일단 잘못된 생각들이 제거되면, 우리는 덕에 필요한 지식을 구할 수 있다. 하지만 덕을 아는 것만으로는 완전한 도덕에 이를 수 없다. 무엇보다도 중요한 것은 도덕적인 행위를 완성하는 것이다. 그런데 잘 행위하기 위해서는 단지 아는 것만으로는 충분치 않다. 여기에는 앎을 실천할 수 있는 힘(ischus)이 필요하다. 그리고 이 힘을 얻기 위해서는 훈련이 필요하다. 그런 이유로 안티스테네스는 노고(勞苦, ponos)를 좋은 것으로 보았다. 안티스테네스에게 있어서 도덕은, 한편으로는 지혜를 강조하고, 다른 한편으로는 헤라클레스적인 힘을 강조한다는 점에서, 수련이 더해진 주지주의를 통해 실현된다고 할 수 있다.[35] 또한 안티스테네스는 고유 담론(oikeios logos)이라고 하는 독특한 언어 이론을 발전시켰다. 이 이론을 통해서

---

[33] 『생애』 VI, 15-18.
[34] Cf. 김유석 2015, 1-29.
[35] Cf. 김유석 2017b, 265-289.

그는 보편자를 부정하고 개별 성질의 존재만을 인정했다고 하는데, 이러한 주장은 아마도 플라톤의 이데아론을 겨냥했던 것처럼 보인다.[36] 마지막으로 안티스테네스는 오랫동안 견유학파의 시조로 알려져 왔다. 예컨대 디오게네스 라에르티오스처럼 선대와 후대 철학자들의 계보와 학원의 계승 질서를 따지는 사람들은 소크라테스 ⇨ 안티스테네스 ⇨ 시노페의 디오게네스 ⇨ 크라테스의 순서로 사제관계를 설정하고는, 맨 마지막에 스토아학파의 창시자인 키티온의 제논을 놓는다. 그렇게 함으로써 스토아학파의 사상적 뿌리가 견유학파를 매개로 소크라테스까지 이어진다고 생각했던 것이다. 하지만 오늘날의 학자들은 이러한 순서가 다분히 작위적이라며 부정적인 태도를 취하는 편이다.[37] 다만 안티스테네스의 가르침과 사상이 견유학파의 실질적인 설립자인 디오게네스에게 어떤 식으로든 영향을 끼쳤다는 사실만큼은 부정하기 어려워 보인다.

마지막으로 에우클레이데스에 대해 다룰 차례다. 그는 메가라 출신으로 안티스테네스와 더불어 소크라테스주의자들 가운데 가장 연장자에 속한다. 소크라테스가 죽은 뒤에 플라톤을 비롯한 몇몇 제자들이 아테네를 떠나 몸을 피했을 때 그들을 자신의 고향에서 맞이했다고 한다. 에우클레이데스는 『테아이테토스』 도입부에 주요 화자로 등장하는데, 혹자는 이것이 플라톤의 감사의 표시라고 해석하기도 한다. 하지만 에우클레이데스가 소크라테스주의자들 중에서 가장 정치한 논변을 펼쳤던 철학자로 인정받았다는 고대의 평가를 감안할

---

**36**  Cf. 김유석 2019b 51-78.
**37**  대표적인 입장으로는 cf. D. Duddley 1937, 1-16.

때, 그가 가장 전문적이라 할 수 있는 『테아이테토스』의 화자로 등장한 것은 그다지 놀라운 일이 아닌 듯하다. 에우클레이데스는 여섯 편의 철학적 대화를 썼다고 전해지지만, 모두 소실되고 오늘날에는 제목들만 남아 있다.[38] 그는 처음에 파르메니데스의 철학에 심취했다고한다. 소크라테스의 제자가 된 이후에는 변증술에 깊은 관심을 보였고, 다양한 토론의 기술을 발전시켰다. 특히 그는 논쟁을 벌일 때, 상대 논증의 전제가 아니라 결론을 공격했다고 하며, 비유를 통한 논증을 거부했다고도 전해진다. 윤리학과 관련해서 에우클레이데스는 좋음(善, agathon)이 '분별'이나 '신' 또는 '지혜' 등 다양한 이름들로 불리지만 사실은 동일한 것이라고 주장하였다. 또한 좋음에 대립되는 것들은 결코 존재하지 않는다고 주장하였다.[39] 좋음이 이름만 다양할뿐, 그 본성은 하나라는 주장은 플라톤이 초기 대화편에서 주장했던덕의 단일성을 연상시킨다. 하지만 조금 더 나아가보면, 이러한 주장은 맥락상 다수성에 대한 부정을 함축한다는 점에서, 에우클레이데스가 엘레아학파의 일자 철학으로부터 어떤 식으로든 영향을 받았으리라는 추측도 가능해진다. 마지막으로 그는 고향인 메가라에 자신의 학교를 세웠는데, 이 학교는 훗날 메가라학파라는 이름으로 불리게 된다. 고대인들의 증언에 따르면, 에우불리데스, 알렉시노스, 브뤼손, 디오도로스, 스틸폰, 폴뤽세노스 등의 철학자들이 메가라학파에서 공부를 했거나 영향을 받았다고 하는데, 이들은 모두 탁월한 변증가, 혹은 (부정적인 의미에서) 쟁론가로서 명성을 떨치게 된다.

---

38  Cf. 『생애』 II, 108 [= 단편 15, 16].
39  Cf. 『생애』 II, 106.

지금까지 소크라테스의 후예들, 그중에서도 이른바 직계 제자들의 후예들의 철학적 활동에 대해 간략히 살펴보았다. 다음 장부터는 이들 가운데 에우클레이데스를 시작으로 이른바 '메가라학파'의 철학자들의 삶과 사유를 살펴볼 것이다. 그런데 여기서 잊지 말아야 할 것이 있다. 그것은 소크라테스의 제자들이 고립된 채 활동한 것이 아니라 끊임없이 서로 배우고 비판하며 영향을 주고받았다는 사실이다. 이 말은 메가라 철학자들을 한 명 한 명 고립적으로 연구하는 것은 사실상 불가능하며, 그들의 사상을 이해하는 데도 큰 도움이 되지 않는다는 뜻이다. 특히 메가라 철학자들은 플라톤과 아리스토텔레스 등 다른 입장을 지닌 철학자들과 격렬하게 싸웠을 뿐만 아니라, 심지어 자기들 학파 내부에서도 치열한 토론과 논쟁을 이어나갔다. 메가라 철학자들이 소크라테스로부터 받아들인 가장 중요한 유산은 변증술과 토론의 정신이었다. 그들은 소크라테스의 후예임을 자처하며 스스로를 '변증가들(dialektikoi)'이라 불렀고, 적들은 그들을 그저 말싸움꾼이라는 의미에서 '쟁론가들(eristikoi)' 혹은 '소피스트들(sophistai)'이라고 불렀다. 그렇듯 끊임없는 논쟁을 통해 소크라테스의 탐문 정신을 이어갔던 메가라학파는 서기전 4세기부터 헬레니즘 시대에 이르는 기간 동안 윤리학과 형이상학을 비롯한 철학의 몇몇 분야들, 특히 그중에서도 변증술과 논리학 분야에서 굵직한 족적을 남기게 된다.

## 4. 메가라학파 연구의 조건들

### 4.1. 메가라학파 연구의 난점들

메가라학파는[40] 동시대의 소크라테스주의자들 중에서도 가장 많은 오해와 왜곡으로 얼룩진 철학자 집단이라고 할 수 있다. 그런데 그것은 단지 그들의 저술이 모두 소실되고 극소수의 간접 증언들만 남아 있기 때문만은 아니다. 사실 작품의 부재라는 현실은 견유학파나 퀴레네학파 등 여느 소크라테스주의자들의 경우에도 마찬가지로 겪는 문제이다. 물론 작품의 부재와는 별개로, 단편적인 증언들의 수만 놓고 보아도 메가라학파의 단편들은 다른 소크라테스주의자들에 비해

---

[40] 여기서 '메가라학파'라는 명칭은 연구를 위해 편의상 붙인 이름임을 밝혀둔다. 사실 메가라 철학자들(hoi Megarikoi)이 엄밀한 의미에서 하나의 학파를 형성하고 있었는지에 대해서는 회의적인 의견이 많다. 앞서 언급했듯이, 하나의 학파(hairesis)가 이루어지기 위해서는 안정적인 모임을 위한 일정한 장소(혹은 건물)가 있어야 하고, 해당 학파에 고유한 학설(dogma)이 있어야 하며, 사제관계를 통해 해당 이론의 계승(diadochē)이 이루어져야 한다. 아리스토텔레스 이후의 뤼케이온이나 헬레니즘 시대의 스토아학파, 에피쿠로스학파 등이 이러한 조건을 어느 정도 충족시킨다고 할 수 있지만, 학파의 전통이 가장 잘 드러나는 것은 아마도 서기 1~2세기의 이른바 '중기 플라톤주의(Medio-Platonism)'부터라 할 수 있다. 이와 달리, 메가라 철학자들의 경우는 앞의 세 조건 중 어느 것도 충족시키지 못한다. 우선 학교와 관련해서는 메가라라는 도시 이외에 어떠한 구체적인 장소도 알려져 있지 않다. 사실은 학교 건물이 있었는지조차도 확실치 않다. 또한 학파의 설립자가 에우클레이데스라는 사실 이외에는 사제관계나 계승자들이 있었는지도 분명치 않다. 무엇보다도 학파의 대표 사상으로 내세울 만한 철학적 논제가 분명하게 드러나지 않는다. 이렇듯 메가라 철학자들의 사유가 하나의 통일적인 체계를 갖추고서 계승되지는 않았지만, 적어도 그들 간에 일정한 가족 유사성을 띠고 있다는 점을 감안하면, 우리는 이들의 모임이 어느 정도 느슨한 철학적 동아리(the circle of Megara)의 모습을 띠고 있었으리라는 정도로 추측해볼 수 있다.

현격히 부족한 게 사실이다. 메가라 철학자들과 관련하여 오늘날 남아 있는 간접증언은 중복된 것들 제외하고 대략 220여 개 정도이다. 반면에 견유학파에 관한 증언들은—견유인지 아닌지 논란의 소지가 있는 안티스테네스 관련 단편들을 제외하고서도—700여 개가 넘으며, 퀴레네학파의 단편들 역시 270여 개에 달한다. 이렇게 보았을 때, 메가라학파의 연구 자료가 다른 철학 학파들에 비해 일천한 것은 부정할 수 없다. 하지만 메가라학파에 관한 연구를 어렵게 만드는 좀 더 근본적인 원인은 다른 데 있다. 그것은 그나마 남아 있는 고대의 증언들 가운데 대다수가 메가라 철학자들에 대한 비판이거나 심지어는 다소 간에 조롱 섞인 내용들로 되어 있다는 사실에 기인한다.

시중에 나와 있는 서양 철학사의 교과서들을 읽다 보면, 재미있는 사실을 하나 발견하게 되는데, 그것은 어느 책이든 철학자가 아닌 사람들이 등장하는 곳이 한군데 있다는 점이다. 그곳은 바로 소피스트들을 다루는 장(章)이다. 물론 소피스트를 어떻게 보느냐에 따라서 그 평가가 다소 달라질 수는 있겠지만, 일반적으로—그리고 전통적으로—소피스트들은 철학자들의 타자 혹은 대립자로 간주되어왔다. 사람들은 철학자들을 소피스트들과 대결시켰고, 다시 그 대결을 통해 지식과 의견, 논리와 궤변, 필연적 추론과 개연적 설득, 진리의 탐구자와 지식 상인을 대립시켰다. 요컨대, 소피스트들이 철학사의 악역을 맡음으로써, 사람들은 철학의 목표와 가치를 한결 더 분명하게 부각시킬 수 있었던 것이다. 메가라학파의 연구가 어려운 이유는 바로 이 맥락 속에 있다. 왜냐하면 고대의 증언들 가운데 다수가 메가라학파의 구성원들을 철학자들이 아닌 소피스트들로 간주했기 때문이다.

실제로 메가라 철학자들은 언제나 주류 철학자들의 논쟁 상대자로서—특히 주류 철학자들의 비판의 표적으로서—등장한다. 예를 들어, 몇몇 철학사가들은 플라톤이 『소피스트』에서 비판했던 '형상의 친구들(248a4)'이 메가라학파를 암시한다고 보았다. 또한 비교적 최근의 연구들 중에는 『에우튀데모스』에 등장하는 에우튀데모스와 디오뉘소도로스 형제가 사실은 소피스트들이 아니라, 메가라학파에 속하는 쟁론가들이었다는 해석도 제기된 바 있다.[41] 아리스토텔레스의 경우에는 이러한 상황이 더욱더 분명해진다. 예컨대 『명제론』 12~13장에 전개된 양상문의 분석이나, 『형이상학』 IX권의 가능태에 관한 논의 중 일부는 모두 메가라학파를 겨냥한 것으로 알려져 있다. 더 나아가 아리스토텔레스는 『소피스트적 논박』에서 메가라학파의 몇몇 논변들을 아예 궤변술로 규정하고 그 논변들을 겨냥하여 십자포화를 가하기도 한다.[42] 이런 사정들을 감안한다면, 우리는 플라톤이나 스토아학파를 다루듯이, 메가라학파를 다룰 수 없다. 메가라학파와 관련된 증언들을 사용하면서 생겨날 수 있는 모호함이나 오해를 피하기 위해서는, 메가라학파와 관련된 텍스트를 사용하거나 해석을 제시하기에 앞서, 무엇보다도 관련 자료들의 전승 상태와 맥락을 검토해볼 필요가 있다.

## 4.2. 고대의 자료들

그렇다면 증언들의 출처, 그러니까 메가라학파에 관해 언급했던

---

41  Cf. L.-A. Dorion 2000, 35-50.
42  Cf. L.-A. Dorion 1995, 32-58.

고대의 증인들로는 누가 있을까? 우선 플라톤과 아리스토텔레스와 같은 동시대의 철학자들, 그리고 키케로(서기전 106~43년), 플루타르코스(서기 46~120년), 에픽테토스(서기 55~135년), 섹스토스 엠페이리코스(서기 160~210년) 등과 같은 후대의 철학자들을 들 수 있다. 그런데 이들 철학자들은 메가라학파의 충실한 보고자들이라기보다는, 주로 비판에 몰두했거나, 아니면 자신의 관점과 의도에 따라 메가라 철학을 일정한 방식으로 전용(轉用)한 사람들이었다.

다음으로는 고대의 학설사가들의 보고를 들 수 있겠는데, 그 대표적인 인물로는 단연 디오게네스 라에르티오스(서기 3세기?)의 『생애』를 꼽을 수 있다. 그는 『생애』 II권에서 에우클레이데스와 그의 몇몇 제자들, 그리고 스틸폰을 다루고 있다. 또한 시간적으로 많이 떨어져 있긴 하지만, 뷔잔틴 시대의 백과사전인 『수다』(서기 10세기)에도 메가라 철학자들과 관련된 몇몇 항목들이 발견된다.

다른 한편으로, 비록 학설사가들은 아니지만, 루키아노스(서기 120/125~180년)나 아풀레이우스(서기 123~170년), 아울루스 겔리우스(서기 125~180년), 아테나이오스(서기 2~3세기) 등의 작가들과 에세이스트들 역시 메가라학파에 관한 여러 일화들을 언급하고 있다. 다만 이들이 전해주는 일화들로부터 철학적인 내용을 유추해내기는 쉽지 않아 보인다. 이에 더하여 우리는 스토바이오스(서기 5세기)의 『선집(選集)』이라든가, 『파리 단장』, 『바티칸 단장』 등과 같은 각종 금언집들을 통해서도 메가라 철학자들의 윤리적인 주장이나 신념을 짤막하게나마 살펴볼 수 있다.

반면에 메가라학파의 철학에 관해 가장 풍부하고 전문적인 해석을 제공해주는 사람들은 아프로디시아의 알렉산드로스(서기 2~3세기)

와 심플리키오스(서기 490~560년), 필로포노스(서기 490~570년), 보에티우스(서기 480~524년) 등과 같은 고대 후기와 중세 초기의 아리스토텔레스 주석가들이다. 이들의 해석은 본격적으로 철학적이라는 점에서 메가라학파의 사상을 이해하는 데 큰 도움이 되는 것처럼 보인다. 하지만 여기에도 결정적인 문제가 있는데, 그것은 이들이 전거로 삼는 자료들이 메가라학파가 직접 쓴 작품들이 아니라, 아리스토텔레스의 작품들이라는 사실이다. 즉 이들의 해석은 아리스토텔레스가 『명제론』이나 『형이상학』에서 메가라학파를 비판한 대목들에 관한 주석(commentaria) 또는 풀이(paraphrasis)인 셈이다.

그 외에도 『복음 준비서』를 쓴 카이사리아의 주교 에우세비오스(서기 3~4세기)를 비롯하여, 몇몇 기독교 호교론자들의 글 속에서도 메가라학파에 관한 언급들을 찾아볼 수 있다. 물론 이교도들(철학자들)의 주장을 무너뜨리고자 했던 그들의 저술 의도를 고려한다면, 우리는 그들의 해석을 신중하게 받아들여야 할 것이다. 이렇듯 메가라 철학자들의 텍스트들은 오랜 기간에 걸쳐 이런저런 단편의 형태로 일관성 없이 흩어져 있음을 볼 수 있다. 따라서 메가라 철학에 대한 일관되고 체계적인 해석을 얻기란 매우 어려우며, 우리는 모든 단편들 하나하나에 대하여 지극히 신중하게 접근해야 하며, 어느 정도까지는 회의적인 태도를 취할 필요가 있다.

## 4.3. 근대와 현대의 연구들

고대 철학의 다른 분야들도 그렇겠지만, 메가라학파에 관한 자료들을 수집하고 연구하기 시작한 것은 19세기에 이르러서이다. 하지만 연구의 수는 고대철학의 다른 분야에 비해 상대적으로 적은 편으로, 19세기와 20세기 초반에 걸쳐 메가라학파만을 다룬 연구서들은 네 편 남짓 정도이다. 시기상 첫 번째로 오는 작품은 약 100쪽 남짓한 라틴어 논고인데,[43] 이 논고에서는 메가라학파의 형이상학과 몇 가지 논리학적인 특징들을 다루고 있다. 이어서 프랑스어로 된 두 편의 연구서가 거의 비슷한 시기에 나오는데,[44] 이 작품들은 메가라 철학에 대한 세밀한 분석보다는 주로 메가라학파의 계보를 비롯하여, 해당 철학자들의 생애와 활동에 관한 증언들의 정리에 치중한 것들이다. 네 번째는 독일에서 나온 약 60여 쪽 남짓한 논문으로[45] 앞의 연구서들과 마찬가지로 메가라 철학에 관한 어떤 독창적인 해석을 제공한다기보다는 학파 일반에 관한 소개를 담고 있다.[46]

메가라학파만을 독점적으로 다룬 것은 아니지만, 몇몇 철학사가들이 기록한 고대철학사나 짧은 논고들 중에도 메가라 철학과 관련하여 눈에 띄는 것들이 있다. 그 하나로 들 수 있는 것은 헤겔의 『철학사 강의』이다.[47] 비록 헤겔의 철학사 이해 방식이 정신의 변증법적 자기 전개라는 매우 독특한 관점에 기반해 있어서, 오늘날의 철학사 이해 방식으로는 받아들이기가 쉽지 않지만,[48] 적어도 메가라학파의 다

---

**43** F. Deycks 1827.

**44** D. Henne 1843(약 250쪽); M.C. Malet 1845(약 280쪽).

**45** E. Schmid 1915.

**46** 초기 연구서들이 지닌 특징이나 한계 등에 관한 자세한 평가로는, cf. R. Muller 1988, 18–21; SSR vol. IV, 33–39.

**47** 헤겔, 『철학사 1』, 임석진 옮김, 지식산업사, 1996, 586–624(소크라테스학파). 특히 594–611(메가라학파).

**48** 헤겔에 따르면, 최초의 철학자들이 자연의 원리를 탐구하던 시기에, 철학의 정신은 외부를 향하되, 아직 자기 반성이 일어나지 않은 객관적이고 즉자적인 단계에 머물러

양한 논변들과, 특히 철학적 변증술의 성격과 구조에 대해서는 비교적 상세하고 일관된 설명을 제시하고 있다. 다음으로 우리가 언급해야 할 사람은 철학사가인 에두아르트 첼러(Eduard Zeller, 1814~1908년)이다. 그는 자신의 『희랍 철학사』에서 메가라 철학이 소크라테스와 엘레아학파의 철학을 그 기원으로 삼고 있다고 주장한다. 첼러에 따르면, 메가라학파의 출발점은 소크라테스가 덕의 정의를 구하는 가운데 개념적인 앎을 추구했다는 사실에서 찾아져야 한다. 그런데 이러한 소크라테스의 작업을 계승한 사람은 바로 메가라학파의 설립자인 에우클레이데스이다. 그는 소크라테스의 개념 철학을 받아들이는 한편, 이 철학을 엘레아학파의 이성주의와 결합시켰다는 것이다.[49] 사실 메가라 철학자들이 소크라테스의 문답법적 변증술과 엘레아학파의 존재론의 영향을 받았으리라는 주장은 이미 고대인들 사이에서도 익히 알려진 것이다.[50] 하지만 이 관점을 가장 체계적이며

있었고, 앎의 본성에 대한 물음과 함께 덕의 문제를 탐구했던 소피스트와 소크라테스에 이르러 주관적인 단계에 이르며, 플라톤에 가서야 비로서 주관과 객관의 통일이 일어나는 이른바 즉자-대자의 단계에 도달한다. 하지만 다시 이번에는 이 단계가 출발점이 되고, 플라톤과 아리스토텔레스를 거치면서 동일한 운동이 전개되며, 그런 식으로 철학의 정신은 헤겔 자신의 시대에 이르기까지 이른바 변증법적인 운동을 수행하며 발전한다는 것이다. 그 속에서 헤겔은 메가라학파를 포함한 여러 소크라테스학파의 철학자들이 스승인 소크라테스와 함께 주관적 단계의 마지막을 형성한다고 본다. 헤겔, 『철학사 1』, 592: "모든 소크라테스학파에서는 주관의 규정, 그것도 일반자로서의 주관을 어떻게 규정하느냐가 문제가 되었다. [...] 전체적으로 소크라테스 학파의 경우, 주관 그 자체가 목적인데, 이때 주관은 오직 자신의 지적 형성을 통하여 스스로 주관적인 목적을 달성한다는 선에 머물러 있다."

49  E. Zeller 1877, 259-260.
50  예컨대, 키케로, 『아카데미아학파 전서(루쿨루스)』, XLII, 129 [= 단편 26A]: "[...] 그리고는 그의 뒤를 파르메니데스와 제논이 따르지요. 그렇게 그들로부터 엘레아 철학자들이 그 이름을 얻게 된 것입니다. 그 다음으로 에우클레이데스가 오는데 그는 소크라테스의 제자로 메가라 출신으로, 역시 그로부터 메가라 철학자들이 그렇게 이름

설득력 있게 설명한 것은 바로 첼러의 철학사를 통해서라고 할 수 있다. 그리고 메가라 철학의 원천을 소크라테스와 엘레아학파의 결합으로 볼 수 있느냐 하는 문제는 이후 메가라학파 연구의 주요 쟁점들 가운데 하나가 된다.

헤겔과 첼러 이후, 주목할 만한 또 한 명의 연구자로는 쿠르트 폰 프리츠(Kurt von Fritz, 1900~1985년)를 들 수 있다. 그는 고전학 백과사전인 『파울리스 레알엔치클로페디(*Paulys Realencyklopädie*)』의 증보권에 「메가라학파」의 항목을 쓰면서 메가라학파에 관한 전통적인 해석에 대하여 처음으로 체계적인 비판을 수행한다.[51] 그 당시 대부분의 학자들은 첼러의 철학사 해석을 받아들여 학파의 설립자인 에우클레이데스가 엘레아주의자라고 간주하였다. 또한 메가라 철학자들의 변증술에 대해서도, 그들의 기술이 근본적으로는 소피스트들의 궤변술에 불과한 것으로 보아 그 중요성을 평가 절하하였다. 하지만 첼러의 해석과 달리, 폰 프리츠는 메가라 철학에 대한 엘레아학파의 영향을 인정하지 않았다. 그는 메가라학파의 탄생과 진화를 규정하는 요소들은 오직 소크라테스적 요소들뿐이라고 주장한다. 메가라 철학자들의 변증술 역시, 단순한 쟁론의 기술이나 궤변이 아니라, 소크라테스적 문답법의 연장선상에서 평가해야 할 것이었다. 폰 프리츠의 이러한 평가는 전통적 해석의 집대성이라 할 수 있는 첼러의 해석과 대척점에 서 있다는 점에서 적잖이 참신한 주장이었고, 주장을 뒷받침하는 논변 역시 매우 정교했다. 하지만 그의 해석은 당시 사람들에

불리게 되었습니다. 그들은 하나이고 닮았으며 언제나 동일한 것만이 좋은 것이라고 말했습니다. […]."

**51** K. von Fritz 1931, col. 707-724.

게 크게 주목받지 못했다. 그의 연구에 대한 재평가가 이루어진 것은 1970년대에 들어서이다.[52]

메가라학파에 관한 철학적 토론은 철학사 외에도 논리학과 논리학사의 분야에서 비교적 활발하게 이루어졌다. 특히 20세기에 들어서 논리학의 급격한 발달과 함께, 메가라학파의 변증술 역시 관심의 대상이 되었다. 하지만 이 시기 메가라학파에 대한 평가는 그리 우호적이지 않았다. 당시의 논리학자들은 메가라 철학자들이 발전시킨 변증술이 그저 지적 유희라든가 회의주의적인 성격을 가졌을 뿐이라고 보았다. 이러한 부정적인 평가가 바뀌게 된 것은 스토아 논리학에 대한 재평가가 이루어지고 나서이다. 학자들은 스토아학파의 명제 논리가 메가라학파의 변증술의 핵심적인 부분과 닮았다는 점에 주목했다. 그렇기 때문에, 논리학사에서는 메가라학파를 스토아학파의 바로 앞에 연결시키곤 했으며, 메가라 철학자들의 논증들이 스토아 논리학의 형성에 중요한 영향을 끼친 것으로 보았다.[53] 또한 메가라 철학자들에 의해 제기된 몇몇 변증술적인 논변들 역시 그 자체로 연구의 대상이 되었는데, 그것들은 주로 에우불리데스의 역설 논증으로 유명한 거짓말쟁이 논변과 더미 논변, 그리고 디오도로스 크로노스의 것으로 알려진 대가 논변과 같은 것들이었다. 이렇듯 논리학자들의 관심은 메가라학파의 변증술에서 오랫동안 간과되어온 부분을 조명했다는 점에서 확실히 중요한 의미를 갖는다고 할 수 있다. 다만 이들의 연구가 철학사적인 맥락을 고려하기보다는, 논리학과 논증이

---

[52]  구체적으로는 메가라학파의 단편들을 편집한 클라우스 되링(Klaus Döring 1972a)에 의해서이다.

[53]  닐 & 닐 2015, 3장; I.M. Bochenski 1951, 77-102.

론의 몇몇 주제들에 집중함으로써, 메가라학파의 사상을 전체적이고 통일적으로 해석하는 데는 일정한 한계를 노정할 수밖에 없었다.

이렇듯 메가라학파에 관한 연구는 19세기부터 이루어졌지만, 그것들은 주로 철학사의 비어 있는 한 부분을 채워 넣는 작업의 일환이었거나, 아니면 논리학과 같은 특수한 영역의 문제들을 해결하는 데 국한된 것들이었다. 반면에 보다 체계적이고 전문적인 연구가 시작된 것은 메가라 철학자들에 관한 단편들의 수집, 정리가 이루어진 20세기 후반에 들어서서의 일이다. 이 시기의 문헌학적 작업과 관련하여 우리는 두 편의 매우 중요한 성과를 살펴볼 필요가 있다. 그 하나는 1972년에 독일의 고전 문헌학자인 되링이 행한 작업이다. 되링은 메가라 철학자들에 관련된 증언 220여 개를 수집하였고, 이것들을 각 철학자 별로 분류한 메가라학파 단편집을 출판하였다. 그는 이 책에서 약 70쪽에 걸쳐, 메가라학파의 주요 철학자들 다섯 명(에우클레이데스, 에우불리데스, 디오도로스 크로노스, 스틸폰, 브뤼손)과 그들의 제자들 및 후계자들에 관한 증언들을 정리해놓았다. 또한 본문의 뒤에는 해당 단편들에 관한 상세 주석들을 덧붙였고(98쪽), 권말에는 참고 문헌(3쪽)과 함께, 각 증언들의 출전 목록(11쪽)을 수록하였다. 이들 단편들을 채택하는 기준과 관련하여 되링은 매우 신중한 입장을 취했으며, 그것은 보기에 따라서 다소 보수적이기까지 했다. 그는 메가라 철학자들의 이름이나, 적어도 학파와 관련된 사람들의 이름이 포함되지 않은 텍스트들은, 설령 그 증언들이 메가라학파와 관련된 내용을 담고 있는 것처럼 보인다 하더라도, 가차없이 배제하였다. 또한 채택된 텍스트들의 인용 범위 역시 메가라학파가 직접 언급된 부분들로 국한시켰다. 그러다 보니, 채택된 증언들의 신뢰성은 대체로 높다는 장점이 있는 반면, 몇몇 대목들은 너무 소략하거나 맥락을 결여하고 있어서 그 내용을 도저히 파악할 수 없는 경우도 생기곤 하였다.[54] 하지만 그런 아쉬움에도 불구하고, 되링의 편집본은 출판된 지 40년이 지난 오늘날에도 여전히 메가라학파 연구의 표준 자료로서 그 권위를 인정받고 있다.

메가라학파의 단편들과 관련하여 빼놓을 수 없는 두 번째 자료로는 이탈리아의 고전 문헌학자인 가브리엘레 잔난토니(Gabriele Giannantoni)의 편집본을 들 수 있다. 사실 잔난토니의 작업 규모는 메가라학파를 넘어서는 것으로서, 이른바 소크라테스주의자들의[55] 단편들을 모두 포함하고 있다. 그는 1971년에 아리스토파네스와 크세노폰과 같은 소크라테스와 동시대인들로부터 초기 교부들에 이르기까지 소크라테스와 관련된 거의 모든 증언들을 이탈리아어로 번역하였으며,[56] 1990년에는 기존의 연구 성과들을 바탕으로 『소크라테스와 소크라테스주의자들의 남은 단편들(Socratis et Socraticorum Reliquiae)』을 편집, 출판하게 된다.[57] 통칭 'SSR'로 불리는 이 단편집은 총 네 권으로 되어 있는데, 처음 두 권은 소크라테스주의자들의 단편 모음집

---

**54**  텍스트 선정에 있어서 되링이 취한 보수적인 태도와 관련하여, 로베르 뮐러(Robert Muller 1988, 16-17)는 되링이 채택한 텍스트의 신뢰성을 높이 평가하는 반면, 루이-앙드레 도리옹(Louis-André Dorion 2000, 49-50)은 되링의 보수적인 태도가 메가라학파의 외연을 축소시켰다며 아쉬워한다.

**55**  여기서 소크라테스주의자들이라 함은 그저 소크라테스의 제자들이나 추종자들만을 의미하는 것이 아니라, 그를 비난하거나 조롱했던 동시대인들—예컨대 아리스토파네스와 같은 희극작가들을 비롯하여, 당대의 수사가들과 관련된 단편들—을 모두 포괄한다.

**56**  G. Giannantoni 1971.

**57**  G. Giannantoni(a cura di), *Socratis et Socraticorum Reliquiae*, 4 vols., Napoli, Bibliopolis, 1990(이하 SSR).

이고, 셋째 권은 관련 참고문헌 목록이며, 마지막 넷째 권에는 후주 (後註)의 형식으로 소크라테스주의자들에 관한 해설들이 수록되어 있다.[58] 그중에서 메가라학파의 단편들은 작품의 제I권에 수록되어 있으며,[59] 그 수는 대략 220여 개로, 개수에 있어서는 되링이 편집한 단편들과 크게 차이 나지 않는다. 또한 증언들의 채택 기준 역시 되링과 비슷하게 보수적인 태도를 유지하고 있다. 하지만 SSR의 가장 큰 미덕은 역시 이 단편집이 메가라학파뿐만 아니라, 견유들과 퀴레네학파를 비롯, 동시대의 소크라테스주의자들에 관한 증언들을 총 망

---

**58** SSR의 전체 구성은 다음과 같다.
　　**제I권(521쪽)**
　　　　I. 소크라테스에 관한 동시대인들의 증언과 후대 작가들의 전기 자료들
　　　　II. 에우클레이데스와 메가라학파의 단편들
　　　　III. 엘리스의 파이돈과 에레트리아의 메네데모스 및 그 제자들의 단편들
　　**제II권(652쪽)**
　　　　IV. 아리스티포스와 퀴레네학파의 단편들
　　　　V. 안티스테네스, 디오게네스, 크라테스, 및 견유학파의 단편들
　　　　VI. 아테네의 아이스키네스와 여타 소크라테스주의자들의 단편들
　　**제III권(301쪽)**
　　　　참고문헌, 출전, 인명 색인
　　**제IV권(609쪽)**
　　　　후주 형식의 해설들

**59** 메가라학파의 단편을 담고 있는 SSR I권 II장(에우클레이데스와 메가라 철학자들이 남긴 것들)의 구성은 다음과 같다. A. 메가라의 에우클레이데스, B. 밀레토스의 에우불리데스, C. 엘리스의 알렉시노스, D. 올륀토스의 에우판토스, E. 아폴로니오스 크로노스, F. 디오도로스 크로노스, G. 메가라의 필론, H. 메가라의 이크튀아스, I. 투리오이의 클레이노마코스, L. 테바이의 파시클레스, M. 코린토스의 트라쉬마코스, N. 메가라의 디오클레이데스, O. 메가라의 스틸폰, P. 칼케돈의 디오뉘시오스, Q. 메가라의 판토이데스, R. 메가라의 필리포스, S. 브뤼손. 메가라학파에 속하는 철학자들은 모두 17명에 달하지만, 에우클레이데스, 에우불리데스, 디오도로스, 스틸폰, 그리고 브뤼손의 다섯 명을 제외한 나머지 사람들의 경우, 이름 외에는 전해지는 내용이 거의 없다. 그런 점에서 잔난토니가 수집한 증언들은 되링의 단편들과 크게 다르지 않다고 봐도 무방하다.

라함으로써, 소크라테스적 전통 속에 놓여 있는 여러 철학자들 간의 비교 연구가 가능하다는 점일 것이다. 다른 고대 철학자들의 작품들에 대한 비판본이 주로 19세기 말과 20세기 초에 걸쳐서 편집된 것들임에 비하여, 소크라테스주의자들의 단편은 20세기 후반에 가서야 비판본을 확보하게 되었다는 점을 감안한다면, 메가라학파에 관한 연구는 비단 국내뿐만 아니라, 세계적으로도 이제 본격적인 시작 단계에 접어들었다고 할 수 있다.

# II
# 에우클레이데스와 그의 후예들

## 1. 에우클레이데스

### 1.1. 생애

아테네인들은 메가라 시민들 중 누구라도 아테네에 발을 들여놓았다가 체포될 경우에는 그 자체로 사형에 처한다는 법령을 공포했다네. […] 그때 에우클레이데스는 바로 그 메가라에 살고 있었고, 그 법령 이전에는 아테네에 머물며 소크라테스의 대화를 듣곤 했지. 아테네인들이 법령을 공포한 이후, 그는 밤이 되어 어둠이 찾아오면 긴 여성용 투니카를 입고, 울긋불긋한 망토를 걸친 뒤에, 머리에는 사각의 면사포를 뒤집어쓰고는 메가라에 있는 그의 집에서 아테네에 있는 소크라테스의 집까지 걸어서 갔다네. 밤의 일부 시간이라도 스승의 강의와 토론에 참석하기 위해서였지. 그리고 다시 먼동이 틀 때면 같은 복장으로 위장한 채 20마일이 조금 넘는 거리를 되돌아갔다네.

　　　　　　　　　　　- 아울루스 겔리우스, 『앗티카의 밤』 VII, 10, 2-4

메가라학파의 맨 앞에 오는 인물은 학파의 설립자로 알려진 에우클레이데스이다. 그는 소크라테스의 제자들 중에서 안티스테네스와 함께 가장 연장자에 속하며, 무엇보다도 스승의 최측근 가운데 한 명이었다고 전해진다. 앞서 인용한 아울루스 겔리우스의 보고는 실화라기보다는 거의 전설에 가까울 정도로 과장된 내용을 담고 있지만, 적어도 에우클레이데스가 소크라테스의 열렬한 추종자였음을 잘 보여주고 있다. 플라톤 역시 『파이돈』(59c1-2)에서 에우클레이데스가 스승의 마지막 날 자리를 함께 했다고 증언하는가 하면, 『테아이테토스』(142a1-143c7)에서는 아예 그를 소크라테스가 나눈 대화의 기록자이자 보고자로 설정하고 있다. 이렇듯 에우클레이데스는 소크라테스의 제자들 중에서도 비교적 중요한 위치를 점하고 있는 것처럼 이야기되지만, 막상 그의 생애와 관련해서는 대략 24개 전후의 증언들만이 단편적으로 남아 있을 뿐이다. 그중에서도 내용이 겹치는 것들을 제외하면, 약 14개 정도의 증언들만이 그의 생애와 관련된 정보를 제공하고 있다.

먼저 그의 출생 시기와 관련해서는 두 가지 해석이 갈린다. 하나는 앞서 인용한 아울루스 겔리우스의 보고에 기반한 것이다. 에우클레이데스가 한밤 중에 여장을 하고 소크라테스를 방문할 수밖에 없었던 이유는 아테네인들이 메가라인들의 입국을 금지했기 때문이다. 투퀴디데스에 따르면, 이 법령은 서기전 432/1년에 공포된 '메가라 결의(to peri Megareōn psēphisma)'를 가리킨다.[1] 실제로 에우클레

---

1 투퀴디데스, 『펠로폰네소스 전쟁사』 I, 139: "스파르타인들은 아테네인들에게 '메가라 사람들은 아테네의 모든 항구와 앗티케 지역의 시장을 이용할 수 없다'고 하는 '메가라 결의'를 철회하지 않는 한 전쟁은 불가피하다는 점을 분명히 했다. 그러나 아테네인들은 다른 요구들도 들어주지 않았고, 메가라 결의도 철회하지 않았으며, 메가라인들이

이데스가 밤마다 몰래 소크라테스를 만나러 다녔는지는 알 수 없지만, 적어도 그가 해당 시기에 소크라테스의 제자였다고 가정한다면, 그리고 그 무렵 에우클레이데스 나이가 20세 내외였다고 생각한다면, 그의 출생 시기는 대략 450년 전후로 추측할 수 있다. 이런 가정이 사실이라면, 에우클레이데스는 소크라테스주의자들 중에서 가장 연장자가 된다.[2] 하지만 이 해석의 가장 큰 문제는 앞의 일화가 그다지 신뢰받지 못한다는 사실에 있다. 학자들은 아울루스 겔리우스의 일화가 역사적 사실의 기록이라기보다는, 서기전 4세기 이래로 유행했던 이른바 소크라테스식 담론에 흔히 등장하는, 과장이 가미된 일종의 문학적 허구에 가깝다고 본다.[3] 아닌 게 아니라 에우클레이데스의 일화와 거의 같은 내용의 일화들은 아리스티포스나 안티스테네스 관련 증언들에도 등장한다.[4] 사실 이런 이야기들은 철학자들을

성역과 국경 분쟁 지역을 경작하고 아테네에서 도주한 노예들을 비호해주었다고 비난했다."

2  그 경우 에우클레이데스는 소크라테스(서기전 470/469~399년)보다 약 20년 가량 젊고, 같은 소크라테스주의자인 안티스테네스(서기전 444~365년)보다는 약 5~6세, 플라톤(서기전 428/7~348/7년)보다는 22~23세 연상이 된다.

3  Cf. O. Gigon 1947, 283.

4  예컨대 안티스테네스의 경우, cf. 『생애』 VI, 2 [= Fr. 128A DC = SSR V A 12]: "그[= 안티스테네스]는 페이라이에우스에 살면서도 매일 40스타디온(약 7.6킬로미터)의 거리를 걸어서 소크라테스의 강의를 들으러 다녔다. 그는 그로부터 인내심을 얻었고 평정심을 열렬히 추구함으로써 최초로 견유학파의 시조가 되었다." 또한 아리스티포스의 경우, cf. 플루타르코스, 『참견에 관하여』 516C [= Fr. 2 Mannebach = SSR IV A 2]: "그리고 아리스티포스는 올륌피아에서 이스코마코스를 만나, 그에게 왜 소크라테스는 대화를 통해 젊은이들을 그토록 매료시키냐고 물었다. 그는 소크라테스 담론들 중 약간의 씨앗들과 사례들을 줏어듣고는 얼마나 감동을 받았는지, 몸을 가누지 못했고 완전히 창백해졌으며 야윌 정도였다. 마침내 배를 타고 아테네로 간 그는 타는 갈증을 느끼며 그 샘물을 들이켰고, 소크라테스라는 인물과 그의 말과 그의 철학을 탐구하였으니, 철학의 목적은 자신의 악을 깨닫고 제거하는 것이었다."

등장인물로 삼아 철학의 매력을 어필하고 젊은이들에게 철학을 권유하려는 의도로 만들어진 담론(protreptikos logos)이라 할 수 있다.[5] 그렇게 보았을 때 아울루스 겔리우스가 전하는 일화에 기대어 에우클레이데스의 출생 시기를 서기전 450년경으로 추정하는 데는 부담이 따른다.

그의 출생 연대를 추정할 수 있는 또 다른 단서는 플라톤의 『테아이테토스』이다. 대화의 보고자로서 작품의 도입부에 등장하는 에우클레이데스는 코린토스 전투에서 중상을 입고 후송되던 테아이테토스와 만난 적이 있다고 말한다.[6] 플라톤이 살던 시기에 코린토스에서는 서기전 394/3년과 서기전 369/8년에 두 번의 전투가 있었다. 그런데 테아이테토스는 서기전 417년 아테네에서 출생한 것으로 알려져 있다. 이것을 감안할 때, 그가 참가했다가 중상을 입고 결국 사망한 전투는 (그가 40대 후반이었던) 서기전 369/368년에 벌어진 것일 가능성이 높다. 그런데 에우클레이데스가 서기전 450년에 태어났다고 가정한다면, 그가 죽어가는 테아이테토스를 만났을 때는 아마 80세가넘은 나이였을 텐데, 그 뒤에 대화편의 보고자로 등장한다는 것은 불가능하지는 않지만 아무래도 부자연스럽다는 인상을 준다. 이로부터 학자들은 에우클레이데스의 생몰연대와 관련하여 대체로 세 가지 정도의 해석을 제시해왔다.

첫째, 다수의 학자들은 에우클레이데스가 대략 70세 정도를 산 것으로 보는데, 그의 출생을 서기전 450년으로 잡으면 사망 시기는 서

---

5  Cf. SSR, vol. IV, 34.
6  플라톤, 『테아이테토스』 142a–143b [= 단편 5].

기전 380년 전후가 된다.[7] 하지만 이 경우, 에우클레이데스가 (서기전 369/8년의 전투에서 부상당한) 테아이테토스를 만났다는 플라톤의 증언은 현실적으로 불가능하게 된다. 둘째 입장은 에우클레이데스의 사망 시기를 그가 테아이테토스와 만난 직후인 서기전 369/8년이나 조금 더 뒤인 서기전 360년[8]으로 잡는 경우이다. 그 경우 에우클레이데스의 출생 시기는 서기전 439/8~430년 사이로 늦춰질 수 있다.[9] 하지만 이런 입장을 취할 경우 아울루스 겔리우스가 전하는 일화는 실현 불가능한 허구로 간주할 수밖에 없다.[10] 마지막으로 세 번째 입장은 두 일화를 모두 사실로 받아들여서 에우클레이데스의 생몰연대를 서기전 450년에서 서기전 369/8~360년 사이로 보는 것이다.[11] 그 경우 에우클레이데스는 대략 82~90세까지 살았던 셈이 되는데, 이러한 설정이 불가능하지는 않으나 부담스러운 것 역시 사실이다.[12]

---

7  Cf. P. Natorp 1907, 1001.

8  스틸폰의 스승인 파시클레스가 에우클레이데스의 제자였다는 증언[= 단편 148B]을 감안한다면 그는 360년 무렵에도 살아 있었을 것이라는 해석이다. Cf. E. Zeller 1877, 249, n. 2.

9  Cf. K. Döring 1972a, 73-74, 88.

10  메가라 결의가 공포될 될 당시(서기전 432/1년), 에우클레이데스의 나이는 잘해야 8~9세 정도였을 텐데, 어린 아이가 한밤중에 30여 킬로미터를 걸어서 아테네의 국경을 넘었다는 것은 아무리 봐도 비현실적이다.

11  Cf. K. von Fritz 1975, 129-130; L. Montoneri 1984, 43-44; R. Muller 1985, 95; 1988, 35-36.

12  『테아이테토스』 143b에서는 에우클레이데스가 부상과 이질로 죽어가던 테아이테토스를 메가라에서 약 16킬로미터 떨어진 에리노스까지 데려다 주고 돌아왔다고 묘사되는데(왕복 32킬로미터!), 이것은 80세가 넘은 노인에게는 쉽지 않은 일이다. 다만 고대 그리스에는 같은 이름의 장소가 여럿 있었음을 감안할 때, 거리에 크게 신경을 쓸 필요는 없으며, 플라톤이 이야기의 전체적인 틀을 해치지 않는 한에서는 자잘한 허구적인 요소들을 집어넣곤 하는 점을 고려한다면, 노령의 문제를 심각하게 따질 필요는 없다는 해석도 있다. Cf. L. Montoneri 1984, 43-44.

사실 신뢰할 수 없는 것은 아울루스 겔리우스의 보고만이 아니다. 플라톤의 대화편에 묘사된 시간 서술 역시 전적으로 신뢰할 수는 없다. 왜냐하면 플라톤은 간혹 의도적으로 시간착오를 발생시키곤 하기 때문이다. 그의 서술은 엄밀한 의미에서의 역사적 기준에 기반한다기보다는 오히려, 문학적 장식이나 극적인 무대 장치에 의존하는 성향이 강하다. 따라서 에우클레이데스의 생몰연대와 관련해서는 위의 세 가지 추측 이상으로 나아가기는 어려울 듯하다. 다만 사람들은 에우클레이데스가 연장자로서 다른 소크라테스주의자들의 맏형 역할을 했을 것이라고 추측하기도 한다. 특히 소크라테스의 사형 직후 플라톤을 비롯한 몇몇 제자들이 아테네를 떠나 몸을 피했을 때, 에우클레이데스가 그들을 맞이했다는 증언들은[13] 그런 추측을 뒷받침해 주는 것처럼 보인다. 그런 점에서 플라톤이 『테아이테토스』에서 에우클레이데스를 등장시킨 것은 일종의 감사의 표시라고 해석하는 학자도 있다.[14] 하지만 에우클레이데스가 강력한 논변과 토론 기술로 인해 소크라테스주의자들 가운데 가장 전문적인 철학자로 평가받았다는 고대의 평가들을 고려해보면, 그가 플라톤의 작품들 중에서도 가장 까다롭고 복잡한 대화편인 『테아이테토스』의 보고자로 등장했다는 사실이 그저 우연이라고만은 할 수 없을 것 같다.

에우클레이데스의 생애에 관한 일화들은 그로테스크한 방식으로 금욕을 실천했던 견유 디오게네스나 쾌락과 관련하여 기행을 일삼았던 아리스티포스의 일화들에 비하면 매우 적은 편이다. 그나마 에우

---

13  Cf. 단편 4A–E.
14  Cf. SSR vol. IV, 36.

클레이데스의 단편들 중에서 가장 눈에 띄는 것은 그의 쟁론적 성향에 관한 증언들이다. 예컨대 디오게네스 라에르티오스는 회의론자인 티몬의 입을 빌려 에우클레이데스가 메가라 사람들에게 쟁론의 광기를 넣어주었다고 말하는가 하면,[15] 그가 과도하게 쟁론술에 빠져 있는 것을 보고 소크라테스가 주의를 주었다는 일화를 언급하기도 한다.[16] 에우클레이데스의 쟁론적 성향은 향후 그가 설립한 학파의 성격에도 영향을 끼쳤던 것으로 보인다. 왜냐하면 메가라학파는 (우호적인 사람들에 의해) '변증술학파' 혹은 (적대자들에 의해) '쟁론술학파'라고 불렸기 때문이다.

그 외에 특기할 만한 점은 단편들 가운데 에우클레이데스의 형제 갈등을 언급한 증언들이 여섯 개(단편 10A~F)나 된다는 사실이다. 형제 갈등 끝에 형이 분노하여 에우클레이데스에게 '내가 너에게 복수하지 못한다면 죽어버리겠다'라고 말하자, 에우클레이데스는 거꾸로 '네가 나를 좋아하도록 내가 설득하지 못한다면 나는 죽고 말겠다'라고 대꾸했다는 이야기이다.[17] 사실 이 단편들은 그 내용이 다소 일반적이고 뻔한 교훈을 담고 있어서 그다지 학자들의 주의를 끌지는 못

---

[15] 『생애』 II, 107 [= 단편 8].

[16] 『생애』 II, 30 [= 단편 9]: "그[소크라테스]는 에우클레이데스가 쟁론적인 담론에 열심인 것을 보고서 이렇게 말했다. '에우클레이데스여, 자네는 소피스트들을 상대할 수는 있겠지만, 사람들은 결코 상대할 수 없을 걸세.' 왜냐하면 그는 그것들에 관해 사소한 것까지 논쟁하는 일은 쓸모없다고 생각했기 때문이다."

[17] 구체적으로 보자면, 여섯 개의 단편 중 형제 갈등을 다룬 것은 다섯 개이고, 나머지 하나(단편 10F)는 형제가 아니라 특정하지 않은 누군가(tis)와의 갈등을 다루고 있다. 또한 형제 갈등을 다룬 다섯 개 중 넷에서는 에우클레이데스가 '형이 자기를 사랑하도록 설득하리라(peisaimi)'고 말한 반면, 나머지 하나(단편 10E)에서는 '형과 내가 가장 친한 사이가 되도록 만들겠다(poiēsomai)'라고 말한다.

했다. 다만 흥미로운 점이 두 가지 있는데, 하나는 이 증언들이 형제애라는 윤리적인 주제와 관련되어 있다는 점이고, 다른 하나는 '설득하다'라는 표현이 여섯 개의 단편들 중 네 편에 등장한다는 사실이다. 전자의 경우, 메가라학파가 소크라테스의 후예임을 표방함에도 불구하고, 정작 주요 단편들은 변증술과 논리적 역설들에 집중되어 있을 뿐, 윤리적인 주제에 관한 단편들은 매우 드물다는 점에서 주목할 만하다. 실제로 메가라 철학자들 가운데 윤리적인 주제와 관련된 증언들이 남아 있는 경우는 에우클레이데스의 이 증언들과 뒤에서 다룰 스틸폰뿐이기 때문이다.[18]

하지만 무엇보다도 주목할 부분은 에우클레이데스가 상대방의 분노에 아랑곳하지 않고, 오히려 자기를 사랑하도록 상대방을 설득하겠다고 말한 부분이다. 즉 상대의 분노에 감정적으로 대응하지 않고 논리적인 설득으로 맞서겠다는 주장을 통해서 시종일관 변증가의 면모를 보여주고 있는 셈이다. 특히 '설득하다'라는 표현은 에우클레이데스의 기술이 그저 상대의 주장을 논파하는 기술인 쟁론술을 넘어선다고 추측할 만한 여지를 제공한다. 우리가 보통 '논박술'이라고 옮기는 소크라테스의 엘렝코스는 대화 상대의 주장과 신념이 잘못되어 있음을 드러냄으로써, 지적인 각성과 함께 배움의 열망을 자극함을 목적으로 하는 기술이다. 따라서 엘렝코스에는 대화자가 무지를 벗어나 덕을 탐구하도록 만드는 설득의 목적이 담겨 있는 것이다.[19] 반면에 논쟁을 전문으로 하는 쟁론가들은 상대방이 무엇을 주장하고

---

18  Cf. R. Muller 1985, 98.
19  Cf. 김유석 2009, 86-88.

어떤 입장을 취하든 간에 그것을 모두 반박할 수 있음을 자기들의 능력으로 내세운다.[20] 그렇게 보았을 때, 에우클레이데스가 '형이 다시 자기를 사랑하도록 설득하겠다'라는 언급은 비록 그가 겉 보기에는 쟁론가적인 모습을 띠고, 또 적들에게 그런 식으로 비난을 받고 있지만, 여전히 소크라테스적 대화의 정신을 일관되게 유지하고 있음을 암시하는 것처럼 보인다.

이외에도 몇몇 단편들에서 에우클레이데스는 세간의 속물적인 호기심이나 관습에 대하여 일정한 적대감을 드러내기도 한다. 예컨대 '신들이 어떠하며 또 무엇을 좋아하냐'는 질문에 '다른 건 몰라도 참견쟁이들을 싫어한다는 것만큼은 확실히 안다'고 대답했다는 일화라든가(단편 11), 자식을 잃은 슬픔 때문에 죽기를 바란다는 사람에게 '(죽음은) 네가 원하지 않아도 찾아온다'라고 대꾸했다는 증언(단편 12), 그리고 '많은 인간들은 어리석게도 노예들의 음식과 의복은 피하면서 노예들의 습관은 피하려 들지 않는다'라고 일갈했다는 이야기(단편 14) 등이 그렇다. 에우클레이데스의 이러한 태도는 지식인 특유의 사회 비판적인 모습을 반영하는 것처럼 보이기도 한다. 하지만 그가 드러내는 적대감은 세간의 가치를 모두 부정하는 허무주의나 무

---

20 소크라테스의 논박술과 쟁론가들의 기술이 극명하게 대조를 이루는 모습은 플라톤의 『에우튀데모스』에서 찾아볼 수 있다. 소크라테스는 두 명의 쟁론가인 에우튀데모스와 디오뉘소도로스에게 '젊은 클레이니아스가 지혜를 사랑하고 덕을 돌봐야 한다고 설득해달라(peisaton)'고 부탁한다. 두 형제는 소크라테스의 부탁을 받아들이지만, 실제로 그들이 보여준 것은 클레이니아스가 내놓은 답변들을 모두 반박해버리는 기술이었다. 플라톤, 『에우튀데모스』 275e: "그때 디오뉘소도로스가 만면에 웃음을 띠며 내게 몸을 기울여 귀에 대고 속삭였네. '소크라테스, 내 미리 말하건대, 저 아이는 어느 쪽으로 대답하든 논박될 것이오(hopoter' an apokrinētai to meirakion, exelenchthēsetai).'"

가치한 것으로 치부해버리는 냉소주의와는 구별되어야 할 것이다.

에우클레이데스의 생애와 관련하여 가장 논란이 되는 증언은 그가 소크라테스의 제자가 되기 전까지 파르메니데스와 엘레아학파의 철학에 심취해 있었다는 보고이다.

에우클레이데스는 이스트모스 지방에 있는 메가라 출신이다. 혹은 몇몇 사람들에 따르면, 이를테면 알렉산드로스가 『학파의 계승자들』에서 말하듯이, 겔라 출신이라고도 한다. 그는 또 파르메니데스에 몰두하였다. 그리고 그의 제자들은 "메가라 철학자들"로 불리다가, 이어서 "쟁론가들"이라 불렸고, 나중에는 "변증가들"이라고 불렸다. 처음으로 그들을 "변증가들"이라고 부른 이는 칼케돈 사람인 디오뉘시오스였는데, 그것은 그들이 질문과 답변의 형식으로 논변을 전개했기 때문이었다.

— 『생애』 II, 106 [= 단편 31]

고대의 학설사가들은 에우클레이데스가 한때 파르메니데스에 심취하였고, 그 이후에는 소크라테스의 제자가 되었다는 사실로부터, 그가 엘레아학파의 일자 존재론과 소크라테스의 덕 이론을 결합시켰다고 생각해왔다. 특히 에우클레이데스의 철학을 언급한 몇몇 단편들에서는 덕이 지혜, 절제, 정의 등 다양한 이름들로 불리지만 그 본성은 하나라고 하는 이른바 '덕의 단일성(the unity of virtue)' 논제와 비슷한 생각을 엿볼 수 있는데, 사람들은 그의 이 생각이 엘레아학파의 일자 존재론에 바탕을 둔 소크라테스의 덕 이론이라고 보았다. 이러한 해석은 고대를 거쳐 20세기에 이르기까지 오랫동안 메가라학파의 철학에 관한 주류의 해석으로서 인정 받아왔다.[21] 하지만 20세기에 들어서 몇몇 학자들은 에우클레이데스가 소크라테스주의 전통에 속할 뿐 엘레아학파의 영향을 받았다고는 볼 수 없다는 반론을 제기했다.[22] 에우클레이데스(와 메가라학파)의 철학에 엘레아적인 요소가 있느냐 없느냐 하는 문제는 사실상 명쾌한 해결이 불가능하다. 왜냐하면 메가라학파의 철학을 언급한 단편들의 수도 얼마 되지 않거니와, 그것들에 대해서는 두 가지 해석이 모두 가능하기 때문이다. 이 문제와 관련해서 우리는 성급하게 어느 한 입장을 지지하기보다는, 가급적 유보적인 태도를 유지하면서 두 가지 해석을 모두 검토해볼 것이다.

마지막으로 앞의 증언은 에우클레이데스의 고향에 관해 언급하고 있다. 다수의 증언들은 그가 메가라 출신이라고 말하지만, 앞서 보듯이 에우클레이데스가 겔라 출신이라는 설도 있다. 다만 그가 겔라 출신이라는 설은 앞의 증언이 유일하고 다른 문헌적 근거는 찾을 수 없어서 더 이상의 확인은 불가능하다.[23]

---

21  고대인들 중에는 대표적으로 디오게네스 라에르티오스(『생애』)와 키케로(『아카데미아학파』)를 들 수 있다. 근대 이후의 철학사가들 중에는 헤겔(『철학사 강의』), 첼러(E. Zeller 1877) 등을 들 수 있다.

22  폰 프리츠(1931)와 잔난토니(SSR vol. IV)가 이에 해당된다.

23  몇몇 학자들은 에우클레이데스의 고향이 겔라라고 말한 것이 인물의 성격에 대한 오해에서 비롯된 것일 수 있다고 지적한다. 즉 '웃기는 놈'을 뜻하는 '겔로이오스(geloios)'를 지명인 '겔라(Gela)'로 혼동한 데서 비롯되었다는 것이다. Cf. F. Deycks 1827, 4; E. Zeller 1877, 249, n. 2.

## 1.2. 저술

증언들에 따르면, 에우클레이데스는 여섯 편의 대화를 저술했다고한다. 디오게네스 라에르티오스는 그 제목들이 각각 『아이스키네스』,『크리톤』, 『포이닉스』, 『알키비아데스』, 『에로티코스』 그리고 『람프리아스』라고 전한다.[24] 한편 『수다』에는 에우클레이데스가 이것들 외에다른 것들도 썼다고 적혀 있지만, 그것들의 제목이나 내용에 관한 언급은 없다.[25] 물론 이 작품들은 모두 소실되었으며, 그 내용에 대해서도 알려진 바는 없다. 다만 학자들은 제목을 가지고서 이런저런 짐작을 할 수 있을 뿐이다.

먼저 『아이스키네스』는 소크라테스의 제자인 아이스키네스를 제목으로 삼고 있다는 점에서, 학자들은 이 작품이 스승과 제자 간의 관계를 매개로 벌어지는 대화일 것이라고 짐작해왔다. 한편, 사제 관계못지않게 제자들 서로 간의 관계를 추측해보는 것도 흥미로운 일인데, 이와 관련해서 소크라테스주의자들의 이름하에 전해지는 몇 통의 편지들을 토대로 재미있는 추측을 해볼 수 있다. 예컨대 아이스키네스가 소크라테스의 아내인 크산티페에게 보낸 몇 통의 편지들에는메가라의 에우클레이데스가 크산티페에게 옷을 보냈다며 그의 친절함을 찬양하는 내용이 담겨 있는가 하면,[26] 아이스키네스 자신이 와병 중인 에우클레이데스의 집에 머물고 있다는 내용이 언급되기도

---

24 『생애』II, 108 [= 단편 15].
25 『수다』 "알키비아데스" 항목 [= 단편 16].
26 단편 4C.

한다.[27] 사실 이런 편지들은 모두 후대의 위작들로 평가받고 있지만, 그것들이 완전히 허무맹랑한 허구라기보다는 역사적 사건이나 과거부터 전해져 내려오는 일화들(즉 독자들이 커다란 심리적 저항 없이 받아들일 만한 내용)을 소재로 각색되었을 것이라고 가정한다면, 실제로 에우클레이데스와 아이스키네스는 어느 정도 돈독한 관계를 유지했을 가능성이 있으며, 에우클레이데스의 『아이스키네스』 역시 그러한 관계를 소재로 삼았을 수 있다.[28]

다음으로 『크리톤』의 경우, 플라톤 역시 같은 제목의 대화편을 쓴 것으로 잘 알려져 있다. 그래서 몇몇 학자들은 이 작품이 플라톤의 『크리톤』과 비슷한 구성과 주제를 담고 있었을 것으로 짐작하기도 하며, 좀 더 구체적으로는 소크라테스의 투옥을 소재로 하거나 법의 문제를 다루지 않았을까 추측하기도 한다. 물론 이런 짐작이나 추측의 근거는 매우 빈약하다. 무엇보다도 크리톤에 대한 평가가 심하게 엇갈린다는 점에서 대화의 내용을 추정하기란 쉽지 않다. 예컨대 플라톤은 크리톤을 소크라테스의 친구이자 든든한 후원자이긴 하나 철학에는 거의 재능이 없는 인물로 묘사하는 반면,[29] 디오게네스 라에르티오스는 크리톤이 엄연한 철학자이며, 게다가 열일곱 편의 대화를

---

27 단편 4D.

28 Cf. O. Gigon 1947, 286.

29 예컨대 『파이돈』에서는 혼을 돌보기보다는 소크라테스의 신체적 고통과 그의 장례식 및 가족들의 생계를 걱정하는 인물로 묘사되고, 『에우튀데모스』에서는 소피스트 형제들의 쟁론술을 보고 자식인 크리토불로스에게 철학을 권유해야 할지를 동요하는 모습을 보이며, 『크리톤』에서는 소크라테스의 정의에 기반한 행위 원칙을 이해하지 못하고, 전통적인 정의관에 따라 탈옥을 주장하는 인물로 등장한다.

썼다고 전한다.[30]

한편 『알키비아데스』의 경우, 에우클레이데스뿐만 아니라, 플라톤과 아이스키네스, 안티스테네스, 그리고 파이돈까지 같은 제목의 작품을 쓴 것으로 알려져 있다. 아테네 정치사에서 풍운아로 유명한 이 인물과 관련해서는[31] 아마도 소크라테스와의 연인 관계를 소재로 삼아 덕과 정치에 관한 논의가 다뤄지지 않았을까 추측해볼 수 있다.[32]

다음으로 『포이닉스』의 경우, 작품의 제목이기도 한 이 인물에 관해서는 두 가지 해석이 가능하다. 하나는 이 사람이 플라톤의 『향연』 (172b와 173b)에서 소크라테스의 이야기를 전해주었다고 언급된 인물이라고 보는 견해이고, 다른 하나는 호메로스의 『일리아스』에 등장하는 영웅으로 보는 입장이다. 전자의 인물이라면, 『포이닉스』는 여느 소크라테스적 대화의 주제처럼 덕의 문제를 다뤘거나, 아니면 플라톤의 『향연』처럼 소크라테스의 에로스와 관련된 주제를 다룬 작품일 가능성이 있다. 반면에 후자의 인물일 경우, 안티스테네스의 『아이아스의 연설』과 『오뒷세우스의 연설』처럼 신화 속 사건을 소재로 한 시범 연설(epideiktikos logos)이거나,[33] 대화편 『헤라클레스』처럼 영웅담을 소재로 삼은 작품일 수도 있다.

『에로티코스』 역시 플라톤의 『향연』처럼 소크라테스의 에로스를 주제로 삼은 작품일 가능성이 있다. 디오게네스 라에르티오스의 보고

---

**30** 『생애』 II, 121.
**31** Cf. 김유석 2013a, 28-31.
**32** Cf. SSR vol. IV, 37.
**33** 안티스테네스의 두 연설문은 오늘날까지 남아 있다. Cf. 김유석 2015b, 7-8; 김유석 2017b, 276-284.

에 따르면, 아리스토텔레스주의자인 헤라클레이데스라는 철학자도
『에로티코스』라는 작품을 썼다고 하는데, 한때는 이 헤라클레이데스
가 사실은 에우클레이데스로서 이름이 잘못 표기된 것이라는 주장도
있었으나 오늘날에는 받아들여지고 있지 않다.[34]

마지막으로 『람프리아스』와 관련해서는 제목과 내용 모두에 대해
아무것도 알려진 바가 없다.

이렇듯 에우클레이데스의 작품들은 제목으로만 남아 있다. 다만
에우클레이데스의 것으로 추정되는 유일한 직접 단편이 스토바이오
스의 글 속에 다음과 같이 인용되어 오늘날까지 전해지고 있다.

에우클레이데스의 말: "한편으로는 잠[수면]이 있다. 그것은 더 어리고 젊
은이의 모습을 한 다이몬으로 설득하기 쉬우며 [그로부터] 도망치기도 쉽
다. 반면에 다른 것도[죽음?] 있는데 그것은 머리가 반백이고 늙은이이며,
사람들 중에서도 특히 노인들에게 뿌리 박혀 자라는데, 설득되지도 않고
완고하다. 일단 이 다이몬이 나타나면, 이것으로부터 벗어나기란 어렵다.
왜냐하면 그것은 말에 아무런 관심도 기울이지 않으며, 전반적으로 듣는
것이 불가능하니, 그것은 귀머거리이기 때문이다. 또한 그것에게는 무엇
인가를 보여주면서 알려줄 수도 없으니, 그것은 장님이기 때문이다."

– 스토바이오스, 『선집』 III, 6, 63 [= 단편 19][35]

---

**34** Cf. SSR vol. IV, 37-38.
**35** 스토바이오스가 인용한 이 대목은 에우클레이데스의 유일한 직접 단편으로 추정된
다. 다만 어느 작품을 인용한 것인지는 알 수 없다. 19세기와 20세기 초반의 학자들
은 이 대목이 아마도 『에로티코스』의 일부일 것이라고 추측하기도 했으나 오늘날에는
받아들여지지 않는다. 이와 관련해서는, cf. K. Döring 1972a, 79-82; L. Montoneri
1984, 45.

이 단편에서는 잠과 죽음을 비교하고 있는데, 이러한 비교는 이미 호메로스에서 찾아볼 수 있다.[36] 또한 신화에서 잠과 죽음은 서로 대립하는 두 명의 다이몬들로 신격화되어 나타나기도 한다. 이렇게 신화 속의 일화를 이용하는 방식은 소크라테스식 담론의 저자들이 일반적으로 사용했던 서술 방식이라 할 수 있다. 하지만 전체적인 글의 맥락을 모르기에, 이 단편이 무엇을 의미하고 또 어떤 의도로 쓰였는지 역시 알 수 없다. 다만 그럼에도 불구하고 몇몇 학자들은 막연한 수준에서나마 앞의 단편에 대한 해석을 시도했는데, 대표적인 인물로는 올로프 지공(Olof Gigon)을 들 수 있다.[37] 지공의 추측에 따르면, 앞의 대목은 소피스트 프로디코스가 『헤라클레스에 관하여』에서 다루었던 덕과 악덕의 관계를 연상시킨다는 것이다.[38] 프로디코스의 경우에는 덕과 악덕이라는 윤리적인 개념을 두 여인의 유혹으로 묘사함으로써 인간의 혼 안에서 발생하는 심적인 갈등을 표현했다고 볼 수 있는데, 에우클레이데스의 경우에도 잠과 죽음으로 이야기되는 두 다이몬을 일종의 윤리적인 대립 개념으로 설정한 것이 아닐까 하고 추측해보는 것이다. 다만 그 윤리적 개념이 무엇을 의미하는지는 정확히 알 수 없다. 하지만 신화적인 이미지를 통해서 추상적인 철학

---

**36** 호메로스, 『일리아스』 XIV, 231-232: "그녀[헤라]는 죽음의 신의 아우인 잠의 신을 만나 / 그의 손을 꼭 잡고 이름을 부르며 말했다."; 헤시오도스, 『신들의 계보』 212-213: "한편 밤은 가증스런 운명과 검은 죽음의 여신과 / 죽음을 낳았다. 밤은 또 잠을 낳고 꿈의 부족을 낳았다."; 756-759: "파멸을 가져다주는 밤은 안개구름에 싸여 / 죽음과 형제간인 잠을 품에 안고 어른다."

**37** Cf. O. Gigon 1947, 286-287.

**38** 헤라클레스가 갈림길에서 만났다는 두 여인(덕과 악덕)에 관한 이야기를 말한다. Cf. 크세노폰, 『회상』 II, 1, 21-34.

개념을 설명하는 방식은 소크라테스식 담론의 글쓰기 방식에서 낯선 것이 아니다. 예컨대 플라톤이 『파이드로스』(246c)에서 혼의 구조를 두 필의 말과 한 명의 마부로 이루어진 날개 달린 마차로 묘사한 것은 신화적 이미지를 통한 설명의 전형적인 사례라 할 수 있다. 또한 이러한 해석은 로마의 문법학자였던 켄소리누스의 증언과도 맥을 같이 하는데, 그에 따르면, 에우클레이데스는 인간에게 한 쌍의 다이몬이 들어 있다고 말했다는 것이다.[39]

## 1.3. 학설

그렇다면 에우클레이데스의 철학은 무엇일까? 그의 작품들은 모두 소실되었으며, 작품의 내용을 알려줄 만한 의미 있는 단편들도 거의 부재한 상황이다 보니, 그의 사유를 온전히 재구성하기란 사실상 불가능하고, 그저 일반적인 수준의 철학적 문제제기 정도로 만족하는 수밖에 없다. 에우클레이데스의 철학과 관련하여 그의 이름이 직접 거론된 작품들로는 디오게네스 라에르티오스의 『생애』와 키케로의 『아카데미아학파』, 그리고 기독교 교부인 락탄티우스의 『신성한 교리』 정도를 들 수 있는데, 그 내용은 주로 에우클레이데스의 변증술과 좋음의 단일성에 관한 것들이다. 먼저 변증술과 관련된 증언들을 살펴보자.

---

**39** 켄소리누스, 『탄생일에 관하여』 3, 3 [= 단편 20]. 다만 각각의 다이몬이 무엇을 상징하는 지는 언급하고 있지 않다. 관련 증언들의 맥락을 고려하자면, 긍정적인 것(예컨대 좋음, 덕)과 부정적인 것(예컨대 나쁨, 악덕)의 대립쌍일 것이라고 추측할 수 있을 뿐이다.

(1) 논쟁에서 상대 주장의 전제들이 아닌 결론을 공격함

> 그[에우클레이데스]는 증명들을 공격할 때 전제에 대해서가 아니라 결론에
> 대해서 공격했다.
>
> — 『생애』 II, 107 [= 단편 29]

먼저 살펴봐야 할 것은 이 증언의 신뢰성 여부이다. 우선 주의해야
할 점은 여기서 언급된 '전제들(lēmmata)'과 '결론(epiphora)'이라는 표
현이 스토아학파의 용어들이라는 사실이다.[40] 따라서 스토아학파 이
전에 활동했던 에우클레이데스가 정말로 이 용어들을 사용했는지는
의심스럽다. 어쩌면 『생애』의 저자인 디오게네스 라에르티오스(서기 3
세기 무렵)가 자기 시대에 일반적이었던 스토아 철학의 용어를 사용하
여 에우클레이데스의 쟁론술을 소개한 것일지도 모른다.[41] 다만 에우
클레이데스가 변증술에 깊은 관심을 보였고, 쟁론의 기술을 발전시
켰다는 것은 그의 생애에 관한 여러 증언들을 통해 확인할 수 있다.
이를 감안할 때, 비록 증언에 사용된 용어들이 에우클레이데스의 시
대와 잘 맞지는 않지만, 적어도 증언 내용만큼은 에우클레이데스의
철학적 관심사를 제대로 반영하고 있는 것처럼 보인다.

그렇다면 논쟁을 벌일 때, 상대방 논증의 전제들이 아니라 결론을
공격했다는 말은 어떻게 이해해야 할까? 논변이 남아 있지 않아 그
의 비판이 어떤 형식이었는지는 정확히 알 수 없지만, 아마도 그것은

---

**40**  M. Untersteiner 1955, lxiii, n. 158; M. Gigante 1962, 560 (Nota di II, 107); M-O.
Goulet-Cazé 1999, 316, n. 4.

**41**  R. Muller 1988, 106.

변증술적인 대화 상황에서 "지금 당신이 제시한 전제에는 동의할 수 없소!"라고 반대하기보다는,[42] 상대의 논변이 모두 끝나고 결론이 도출되기를 기다렸다가, 그 결론을 놓고서 비판을 시작했을 것이다. 그 비판이 상대방의 결론을 일단 받아들이고 나서, 그것의 불합리함을 찾아나가는 과정을 취했다면, 어쩌면 그것은 일종의 귀류법과 유사한 형식을 띤 것이 아니었을까 추측해볼 수 있다. 사실 이 증언은 에우클레이데스와 엘레아학파의 관계를 지지하는 학자들에게 중요한 근거로서 인용되어왔다. 왜냐하면 이러한 논증 방식은 엘레아학파의 제논에게서 비롯된 것으로 알려져 있기 때문이다.[43] 제논은 스승인 파르메니데스의 일자 존재론을 옹호하기 위해, 이를 비판하는 사람들에 맞서 다양한 종류의 역설 논변들을 사용했다. 그것은 "여럿이 있다고 하자"라든가 "운동이 있다고 하자"와 같이 상대의 결론을 가정으로 받아들인 뒤에, 그로부터 어떤 불합리함이 도출되는지를 드러냄으로써 상대의 주장을 논박하는 형식을 취하고 있다.[44] 에우클레이데스가 젊었을 때 엘레아학파에 열중했다는 증언을 진지하게 고려한다면, 그가 제논의 역설 논증을 알고 있었으리라는 것은 충분히 추측 가능하다. 다만 이 해석은 추측의 수준을 넘어서기 어렵다. 왜냐하면 증언 어디에도 에우클레이데스의 방법론이 제논의 영향을 받았다는 언급은 없기 때문이다. 더욱이 몇몇 학자들은 상대방 주장의 전

---

42  변증술적 대화에서 상대가 제안하는 전제를 받아들이기를 주저하거나 회피하려는 태도는 플라톤의 초기 대화편들에 왕왕 나타나는 모습이기도 하다. 예컨대, 『고르기아스』 494c-495c; 『프로타고라스』 331b-d, 335a-338e; 『에우튀데모스』 296a-296c. Cf. 김유석 2009, 79-86.

43  L. Montoneri 1984, 61-62.

44  플라톤, 『파르메니데스』 127d-128e; 『선집』 312-318.

제들이 아닌 결론을 공격하는 논증이 제논에게만 있었던 것은 아니라고 지적한다.[45] 예컨대 플라톤의『테아이테토스』에서 소크라테스는 프로타고라스의 감각론에 기반한 인간 척도설을 검토하기 위해 프로타고라스의 주장을 재구성하여 결론을 도출해내고, 그렇게 도출된 결론에 대해 비판을 수행한다.[46] 더욱이『테아이테토스』의 이야기 전달자가 에우클레이데스라는 점을 감안할 때, 전제들이 아닌 결론을 공격하는 그의 논쟁 방식은 오히려 소크라테스의 논박술로부터 영향을 받은 것이라고 해석할 여지 또한 충분하다.[47] 따라서 다른 결정적인 증언이 나오지 않는 한, 에우클레이데스의 쟁론 방식이 엘레아의 제논에게서 온 것이라고 단정하기는 쉽지 않다.

### (2) 비유를 통한 논증을 거부함

또한 그는 비유를 통한 논증을 거부했다. 그는 그 논증이 닮은 것들로 구성되거나 닮지 않은 것들로 구성된다고 말했다. 만일 닮은 것들로부터 논증이 이루어진다면, 닮은 것들을 다루느니, 차라리 그것들 자체를 다루는 것이 더 나을 것이며, 만일 닮지 않은 것들로부터 논증이 이루어진다면, 그 비교는 지나친 것이기 때문이다.

―『생애』II, 107 [= 단편 30]

에우클레이데스가 행한 변증술의 두 번째 특징은 그가 비유를 통

---

**45**  L. Montoneri 1984, 62.
**46**  플라톤,『테아이테토스』, 163d-164b; 169e-171c.
**47**  R. Muller 1988, 41-42.

한 논증(ho dia parabolēs logos)을 거부했다는 것이다. 비유를 통한 논증은 자신이 주장하려는 바를 그것과 비교할 만한 사례를 들어 정당화하는 것이다. 예를 들어 누군가가 추첨으로 지휘관을 선출하는 일에 반대한다고 치자. 그는 "그것이 올림픽 대표 선수를 실력이 아닌 추첨으로 뽑는 것처럼 어리석은 생각이다"라고 주장할 것이다. 즉 군대 지휘관을 선출하는 일과 올림픽 대표 선수를 뽑는 일을 비교하면서, 후자에 대해 추첨이 옳지 않다면, 전자의 경우도 마찬가지로 옳지 않다라고 결론을 내리는 것이다.[48] 그러나 에우클레이데스는 비유를 통한 논증을 받아들이지 않는다. 그의 비판은 다음과 같다. 비유를 통한 논증은 사실 닮은 것과 닮지 않은 것의 비교에 기반해서 이루어진다. 그런데 닮음이 논증의 관건이라면, 굳이 (똑같은 것도 아니고) 닮은 것을 비교해가며 논증하느니, 그냥 내가 주장하는 것 자체를 다루는 편이 낫다. 반대로 닮지 않음이 논증의 관건이라면, 내가 주장하는 것과 닮지도 않은 사례를 비교해야 할 이유는 전혀 없다는 것이다.

그런데 에우클레이데스가 비유를 통한 논증을 거부했다는 것은 소크라테스와 플라톤이 주로 사용해온 논증의 방식을 더 이상 받아들이지 않았다는 뜻으로 해석할 수 있다. 플라톤의 대화편들에는 초기, 중기, 후기 할 것 없이 수많은 비유들이 등장한다. 그는 자신의 생각을 전달하기 위해서 다양한 이미지들을 사용하기도 하고(예컨대, 태

---

**48** 이와 관련하여 보다 온전한 사례로는, cf. 아리스토텔레스, 『수사학』 II, 20, 1393b4–8: "비유의 예로는 소크라테스가 하던 말을 들 수 있다. '관리들을 추첨으로 선출해서는 안 됩니다. 그것은 경기에 적합한 자를 선별하는 대신 추첨으로 운동선수를 선발하는 것이나, 선원 중에서 추첨으로 선장을 선출하는 것과 같습니다. 마치 지식을 가진 사람을 선출하는 것이 아니라, 제비에 뽑힌 사람을 선출하는 것이 옳다고 하는 것처럼 말입니다'."

양, 동굴, 선분 등), 전통 신화의 소재들을 가져다 쓰기도 하며(예컨대 오뒷세우스의 분노), 동물이나 각종 우화를 인용하는가 하면(예컨대 개와 늑대의 비유, 혹은 아이소포스의 우화들), 자기가 직접 이미지를 가공하기도 한다(예컨대 두 필의 말과 마부로 이루어진 날개 달린 마차). 이러한 비유의 사용은 추상적이거나 설명하기 어려운 것을 구상적인 방식으로 드러내준다는 점에서 효과적이다. 그리고 플라톤이 소크라테스에게서 비유를 통한 논증을 배웠으리라는 것은 거의 의심의 여지가 없다.

그렇다면 왜 에우클레이데스는 비유를 통한 논증을 받아들이지 않았을까? 한 가지 생각해볼 수 있는 것은 유비 논증의 거부에 엘레아 철학의 영향이 일정 정도 작용하지 않았을까 하는 점이다. 유비란 비교하려는 것과 비교 대상 간의 닮음을 전제로 한다. 그런데 닮음이란 똑같지는 않음을 함축한다. 즉 닮음은 똑같지 않은 만큼의 다름을 함께 지니고 있는 것이다. 문제는 닮음이나 다름이 바로 현실의 영역, 즉 다자와 운동, 변화의 영역에 속한다는 것이다. 반대로 완전한 동일성은 현실에서 기대할 수 없다. 다른 한편, 동일성은 존재의 한 속성이다. 왜냐하면 있다는 것은 자신의 동일성(즉 자기 자신임)을 잃지 않고 계속 유지한다는 뜻이기 때문이다. 이와 달리 닮음이나 다름은 운동과 변화의 속성이다. 왜냐하면 운동과 변화란 조금 전의 자신과 조금 뒤의 자신이 비슷하면서도 끊임없이 달라지는 것이기 때문이다. 에우클레이데스가 굳이 닮은 것과 비교하느니, 그냥 주장하려는 것 자체를 다룰 것이요, 비교 대상이 닮지 않은 것이라면 굳이 비교할 이유조차 없다고 단언했다면, 우리는 그가 이 주장을 통해서 현실 영역에 속하는 닮음과 다름을 거부하고, 존재 자체의 동일성을 지지

했다고 볼 수 있다. 그리고 이 생각의 이면에는 진리의 길과 의견의 길을 나누고, 후자에 미혹되지 말 것을 경고했던 파르메니데스의 영향이 작용했으리라는 추측도 가능하다.

물론 '비유를 통한 논증을 거부했다'는 짤막한 언급을 가지고서 운동과 변화의 세계를 거부했다는, 이른바 엘레아적인 세계관을 도출해내기에는 적잖이 무리가 따른다. 우선 유비 논증의 거부가 소크라테스의 방법론 일반에 대한 부정을 의미하는지가 확실치 않다. 에우클레이데스가 누구보다도 소크라테스의 논박술을 충실히 계승했다는 점을 감안하면, 설령 그가 엘레아 철학의 요소를 도입했다 하더라도, 스승의 탐구 방법론을 그렇게 간단히 부정했으리라고는 생각하기 어렵다. 오히려 한 가지 생각해볼 수 있는 것은 에우클레이데스가 거부한 유비 논증이 사실은 소크라테스의 것이 아니라 플라톤의 것이라는 해석이다. 그중에서도 특히 플라톤이 사용했던 다양한 신화의 사례들이 비판 대상이었을 수도 있다.[49] 또 다른 해석 가능성은 에우클레이데스의 비유를 통한 논증 비판이 소크라테스나 플라톤을 겨냥한 것이 아니라, 다른 소크라테스주의자, 예컨대 안티스테네스의 이론을 겨냥한 것일 수 있다는 점이다. 왜냐하면 안티스테네스는 존재자의 본질을 정의하는 것은 불가능하고 열거만 가능하기에, 오직 유비 관계를 통해서만 이를 기술할 수 있다고 주장했기 때문이다.[50]

---

49  Cf. K. von Fritz 1931, col. 717.
50  Cf. 아리스토텔레스, 『형이상학』 VIII, 3, 1043b23‒28 [= Fr. 44A DC = SSR V A 150]: "따라서 안티스테네스주의자들과 그토록 무지한 사람들이 제기하곤 했던 문제가 맞을 때가 있는데, 그들에 따르면, 어떤 것이 '무엇'인지는 정의될 수 없고(정의란 장광설이기 때문이다), 어떤 성질의 것인지를 가르칠 수 있을 뿐인데, 예컨대 은이 '무엇'인지는 정의할 수 없고, 그것이 주석과 같다고 말할 수 있을 뿐이다."

에우클레이데스의 비판이 누구를 겨냥한 것인지는 알 수 없지만, 어 쨌든 그가 유비 논증을 거부했다는 사실은, 적어도 그가 사물의 본질 을 적시하는 쪽을 선호했으며, 또 그것이 가능하다고 확신했으리라 고 추측할 여지를 제공한다. 하지만 그의 철학과 관련하여 가장 커다 란 논란을 불러일으킨 것은 좋음이 단일하다는 주장이다.

### (3) 좋음의 단일성

에우클레이데스의 사상과 관련하여 거의 모든 증언들에서 공통적 으로 다뤄지는 내용은 좋음과 덕의 단일성에 관한 언급이다. 이때 좋 음과 덕은 에우클레이데스가 소크라테스의 문제의식을 이어받고 있 다고 생각할 여지를 주며, 단일성은 그가 엘레아 철학과 이어져 있다 고 해석할 여지를 제공한다. 다음의 증언을 살펴보자.

> 그[에우클레이데스]는 좋음이 여러 가지 이름으로 불리지만 하나임을 보여
> 주었다. 즉 그것은 어떤 때는 실천적 지혜로, 또 어떤 때는 신으로 불리는
> 가 하면, 또 어떤 때는 지성이나 그 밖의 것들로 불린다는 것이다. 반면에
> 좋음에 대립되는 것들은 존재하지 않는다고 말하며 제거하였다.
>
> ―『생애』 II, 106 [= 단편 24]

이 증언에서 에우클레이데스는 좋음에 관해 언급함으로써 윤리학 에 관심을 갖고 있는 것처럼 보인다. 그가 소크라테스의 제자임을 고 려한다면 이것은 그리 놀랄 일이 아니다. 그런데 좋음은 언제나 동일 하며, 지혜나 신, 지성 등은 모두 좋음의 다른 이름들일 뿐이라는 주 장은 에우클레이데스가 덕의 단일성(the unity of virtue) 문제에 대해서

도 일정한 태도를 취하고 있었다고 추측할 만한 여지를 준다. 소크라테스 이래로 고대 윤리학의 전통적인 주제가 된 덕의 단일성 문제는 지혜, 용기, 절제, 정의 등과 같은 개별적인 덕들이 있어서 이것들이 모두 덕 일반의 부분들로서 서로 간에 일정한 관계를 맺고 있는 것인지, 아니면 덕은 하나이고 지혜, 용기, 절제, 정의 등은 모두 동일한 덕의 다른 이름들에 불과한 것인지를 둘러싼 논쟁이다. 앞의 증언에 따르면, 에우클레이데스는 좋음이 하나이자 같은 것이며, 다른 것들은 이름에 불과하다고 말함으로써, 덕의 단일성 논제와 비슷한 입장을 취한다는 인상을 준다. 이와 비슷한 입장은 플라톤의『프로타고라스』에서도 찾아볼 수 있다. 거기서 소크라테스는 지혜, 용기, 절제, 정의가 덕의 각 부분들이라는 프로타고라스의 입장에 반대하여, 오직 하나의 덕만 있으며 개별적인 덕들은 모두 동일한 덕의 다른 이름들이라는 입장을 지지한다.[51] 여기까지만 놓고 보면, 에우클레이데스는 확실히 소크라테스의 윤리학적 탐구의 전통 위에 서 있다고 할 수 있다.

하지만 좋음이 다양한 이름으로 불림에도 불구하고 실제로는 하나라는 주장은 에우클레이데스가 그저 윤리학의 영역에 머물러 있는 것이 아니라, 좀 더 근본적인 문제, 즉 '하나와 여럿의 문제에 대해서도 일정한 철학적 입장을 취하려 하지 않았을까'라는 추측의 여지를 제공한다. 즉 좋음은 여러 가지 모습으로 나타나지만, 그것들은 그저 이름일 뿐 실재하지 않는다는 것이다. 그리고 이는 현상의 다수성에 대한 부정을 함축한다고 볼 수 있다. 앞의 증언의 마지막 대목, 즉

---

51  플라톤, 『프로타고라스』 329c-e.

'좋음에 대립되는 것들은 존재하지 않는다고 말하며 제거했다'라는 언급은 이러한 추측에 힘을 실어준다. 왜냐하면 이 주장은 악을 비롯하여 부정적인 것들에 대해서는 존재론적인 위상을 인정하지 않았다는 의미로 읽히기 때문이다. 사실 이 마지막 대목은 맨 앞의 좋음의 단일성으로부터 자연스럽게 귀결된다고 할 수 있다. 오직 좋음만이 유일한 것으로서 존재한다면, 그 외의 것들, 즉 좋음에 대립되는 것이 모두 제거됨은 물론, 심지어 다른 좋은 것들(예컨대 지혜, 신, 지성 등) 역시 좋음의 다른 이름이라는 위상 말고는 달리 존재할 수 없기 때문이다. 그러므로 앞의 증언으로부터 하나(좋음)와 여럿(다른 것들)의 대립을 읽어내는 것은 적잖이 설득력 있는 추측으로 보인다.[52]

그러나 이 증언만으로는 하나와 여럿의 대립이 어느 수준에서 논의되고 있는지 정확히 알 수 없다. 말 그대로 좋음 일반과 개별적인 좋은 것들의 관계를 다루는 윤리학적 수준에서 머무는 것일 수도 있고, 윤리적 개념들을 매개로 하여 하나와 여럿의 존재론적인 위상에 관한 물음을 다루는 것일 수도 있다. 전자의 경우라면, 이 주장은 덕의 단일성 논제에 대한 에우클레이데스 버전으로 소크라테스적 전통을 따르는 것이라고 평가할 수 있다. 반면에 후자의 경우라면, 우리는 하나와 여럿의 존재론적인 분리의 기원에 관해 의문을 품지 않을 수 없다. 그리고 고대로부터 많은 철학자들은 자연스럽게도(!) 이러한 주장의 기원을 파르메니데스와 엘레아학파에게서 찾았다.

---

**52**  Cf. 김유석 2017, 36-38.

## (4) 극단적 이성주의

메가라 철학자들의 견해는 유명했습니다. 내가 본 기록에 따르면, 그들의 지도자는 좀 전에 언급한 바 있는 크세노파네스였습니다. 그리고 그의 뒤를 파르메니데스와 제논이 따르지요. 엘레아 철학자들이 그런 이름으로 불리게 된 것은 바로 그들로부터입니다. 그렇게 그들로부터 엘레아 철학자들이 그 이름을 얻게 된 것입니다. 그 다음으로 에우클레이데스가 오는데 그는 소크라테스의 제자로 메가라 출신으로, 역시 그로부터 메가라 철학자들이 그렇게 이름 불리게 되었습니다. 그들은 하나이고 닮았으며 언제나 동일한 것만이 좋은 것이라고 말했습니다. 그들은 또한 플라톤에게서도 많은 것을 빚지고 있지요. […].

　　　　　　　　　　　– 키케로, 『아카데미아학파 전서(루쿨루스)』 XLII, 129 [= 단편 26A]

키케로는 에우클레이데스를 메가라학파의 설립자로 소개하면서 그가 엘레아학파의 계승자인 양 말하고 있다. '메가라 철학자들이 하나이고 닮았으며 언제나 동일한 것만이 좋다라고 말했'라는 증언은 엘레아학파와의 관계를 상정했을 때 지극히 자연스러운 주장처럼 보인다. 물론 여기서 주의해야 할 것은 두 학파 간의 유사성이나 영향이 사실 관계를 다루는 문제가 아니라 철학적 해석의 대상일 뿐이라는 점이다. 어쨌든 이 둘의 관계를 인정한다면, 우리는 에우클레이데스의 철학적 의도를 다음과 같이 추측할 수 있다. 그는 좋음에 관한 소크라테스의 윤리학적 논제들을 존재론적으로 확립하고자 의도했을 가능성이 높다. 또한 자신의 의도를 실현하기 위해서 아예 윤리학과 존재론을 같은 것으로 만들어버리려 했을 것이다. 그 방법은 소크라테스의 윤리학적 개념들에 사변적이고 초월적인 의미와 논리를 덧붙이는 것이다. 그러한 작업을 함에 있어서 파르메니데스의 존재론과 제논의 변증술이야말로 가장 훌륭한 이론적, 방법론적인 도구이자 과학적인 설명 모델이었을 것이다. 그렇다면 에우클레이데스가 이른바 엘레아적 설명 모델에서 주목한 것은 무엇이었을까? 그것은 아마도 일체의 운동과 변화를 부정하고 오직 존재만을 받아들이며, 이를 바탕으로 모든 감각을 거부했던 극단적 이성주의였을 것이다. 이와 관련하여 에우세비오스는 소요학파의 철학자인 아리스토클레스의 말을 인용하여 다음과 같이 보고한다.

> [⋯] 그들은 감각과 인상을 버려야 하고, 오직 이성 그 자체만을 신뢰해야 한다고 생각한다. 그와 같은 것들은 처음에 크세노파네스와 파르메니데스와 제논과 멜리소스가 주장했고, 나중에는 스틸폰 주변 사람들과 메가라 철학자들이 주장했다. 그로부터 그들은 존재가 하나이며 타자는 존재하지 않는다고 평가했을뿐더러, 어떠한 것도 결코 생겨나거나 소멸하거나 운동을 겪거나 하지 않는다고 평가했다.
>
> — 에우세비오스, 『복음 준비서』 XIV, 17, 1 [= 단편 27]

이 단편에 대해서는 다소 신중한 태도가 필요하다. 왜냐하면 에우세비오스(서기 260/265~339/340년)는 철학자가 아니라 신학자이자 카이사리아의 주교로서, 이교도들(철학자들)의 사상을 비판하고 기독교를 옹호할 목적으로 책을 썼기 때문이다. 또한 그의 저술에 언급된 크세노파네스와 엘레아 철학자들, 그리고 메가라 철학자들의 사상역시 엄밀하게 구별해서 다뤄졌다기보다는 저자의 입맛에 따라 자의로 뒤섞여 있을 수 있다.[53] 하지만 우리가 해당 철학자들 간의 세세한 차이보다는 관계성에 주목한다면, 그리고 증언의 내용 역시 그들 사이에서 어느 정도 공유되었던 생각들이었음을 감안한다면, 앞의 증언은 메가라 철학에 대하여 의외로 많은 정보와 생각할 거리를 제공해준다. 아울러 이 증언이 크세노파네스와 엘레아학파, 그리고 메가라학파 모두에게 공통된 것이라면, 그 안에 담긴 사상 역시 크세노파네스와 엘레아학파의 것인 동시에 메가라학파의 것이라고 보아도 무방할 것이다.

먼저 앞의 증언에 따르면, 메가라 철학자들은 '감각과 인상을 받아들이지 않고, 오직 이성(logos)만을 신뢰할 수 있는 것으로서 인정한다.' 사실 감각을 거부하고 오직 이성만을 받아들였다는 주장은 그다지 새로울 것이 없는 이야기다. 왜냐하면 이성을 신뢰할 만한 판단 기준으로 보는 것은 플라톤을 비롯하여 대다수의 철학자들에게 공통적인 모습이기 때문이다. 다만 철학사의 맥락을 고려할 때, 감각의 거부와 이성에 대한 강조는 메가라 철학들이 동시대의 감각론자들이라 할 수 있는 퀴레네 철학자들과 대립하고 있었음을 암시한다고 추측할 수 있는 정도이다.[54] 물론 앞의 대목만으로는 정말로 두 학파가 대립 관계였는지 확인할 수도 없다. 그렇지만 메가라 철학자들의 이성주의적 태도는 그 자체로 어떤 정보를 제공해주기보다는, 그들의 다른 주장들과 결합하면서 몇몇 의미 있는 추론들을 가능하게 해줄 것이다.

---

다음으로 주목할 부분은 '존재가 하나이며 타자는 존재하지 않는다 (to on hen kai to heteron mē einai)'라는 대목이다. 먼저 이 대목의 앞 부분인 '존재가 하나(to on hen)'라는 언급을 살펴보자. 이것은 두 가지로 생각해볼 수 있다. 하나는 오직 존재 하나만이 있다고 보는 것이다. 이것은 다른 것들, 즉 여럿의 존재를 아예 부정한다는 점에서 극단적으로 존재의 유일성(the unicity of being)을 강조하는 관점이다. 예컨대 플라톤은 『소피스트』에서 이러한 입장을 파르메니데스의 것으로 돌린다.[55] 다른 하나는 여럿에 걸친 하나가 있다고 보는 것이다. 이것은 다자(多者)의 존재를 부정하지는 않지만, 그것들은 운동과 변화, 생성과 소멸을 겪는 것들이며, 참으로 존재하는 것은 그것들에 걸쳐(혹은 너머에) 있는 단일한 원리라는 생각이다. 그런 식으로 다양한 도덕적인 행위에 걸쳐 기준이 되는 하나의 덕이 존재하고, 여러 아름다운 것들에 걸쳐 이것들의 모델로서 하나의 아름다움이 존재하는 것이다. 앞의 해석이 존재의 유일성을 강조한다면, 이 해석은 존재의 단일성(the unity of being)을 강조하는 관점이라 할 수 있다.

이어서 뒷부분인 '타자는 존재하지 않는다(to heteron mē einai)'라는 언급을 살펴보자. 이 부분은 플라톤의 『소피스트』와 비교해볼 필요가 있다. 소피스트의 본성을 추적하던 엘레아의 이방인은 소피스트들이 허상을 만들어내는 사람들이라고 규정하기에 이른다. 그런데 허상은 있지 않은 것, 즉 비존재에 다름 아니다. 따라서 소피스트들은 있지 않은 것에 대해 말하는 사람들인 셈이다. 하지만 파르메니데스가 확립한 전통에 따르면, 우리는 오직 있는 것에 대해서만 생각하고 말

---

55  플라톤, 『소피스트』 244b-d.

할 수 있을 뿐, 있지 않은 것에 대해서는 사유도 언표도 할 수 없다. 이로부터 딜레마가 발생한다. 소피스트를 거짓말쟁이라고 비난하자니, 파르메니데스 이래로 확립된 존재와 사유의 관계가 이를 허용하지 않는다. 왜냐하면 거짓말은 사실이 아닌 것(즉 있지 않은 것)에 대해 말하는 것인데, 이는 불가능하기 때문이다. 반면에 파르메니데스의 원리를 따르자니, 우리는 소피스트를 거짓말쟁이라고 비난할 수 없게 된다. 왜냐하면 파르메니데스에 따르면 비존재에 대한 사유와 언표는 불가능하기 때문이다. 이 딜레마를 해결하기 위해 엘레아의 이방인은 비존재의 본성을 탐구하게 되고, 결국 비존재 역시 타자로서 존재한다는 결론에 도달하게 된다. 즉 플라톤의 존재론이 성립하기 위해서는 비존재 역시 일정한 방식으로 있어야 하며, 타자야말로 비존재의 존재 방식이라는 것이다.[56]

이런 맥락을 고려할 때, 에우클레이데스와 관련하여 '타자는 존재하지 않는다'라는 증언은 타자로서의 비존재를 인정한 플라톤의 입장을 겨냥한 것처럼 보인다. 에우클레이데스가 존재의 단일성을 강력하게 긍정하는 이상, 이를 위협할 수 있는 모든 가능성들은 철저하게 배제해야 한다. 그 경우에 타자는 상대적인 비존재를 함축한다는 점에서 존재와 양립할 수 없다. 존재는 오직 하나로서 자기 자신과 같을 뿐이다. 그리고 이는 플라톤의 존재론과 차이가 발생하는 지점이기도 하다. 플라톤 역시 참된 존재(즉 가지적 형상들)는 운동과 변화, 생성과 소멸을 겪지 않고 영원하며, 언제나 자기 자신임을 유지한다.

---

56  플라톤, 『소피스트』 258b: "타자의 본성이 있는 것들에 속한다는 것은 분명합니다(hē thaterou phusis ephanē tōn ontōn ousa).": 259d: "타자는 존재에 참여합니다(to men heteron metaschon tou ontos esti)."

하지만 이것만으로는 충분하지 않다. 무엇인가가 참으로 있기 위해서는 그것의 존재와 더불어 동일자와 타자, 그리고 운동과 정지가 더 필요하다. 플라톤이 이른바 '최고유(ta megista genē)'라고 불렀던 이 다섯 항목을 설정한 이유는 참된 존재인 형상들의 관계와 소통을 가능케 하기 위해서였다. 반면에 에우클레이데스는 존재 이외의 모든 것들을 부정하고, 그럼으로써 존재자들 사이에서 이루어질 수 있는 모든 형태의 관계를 부정하는 데로 나아간다. 플라톤의 관점에서 보자면, 에우클레이데스의 존재는 일종의 가지적 형상들(좋음, 덕, 아름다움, 인간 등)이지만, 이것들은 감각적인 것들과 아무런 관계를 맺지 않음은 물론, 형상들 서로 간에도 고립되어 있는 상태라고 할 수 있다. 요컨대 '존재가 하나이며 타자는 존재하지 않는다'라는 증언으로부터 에우클레이데스는 존재의 순수성을 극단적으로 추구했으며, 이를 해칠 수 있는 모든 요소들을 배제하려 했던 것이 아닐까 추측해볼 수 있다.[57]

세 번째로 살펴볼 것은 '생성과 소멸, 운동과 변화의 부정'이다. 이 대목 역시 두 가지로 이해할 수 있다. 하나는 단적인 의미에서 모든 종류의 운동과 변화, 그로부터 비롯되는 생성과 소멸의 부정이다. 다른 하나는 아리스토텔레스가 『형이상학』에서도 다룬 바 있듯이 '가능태(dunamis)'의 부정이다.[58] 사실 이 둘은 대립되는 것이 아니다. 오히려 후자는 전자로부터 충분히 생각해볼 수 있는 내용이다. 왜냐하면

---

**57** 하지만 뮐러가 잘 지적했듯이, 존재의 순수성을 강조한 만큼, '존재의 찬란한 고립(le splendide isolement de l'essence)' 역시 피할 수 없는 일이었을 것이다. Cf. R. Muller 1988, 91.

**58** 아리스토텔레스, 『형이상학』 IX, 3, 1046b29-1047b2.

일체의 생성과 소멸, 운동과 변화가 부정된다면, 그렇게 되거나 할 수 있는 가능성 자체가 제거되기 때문이다. 결국 이러한 주장은 경험 세계에서 일어나거나 일어날 수 있는 요소들의 배제를 의미한다. 그리고 이것은 감각 대상들을 부정함으로써, 이것들과 순수한 존재와의 관계를 배제하려는 의도로 보인다.

하지만 이 대목만을 가지고서는 에우클레이데스가 경험과 인상의 영역 자체를 부정했는지 알 수 없다. 사실 생성과 소멸을 포함하여 운동과 변화를 거부하는 것은 첫 번째 대목의 '감각과 인상을 버려야 한다'는 언급과도 무관하지 않다. 왜냐하면 운동과 변화는 바로 감각 대상들이 행하거나 겪는 것이기 때문이다. 그런데 '감각과 인상을 버려야 한다'는 말은 감각과 인상의 완전한 부정으로 이해할 수도 있지만, 좀 더 온건하게 '감각과 인상을 진리의 기준으로 신뢰해서는 안 된다' 정도로 생각할 수도 있다. 이 경우 감각과 인상이 발생한다는 사실 자체를 부정하지는 않는다. 또한 만일 감각과 인상의 발생한다는 것을 인정한다면, 감각과 인상이 유래하는 대상이 있다는 것 역시 부정할 이유가 없다. 그런데 감각과 인상의 대상은 생성, 소멸하고 운동하는 것에 다름 아니다. 그렇다면 '어떠한 것도 결코 생겨나거나 소멸하거나 운동을 겪거나 하지 않는다'라는 증언은 어떻게 이해해야 할까? 이 말은 '운동과 변화의 대상이 결코 존재하지 않는다'라는 부정의 의미라기보다는 '운동과 변화의 대상을 참된 존재로 간주해서는 안 된다는 경고의 의미로 볼 수 있지 않을까? 다시 말해 감각과 인상을 진리의 기준으로 삼아서는 안 되듯이(신뢰해야 할 것은 이성뿐이다!), 마찬가지로 운동과 변화의 영역 안에 있는 것들을 참된 존재로 간주할 수 없다는(참된 존재는 일체의 운동과 변화에서 벗어난 것이야 한다!) 의미로 말이다. 예를 들어 우리는 용감한 사람, 용감한 행동, 용감한 발언, 용감한 태도 등을 보거나 감각을 통해 경험하지만, 이것들은 모두 일회적이거나(한 번 '쨋!'하고 끝날 수 있음) 일시적이거나(용감한 사람이라 해도, 어차피 인간은 죽기 마련임) 불완전한 것들이다('더' 용감하거나 '덜' 용감할 수 있음). 반면에 완전하고 영원한 것은 용기 그 자체이며 이것은 오직 이성을 통해서만 파악될 수 있는 것이다. 마찬가지로 지혜, 절제, 아름다움, 인간 등의 경우 운동과 변화의 영역 안에서 감각할 수 있는 각각의 사례들을 참된 존재로 신뢰해서는 안 되며, 오직 이성을 통해서 파악된 지혜 자체, 절제 자체, 아름다움 자체, 인간 자체만을 참된 존재로 봐야 한다는 것이다.

그렇다면 이런 주장은 플라톤의 형상 이론과 어떻게 다를까? 앞에서 살펴보았듯이, 플라톤과 에우클레이데스 모두 존재와 생성을 구별한다. 전자는 일체의 운동과 변화로부터 자유롭고 영원하며 오직 이성을 통해서만 파악될 수 있는 것인 반면, 후자는 운동과 변화의 영역에 속하는 것들로 불완전하고 생성과 소멸을 겪으며 감각을 통해 그 인상을 얻게 되는 것들이다. 플라톤은 전자에 속하는 것을 '형상(eidos)', '이데아(idea)', '그 자체인 것(to auto kath' hauto)' 등 다양한 이름으로 불렀던 반면, 에우클레이데스의 경우, 전자와 관련해서는 '존재(to on)' 이외에 다른 특별한 언급은 발견되지 않는다. 또한 플라톤의 경우 전자는 후자의 원리이자 원인이 되는 반면, 후자는 전자의 모상으로서 닮음 관계하에 놓이며 그로부터 전자의 이름을 얻게 된다. 이와 달리 에우클레이데스의 경우에는 전자와 후자의 관계에 관한 상세한 논의는 남아 있지 않다. 지금까지 살펴보았듯이, 그나마 남아 있는 증언들은 후자의 존재를 부정하거나, 설령 부정하지는 않더라도, 전자와의 관계에 대해서는 부정적인 해석의 여지만을 제공한다. 이번에는 전자의 경우에 대해 말하자면, 플라톤은 형상들의 다수성과 이들의 관계를 인정하며, 이를 위해 비존재를 타자로서 받아들인다. 반면에 에우클레이데스에 관한 증언에 따르면, 순수한 존재는 오직 하나라고 언급된다. 이것이 참된 존재의 유일성을 의미하는지, 아니면 다수의 존재자들이 갖고 있는 단일성을 의미하는지는 알수 없지만, 어느 입장을 취하든 순수한 존재는 모든 관계와 절연된채 완전히 고립되어 있는 것으로 해석된다. 이해의 편의를 돕기 위해에우클레이데스의 존재를 플라톤의 형상 개념으로 표현한다면, 에우클레이데스의 형상들은 서로 간에는 물론, 감각 사물들과도 아무런관계를 맺지 않음으로써 완전한 순수함을 유지한 채 존재한다고 할수 있다.[59] 이렇듯 일체의 관계를 거부하고 순수한 존재 그 자체만을인정하려 한다는 점에서 여전히 극단적 이성주의의 입장을 견지한다고 할 수 있다.

## 1.4. 에우클레이데스와 메가라학파

이제 '메가라학파'에 관해 이야기해보자. 고대인들은 물론 현대의학자들 역시 에우클레이데스가 '학파'의 설립자 내지는 지식 공동체

---

59　플라톤은 『소피스트』에서 이러한 입장에 서 있는 철학자들을 구체적인 언급 없이 그저 '형상의 친구들(hoi tōn eidōn philoi)'이라 부르고, 이들의 견해를 비판적으로 검토한다(248a–249d). 학자들은 이 형상의 친구들이 과연 누구를 의미하는 지를 놓고 여러 입장들로 나뉘는데, 당연하게도 그 후보들 중에는 메가라 철학자들도 포함된다. 형상의 친구들의 정체와 관련해서는, cf. A. Diès 1925, 291–292; 최화 2004, 95–112.

의 실천을 주도했다는 데 거의 만장일치로 동의하고 있다. 우리는 앞에서 디오게네스 라에르티오스가 메가라학파를 10개의 윤리학 학파들 중 하나로 분류하고, 그 설립자로 에우클레이데스를 언급하는 것을 보았다.[60] 하지만 주의해야 할 것이 있다. 디오게네스 라에르티오스는 서기 3세기 초반에 활동했던 학설사가이자, 그 자신 에피쿠로스주의(혹은 회의주의) 철학자로 알려져 있다. 그런데 그가 살았던 시기에는 이미 다양한 철학의 학파들이 활동하고 있었으며, 철학의 학파나 철학 교육과 관련된 주요 개념들 역시 거의 확립된 시기였다. 반면에 메가라학파를 설립한 에우클레이데스는 서기전 4세기 사람으로 디오게네스 라에르티오스보다 적어도 500년 전에 활동했다. 따라서 에우클레이데스가 실제로 메가라에 세웠던 학문 공동체가 과연 『생애』에 소개된 방식 그대로의 모습을 하고 있었는지는 확실치 않다. 디오게네스 라에르티오스의 증언을 비롯하여, 학파에 관해 언급한 고대의 증언들이 주로 헬레니즘 시대나 그보다 더 이후에 쓰였다는 점을 감안한다면, 그보다 앞선 고전기 시대의 철학 학파들과 관련해서는 그 내용을 신중하게 받아들일 필요가 있다.

### (1) 학파의 일반적 특징

우선 학파의 설립 시기와 관련해서 몇몇 사람들은 소크라테스가 죽기 전에 메가라학파가 설립되었을 것이라고 추측한다. 이 가설은 소크라테스의 사후 플라톤과 몇몇 제자들이 메가라로 피신해 에우클

---

60 『생애』 I, 18-19 [= 단편 35].

레이데스에게 의탁했다는 증언들[61]과 자연스럽게 이어지지만 결정적이라고 보기는 어렵다. 다만 플라톤의 아카데메이아보다는 확실히 앞섰을 것으로 생각된다. 학파의 설립지가 에우클레이데스의 고향인 메가라라는 점에 대해서도 대부분의 증언들이 일치한다. 다만 다른 학파들의 경우 학교의 위치나 건물, 구체적인 조직이나 운영 방식 등에 관한 증언들이 남아 있는 것과 달리, 메가라학파의 경우에는 이것들과 관련하여 아무런 증언도 남아 있지 않다. 이는 자료의 소실이라기보다는 애초에 메가라학파가 구체적인 조직의 형식으로 활동하지는 않았을 것이라는 추측에 힘을 실어준다. 그래서 몇몇 학자들은 메가라학파가 스토아학파나 에피쿠로스학파와 같은 헬레니즘 시대의 철학 학파들보다 훨씬 느슨한 조직이었을 것이며, 심지어 비슷한 시기에 활동했던 플라톤의 아카데메이아나 아리스토텔레스의 뤼케이온보다도 덜 체계적이었을 것이라고 추측하기도 한다.[62] 예컨대 에우클레이데스가 설립했던 학파는 일반적인 철학 학파들과 소피스트들이 제공했던 강의의 중간쯤 되는 형태였으리라고 보는 학자도 있다.[63] 또한 그 조직의 형식이나 규모, 운영 방식과 관련해서도 '학파(school)'라기보다는, 오히려 '동아리(circle)' 정도로 이해하는 편이 더 낫다고 평가하기도 한다.[64]

하지만 이렇게 느슨한 형태는 오히려 제도화된 철학의 학파들보다 소크라테스의 탐문 공동체의 정신을 더 잘 계승한 것이라고 볼 수

---

61  단편 4A-B.

62  R. Muller 1988, 44-45.

63  K. Döring 1970, 94; R. Muller 1988, 68.

64  SSR vol. IV, 51; C. Rowe & G. Boys-Stones 2013, vii-x.

도 있다. 사제 관계는 유지되었지만, 학원장에 의해 대표되고 계승되는 학파의 공식 학설은 없었던 것으로 보인다. 또한 조직은 원칙적으로 열린 구조였으며, 학생들은 마음에 드는 선생을 찾아서 자유롭게 드나들었던 것으로 보인다. 한편, 장차 선생이 되기를 원하는 학생은 어느 정도 공부를 마친 뒤에는 자신이 배운 곳을 벗어나 새로운 곳에서 자신만의 학교를 세우기도 했다.[65] 이렇듯 학생들이 자유롭게 들고나다 보니, 메가라학파의 경우, 다른 철학 학파들에 비해 조직의 계보를 그리기가 쉽지 않다.

### (2) 메가라학파의 철학자들

여느 소크라테스주의자들처럼, 에우클레이데스도 자신의 고향인 메가라에서 젊은이들의 교육을 위한 모임을 만들었을 것이다. 교육 내용에는 당시 젊은이들이 일상적으로 배웠던 것들을 포함하여, 체계적인 학파의 공식적인 이론까지는 아니었겠지만, 아마도 소크라테스적 전통에 따른 철학적 주제들과 함께, 변증술이나 덕의 단일성 문제와 같은 에우클레이데스의 주요 관심사들이 포함되어 있었을 것이다. 에우클레이데스의 수업을 들은 학생들은 많았지만, 학파의 계승자로서 연속적인 관계를 맺은 사람들은 에우클레이데스 – 이크튀아스 – 스틸폰 정도이다.[66] 하지만 한 세기 이상을 지속해온 학파치고는

---

65  예컨대 알렉시노스는 메가라를 떠난 뒤에, 먼저 엘리스에서 가르쳤고, 그 이후에는 올륌피아에서 새로 학교를 세웠다. Cf. 『생애』 II, 109–110 [= 단편 74].

66  『수다』 "에우클레이데스" 항목 [= 단편 33]: "에우클레이데스는 메가라 사람으로(이스트모스 지역의 메가라 출신으로) 철학자이다. 그는 '메가라'라고 불리는 학파를 설립하였는데, 그 이름은 그에게서 비롯된 것이다. 그뿐만 아니라 그 학파는 '변증술학파'와 '쟁론술 학파'라는 이름으로 불리기도 한다. 그는 소크라테스의 제자였다. 그 이후

계승자들의 수가 다소 적은 편이어서, 사람들은 메가라학파의 계승자 목록이 온전하지 않고 비어 있을 것이라고 의심하기도 한다.[67]

우선 에우클레이데스의 직계 제자인 이크튀아스의 경우 이름 이외에는 거의 알려진 것이 없다. 하지만 그를 에우클레이데스의 계승자라고 지목한 『수다』의 증언을 감안할 때, 이크튀아스가 한동안 학파를 이끌었으리라는 것은 특별히 의심할 이유가 없다. 그 외에 에우클레이데스의 직계 제자들로는 디오클레이데스, 디오뉘시오스, 클레이노마코스, 에우불리데스, 그리고 브뤼손이 거론된다. 이 가운데 디오클레이데스와 디오뉘시오스, 그리고 클레이노마코스는 이름만 전해진다. 반면에 밀레토스 출신의 에우불리데스는 쟁론술의 대가로 잘 알려져 있다. 메가라학파의 악명을 떨치게 해준 유명한 역설 논증들은 대부분 그가 만들었다고 전해진다. 또한 그는 아리스토텔레스의 맞수로서 서로 간에 강력한 비판들을 주고받았다고 한다. 그 외에도 에우불리데스는 정치가 데모스테네스(서기전 384~322년)의 스승이었다고도 알려져 있는데, 이를 감안한다면 그는 적어도 390년 이전에 출생했을 것이다. 마지막으로 브뤼손의 경우, 이 사람이 메가라학파에 속하는지에 대해서는 논란의 여지가 있다.[68] 그러나 그가 에우클레이데스의 제자였거나 적어도 영향을 받았다는 데는 의심의 여지가 없어 보인다.

---

로는 이크튀아스가, 그 다음으로는 스틸폰이 학파를 이끌었다.”
**67** L. Montoneri 1984, 69.
**68** 예컨대 메가라학파 단편의 편집자인 되링은 브뤼손과 그의 제자인 폴뤽세노스를 메가라학파의 철학자들이라고 보기는 어렵다고 지적한다. 하지만 그는 이 두사람과 메가라학파의 관계 자체를 부정하는 것 역시 어렵다고 판단하여, 이들에 관한 증언들을 부록에 수록하였다. Cf. K. Döring 1972a, 157-163.

이들의 다음 세대에 오는 철학자로는 우선 알렉시노스를 들 수 있다. 그는 에우불리데스의 제자였으며, 워낙 논박술(엘렝코스)에 능하여 '알렉시노스'라는 이름 대신 '엘렝크시노스'라는 별명으로 불렸다고 한다. 에우불리데스의 또 다른 제자로는 올륀토스 출신의 에우판토스와 아폴로니오스라는 인물이 있다. 에우판토스는 마케도니아의 왕 안티고노스 2세의 선생이었다고 전해진다. 반면에 아폴로니오스가 알려진 것은 그의 제자 디오도로스 덕분이다. 아폴로니오스는 원래 '크로노스'라는 별명을 갖고 있었는데, 제자인 디오도로스가 스승보다 더 뛰어난 나머지, 사람들은 크로노스라는 별명을 스승에게서 빼앗아 제자에게 붙여줬다고 한다.

세 번째 세대에 속하는 디오도로스 크로노스는 자연학과 언어 철학, 의미론 및 논리학의 분야에서 다양한 이론들을 펼쳤다고 하며, 그 일부가 간접 증언의 형태로 오늘날까지 전해지고 있다. 특히 그가 만들었다고 하는 대가 논변은 고대 논리학의 백미로 꼽힌다. 다만 디오도로스가 정말로 메가라학파의 일원이었는지, 아니면 독자적인 변증가 집단에 속해 있었는지에 대해서는 논란의 여지가 있다. 디오도로스의 제자로는 필론이 있지만 이름 외에는 알려진 게 없다. 한편, 디오클레이데스의 제자로는 파시클레스라는 인물이 언급되는데, 그는 스틸폰의 스승이었다고 한다. 그리고 이크튀아스의 동료 혹은 제자로 트라쉬마코스라는 이름이 거론되고 있는데, 그 역시 파시클레스와 함께 스틸폰의 스승이었다고 한다. 앞서 메가라학파 계승자들의 계보가 에우클레이데스 ⇨ 이크튀아스 ⇨ 스틸폰으로 이어진다는 점을 감안한다면, 아마도 이 트라쉬마코스라는 인물 역시 학파의 계승자로서 이크튀아스와 스틸폰의 사이에 위치하지 않았을까 추측할 수 있다. 역시 세 번째 세대이자 학파를 대표하는 마지막 인물로 알려진 스틸폰은 일명 '구원자'라고 불리는 프톨레마이오스 1세(서기전 367~283년) 시대에 활동했다. 그는 디오도로스 크로노스를 침묵시킬 만큼 무시무시한 쟁론가였으며, 에우클레이데스 이후로는 메가라 철학자들 사이에서 그다지 관심의 대상이 되지 않았던 윤리적인 문제들에 관해서도 관심을 기울였다고 한다.

그런가 하면 메가라학파는 아니지만 메가라 철학자들과 교류하거나 이들에게 배운 철학자들 역시 적지 않다. 예컨대 견유 디오게네스는 에우클레이데스와 교류하였고, 크라테스는 스틸폰에게 배웠다고 한다. 또한 회의주의자인 퓌론과 티몬은 각각 브뤼손과 스틸폰에게 배웠다고 한다. 또한 에레트리아학파의 메네데모스 역시 스틸폰의 제자였으며, 스토아학파의 설립자인 키티온의 제논은 디오도로스 크로노스와 스틸폰 모두에게서 배웠다고 한다. 이렇듯 다른 학파에 속하거나 다른 사상을 지닌 철학자들이 메가라학파를 거치거나 인연을 맺었다는 사실을 통해서 우리는 이 학파가 이론적으로 자유분방하거나, 적어도 일정한 개방성을 유지하고 있지 않았을까 짐작할 수 있다.

지금까지 메가라학파의 주요 인물들의 계보를 간략하게 살펴보았다. 앞서 보았듯이, 지극히 제한적이고 불완전한 소수의 간접 증언들만을 가지고서 메가라학파의 철학적 사유를 통일적으로 재구성한다는 것은 사실상 불가능한 일이다. 다만 철학적인 주제와 관련해서 볼 때, 에우클레이데스 이후, 메가라 철학자들의 지적 활동은, 다소 막연하긴 하지만, 두 영역으로 확장되었으리라고 추측할 수 있다. 그 하나는 윤리적, 실천적 주제들의 영역으로서 스틸폰이 중심적으로 활동하였을 것이다. 다른 한 분야는 논리학에서 형이상학으로 이어지는 순수하게 이론적인 영역으로, 에우불리데스, 디오도로스, 필뤽세노스 등에 의해 주도되었을 것이다. 물론 메가라 철학이 이론 철학과 실천 철학의 두 분야로 확연하게 갈라졌다고 단정짓기는 매우 부담스럽다. 오히려 학파 성원들 간의 일정한 가족 유사성을 유지하는 가운데, 철학자들의 성향에 따라 두 영역 가운데 어느 하나가 강조되는 식으로 학파의 사상이 전개되었다고 보는 편이 좀 더 안전하다고 할 수 있다.

마지막으로 학파의 전개 과정을 시간 순서에 따라 살펴볼 경우, 메가라학파는 대략 서기전 420년에서 서기전 270년 전후까지 대략 한 세기 반 정도 존속했던 것처럼 보인다. 몇몇 학자들은 메가라학파의 역사를 대략 세 시기 정도로 구분한다. (가) 첫 번째 시기는 서기전 450~400년 사이에 태어난 철학자들이 활동했던 때로서, 그들은 학파의 성격을 규정짓게 될 주요한 논쟁의 주인공들이 된다. (나) 두 번째는 서기전 390년 무렵에 태어난 철학자들의 시기로서, 그들은 특히 아리스토텔레스와 격렬하게 대결했던 사람들이라 할 수 있다. (다) 마지막 세 번째 시기는 대략 350년 이전에 태어난 철학자들의 시대로서, 그들 역시 아리스토텔레스를 비롯하여 동시대의 철학자들과 대립했지만, 무엇보다도 그들 중 몇몇은 이후에 등장할 스토아학파 등에 영향을 끼쳤던 사람들이다. 지금까지 논의된 것들을 토대로 메가라학파의 계보를 그려보면, 다음과 같은 도식을 얻을 수 있다.

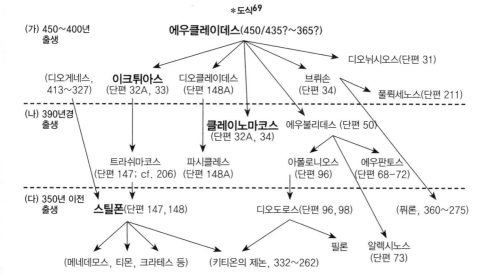

*도식[69]

(가) 450~400년
출생

에우클레이데스(450/435?~365?)

디오뉘시오스(단편 31)

(디오게네스,
413~327)

이크튀아스
(단편 32A, 33)

디오클레이데스
(단편 148A)

브뤼손
(단편 34)

풀뤽세노스(단편 211)

(나) 390년경
출생

클레이노마코스
(단편 32A, 34)

에우불리데스 (단편 50)

트라쉬마코스
(단편 147; cf. 206)

파시클레스
(단편 148A)

아폴로니오스
(단편 96)

에우판토스
(단편 68-72)

(다) 350년 이전
출생

스틸폰(단편 147, 148)

디오도로스(단편 96, 98)

(퓌론, 360~275)

(메네데모스, 티몬, 크라테스 등)

(키티온의 제논, 332~262)

필론

알렉시노스
(단편 73)

## 2. 디오클레이데스

'디오클레이데스'라는 이름은 『수다』에 두 차례 등장할 뿐이다.[70]
그것도 본인이 아니라 같은 메가라 철학자인 '스틸폰'을 다루는 항목
에서 언급된다. 『수다』에 따르면, 스틸폰은 파시클레스의 제자였고,
이 파시클레스가 디오클레이데스의 제자였다고 한다. 그리고 디오클
레이데스는 에우클레이데스의 제자였다고 한다. 스틸폰이 이크튀아

---

**69** 이 도식은 되링(1972a, 171)의 것을 기반으로 뮐러(1988, 66)가 재구성한 계보를 참
고하여 작성한 것이다. 굵은 글자로 강조된 인물들은 학파의 수장을 역임했을 것으로
추정되는 사람들이며, 괄호 속 인물들은 메가라학파가 아닌 다른 학파 혹은 다른 노
선의 철학자들이다.

**70** 『수다』 "스틸폰" 항목 [= 단편 148A].

스와 코린토스 출신의 트라쉬마코스의 제자였다는 증언을 감안한다면, 디오클레이데스 역시 이들 두 사람과 비슷한 세대였을 것으로 추측할 수 있다.


## 3. 칼케돈의 디오뉘시오스

디오뉘시오스는 소 아시아의 비튀니아 지방에 위치한 칼케돈 출신이다. 디오게네스 라에르티오스의 증언에 따르면,[71] 에우클레이데스의 제자들은 처음에는 스승의 고향을 따서 '메가라 철학자들'이라 불렸고, 그 다음에는 '쟁론가들'이라 불렸으며, 그 뒤에는 '변증가들'이라고 불렸는데, 처음으로 메가라 철학자들을 '변증가들'이라고 불렀던 사람이 바로 디오뉘시오스라고 한다. 그가 그렇게 부른 이는 메가라 철학자들이 질문과 답변의 형식으로 논변을 전개했기 때문이었다는 것이다. 아닌 게 아니라, 지리학자 스트라본은 비튀니아 지방에서 학식으로 유명한 사람으로 철학자 크세노크라테스와 함께 변증가 디오뉘시오스를 꼽고 있다.[72] 또한 그는 퀴레네 철학자이자 일명 '무신론자'라고 불리는 테오도로스의 선생이었다고 한다.[73]


**71** 『생애』 II, 106 [= 단편 31].
**72** 스트라본, 『지리학』 XII 4, 9 [= 단편 45].
**73** 『생애』 II, 98 [= 단편 46].

## 4. 이크튀아스

이크튀아스의 고향과 출생시기는 알려져 있지 않다. 다만 디오게네스 라에르티오스의 증언에 따르면,[74] 그는 메탈로스라는 사람의 아들로 '고귀한(gennaios)' 사람이었다고 하는데, 이 말은 훌륭한 품성을 뜻하기도 하지만, 글자 그대로라면 귀족 가문 출신이라고 추측할 수도 있다. 그는 에우클레이데스의 제자였으며, 견유 디오게네스가 그에 대한(pros, 혹은 그에게 반대하는) 대화를 지었다고 한다. 한편, 기독교 신학자인 테르툴리아누스의 기록에 따르면,[75] 이크튀아스는 조국에 대해 계략을 꾸미다가 살해당했다고 한다.


## 5. 클레이노마코스

투리오이 출신의 클레이노마코스 역시 에우클레이데스의 직계 제자였다. 『수다』의 기록에 따르면,[76] 그는 브뤼손의 스승이었다고도 하는데, 이 증언은 브뤼손에 관한 정보가 워낙 부정확해서 그 진위가 다소 의심스럽다. 구 아카데메이아의 스페우시포스는 그에 관한 글

---

**74** 『생애』 II, 112 [= 단편 32A].

**75** 테르툴리아누스, 『호교론』 46, 16 [= 단편 48].

**76** 『수다』 "퓌론" 항목 [= 단편 203B]. 그런데 이 보고는 디오게네스 라에르티오스의 증언과 살짝 어긋나는 것처럼 보인다. 왜냐하면 『생애』(II, 106)의 증언에 따르면, 메가라 철학자들을 변증가들이라고 부른 사람은 칼케돈 출신의 디오뉘시오스이기 때문이다.

을 썼다고 한다.[77] 다른 학파의 철학자가 그에 관해 글을 썼다는 것은 클레이노마코스가 어떤 이유에서든 다른 철학자들의 주목을 받았다고 추측할 만한 근거가 된다. 실제로『수다』의 또 다른 보고에 따르면, 메가라학파는 클레이노마코스 이래로 '변증술학파'라고 불렸다고 한다.[78] 또한 그는 에우클레이데스와 브뤼손이 발전시킨 쟁론적 변증술을 더욱 강화시켰으며, 그로 인해 많은 사람들이 모여들었다고 한다. 하지만 그가 어떤 식으로 변증 기술을 강화해나갔는지는 알려져 있지 않다. 다만 디오게네스 라에르티오스는 클레이노마코스가 처음으로 명제들(axiōmata), 술어들(katēgorēmata) 및 그와 관련된 주제들에 대하여 글을 썼다고 보고하는데,[79] 이때 사용된 용어들은 나중에 스토아 철학자들의 전문 용어들로 자리잡게 된다. 이상의 증언들을 고려해보았을 때, 클레이노마코스는 에우클레이데스의 직계 제자들 중에서도 비교적 중요한 자리를 차지한 인물이 아니었을까 짐작해볼 수도 있겠다.


## 6. 파시클레스

『수다』의 기록에 의하면,[80] 파시클레스는 테바이 출신이며 견유 크

---

**77** 『생애』 IV, 4 [= 단편 49]: "[스페우시포스의 저술 목록 중에서]『클레이노마코스 또는 뤼시아스』한 권."
**78** 『수다』 "에우클레이데스" 항목 [= 단편 34].
**79** 『생애』 II, 112 [= 단편 32A].
**80** 『수다』 "스틸폰" 항목 [= 단편 148A].

라테스와 형제 간이라고 전해진다. 또 그는 디오클레이데스의 제자라고 하는데, 이 부분은 논란의 소지가 있다. 왜냐하면 디오게네스 라에르티오스는 파시클레스가 에우클레이데스의 제자였다고 증언하기 때문이다.[81] 둘 중 어느 쪽 증언이 맞는지는 확실히 알 수 없지만, 파시클레스가 크라테스(서기전 365~285년)의 형제인 것이 맞는다면, 에우클레이데스(서기전 450/435~365?년)의 제자가 되기란 거의 불가능하다. 그 경우 한 세대 아래인 디오클레이데스의 제자라고 보는 편이 더 그럼직해 보인다. 『생애』의 증언에도 파시클레스가 크라테스의 형제라는 언급이 나온다는 점을 감안하면, 파시클레스가 에우클레이데스의 제자였다는 증언은 저자(디오게네스 라에르티오스)의 착각이거나 필사자의 실수였을 가능성도 있다.

## 7. 코린토스의 트라쉬마코스

코린토스 출신의 트라쉬마코스는 플라톤의 『국가』에 나오는 소피스트와는 동명이인이다. 『생애』의 증언에 따르면, 그는 이크튀아스와 함께 에우클레이데스의 강의를 들었으며, 스틸폰의 스승이었다고 한다.[82] 한편, 아테나이오스는 『향연석의 현인들』에서 에피포스라는 희극 작가가 쓴 『난파자(Nauagos)』라는 작품을 인용하고 있는데, 거기서 트라쉬마코스는 브뤼손과 함께 '푼돈을 갈취하는 자들' 중 한 명으로

---

81 『생애』 VI, 89 [= 단편 148B].
82 『생애』 II, 113 [= 단편 147].

묘사된다.[83]


## 8. 브뤼손

### 8.1. 인물의 정체

다른 메가라 철학자들도 그렇지만, 특히나 브뤼손의 생애와 관련된 증언들은 불확실하고 상충되며 실현 불가능한 내용들로 가득하다. 이런 모습들은 그에 관해 언급하고 있는 서로 다른 저술들 사이에서는 물론, 심지어는 같은 저술 안에서도 나타난다. 예컨대, 『수다』의 "에우클레이데스" 항목에 따르면, 브뤼손은 헤라클레이아 출신으로 에우클레이데스의 동료, 혹은 학생이었으며, 메가라학파의 클레이노마코스와 회의론자 퓌론, 그리고 퀴레네 철학자 테오도로스의 선생이었다고 이야기된다.[84] 하지만 『수다』의 "퓌론" 항목에서는 거꾸로 브뤼손이 클레이노마코스의 학생이었다고 적혀 있다.[85] 그런가 하면, 디오게네스 라에르테스의 증언에서는 브뤼손이 스틸폰의 아들이라고 언급되기도 한다.[86] 하지만 에우클레이데스의 동료 혹은 제자였던 브뤼손이 메가라학파의 3세대쯤에 해당되는 스틸폰의 아들이 된다는 것은 시간적으로 불가능하다. 또한 브뤼손이 에우클레이데스

---

**83** 아테나이오스, 『향연석의 현인들』XI, 509b-d [= 단편 206].
**84** 『수다』 "에우클레이데스" 항목 [= 단편 34].
**85** 『수다』 "퓌론" 항목 [= 단편 203B].
**86** 『생애』 IX, 61 [= 단편 203A].

의 동료이거나 비슷한 시기에 활동을 했다면, 그가 회의론자 퓌론의 스승이었다는 증언 역시 설득력이 떨어진다. 왜냐하면 에우클레이데스는 서기전 365년 무렵에 사망한 반면, 퓌론은 서기전 360년경에 태어났기 때문이다. 물론 서기전 340년에 태어났다고 알려진 퀴레네학파의 테오도로스의 스승이 된다는 것은 더더욱 불가능할 것이다.

브뤼손의 생애에 관한 연대기의 내용들이 상충되다 보니, 학자들은 누구의 증언이 맞는지, 혹은 어떤 브뤼손을 선택해야 하는지를 두고서 고심했고, 몇 가지 가설들을 세웠다. 하나는 증언들 속에 언급된 브뤼손이 사실은 서로 다른 사람들일 수도 있다는 것이고, 다른 하나는 일부 증언들이 잘못되었거나 전승 과정에서 왜곡되었으리라는 것이며, 또 다른 하나는 이 둘 모두가 섞였을 것이라는 추측이다.

예를 들어 여러 증언들 속에 묘사된 브뤼손이라는 인물은 마치 서로 다른 세 사람을 가리키는 것처럼 보이는데,[87] 한 명은 기하학자로서 원의 구적법을 연구한 브뤼손이고,[88] 다른 한 명은 소피스트로서의 브뤼손이며,[89] 마지막 한 명은 아카이아 출신의 브뤼손이라는[90] 인물이다. 하지만 이것은 증언들에 언급된 브뤼손의 활동이 마치 서로 다른 세 사람을 보는 듯한 인상을 준다는 것이지, 정말로 세 사람이

---

**87** Cf. L. Montoneri 1984, 76.

**88** 아리스토텔레스, 『소피스트적 논박』 11, 171b3-22; 171b34-172a7 [= 단편 209A].

**89** 아리스토텔레스, 『수사학』 III 2, 1405b6-11 [= 단편 208A].

**90** 『생애』 VI, 85 [= 단편 205A]; 『수다』 "히파르키아" 항목 [= 단편 205B]; 『수다』 "크라테스" 항목 [= 단편 205C].

라는 확실한 증거는 없다.

　반면에 상대적으로 설득력이 높은 해석은 브뤼손이 세 명이 아니라 두 명이라고 보는 것이다. 그 근거는 증언들 속에 아카이아 출신의 브뤼손 말고도, 헤라클레이아 출신의 브뤼손에 관한 언급이 있다는 사실이다.[91] 증언들 속에서 두 개의 지명이 확실하게 언급되고 있다면, 막연하게 인상에 따라 세 명을 가정하는 것보다는, 두 명이 있다고 보는 편이 낫다는 해석이다. 이렇게 나눌 경우, 아카이아 출신의 브뤼손은 견유로, 헤라클레이아 출신의 브뤼손은 메가라학파의 철학자로 볼 수 있다. 메가라학파의 단편을 편집한 되링이 이런 입장을 따르는데, 그는 아리스토텔레스의 저술들과 플라톤의 편지,[92] 그리고 아테나이오스가 인용한 에피포스의 희극에 등장하는 브뤼손이 이 모두 동일인이라고 보며, 이 브뤼손은 헤라클레이아 출신으로서 신화 작가인 헤로도로스의 아들일 것이라고 추정한다.[93] 이렇게 가정할 경우, (서기전 400년 무렵에 활동했다고 알려진) 헤로도로스의 아들인 브뤼손이 서기전 360년경에 태어난 회의론자 퓌론의 선생이었다는 증언은 충분한 설득력을 얻게 된다.[94] 반면에 브뤼손이 초기 메가라학파의 철학자로서 에우클레이데스의 동료이거나 학생이었을 가능성은 희박해진다. 브뤼손이 아카이아 출신과 헤라클레이아 출신의 두 명이며, 그 가운데 메가라 철학자는 후자의 인물일 것이라는 해석은 브뤼손을 한 명이나 세 명으로 가정하는 것에 비해 상대적으로 많

---

**91** 『수다』 "에우클레이데스" 항목 [= 단편 34].

**92** [플라톤], 『열세 번째 편지』 360b-c [= 단편 211].

**93** 아리스토텔레스, 『동물지』 VI 5, 563a7 = IX 11, 615a10 [= 단편 202].

**94** Cf. K. Döring 1972a, 158-159.

은 증언들을 무리 없이 연결해준다는 장점이 있다. 하지만 이 해석이 일정한 철학사적인 해석의 의도를 갖고 있지 않느냐는 의혹의 눈초리도 있다. 그것은 소크라테스주의자인 브뤼손을 퓌론의 선생으로 확정함으로써 회의주의의 뿌리를 소크라테스의 탐문 정신과 연결시키려는 의도가 읽히기 때문이다.[95]

그렇다면 다른 가능성은 없을까? 처음의 입장으로 돌아가서 브뤼손은 한 명뿐일 것이라는 가정은 어떨까? 그 경우 관건은 브뤼손이 에우클레이데스(서기전 450/435~365년)와 동시대인이면서, 퓌론(서기전 360년 출생)과 테오도로스(서기전 340년 출생)의 선생이 될 수 있느냐 하는 것이다. 브뤼손의 출생을 최대한 뒤로 잡아서 서기전 410년 무렵에 태어났다고 가정할 경우, 그는 에우클레이데스의 말년에 수업을 들을 수 있었을 것이다. 반면에 퓌론이 철학 수업을 배울 만한 나이인 20대가 되었을 서기전 340년경에 브뤼손은 70세 정도였을 것이고, 테오도로스를 가르치기 위해서는 90세 무렵까지 생존해 있었다고 가정해야 할 것이다. 설정 자체가 불가능한 연대지는 아니지만 설득력은 그다지 높지 않아 보인다. 새로운 자료가 나오지 않는 한, 브뤼손이라는 인물의 생애와 관련해서는 이상의 세 가지 가능성을 모두 열어놓는 편이 나아 보인다.

---

**95** Cf. L. Montoneri 1984, 76-77.

## 8.2. 저술과 학설

### (1) 저술

저술과 관련해서도 두 개의 증언이 상충되는데, 먼저 아테나이오스는 키오스 출신의 테오폼포스를 인용하면서 브뤼손이 철학 논고들을 지었다고 말한다.[96] 이와 달리 『생애』의 보고에 따르면, 브뤼손은 소크라테스처럼 글을 남기지 않았다고 한다.[97] 이러한 불일치 역시 두 가지로 생각해볼 수 있는데, 하나는 두 개의 증언 중 하나가 잘못되었으리라고 보는 것이고, 다른 하나는 두 명의 브뤼손이 있어서 테오폼포스의 증언과 디오게네스 라에르티오스의 증언이 서로 다른 인물을 지칭한다고 보는 것이다.

### (2) 학설

우리에게 알려진 브뤼손의 철학적 활동은 크게 두 가지로 요약할 수 있는데, 하나는 '수치스러운 표현은 불가능하다'라는 주장을 펼쳤다는 것이고, 다른 하나는 원의 구적법을 확립하려 했다는 것이다.

먼저 첫 번째 논제를 살펴보자. 그 내용은 아리스토텔레스의 『수사학』에 담겨 오늘날까지 전해지고 있다.

그런데 리큄니오스가 말하듯이, 단어의 아름다움은 그 단어의 소리나 의미에 달려 있으며, 이는 추함도 마찬가지이다. 아울러 세 번째로 고려할

---

**96** 아테나이오스, 『향연석의 현인들』 XI, 508c-d [= 단편 207].
**97** 『생애』 I, 16 [= 단편 189].

것이 있는데, 그것은 소피스트적인 주장을 파괴하는 것이다. 예컨대 이것 대신 저것으로 말하는 것이 같은 의미라면, 상스러운 말 같은 것은 없다라는 브뤼손의 주장은 사실이 아니라는 것이다. 그 주장은 거짓이다. 왜냐하면 사태를 [청중의] 눈 앞에 구현함에 있어서, 한 단어가 다른 단어보다 더 효과적이고, [사실과] 더 닮아 있으며, 더 적절할 수 있기 때문이다.

— 아리스토텔레스, 『수사학』 III, 2, 1405b6–11 [= 단편 208A]

아리스토텔레스는 은유의 효과를 논의하면서 앞의 대목을 언급한다. 우리는 같은 대상을 묘사할 때, 어떤 단어를 선택하느냐에 따라서 더 아름답거나 더 추하게 표현할 수 있다. 이때 아름다움이나 추함은 선택한 단어 자체의 발음과 그 단어에 담긴 의미에 따라 결정된다. 그런데 여기서 한 가지 더 고려해야 할 것이 있다. 그것은 브뤼손과 같은 '소피스트'의 주장을 논박하는 것이다. 브뤼손의 주장에 따르면, 한 대상을 이 단어 대신 저 단어로 표현해서 같은 의미를 담아낼 수 있다면, 부끄럽고 추한 표현은 나올 수 없다는 것이다. 이게 무슨 뜻일까? 아마도 두 단어가 하나의 대상에 대하여 동일한 의미를 갖는다면, 둘 사이에는 어떠한 차이도 나올 수 없다는 뜻일 것이다. 따라서 한 대상을 지칭해서 같은 의미를 발생시키는 두 단어가 있다고 할 때, 둘은 언제나 같을 뿐, 한 단어가 다른 단어보다 더 아름답거나 더 추하거나 하는 일은 없다는 것이다. 물론 아리스토텔레스는 이 주장이 거짓이라고 단호하게 부정한다. 왜냐하면 사람들에게 어떤 사건을 묘사할 때, 어떤 단어를 사용하느냐에 따라서 더 효과적이고, 더 사실과 가까우며, 더 현실감 있게 설명하는 것이 얼마든지 가능하기 때문이다.

사실 아리스토텔레스는 브뤼손의 주장을 논리적으로 무너뜨렸다기보다는, 그의 주장이 사실과 다르다고 부정했을 뿐이다. 하지만 아리스토텔레스에게는 그것으로 충분해 보인다. 실제로 어떤 어휘를 선택하느냐에 따라 동일한 대상을 더 아름답거나 더 추하게 보이는 것은 누구에게나 분명하기 때문이다. 그렇다면 브뤼손은 무엇 때문에 그토록 분명함과 동떨어진 주장을 한 것일까? 아리스토텔레스 말처럼, 이런 소피스트적인 주장(sophistikos logos)을 통해서 브뤼손이 전달하고 싶었던 것은 무엇일까?

한 가지 생각해볼 수 있는 것은 브뤼손이 언어와 그 대상 간의 정확한 지칭 관계를 강조하려 했던 것이 아니었을까 하는 것이다. 한 단어와 그것의 지칭 대상 간의 관계가 정확하다면, 해당 대상을 표현하기 위해서 굳이 다른 단어를 쓸 필요는 없다. 오히려 비슷한 단어를 사용하여 동일한 대상을 다르게 표현할 경우 그 의미가 달라질 수 있을 것이기 때문이다. 그럼에도 불구하고, 만일 서로 다른 두 단어가 하나의 대상을 지칭하면서 똑 같은 의미를 담아낼 수 있다면, 둘 중에 하나가 더 아름답거나 더 추하거나, 더 고귀하거나 더 상스럽거나 하는 일은 있을 수 없다는 것이다. 여기서 관계의 정확성이란 결국 동일성 문제인 것처럼 보인다. 그렇다면 아마도 이러한 주장에는 사유의 형식인 언어와 그 대상인 존재 사이의 일치에 대한 강조가 들어 있다고 할 수 있다.[98] 그리고 이 생각은 앞서 살펴보았던 에우클

---

[98] 맥락은 조금 다르지만, 사유와 그 대상의 일치에 관해서는 같은 소크라테스주의자인 안티스테네스의 단편들 속에서도 비슷한 문제의식을 엿볼 수 있다. 그는 모순이 발생하는 이유가 하나의 명제에 여러 진술들이 붙기 때문이라며, 이를 피하기 위해서는 하나의 대상에 대하여 그것에 고유한 오직 하나의 진술(oikeios logos)이 있다고 볼 경

레이데스의 유비 논증 비판과도 이어진다고 볼 수 있다. 왜냐하면 이 비판은 다자와 운동의 세계로부터 얻게 되는 앎의 확실성을 겨냥하고 있기 때문이다. 결국 '이것 대신 저것으로 말하는 것이 같은 의미라면, 상스러운 말 같은 것은 없다'라는 브뤼손의 주장은 여럿과 닮음에 대한 부정적인 생각을 담고 있다고 추측할 수 있다. 하지만 굳이 하나와 여럿, 존재와 운동처럼 거창한 형이상학적 문제를 거론하지 않더라도, 브뤼손의 주장은 메가라학파의 정신과 충분히 이어진다고 볼 수 있다. 왜냐하면 대부분의 메가라 철학자들은 이름의 정확한 사용과 엄밀한 표현에 관심을 기울였는데, 그것들은 모두 메가라학파가 천착했던 변증 기술과 쟁론술의 일부로서 이해될 수 있기 때문이다.[99]

두 번째로 브뤼손이 원의 구적법을 연구했다는 내용에 대해 알아보자. 이와 관련된 증언은 아리스토텔레스의 『소피스트적 논박』에 언급되고 있다. 거기서 그는 브뤼손이 구적법을 연구했다고 언급하면서, 그의 방법이 소피스트적이고 쟁론적이라며 비판한다.

[…] 그런데 어떤 면에서 쟁론가와 변증가의 관계는, 마치 도형을 잘못 그리는 사람과 기하학자의 관계와 비슷하다. 왜냐하면 쟁론가는 변증가와 같은 원리들에서 출발하여 오류를 저지르고, 도형을 잘못 그리는 사람 역

우 그러한 모순을 피할 수 있다고 주장한다. 다만 메가라 철학자들의 주장이 감각 세계에서 닮음을 통한 지식의 확실성을 비판하는 데 초점을 맞춘 것이라면, 안티스테네스의 고유 담론 이론은 여러 대상에 공히 적용될 수 있는 보편 술어의 문제, 더 나아가서는 '여럿에 걸친 하나'로 대표되는 플라톤의 형상 이론을 겨냥한 것으로 보인다. 안티스테네스의 반 플라톤주의에 관해서는, cf. 김유석 2019b, 59-60.

99  R. Muller 1985, 177-179; R. Muller 1988, 62.

시 기하학자와 같은 원리들에서 출발하여 오류를 저지르기 때문이다. 하지만 도형을 잘못 그리는 사람은 쟁론가가 아니다. 왜냐하면 그는 그 기술이 속해 있는 원리들과 결론들에 기반하여 도형을 잘못 그리기 때문이다. 반면에 변증술에 속한 것들에 기반하여 다른 것들을 다루는 사람이 쟁론가라는 것은 분명하다. 예컨대 초승달 모양의 원을 통해 직선도형을 만드는 것은 쟁론적이지 않은 반면, 브뤼손의 방법은 쟁론적이다. 왜냐하면 전자는 기하학의 고유한 원리에 속하는 것 때문에, 오직 기하학에 관련된 대상 외에는 적용되지 않는 반면, 후자는 각각의 것들에 있어서 무엇이 가능하고 무엇이 불가능한지를 알지 못하는 많은 이들에 적용될 수 있기 때문이다. 그것이 잘 들어맞을 테니까 말이다.

        – 아리스토텔레스, 『소피스트적 논박』 11, 171b34–172a7 [= 단편 209A]

다각형을 써서 원의 넓이를 구했던 구적법은 고대 그리스의 기하학자들뿐만 아니라 지식인들 사이에서도 커다란 관심과 연구의 대상이었다. 그런데 아리스토텔레스가 브뤼손의 구적법을 비판하는 까닭은 그 방법적인 출발점이 기하학적이지 않고 쟁론적이기 때문이다. 즉 브뤼손의 증명은 참인 원리에서 출발하지만, 그 원리가 기하학에 고유한 것은 아니라는 것이다. 아리스토텔레스가 보기에 그 원리는 기하학만이 아니라, 여타의 다양한 대상들에도 공히 적용될 수 있다. 그러므로 브뤼손이 증명의 출발점으로 사용한 원리는 각각의 과학이 그것에 고유한 원리에서 출발해야 한다는 과학적인 증명의 규칙에 부합하지 않는다는 것이다.

    그렇다면 브뤼손의 구적법은 어떤 형식을 취했길래, 아리스토텔레스는 그가 기하학의 원리가 아닌 일반적 원리에서 출발한다고 비판했던 것일까? 이와 관련하여 아리스토텔레스의 주석가들은 조금씩 다르게 설명하는데, 그 가운데 위(僞) 알렉산드로스의 설명은 브뤼손의 구적법의 특징을 가장 잘 드러내주는 것처럼 보인다.[100] 위 알렉산드로스의 설명에 따르면, 브뤼손은 우선 원에 외접한 사각형을 그리고, 다음에는 원에 내접한 사각형을 그린다. 그리고는 이 두 사각형의 사이에 중간적인 사각형을 그린다(하지만 위 알렉산드로스는 이 과정이 어떻게 진행되는지는 설명하지 않는다). 그리고는 이 중간적인 사각형이 외접한 사각형보다 작고, 내접한 사각형보다는 크며, 원과는 같다는 논증을 펼쳤다는 것이다. 따라서 중간적인 사각형의 넓이를 구한다면, 그것은 자연스럽게 원의 넓이가 된다는 것이다. 여기서 아리스토텔레스가 일반적 원리라고 비판한 것은 아마도 '한 대상보다 크고 다른 한 대상보다 작은 두 대상은 서로 같다'라는 원리일 것이다. 위 알렉산드로스는 이것이 기하학뿐만 아니라 다른 모든 것들에 적용 가능하다는 점에서 일반적인 원리라고 지적한다. 게다가 이 원리는 틀렸다. 이를테면, 8과 9가 모두 10보다 작고 7보다 크다고 해서, 8과 9가 같은 수인 것은 아니듯이. 마찬가지로 원에 외접한 사각형과 내접한 사각형의 중간에 있는 사각형이 두 사각형에 안팎으로 접해 있는 원과 같다고는 할 수 없기 때문이다.

그렇다면 브뤼손이 구적법에 몰두했던 이유는 무엇일까? 그는 구적법을 통해 어떤 철학적 의도를 암시하거나, 아니면 사고 실험을 꾀했던 것일까? 아니면 그것은 그저 순수한 기하학적 호기심 내지는

---

100 위(僞) 아프로디시아의 알렉산드로스, 『아리스토텔레스의 「소피스트적 논박」 주석』 90, 10-21 [= 단편 209B].

지적 유희였을까? 안타깝게도 이 물음에 만족할 만한 답을 제시하는 것은 불가능해 보인다. 혹자는 브뤼손이 구적법을 통해 '한계' 개념을 실험하고 있었다고 보기도 한다.[101] 특히 연속과 한계의 문제에 대해 고민하고 있었던 아리스토텔레스가 브뤼손의 구적법을 상세히 검토하고 비판했다는 사실은 시사하는 바가 적지 않다. 하지만 이 개념이 브뤼손 철학의 어떤 부분을 밝혀주고 있는지, 또 그가 정말 연속과 한계 개념을 생각하고 있었는지는 알 도리가 없다. 또 다른 학자는 브뤼손의 구적법이 정말로 연속과 한계에 관한 고민을 반영한 것이라면, 그것은 메가라학파의 대표적인 역설 논변인 '더미 논변'과도 연결될 수도 있다고 추측하지만,[102] 둘 사이의 연관성을 확인할 수는 없다.


## 9. 폴뤽세노스

### 9.1. 생애

폴뤽세노스의 생애와 관련하여 우리에게 가장 많은 정보를 주는 것은 플라톤의 편지들이다.[103] 플라톤이 디오뉘시오스 2세에게 보낸

---

101 R. Mondolofo 2012, 258; L. Montoneri 1984, 79-80.
102 R. Muller 1988, 62.
103 플라톤의 이름하에 전해져 내려오는 열세 통의 편지들을 말한다. 대개 한 세기 간격으로 진위를 평가하는 경향이 바뀌곤 하는데, 20세기 후반 이후로는 『일곱 번째 편지』를 제외하고 모두 위작으로 보는 경향이 강하다. 『일곱 번째 편지』만큼은 진작이거나, 설령 위작이라 하더라도, 플라톤을 매우 잘 아는 사람이 썼을 것으로 추정된다. 플라

『열세 번째 편지』에는[104] 폴뤽세노스가 브뤼손의 제자였다고 추측할 만한 구절이 나온다. 또한 편지에는 폴뤽세노스가 수학자이자 천문학자인 헬리콘이라는 인물을 가르쳤다는 언급이 있는 것으로 봐서, 그는 자신의 학교를 운영했을 가능성이 높다. 그런가 하면, 역시 디오뉘시오스 2세에게 보낸『두 번째 편지』에서[105] 플라톤은 왕이 철학을 통해 유익함을 얻을 수 있도록, 자기가 폴뤽세노스를 왕궁으로 보냈다고 쓰고 있다. 편지에 담긴 뉘앙스를 보면, 폴뤽세노스는 플라톤을 잘 알고 있었고, 그의 학교인 아카데메이아에도 제법 빈번히 드나들었으며, 무엇보다도 논박술의 전문가였으리라는 인상을 준다. 또한 이를 통해서 우리는 플라톤의 아카데메이아가 어떤 식으로든 메가라학파와 관계를 맺고 있지 않았을까 하고 추측할 수도 있다. 하지만 플라톤이 폴뤽세노스를 깊이 신뢰했던 것 같지는 않은데, 그것은 바로 그의 쟁론적인 능력 때문이었던 것으로 보인다.

폴뤽세노스의 논박술과 쟁론의 능력은 플루타르코스가 전하는 일화나[106] 디오게네스 라에르티오스의 보고에서도[107] 확인된다. 하지만 그의 인간성에 대해서는 두 증언 모두 그다지 우호적이지 않다. 폴뤽세노스는 서툰 소피스트이고, 진리보다는 사익을 추구하는 데 몰두하는 사람인 것처럼 묘사되고 있기 때문이다.

그런가 하면, 소크라테스주의자들의 편지 두 통에도 폴뤽세노스가

---

톤 편지들의 진위 여부에 관한 평가에 대해서는, cf. L. Brisson 1989, 10-21.

**104**　[플라톤], 『열세 번째 편지』 360b-c [= 단편 211].

**105**　[플라톤], 『두 번째 편지』 314c-d [= 단편 212].

**106**　플루타르코스, 『왕들과 통치자들이 남긴 말들』 176C-D [= 단편 216].

**107**　『생애』 II, 76-77 [= 단편 217].

언급되고 있다. 그것들은 각각 스페우시포스가 디온에게 보낸 것과 디오뉘시오스가 스페우시포스에게 보낸 것인데,[108] 이 편지들에서도 폴뤽세노스는 가벼운 수다쟁이 내지는 뒤에서 수군거리며 소문을 퍼뜨리는 사람처럼 묘사되고 있다.

그 외에도 폴뤽세노스는 아테나이오스의 『향연석의 현인』에서 티마이오스라는 인물의 입을 통해 거론되고 있다. 그는 폴뤽세노스가 외교 사절로 니코데모스 왕에게 갔으며, 그에게서 값진 선물과 함께 후한 대접을 받았다는 일화를 전한다. 그런데 여기에 언급된 폴뤽세노스가 우리의 메가라 철학자인지에 대해서는 논란이 있다. 긍정적으로 보는 입장에 따르면, 이 인물은 메가라학파의 폴뤽세노스가 맞다. 그는 디오뉘시오스 왕의 몰락 이후에 타우로메니온으로 이주하였고, 다시 그곳에서 외교사절로서 니코데모스 왕에게 갔으며, 왕으로부터 당대의 명품으로 알려진 테리클레스의 잔을 포함하여 많은 선물을 받아가지고 돌아왔다고 한다.[109] 반면에 이러한 해석에 의혹을 제기하는 사람들은, 폴뤽세노스를 규정하는 가장 큰 특징이 소피스트적 쟁론술임에도 불구하고, 정작 아테나이오스의 작품에 인용된 티마이오스는 그것에 관해 일언반구도 하지 않았다는 점을 들어, 이 폴뤽세노스는 메가라학파나 소피스트와는 아무런 관련이 없는 타우로메니온 출신의 동명이인일 수도 있다고 지적한다.[110]

---

**108** Cf. 『스페우시포스가 디온에게』 [= 단편 214A]; 『디오뉘시오스 2세가 스페우시포스에게』 [= 단편 214B]. 두 편지 모두 후대의 작가들이 지어낸 위작들이다.
**109** Cf. 아테나이오스, 『향연석의 현인들』 XI, 471f [= 단편 215].
**110** Cf. K. Döring 1972a, 167.

## 9.2. 저술과 학설

폴뤽세노스의 저술과 관련해서는 12세기 무렵의 문법학자이자 성직자로 알려진 코린토스의 그레고리오스가 쓴 『헤르모게네스의 「능란한 설득 방법에 관하여」 주석』에 그가 델로스 신전을 기리는 연설문을 썼다는 언급과 함께 연설문의 머리말 일부가 실려 있다. 하지만 거기 언급된 인물이 메가라 철학자인 폴뤽세노스를 가리키는지는 확실치 않다. 그 외에 폴뤽세노스가 어떤 작품을 남겼는지에 대해서는 알려진 것이 없다.

반면에 고대 철학사에서 폴뤽세노스라는 이름은 무엇보다도 저 유명한 '제3인간 논변'과 관련되어 있다. 사실 제3인간 논변은 플라톤의 형상 이론을 비판하는 사람들이 고안한 논변으로 알려져 있다. 제3인간 논변이란 가지적 형상과 감각 대상의 관계를 본(本)과 그것을 닮은 모상의 관계라고 가정할 경우, 본과 감각 대상 사이에는 이 둘에 걸쳐 공통된 제3의 본이 생겨나고, 다시 이 제3의 것과 앞의 것들 사이에는 제4의 것이 생겨나며, 이러한 과정이 무한히 진행된다는 일종의 무한 퇴행 논변이다. 이미 플라톤의 『파르메니데스』 편에서도 제3인간 논변이 다뤄지고 있다는 점을 감안할 때,[111] 플라톤 자신도 형상 이론을 겨냥한 라이벌 철학자들의 비판을 심각하게 고려했던 것처럼 보인다. 제3인간 논변은 철학자들마다 조금씩 다른 버전이 있지만, 폴뤽세노스의 것은 아프로디시아의 알렉산드로스가 쓴 『아리스토텔레스의 「형이상학」 주석』에 비교적 간단하게 언급되어 있다. 알

111 플라톤, 『파르메니데스』 132a-133a.

렉산드로스의 설명에 따르면, 파니아스라는 인물이 『디오도로스에 반대하여』라는 글을 썼는데, 그 안에서 폴뤽세노스가 제3인간 논변을 소개했다고 말했다는 것이다.[112] 그런데 알렉산드로스는 주석에서 제3인간 논변과 관련하여 총 네 개의 정식을 소개하고 있다. 그리고 이 것들 가운데 폴뤽세노스의 것만이 추론의 핵심적인 측면에서 나머지 셋과 다르며, 바로 그 점에서 폴뤽세노스의 논변은 소피스트적이라고 지적한다. 폴뤽세노스의 제3인간 논변의 구조와 의미를 정확하게 이해하기 위해서는 이 부분에 대한 알렉산드로스의 설명 전체를 살펴볼 필요가 있다.

소피스트들이 주장한 논변이 하나 있는데, 그것은 우리를 제3인간 논변으로 인도하는 것으로서, 그 내용은 다음과 같다. 만일 우리가 '사람이 산책한다'고 말할 때, 그것이 인간의 이데아가 산책함을 말하는 것이 아니고(왜냐하면 이데아는 부동이기 때문이다), 개별적인 한 사람이 산책함을 말하는 것도 아니라면(왜냐하면 우리가 알지 못하는 사람에 관해 무슨 수로 그런 말을 할 수 있겠나? 왜냐하면 우리는 '사람이 산책한다'는 것은 알지만, 우리가 말하고 있는 사람이 개별적 사람들 중에 누구인지는 알지 못하기 때문이다), 우리는 이 둘 이외에 '제3의 사람이 산책한다'고 말하게 된다. 그렇다면 우리가 산책한다고 서술한 제3의 인간이 있게 되는 셈이다. 이러한 소피스트적인 성격의 논변을 제공한 이들은 개별적인 것들로부터 공통적인 것을 분리시키는 사람들로서, 그것은 이데아론을 주장하는 자들이 하는 일이기도 하다. 파니아스는 그의 『디오도로스에 반대하여』에서 말하기를, 소피

112  Cf. 단편 220.

스트인 폴뤽세노스가 다음과 같은 말로 제3인간 논변을 소개했다고 한다.

만일 이데아들과 인간 자체의 참여와 분유를 통해서(kata metochēn te kai metousian) 인간이 있는 것이라면, 그 이데아에 관계해서 존재를 갖게 될 어떤 인간이 있어야 한다. 하지만 인간 자체는, 이데아인 것으로서, 그 이데아의 참여를 통해 존재하지 않으며, 개별적인 인간도 그렇지 않다. 그렇다면 그 이데아에 관계해서 존재를 갖는 다른 어떤 제3의 인간이 있게 될 것이다.

  – 아프로디시아의 알렉산드로스, 『아리스토텔레스의 「형이상학」 주석』 84, 7–21

이 증언에 따르면, '사람이 산책한다'에서 주어의 자리에 오는 '사람'은 가지적 형상(즉 인간의 이데아)일 수도 없고, 개별적인 인간(예컨대 '이' 사람 혹은 소크라테스)일 수도 없다. 그런데 주어는 이데아일 수 없다. 왜냐하면 이데아는 운동과 변화를 겪지 않아야 하는데데, 인간의 이데아가 산책한다는 것은 말이 안 되기 때문이다. 또한 주어는 개별적인 인간일 수도 없다. 왜냐하면 개별자는 감각 경험을 통해 포착될 수 있어야 하는데, 앞의 명제에서 말하는 산책하는 '사람'은 누군지 알 수 없기 때문이다. 그러므로 '산책하는 사람'은 인간의 이데아도 경험세계의 개별적 인간도 아닌, 제3의 인간일 수밖에 없다는 것이다.

앞에서 언급했듯이, 폴뤽세노스의 제3인간 논변은 무한퇴행의 형식을 취하고 있지 않다는 점에서 여느 제3인간 논변들과 다르다. 우리에게 많이 알려진 제3인간 논변은 대부분 여러 대상들 간에,[113] 혹

---

[113] 플라톤, 『파르메니데스』 132a–b.

은 본과 모상 간에[114] 생겨나는 닮음 관계를 겨냥한 것이다. 이때 생겨난 닮음을 앞의 것들(다수의 대상들, 혹은 본과 모상)과 비교하면, 다시 양자 사이에서 닮음이 발생하며, 이러한 비교는 무한히 진행된다는 것이다. 반면에 폴뤽세노스의 논변은 이렇듯 닮음 관계에 기반한 무한 퇴행 논증과 다르다. '사람이 걷는다'라고 할 때, 이 '사람'의 자리에 올 수 있는 것은 인간의 이데아도 아니고, 개별자 인간도 아니니, 결국 양자를 매개해주는 제3의 인간이 필요하다는 것이다. 하지만 이런 차이에도 불구하고, 폴뤽세노스의 논변 역시 다른 제3인간 논변들처럼 참여와 분유(metochē te kai metousia)를 문제삼고 있는 것은 분명하다. 차이가 있다면, 다른 제3인간 논변들은 닮음 관계를 통해 참여와 분유를 설명할 경우에 무한 퇴행이 발생한다는 식으로 비판하는 반면, 폴뤽세노스의 논변은 '걷고 있는 사람'이 이데아도, 개별자도 아닌, 제3의 인간이라고 지적함으로써, 이데아와 개별자 사이에는 참여와 분유가 이루어질 수 없다고 비판하는 것이다. 참여와 분유가 단절되는 이상, 가지적 형상의 존재를 감각 대상들의 발생 원인이자 원리로 설정하는 것은 불가능해지는 셈이다.

그렇다면 폴뤽세노스가 가지적 형상과 감각 대상들 사이의 분유와 참여를 부정한 것은 어떻게 이해해야 할까? 달리 말하면 그는 형상이론 전체를 부정한 것이었을까? 아니면, 그 특정한 측면(예컨대 형상과 사물의 관계)만을 겨냥하여 비판했던 것일까? 이런 질문을 하는 이유는 메가라 철학자들 역시, 어떤 면에서는 플라톤 이상으로, 원리의 초월성과 단일성을 강조했기 때문이다. 따라서 폴뤽세노스가 제3

---

114    플라톤, 『파르메니데스』 132c–133a.

인간 논변을 통해서 비판한 것이 플라톤의 형상 이론이라면, 비판의 초점과 의도를 생각해볼 필요가 있다. 이와 관련하여 되링은 폴뤽세노스가 활동하던 시기의 역사적 맥락과 이른바 철학적 프레임을 검토하는 가운데 매우 설득력 있는 해석을 내놓고 있다.[115] 폴뤽세노스가 플라톤의 제안을 받아들여 디오뉘시오스 2세에게로 간 것은 서기전 4세기 중반 무렵이다. 이 사실을 통해 폴뤽세노스는 370~360년 사이에 플라톤 및 아카데메이아의 철학자들과 접촉하면서 철학적인 교류를 하고 있었으리라고 추측할 수 있다. 이들이 교류하는 동안에는 플라톤의 형상 이론을 둘러싼 격렬한 토론도 있었을 것이다. 되링은 이 토론의 내용이 370년 후반에 쓰였을 것으로 추정되는 플라톤의 『파르메니데스』와 아리스토텔레스의 『이데아들에 관하여』 등에 반영되었을 가능성이 높다고 추측한다. 한편, 『파르메니데스』의 전반부에서 형상과 사물의 분리와 함께 분유/참여의 문제가 플라톤의 확실한 입장 표명이나 관점 제시 없이, 거의 일방적으로 검토와 비판의 대상이 되고 있음을 고려한다면, 아마도 폴뤽세노스는 당시의 플라톤 비판자들 중 한 명이었으며, 이데아와 감각 사물의 분리(달리 말하면 감각 사물에 대한 가지적 형상의 초월성)에 기반하여, 플라톤이 지지하는 양자의 분유, 참여 관계를 비판했을 것이라고 생각할 수 있다. 이러한 해석은 폴뤽세노스의 제3인간 논변이 형상과 개별 사물 간의 관계를 부정하는 데 맞춰져 있다는 점을 고려할 때, 어느 정도 설득력을 갖는다. 즉 폴뤽세노스는 형상의 존재 자체를 부정한다기보다는 형상과 감각 대상들 간의 관계를 부정한다고 볼 수 있다. 그리고 분

---

115  K. Döring 1972a 170; K. Döring 1972b, 41-42.

유와 참여에 대한 비판은 폴뤽세노스의 논변뿐만 아니라, 『파르메니데스』에 전개된 형상 비판들 중에서도 큰 부분을 차지한다는 점에서, 폴뤽세노스 류의 비판이 플라톤 자신에게도 적잖이 심각한 문제였으리라고 추측할 만한 여지를 준다. 또한 폴뤽세노스가 행한 플라톤 비판의 핵심이 분유와 참여의 부정에 있다면, 그것은 가지적인 영역과 감각 영역의 관계에 대한 부정적인 관점을 함축하며, 다시 이는 형상들과 단절된 감각, 경험의 세계로부터 얻은 지식과 정보는 신뢰할 수 없다는 메가라학파의 인식론과 이어진다고 볼 수 있다. 요컨대 폴뤽세노스의 제3인간 논변은 가지적인 보편자들과 감각 사물들 간의 강력한 분리와 함께 둘이 결코 이어질 수 없다고 하는 메가라학파의 철학이 밑받침이 되는 논변이라고 이해할 수 있다. 이러한 주장은 나중에 스틸폰에 의해 다시 한 다뤄지는데, 그 역시 플라톤의 형상 이론을 논박하기 위하여 새로운 '소피스트적인' 논박술을 고안해낸다.[116] 이 문제는 뒤에서 다시 살펴볼 것이다.

---

116 『생애』 II, 119 [= 단편 199].

# III
# 에우불리데스와 그의 후예들


## 1. 에우불리데스

크레타인들 가운데 한 예언자[에피메니데스?]가 말하기를 크레타인들은 언제
나 거짓말쟁이고, 사악한 야수이며, 게걸스럽게 먹어대는 게으름뱅이니라.

— 바울, 『디도서』 I, 12

### 1.1. 생애

에우불리데스의 생애와 관련해서는 약 10여 개 정도의 증언들이
남아 있다. 우선 『생애』의 보고에 따르면, 에우불리데스는 밀레토스
출신이며 에우클레이데스의 계승자(diadochē)라고 한다.[1] 하지만 이
표현만을 가지고서는 그가 정말 에우클레이데스의 직계 제자였는지,

---

1 『생애』 II, 108 [= 단편 50].

또 스승의 뒤를 이어 학파의 대표자가 되었는지 확인할 수 없다. 또한 그의 출생 시기도 확실히 알려진 바가 없다. 다만 정치가 데모스테네스(서기전 384~322년)가 에우불리데스의 학생이었다는 일화는 다수의 증언들을 통해 오늘날까지 전해지고 있다. 데모스테네스의 출생 시기를 고려했을 때, 에우불리데스는 대략 서기전 4세기 초반 정도에 태어나지 않았을까 추측해볼 수 있다. 하지만 데모스테네스가 정말 에우불리데스의 제자였는지에 대해서는 학자들 사이에 논란이 있다.

데모스테네스가 실제로 에우불리데스의 제자였다고 주장하는 학자들은 어쨌든 서로 다른 여러 증언들에서 이들의 관계가 언급되고 있다는 사실을 무시할 수 없다고 강조한다.[2] 반대로 이들의 관계에 대하여 의심을 품는 학자들은 이러한 일화들이 사실은 무명의 희극 시인들이 유명인들을 소재로 삼아 만들어낸 이야기일 가능성이 높다고 본다.[3] 예컨대 말을 더듬던 데모스테네스가 에우불리데스에게서 웅변과 쟁론의 기술을 배워 뛰어난 연설가가 되었다는 일화가 그것이다.[4] 반면에 좀 더 온건한 입장을 취하는 경우도 있다. 즉 에우불리데스와 데모스테네스가 사제관계를 맺었는지는 확인할 수 없지만,

---

2  Cf. E. Zeller 1877, 251, n. 5.
3  K. Döring 1972a, 102–103.
4  예컨대,『생애』II, 108 [= 단편 51A]: "그에 관해서 희극 작가들 가운데 한 사람은 이렇게 말했다. / '쟁론가 에우불리데스는 뿔 달린 질문들을 던지고 / 거짓 가득한 논변들로 수사가들을 농락하며 / 데모스테네스의 말 더듬는 수다를 가져가버렸다. / 왜냐하면 데모스테네스 역시 그의 수업을 듣고서 말 더듬기를 그친 것처럼 보이니까.'" 하지만 디오게네스 라에르티오스는 이 희극 작가들의 노래를 사실로 간주하고 있는 것처럼 보인다.

적어도 두 사람이 서로 알고 지내는 사이였음을 굳이 부정할 이유는 없다는 것이다. 특히 데모스테네스가 마케도니아의 필리포스 2세에 맞서 싸웠듯이, 에우불리데스도 마케도니아의 스타게이로스 출신인 아리스토텔레스와 극렬하게 대결했다는 점을 고려하면,[5] 적어도 두 사람이 반 마케도니아 정서를 공유했을 수도 있다. 이런 점들을 모두 감안했을 때, 데모스테네스가 엄밀한 논리적 정합성을 추구하면서 소피스트적 논박술을 가르치고 있었던 에우불리데스에게 흥미를 가지고서 그를 방문했다고 해서 조금도 놀랄 만한 일은 아니라는 것이다.[6]

한편, 『생애』의 또 다른 대목에도 에우불리데스라는 이름이 등장하는데, 거기서 에우불리데스는 소크라테스의 재판에서 그를 위해 100 드라크메를 내주겠다는 말을 했다고 한다.[7] 하지만 에우불리데스가 정말 소크라테스의 재판에 참가했고 실제로 그렇게 말했는지에 대해서는 회의적이다. 에우불리데스의 제자들로는 알렉시노스와 올륀토스의 에우판토스가 있으며, 디오도로스의 스승인 아폴로니오스 크로노스도 그의 강의를 들었다고 한다. 에우불리데스가 언제 죽었는지는 알려져 있지 않다.

### 1.2. 저술

에우불리데스의 저술과 관련하여 거의 확실하다고 알려진 일화에 따르면, 그는 아리스토텔레스를 비난하는 책을 썼는데, 아리스토

---

5 『생애』 II, 109 [= 단편 59].
6 Cf. L. Montoneri 1984, 94, n. 3.
7 『생애』 II, 41-42 [= 단편 66].

텔레스의 결혼 같은 사생활에 관하여 악의적으로 왜곡된 이야기들이 담겨 있었다고 한다.[8] 에우불리데스는 또 견유 디오게네스를 비난하는 책도 썼는데, 디오게네스가 아버지와 함께 위조주화를 만든 죄로 고향인 시노페에서 추방당했다는 이야기가 담긴 것인 바로 그 책이라고 한다.[9] 마지막으로 아테나이오스의 증언에 따르면, 에우불리데스는『축제 참가자들』이라는 제목의 희극을 썼다고 한다.[10] 다만 이 증언과 관련해서는, 에우불리데스가 해당 희극의 저자가 아니라 등장인물일 것이라는 의심도 있다.

### 1.3. 학설

고대 철학사에서 에우불리데스는 대개의 경우 무시무시한 실력을 지닌 변증가의 모습으로 묘사된다. 물론 이러한 묘사가 언제나 긍정적인 것은 아니어서, 에우불리데스의 적대자들은 그를 '쟁론가' 또는 '소피스트'라고 부르기도 한다. 예컨대 우리는 아리스토텔레스가『소피스트적 논박』에서 에우불리데스의 것으로 추정되는 몇몇 논변들을 비판하는 것을 볼 수 있다.[11] 어쨌든 긍정적인 의미에서든 부정적인 의미에서든 고대인들 사이에서 에우불리데스는 스승인 에우클레이데스보다 더 유명했다고 한다. 그를 유명하게 만들어준 것은 뭐니뭐

---

8  아리스토클레스, in 에우세비오스,『복음 준비서』XV, 2, 5 [= 단편 60].
9 『생애』VI, 20 [= 단편 67].
10  아테나이오스,『향연석의 현인들』X, 437d-e [= 단편 57].
11  메가라 철학자들과 아리스토텔레스와의 대립 관계에 대해서는, cf. L.-A. Dorion 1995, 52-53.

니해도 역설 논변들이다. 그가 제기했던 논변들은 두 개의 선택지 가운데 어느 쪽을 취해도 모순에 빠지게 되는 양도(dilemma) 논법의 형식으로 이루어져 있는데, 그것들은 아마 변증술적 대화나 논쟁의 상황에서 상대를 논박하는 훈련을 위해 사용되었던 것으로 보인다.

에우불리데스의 논변들에 관한 가장 많은 정보를 전하고 있는 사람은 디오게네스 라에르티오스인데 그는 다음과 같이 말한다.

> (에우불리데스) […] 그는 변증술적 대화 속에서 많은 논변들을 질문 형식으로 제기하였는데, 그 예들로는 거짓말쟁이 논변, 숨은 사람 논변, 엘렉트라 논변, 두건 쓴 사람 논변, 더미 논변과 뿔 달린 사람 논변, 대머리 논변이 있다.
>
> — 『생애』 II, 108 [= 단편 64]

이 보고에 따르면, 우선 에우불리데스의 논변들은 기본적으로 변증술의 형식, 즉 질문과 답변의 교환 형식으로 이루어졌던 것으로 보인다. 변증술적 대화에서 질문자는 대개의 경우 답변자에게 '예' 또는 '아니오'로만 답할 것을 요구하는데, 그런 대화 조건에서는 답변자의 선택지가 둘로 제약되기 때문에, 대화의 주도권은 언제나 질문자에게 속하게 된다.[12] 이렇듯 질문에 대하여 답변자가 '예' 또는 '아니오'로 짧게 대답하는 '간결하게 말하기(brachulogia)'는, 연설이나 옛날 이야기처럼 하나의 주제를 길게 늘어놓는 장광설(長廣舌, makrologia)에 대립하는 것으로, 소크라테스가 그의 대화에서 선호해온 방식이기도

---

12  Cf. L. Brisson 2001, 210–211.

하다.[13] 메가라 철학자들이 소크라테스의 탐문 정신을 계승한다고 주장하는 점을 감안할 때, 에우불리데스의 논변들이 변증술적 대화 형식으로 이루어졌으리라는 것은 조금도 놀라운 일은 아니다.

아쉬운 점은 앞의 일곱 논변들 가운데 '뿔 달린 사람' 논변을 제외한 여섯 논변들은 그 이름과 대강의 내용만 전해지고 있어서, 에우불리데스가 구체적으로 어떻게 논변을 전개했는지는 알 수 없다는 점이다. 유일하게 '뿔 달린 사람' 논변에 관해서만 고대의 증언들이 남아 있는데, 어떤 사람들은 이것이 에우불리데스의 것이라고 말하는 반면, 또 어떤 사람들은 스토아학파의 크뤼시포스가 고안했다고 말함으로써 그 출처가 확실하지는 않다.[14] 사실 앞의 증언에서도 디오게네스 라에르티오스는 에우불리데스가 변증술적인 대화 속에서 많은 논변들을 '질문 형식으로 제기했다(ērōtēse)'고 전할 뿐이지, 에우불리데스가 그것들을 '발명했다'고는 말하지 않는다. 어쨌든 에우불리데스는 이 논변들로 인해 쟁론가로서 명성(부정적인 의미에서는 악명)을 떨쳤을 뿐만 아니라, 심지어 메가라학파가 이것들로 인해 쟁론술학파라는 이미지를 얻게 된 것도 부정할 수 없다. 하지만 비록 쟁론술이 부정적인 뉘앙스를 담고 있다 하더라도,[15] 적어도 이 기술의 일

---

**13**  플라톤, 『프로타고라스』 335a–c.

**14**  『생애』 VII, 186–187 [= 단편 65].

**15**  그리스의 지식인들 사이에서 '쟁론술'이라는 표현에는 어느 정도 부정적인 뉘앙스와 폄하의 의도가 들어 있었다. 이를테면 변증술이 소크라테스와 플라톤의 영향으로 진리 탐구의 방법 내지는 기술로서 인정받아온 반면, 쟁론술은 소피스트나 수사가들이 논쟁에서의 승리를 목적으로 사용하는 기술로서 간주되어왔던 것이다. 예컨대, 플라톤, 『에우튀데모스』 272a–b; 『소피스트』 226a; 아리스토텔레스, 『소피스트적 논박』 3, 165b12–15.

부가 소크라테스의 추종자들이 스승의 철학적 탐문을 모방하는 속에서 발전해왔다는 사실을 부정할 수는 없다. 아울러 쟁론술의 기술적 측면과 그 효과를 제대로 이해하기 위해서는 4세기의 문화사적 맥락과 함께 당시의 논리-언어학적 발전 과정을 살펴볼 필요가 있다는 루치아노 몬토네리(Luciano Montoneri)의 지적 또한 전적으로 타당해 보인다.[16]

### (1) 거짓말쟁이(pseudomenos) 논변

거짓말쟁이 논변은 에우불리데스의 역설 논증들 중에서도 가장 유명하다. 하지만 이 논변의 원래 형식이 어땠는지는 알려져 있지 않다. 오늘날 사람들이 이야기하는 것들은 모두 후대의 철학자들이 추측해서 재구성한 것들이다. 그 형식들은 굉장히 다양한데,[17] 철학사가인 알렉상드르 코이레는 거짓말쟁이 논변을 크게 두 가지 형식, 즉 '크레타 사람인 에피메니데스가 모든 크레타인들은 거짓말쟁이다'라고 주장한 것과 '나는 거짓말을 한다'라는 주장으로 나누고, 메가라

---

**16** Cf. L. Montoneri 1984, 96.

**17** 고대인들이 거짓말쟁이 논변을 언급한 텍스트들은 다양한데, 독일의 사회학자인 알렉산더 뤼스토브(Alexander Rüstow 1910, 40-42)는 그 텍스트들을 다음과 같이 네 그룹으로 나누었다.

① 단지 질문만 있는 텍스트들(키케로, 『아카데미아학파 전서(루쿨루스)』 XXIX, 95; 아울루스 겔리우스, 『앗티카의 밤』 XVIII, 2, 10 등).

② 거짓말쟁이가 자기는 거짓말을 한다고 진술하는 텍스트들(키케로, 『아카데미아학파 전서(루쿨루스)』 XXX, 96 등).

③ 거짓말쟁이가 참을 말한다고 사람들이 주장하는 텍스트들(루키아노스, 『진실된 이야기』 I, 4 등).

④ 거짓말쟁이가 거짓과 동시에 참을 말한다고 사람들이 결론 짓는 텍스트들(아우구스티누스, 『아카데미아학파 반박』 III, 29 등).

학파의 논변에 해당되는 것은 후자라고 말한다.[18] 이 가운데 에우불리데스가 전개했을 것과 가장 가까웠으리라 짐작되는 것은 키케로의 정식인데, 그 내용은 다음과 같다.

> 만일 당신이 거짓말을 한다고 말하며, 그것이 참이라고 말한다면, 당신은 거짓을 말하는가, 참을 말하는가(Si te metiri dicis idque verum dicis, mentiris an verum dicis)?
>
> – 키케로, 『아카데미아학파 전서(루쿨루스)』 XXIX, 95

키케로의 정식이 에우불리데스의 것에 가장 가까울 것으로 짐작하는 이유는 이것이 질문 형식으로 되어 있기 때문이다. 즉 앞서 살펴본 『생애』의 증언처럼, 이러한 형식은 에우불리데스가 수행했던 변증술적인 문답법을 어느 정도 반영한다고 추측할 수 있다. 실제 변증술적 대화 상황에서 이 질문은 아마 다음과 같은 방식으로 펼쳐졌을 것이다.

> – 당신이 '나는 거짓말을 한다'고 말하면서 그것이 참이라고 주장한다면,[19] 당신은 거짓말을 하는 것이오, 참을 말하는 것이오?
> – 나는 참을 말하는 것이오.
> – 그러나 당신이 '나는 거짓말을 한다'고 주장하면서 참을 말하고 있다면,[20] 당신은 거짓말을 하고 있는 것이오.

---

18  Cf. A. Koyré 1947, 9–15.
19  즉 진짜로 거짓말을 하고 있다고 주장한다면.
20  즉 '거짓말을 한다'는 주장이 참이라면.

– 그렇다면 나는 거짓말을 하는 것이오.

– 그러나 당신이 '나는 거짓말을 한다'고 말하면서 거짓말을 하고 있다면,[21] 당신은 참을 말하고 있는 것이오.[22]

질문자는 답변자가 긍정적으로 대답하든 부정적으로 대답하든 간에 모든 답변을 논박할 수 있다. 이렇듯 어떤 답변을 제시하든 모두 논박해버리는 것은 전형적인 쟁론가들의 기술이라 할 수 있다. 앞에서도 언급했지만, 우리는 플라톤의 『에우튀데모스』에서 이 쟁론 기술이 사용되고 있는 모습을 볼 수 있다. 거기서 에우튀데모스와 디오뉘소도로스 형제는 젊은 클레이니아스에게 '배우는 사람은 지혜로운 사람인가, 무지한 사람인가'를 묻고는 클레이니아스가 어느 쪽으로 대답하든 그의 답변을 모두 논박하는 기술을 보여준다.[23] 작품 속에서 소크라테스는 에우튀데모스 형제들이 젊어서는 몸을 사용한 격투기에 능했으며, 노인이 되고는 말을 이용한 겨루기, 즉 쟁론술을 시작했다고 소개하는데,[24] 이러한 소개와 함께 작품 속에 전개되는 다양한 쟁론 기술들에 착안하여, 에우튀데모스와 디오뉘소도로스가 전통적인 소피스트들이 아니라 메가라학파에 속했던 철학자들이라고 주장하는 학자도 있다.[25]

하지만 이 대화편에서 주목해야 할 것은 단순히 쟁론술만이 아니

---

**21** 즉 '거짓말을 한다'는 주장이 거짓이라면.

**22** 이 재구성은 뤼스토브의 것으로(A. Rüstw 1910, 40), 뮐러는 이 형식이 거짓말쟁이 논변의 고전적인 형식이었을 것이라고 평가한다. Cf. R. Muller 1985, 114.

**23** 플라톤, 『에우튀데모스』 275d–277c.

**24** 플라톤, 『에우튀데모스』 272a–b.

**25** Cf. L.-A. Dorion 2000, 35–50.

다. 몇몇 학자들은 『에우뤼데모스』에 거짓말쟁이 논변의 근본적인 문제의식이 들어 있다고 보기도 한다. 그것은 바로 거짓말이 불가능하다는 주장이다. 작품 속에서 에우뤼데모스는 대화자인 크테시포스에게 '무엇인가를 반박한다는 것은 불가능하다'라는 주장을 논증하는데,[26] 사실 이 논변은 거짓말을 하는 것이 불가능하다는, 이른바 거짓 진술의 불가능성 논제에 기반하고 있다. 이 논제에 따르면, 말이란 있는 것에 대한 진술이며, 존재하지 않는 것에 대해서는 어떠한 말도 할 수 없다. 그런데 거짓말은 사실이 아닌 것을 말하는 것이고, 사실이 아닌 것은 있지 않은 것에 다름 아니다. 따라서 거짓말은 불가능하다는 것이다.[27] 그리고 이 논제는 '있지 않은 것에 대해서는 사유도 언표도 불가능하다'는 파르메니데스와 엘레아학파의 주장을 연상시킨다.[28] 에우불리데스의 거짓말쟁이 논변을 『에우뤼데모스』의 거짓 진술 불가능성 논제와 연결시키는 학자들에 따르면, 에우불리데스가 거짓말쟁이 논변을 통해서 보여주고 싶었던 것, 달리 말하면, 거짓말쟁이 역설의 교훈은 바로 존재하지 않는 것에 대해서는 사유도 언표

---

26 플라톤, 『에우뤼데모스』 285e−286c. 논변의 대강은 다음과 같다. 반박이란 무엇인가에 대하여 두 사람의 진술이 갈릴 때 생겨난다. 그런데 ① 만일 두 사람이 같은 것에 대해 같은 진술을 한다면, 반박은 있을 수 없다. ② 반면에 두 사람 중 누구도 무엇인가에 대해 진술을 하지 않는다면, 역시 반박은 불가능하다. ③ 이번에는 한 사람이 한 가지 것에 대해 무엇인가를 진술하고, 다른 사람은 다른 것에 대해 다른 진술하는 경우, 뒷사람은 앞사람이 말하는 대상에 대해서는 아무런 진술도 하지 않는 셈이다. 따라서 아무 말도 하지 않는 사람에게 반박은 있을 수 없다. 따라서 어느 경우에도 반박은 불가능하다.

27 플라톤, 『에우뤼데모스』 283e−284c.

28 프로클로스, 『플라톤의 「티마이오스」 주석』 I, 345 [= DK 28B2 = Gemelli II, 14 = 『선집』 276]: "왜냐하면 이 있지 않은 것을 그대는 알게 될 수도 없을 것이고(왜냐하면 실행 가능한 일이 아니니까) 지적할 수도 없을 것이기에."

도 할 수 없다는 것이다.[29] 이것은 결국 에우불리데스의 거짓말쟁이 논변이 근본적으로는 엘레아-메가라적인 존재론에 뿌리박고 있다고 보는 셈이다.

하지만 에우불리데스의 거짓말쟁이 논변과 『에우튀데모스』의 거짓 진술 불가능성 논제 사이에는 커다란 차이가 있다. 무엇보다도 전자는 양도 논법의 형식을 띤 논증인 반면, 후자는 그렇지 않다. 오히려 후자는 모순 관계로서 서로 떨어질 수 없는 명제들(존재와 비존재, 언표 가능성과 언표 불가능성)에 기반한 논증에 더 가깝다. 또한 전자는 1차적으로 상대방을 논박하려는 쟁론적 의도 내지는 소피스트적인 성격을 띠는 반면, 후자에서는 (비록 소피스트 형제들에 의해 전개된 논증이긴 하지만) 정작 소피스트적인 성격보다는 비존재에 대한 언표 불가능성을 암시하는 존재론적인 의도가 훨씬 더 분명하게 드러난다. 따라서 거짓말쟁이 논변을 거짓 진술 불가능성 논제와 연결시키기 위해서는 둘 사이를 매개해주는 다른 보충적인 논변들이 더 필요해 보인다.

한편, 아리스토텔레스는 『소피스트적 논박』에서 이 논변에 관해 언급하면서 문제의 해결을 모색한다.[30] 그는 '거짓말쟁이 논변'이라는 표현 대신, '동일인이 거짓말을 하는 동시에 참을 말하는 것에 관한 논변(ho logos kai peri tou pseudesthai ton auton hama kai alētheuein, 180b2-3)'이라고 부르는데, 그가 보기에 이 논변의 어려운 점은 말하는 자가 '단적으로' 참을 말하는지, 아니면 '단적으로' 거짓을 말하는

---

29  Cf. A. Rüstow 1910, 34-35.
30  아리스토텔레스, 『소피스트적 논박』 25, 180b2-7.

지를 파악하기가 쉽지 않다는 데 있다. 그런데 이런 지적을 통해서 아리스토텔레스는 이 문제의 해결책이 절대적인 것과 상대적인 것의 구별에 있다고 생각하는 것처럼 보인다. 그래서 그는 '어떤 사람이 단적으로 거짓말쟁이라 하더라도, 상대적으로 특수한 맥락이나 상황에 따라서는, 혹은 상대적인 관점에서 볼 때는, 얼마든지 참을 말한다고 할 수 있다'라고 설명한다. 요컨대 아리스토텔레스는 거짓말쟁이 논변이 특정한 표현들을 '단적인 방식으로 말하느냐' 아니면 '특수한 관점과 성질에 따라 말하느냐'에 따른 오류로[31] 간주하고 있는 것처럼 보인다. 아마도 거짓말쟁이 논변에 대하여 아리스토텔레스는 '에티오피아인이 하얀 동시에 검다'와 같은 명제의 해결책을 생각했던 게 아니었을까 싶다. 이로부터 '피부는 검고, 이는 하얗다'라는 식으로 특정 부분 혹은 관점에 따라 상반된 속성들이 나타난다고 보는 식의 해결책을 떠올렸던 듯하다. 물론 이러한 해결책은 거짓말쟁이 논변에 적절하다고 볼 수 없다. 왜냐하면 표현의 절대적인 사용(dictum simpliciter)과 특수하게 제한된 관점에서의 사용(dictum secundum quid)을 구별한다고 해서, '내가 거짓말한다'의 역설 자체가 사라지는 것은 아니기 때문이다.[32]

그런데 거짓말쟁이 논변을 엘레아-메가라학파의 존재론에 대한 암시라거나, 단어의 절대적인 사용에 기반한 소피스트적 논박술의 하나로 보지 않는다면, 다른 관점으로는 무엇이 있을까? 어쩌면 메가라 철학자들은 거짓말쟁이 역설을 통해 일상의 말이 지닌 기만적

---

31  아리스토텔레스, 『소피스트적 논박』 5, 166b37-167a5.
32  Cf. L. Montoneri 1984, 98-99.

인 성격을 지적하려고 했을지도 모른다. 이를 통해서 일상의 대화나 언어 습관이 언제나 오류에 빠질 수 있음을 경고하는 한편, 보다 심각하게는 모든 발화는 참 아니면 거짓이라는 전제 위에서 전개되는 변증술의 토대가 얼마나 취약할 수 있는지를 경고하는 것으로 볼 수 있다. 그렇다고 해서 이런 경고가 회의주의를 의미하지는 않는다. 뮐러가 잘 지적하고 있듯이,[33] 메가라 철학자들이 그토록 변증술에 집착하면서 정작 변증술 자체를 파괴하려 했다고 보는 것은 설득력이 떨어지기 때문이다. 또한 고대의 문헌들 가운데 거짓말쟁이 논변을 순전히 부정적인 결론이나 회의주의적인 교훈을 도출하기 위해 사용한 경우는 발견되지 않았다. 오히려 거짓말쟁이 논변은 우리의 판단 자체를 부정하고 파괴한다기보다는, 언어에 대한 성급한 신뢰, 그러니까 언어가 존재를 온전히 반영하며, 우리는 언어를 통해서 진리를 밝혀낼 수 있을 것이라는 순진한 믿음에 대한 경고를 위해 고안된 것이 아닐까 생각해볼 수 있다.

### (2) 더미 논변(sōreitēs)과 대머리(phalakros) 논변

더미 논변 역시 전통적으로 에우불리데스의 것으로 간주되며, 거짓말쟁이 논변과 마찬가지로 다양한 형식으로 전해지고 있다. 그 가운데 가장 오래된 것은 키케로의 것인데, 그 형식은 다음과 같다.

우선 그들이 철학에서는 거의 용인되지 않던 아주 궤변적인 질문 방식을 사용하는 것은 비난받아 마땅합니다. 그것은 어떤 것을 조금씩 점차적으

---

33  Cf. R. Muller 1985, 115.

로 더하거나 빼는 방식입니다. 그들은 이를 '더미 논변(sōritēs)'이라고 부르는데, 낟알을 하나씩 더해 덩어리(sōros)를 만들어내기 때문이지요. 이는 명백히 오류가 있는 궤변적인 방식입니다.

— 키케로, 『아카데미아학파 전서(루쿨루스)』 XVI, 49

키케로의 정식에 따르면, 이 논변들은 기본적으로 '작은 입자들로 이루어진 덩어리(sōros)'라는 아이디어에 기반하여 구성된다. 논변은 우선 작은 부분들로 이루어진 대상을 예로 든 뒤에, 그것에 엄밀하지 않은 방식으로 동질적인 부분을 더하거나 빼거나 함으로써 발생하는 대상의 증가나 감소에 주목한다. 이 논변의 핵심은 정확하게 증가의 어느 시점에서 해당 대상이 그 이름에 어울리는 것이 되며, 또 감소의 어느 시점에서 해당 대상이 더 이상 그 이름에 걸맞지 않게 되는지를 엄밀하게 결정하는 것이 불가능함을 지적하는 것이다. 우리에게도 잘 알려진 더미 논변과 대머리 논변의 예를 하나씩 들어보면 다음과 같다.

- 밀알 두 톨이 모인다고 해서 한 덩어리가 되지는 않는다. 세 톨로도, 네 톨로도 한 덩어리는 되지 않는다. 하지만 계속 모이다 보면 언젠가 한 덩어리가 될 것이다. 그렇다면 도대체 밀알 몇 톨이 모였을 때 한 덩어리라고 부를 수 있는가?
- 머리숱이 얼마 없는 사람에게서 머리카락 한 올을 뽑는다고 대머리가 되지는 않는다. 두 번째 머리카락을 뽑아도, 세 번째 머리카락을 뽑아도 마찬가지이다. 하지만 계속 뽑다 보면 그는 언젠가 대머리가 될 것이다. 그렇다면 머리카락이 몇 가닥이나 남

았을 때 우리는 그를 대머리라 부를 수 있는가?

이 논변들의 의도는 우리가 보편적으로 사용하는 언어의 기만적인 본성과 언어 사용에 있어서 관습에 내재된 임의성을 드러내려는 데 있는 것처럼 보인다. 특히 이 논변들은 일상 언어 속의 다양한 표현들, 예컨대 '덩어리', '대머리'처럼 동질적인 부분들로 이루어진 대상들을 지칭하는 어휘들이라든가, '큼'과 '작음', '많음'과 '적음' 등과 같이 짝을 이루는 개념들이 그것들에 내재된 상대적이고 모호한 성격들로 인해서 언표 대상을 정확하게 고정할 수 없다는 점을 겨누고 있다. 요컨대 이 논변들은 일상 언어가 이성적 사유를 표현하고 전달하는 데 적절한 도구가 아니라는 것을 지적하기 위해 고안된 것이라고 할 수 있다.

하지만 다른 관점에서 보자면, 이 논변들은 그저 언어의 한계만을 지적하는 데만 머무는 것 같지도 않다. 오히려 이 논변들은 언어보다는 언표 대상이 겪는 불확실성에 대해서도 모종의 경고를 보낸다고 생각할 수도 있다. 그것은 '연속'과 '불연속'처럼 언표 대상이 겪는 성질 또는 '가능성'과 '현실성'처럼 언표 대상의 존재 방식과 관련된 불확실성에 대한 경고이다. 특히 이것들은 생성이나 가능, 또는 시간의 경과에 따른 점진적 운동과 변화가 이성적인 앎에 부응하지 못한다는 점을 명확히 보여준다. 즉 언어를 통해서 대상을 고정시키지 못한다고 할 때, 그 원인은 언어의 임의성과 관습성에서 찾아질 수 있지만, 보다 근본적으로는 경험 세계에 속하며 운동과 변화를 겪고 있는 대상의 불확실성에서도 찾아질 수 있다는 것이다.

안타깝게도 에우불리데스가 더미 논변과 대머리 논변을 어떤 식으로 사용했는지는 알려져 있지 않지만, 이 논변들은 서양 철학사 전체에 걸쳐, 언어 철학과 의미론, 수학과 자연 철학, 윤리학 등 철학의 여러 분야에서 다양한 형식으로 사용되어왔다.[34]

예컨대, 디오게네스 라에르티오스는 스토아 철학자들을 소개하는 곳에서 그들이 변증술에 능했으며, 몇몇 답이 없는 논변들(aporoi tines logoi)을 구사하기도 했다고 말하면서, 그중 한 예로 수의 증감과 관련된 논변을 펼친다. 즉 2가 작은 수인데 3이 작은 수가 아니라는 것은 참이 아니다. 또 3이 작은 수인데, 4가 작은 수가 아니라는 것도 참이 아니다. 그런 식으로 하다 보면, 10,000도 마찬가지가 되리라는 것이다.[35] 이 논변은 대상의 크기를 지칭하는 우리의 언어가 바로 인접한 대상을 비교함에 있어서 매우 자의적이고 부정확하게 사용되고 있음을 보여주고 있다. 즉 우리가 일상적으로 크거나 작다고 표현하는 말들이 실제로는 대상의 증감을 제대로 표현하지 못한다는 것이다.

또한 더미 논변은 회의주의자인 섹스토스 엠페이리코스의 논고들 속에서 빈번하게 발견된다. 그는 스토아 인식론을 비판하는 가운데, 언제나 참인 파악 인상(kataleptike phantasia)에 대해 동의가 이루어진다는 스토아 철학자들의 주장에 맞서 비-파악적인 인상(akataleptos phantasia)에도 동의가 이루어진다는 것을 보이기 위해 더미 논변을 활용한다. 예를 들어 '50은 작다'라는 파악 인상이 있다고 할 때, 현자는 이것에 동의하는 반면, 이로부터 멀리 떨어진 비-파악적 인상인 '10,000은 작다'에는 동의하지 않는다. 반면에 그는 '50은 작다' 이

**34** Cf. R. Muller 1985, 116.
**35** 『생애』 VII, 82.

후에 첫 번째로 오는 비-파악적 인상인 '51은 작다'에는 동의할 것이다. 왜냐하면 이것은 '50은 작다' 곁에 붙어 있기 때문이다. 하지만 그런 식으로 하나씩 수를 확장해나가다 보면, 결국에는 처음에 동의하지 않는다고 대답했던 '10,000은 작다'에도 동의하게 된다는 것이다.[36]

그런가 하면, 섹스토스는 문법학자들과 대결할 때도 학자들이 규정한 문법의 정의를 비판할 때도 더미 논변을 사용한다. 문법학자들에 따르면, '문법이란 시인들과 작가들의 말에 관한 대부분의 경험'이라고 한다. 그런데 섹스토스는 이때 '대부분(kata to pleiston)'이라는 표현이 정의로 사용하기에 애매하다고 지적한다. 만일 문법이 '모든(pantōn) 말들'에 대한 경험이라면, 문법은 불가능하다. 왜냐하면 말

---

**36** 섹스토스 엠페이리코스, 『논리학자들에 반대하여』 I, 418-421: "'50은 작다'라는 파악 인상이 있다고 가정해보자. 이것은 '10,000은 작다'라는 인상으로부터 멀리 떨어져 있는 것처럼 보인다. 자, 그렇다면 비-파악적 인상인 '10,000은 작다'가 파악 인상인 '50은 작다'로부터 워낙 멀리 떨어져 있기 때문에, 훌륭한 사람은 이 커다란 차이가 닥칠 때 판단 중지를 하지 않고, 파악 인상인 '50은 작다'에는 동의하는 반면, '10,000은 작다'라는 비-파악적 인상에는 동의하지 않을 것이다. |419| 그러나 만일 현자가 '10,000은 작다'에 동의하지 않는다면, 그것[10,000은 작다]이 '50은 작다'로부터 멀리 떨어져 있는 것인 이상, 그가 '51은 작다'에 동의하리라는 것은 분명하다. 왜냐하면 이 것[51은 작다]과 '50은 작다' 사이에는 아무것도 없기 때문이다. 그런데 '50은 작다'가 마지막 파악 인상이기에, '51은 작다'는 [그 뒤로 오는] 첫 번째 비-파악적 인상이 된다. 그러므로 훌륭한 사람은 '51은 작다'가 비-파악적 인상이라는 데 동의할 것이다. 그리고 그가 '50은 작다'와 아무런 차이도 없는 이것[51은 작다]에 동의한다면, 그는 비-피악적 인상인 '10,000은 작다'에도 동의할 것이다. |420| 왜냐하면 모든 비-파악적 인상들은 하나의 비-파악적 인상과 동등하기 때문이다. 그러므로 비-파악 인상인 '10,000은 작다'가 '51은 작다'와 동등하기에, 그리고 후자는 '50은 작다'라는 파악 인상과 어떤 식으로도 떨어져 있거나 다르지 않았기에, '50은 작다'라는 파악 인상은 '10,000은 작다'라는 비-파악 인상과 동등하게 될 것이다. |421| 그리고 이런 식으로 파악 인상은 잘못되고 비-파악적인 인상과 같아진다. 왜냐하면 그것들은 더 이상 구별되지 않기 때문이다."

은 무한하므로 모든 것에 대한 경험은 불가능하기 때문이다. 문법학자들은 이런 비판을 회피하기 위해서 '모든 말들'이라는 표현 대신 '대부분의 말들'이라는 표현을 사용한다. 그러나 이 표현은 더미 논변의 역설에 빠질 수 있다. 왜냐하면 '대부분'이라는 표현은 사실상 '많은'이라는 표현과 다르지 않은데, '많음'이나 '적음'을 언급한 이상 전체에서 한 부분씩 빼나가거나 더해나가는 것이 가능하기 때문이다. 즉 설령 아주 큰 수가 언급된다고 해도, 그것으로부터 한 단위씩 감소가 진행됨으로써 어느 순간 우리는 '더 이상 크지 않은 아주 큰 수'에 도달하게 될 것이며, 이런 방식으로 '문법이란 시인과 작가들에게 언급된 말의 대부분을 아는 것'이라는 정의는 논박을 피할 수 없게 된다는 것이다.[37] 재미있는 것은 앞의 파악 인상의 비판에 사용된 논변이 더미를 연속적으로 증가시키는 방식(acervus struens)으로 진행된 반면, 문법학자를 논박하는 데 사용된 논변은 대머리 논변처럼 더미를 한 단위씩 줄여가는 방식(acervus ruens)으로 진행된다는 점이다.

이번에는 자연학의 영역에서 더미 논변이 사용된 경우를 살펴보자. 역시 섹스토스의 글을 참고할 수 있는데, 그는 『퓌론주의 개요』

---

37  섹스토스 엠페이리코스, 『문법학자들에 반대하여』, 67-68: "[…] 하지만 문법학자는 그것들 '모두'에 대한 지식과는 떨어져 있다. 그것들 모두를 안다는 것은 아마 불가능한 상태일 것이다. 왜냐하면 그는 모든 것을 안다고 고백하지 않고, 그것들 대부분을 안다고 고백했기 때문이다. |68| 하지만 이것은 자신을 방어하는 사람에게 적절한 것이 아니라, 악에다 악을 더하고 자기 자신을 온건하게가 아니라 극단적으로 난문으로 몰아가는 사람에게나 적절한 것이다. 첫째, '많은'이 무한정하고 더미 논변이라는 난문(tēn sōritēn aporian)을 생겨나게 하듯이, '대부분' 역시 마찬가지로 그렇다. 그러므로 그들은 시인들과 작가들에게서 언급된 것들에 대한 앎이 어디까지라고 말해야 하는지 먼저 그것들을 한정 짓도록 해야 한다. 혹은 만일 자기들이 '거의 대부분' 안다고 주장함으로써 그들이 무한정한 약속을 고집한다면, 그들이 조금씩 이행하는 질문을 인정하도록 만들어야 한다."

에서 움직이는 대상이 공간을 통과하는 문제와 관련하여 사상가들(dogmatikoi)을 비판할 때 더미 논변을 사용한다. 만일 그들이 장소가 무한정하다고 주장한다면, 과연 어떤 물체가 무한정한 장소를 한 번에 통과할 수 있는지를 말해야 할 것이다. 반면에 장소가 무한정하다는 주장을 철회한다면, 운동체가 편력하는 장소의 크기를 밝혀야 할 것이다. 이런저런 원리를 내세우는 사상가들이 이 요구에 대하여 '운동하는 물체는 작지만 엄밀하게 규정되지 않은 장소를 한 번에 지나간다'라고 대답한다면, 그들은 더미 논변의 역설에 빠지게 된다는 것이다. 왜냐하면, 그 작은 장소에 머리털만큼의 장소를 덧붙여 나감으로써 그 장소를 증가시킬 수 있기 때문이다.[38]

그런가 하면, 『학자들에 반대하여』에서는 카르네아데스가 다신교를 비판하면서 사용했다는 더미 논변에 대해 언급하고 있다. 여기서 논변은 성질의 미세한 변화에 기반하여 전개되는데, 이를 통해서 신적인 속성을 조금도 신적이지 않은 대상에 부여해야 하는 역설적인 결론에 도달하게 된다. 예를 들어서 만일 제우스가 신이라면, 그의 동생인 포세이돈 역시 (바다의) 신일 것이요, 바다가 신이라면, 네일로스를 비롯한 모든 강들도 신일 것이며, 그런 식으로 결국에는 동네를 흐르는 개천까지도 신이 될 것이다. 하지만 이런 결론은 일반의 상식과 충돌함으로써 부정되고, 결국 최초의 주장인 '제우스는 신이

---

**38** 섹스토스 엠페이리코스, 『퓌론주의 개요』 III, 80: "만일 그들이 운동하는 대상들이 한 번에 작지만 엄밀하게 규정되지 않은 장소 위를 지나간다고 말한다면, 우리는 더미논변이라는 난문을 통해서(kata tēn sōritikēn aporian) 그들이 가정하는 크기에 머리털만큼의 장소를 덧붙일 수 있을 것이다. 우리가 이 논변을 제기하는 동안 그들이 어느 지점에서 멈춘다면, 그들은 결국 엄밀한 규정된 크기에서 멈출 수 밖에 없을 것이며, 앞에서와 같은 끔찍한 결론에 이르고 말 것이다."

다'마저 부정하게 된다는 것이다.[39]

마지막으로 더미 논변이 윤리학의 영역에 사용된 경우를 살펴보자. 학자들 중에는 에우불리데스의 더미 논변이 아리스토텔레스의 윤리학, 구체적으로는 중용 개념을 겨냥했을 것이라고 보는 사람도 있는데, 서기 2세기 무렵의 소요철학자 아스파시오스가 쓴 『니코마코스 윤리학』 주석이 그러한 주장의 근거로서 주로 언급된다. 주석의 저자들은 『니코마코스 윤리학』 II, 9, 1109b10 이하에 기술된 행위에 있어서 적도(適度)를 찾는 것의 어려움에 관해 언급하면서, 적도 개념이 자칫 더미 논변의 역설에 빠질 수 있다고 경고한다. 이 부분은 더미 논변에 대한 고대 철학자들의 인식을 매우 잘 보여준다고 판단되기에 관련된 부분 전체를 인용해보는 것도 좋을 듯하다.

아리스토텔레스가 마지막에 했던 말은 어느 정도까지, 그리고 '어느 지점까지'(1109b20) 인간이 적도를 더 벗어나거나 덜 벗어나거나 함으로써 비난 받을만하게 되는지를 규정하기가 쉽지 않다는 것이다. 이것은 그가 항상 말했던 것, 즉 행위의 문제와 관련해서는 정확하게 규정하는 것이 불가능하며 개략적인 규정만이 가능하다는 주장의 연장선상에 있는 것이다. 사실 이런 규정은 여타의 감각 사물들의 경우에도 마찬가지로 불가능하다. 또한 더미 논변이 도래한 것은 바로 이런 불가능성으로부터이다. 예를 들어 어느 지점까지 (부유해야) 인간은 부자인가? 만일 누군가가 10 탈란톤 정도는 갖고 있어야 부자라고 주장한다면, 사람들은 이렇게 물을 수 있다. '하지만 그로부터 1드라크메를 빼간다면, 그는 더 이상 부자가

---

**39** 섹스토스 엠페이리코스, 『자연학자들에 반대하여』 I, 182-190.

아닌가? 아니면 2드라크메는? 사실 그런 것들을 정확하게 규정하는 것이 불가능하다. 왜냐하면 부자냐 가난뱅이냐 하는 문제는 감각적인 것들과 관련되기 때문이다. 대머리의 경우에도 마찬가지이다. 그들은 그가 머리카락 한 올로 대머리가 되는지, 아니면 두 올이나 세 올로 대머리가 되는지 물을 것이다. 이러한 사례들을 통해서 이 논변들은 '대머리 논변' 혹은 '더미 논변'이라는 이름을 얻었다. 왜냐하면 더미 논변의 경우, 그들은 다음과 같이 묻기 때문이다. 만일 한 더미에서 한 줌이 빠져나갈 경우 [그것은 더 이상 더미가 아닌가?], 계속해서 두 줌, 세 줌 등이 빠져나갈 경우에는 어떤가? 따라서 언제 처음으로 그것이 더 이상 더미가 아니게 되었는지 말하기란 불가능하다. 왜냐하면 어떠한 감각적인 것도 정확하게 파악될 수 없고, 그저 넓게 대략적으로만 파악될 수 있기 때문이다. 그렇다면 행위와 감정의 경우에도 이것은 마찬가지로 적용된다. 왜냐하면 어느 정도까지 화난 사람이 적당히 화났거나 과도하게 화났거나 덜 화났다고 하는지 말할 수 없기 때문이다. 왜냐하면 조금씩 더해지거나 덜해지는 것은 우리의 지각을 벗어나기 때문이다. 우리에게 감정과 행위에 있어서의 적도를 파악하는 데 실천적인 지혜가 필요한 것은 바로 이런 이유 때문이다.

— 아스파시오스, 『아리스토텔레스의 「니코마코스 윤리학」 주석』, 56-57

주석의 저자는 행위와 관련해서 확실한 기준을 정하는 것은 불가능하고, 그저 개략적인 기준만을 정할 수 있을 뿐이라고 말한다. 왜냐하면 적도를 비롯하여 행위와 관련된 기준들은 언제나 더미 논변의 역설에 빠질 수 있기 때문이다. 그렇다면 더미 논변은 왜 발생하는가? 주석의 저자에 따르면 그것은 행위의 기준이 감각 사물의 영역에 속하기 때문이다. 지속적인 운동과 변화라든가, 시간, 혹은 큼과 작음 등과 같이 사물의 상대적이거나 대립적인 성질이 허용되는 곳에서는 언제나 정해진 기준에 대한 미세한 더함과 미세한 뺌이 허용되며, 증가와 감소가 발생하는 곳에서는 언제나 더미 논변이 개입될 수 있다는 것이다. 따라서 행위의 기준이나 적도를 정하기 위해서는 엄밀한 지식을 요구할 수 없고, 우리는 그저 실천적 지혜(phronēsis)를 사용하는 것으로 만족해야 한다는 것이다.

지금까지 살펴보았듯이 '덩어리(sōros)'라는 단어에서 연원하는 더미(sōritēs) 논변은 철학의 다양한 분야에 걸쳐 많은 철학자들에 의해 광범위하게 사용되어왔다. 하지만 그런 다양성에도 불구하고, 이 논변이 적용되는 대상과 사용 목적은 한결같다고 할 수 있다. 즉 이 논변은 언제나 생성과 소멸, 운동과 변화가 발생하는 이른바 경험 세계에만 적용되어왔으며, 그 사용 목적은 감각 사물의 영역에서는 확고한 기준을 설정하는 것이 불가능함을 보여주는 것이다. 키케로가 잘 지적했듯이, 더미 논변이 사용될 수 있는 이유는 자연이 우리에게 대립자들의 경계를 구별할 수 있는 날카로운 통찰력을 부여하지 않았기 때문이다.[40] 에우불리데스가 처음에 어떤 의도를 가지고 이 논변을 제기했는지는 알 수 없지만, 적어도 더미 논변은 우리에게 경험 세계와 관련된 개념들 사용할 때는 주의가 필요하다는 경고를 하고 있다. 즉 경험적 개념들은 논리적으로 엄밀한 규정의 대상이 될 수 없으며, 따라서 과학적 담론에 적합한 용어로서 채택될 수 없다는 것이다. 많은 철학자들이 더미 논변의 이러한 경고에 자극받았던 것은 분명해 보인다. 크뤼시포스는 더미 논변에 관해 세 권의 책을 썼다고

---

40  키케로, 『아카데미아학파 전서(루쿨루스)』 XXIX, 92-93.

하며,[41] 헤겔은 에우불리데스의 역설에서 양질전화의 법칙에 대한 최초의 직관을 찾아볼 수 있었다고 말한다.[42]

(3) 두건 쓴 사람(enkekalummenos), 엘렉트라(Elektra),
숨은 사람(dialanthanōn) 논변

이 세 논변들은 거의 비슷하다. 그중에서 두건 쓴 사람 논변과 엘렉트라 논변은 루키아노스의 『신념의 경매』[43] 중 한 대목(22-23)에 잘 묘사되어 있는데, 그 내용은 다음과 같다.

상인: 그[두건을 쓴 사람]가 누구요? 또 엘렉트라는 누구란 말이오?
크뤼시포스: 바로 그 엘렉트라요, 아가멤논의 딸 말입니다. 그녀는 동일한 것을 아는 동시에 알지 못했지요. 무슨 말이냐 하면, 그녀는 오레스테스가 그녀의 남동생이라는 것을 알고 있었죠. 하지만 정작 그가 그녀 앞에

---

**41** 『생애』 VII, 192.

**42** 헤겔, 『철학사 1』, 임석진 옮김, 지식산업사, 1996, 604-605: "그 밖에 좀 더 의미 있는 재담으로 예컨대 더미 논증과 대머리 논증이란 것이 있다. 둘 모두 악무한(惡無限)적인 양적 진행과 관련된 것인데, 이런 진행으로는 결코 질적인 대립에 다다르지 못하는 것임에도, 종국적으로는 질적인 절대적 대립을 낳는다는 것이다. […] 이를 다시 말하면, 양적인 진행은 단지 증가하다가 감소될 뿐, 그 밖에는 아무런 변화도 일으키지 않는 듯 보이지만, 마지막에는 대립자로 이행해버린다는 것이다. 그리하여 이제 무한소나 무한대는 더 이상 크기로서의 의미가 없고, 언제나 질과 양으로서 서로 구별될 뿐이다. 그렇게 볼 때 일과 다는 양적인 구별임을 나타내는 것임에도 불구하고, 수량이나 크기가 갖는 아무 의미도 없는 구별이 궁극에 가서는 질적인 구별로 전화되는 것이다."

**43** 루키아노스 작품의 원제는 *Biōn Prasis*(라: *Vitarum Auctio*)로, 직역하면 『삶의 경매』 정도가 될 것이다. 그런데 여기서 말하는 '삶'은 다양한 철학적 주장이나 교의, 혹은 신념을 상징한다. 즉 이 책은 이런저런 상황에 따라 자신의 신념을 쉽게 팔아넘기는 위선자들의 현실을 풍자하는 내용을 담고 있다. 저자의 의도를 살리기 위해 영어권에서는 이 책의 제목을 *Sale of Creeds*로 옮겼는데 여기서도 영어권의 제목을 따랐다.

나타났을 때, 그녀는 (오레스테스가 자신을 밝히기 전까지) 그가 동생인 오레스테스임을 알아보지 못했어요. 두건 쓴 남자에 관해 말씀드리자면, 그는 당신을 깜짝 놀라게 해줄 겁니다. 그럼 제 말에 대답해보세요. 당신은 당신의 아버지를 압니까?

상인: 물론이요.

크뤼시포스: 자, 그렇다면 만일 내가 두건을 쓴 한 사람을 당신 앞에 소개한다면, 당신은 그를 알아보겠소?

상인: 물론 못 알아보겠죠.

크뤼시포스: 그래요? 하지만 두건 쓴 그 남자는 당신의 아버지요. 당신은 두건 속의 남자를 알아보지 못했소. 그러므로 당신은 당신의 친아버지를 알지 못하는 것이오.

— 루키아노스, 『신념의 경매』 22-23

이 소설에 인용된 두 역설은 서로 다른 형식을 취하고 있지만 본질적으로는 동일한 성질로 환원된다. 또한 둘 모두 '알고 있다'라는 단어와 '알아채다'라는 단어의 모호한 사용에 기반하여 역설을 산출한다. 예를 들어, 나는 어떤 사람에 관해서 안다고 할 수 있지만, 내 앞에 서 있는 사람이 그 사람임을 알아채지는 못한 것과 같다. 아리스토텔레스는 이러한 논법을 『소피스트적 논박』에서 비판적으로 검토하고 해결책을 제시한 바 있다.[44] 그는 '두건 쓴 사람' 논변에 대해서는 '우연적인 것(para to sumbebēkos)'과 관련된 오류의 하나로 분류한다. 다시 말해 이 오류는 대상에 관해 서술되는 것들 중 우연적 성

---

44  아리스토텔레스, 『소피스트적 논박』 24, 179a33-b4.

질에 관해 언급할 때 발생한다는 것이다. 그렇기 때문에 설령 두건을 쓴 어떤 사람에 대하여 내가 그를 모른다고 말한다고 해서, 그런 술어를 아버지나 오레스테스에게 부여하는 것은 타당하지 않다. 왜냐하면 그들은 '우연히' 두건 쓴 사람으로 규정되었을 뿐이기 때문이다.[45]

두건 논변과 유사한 다른 버전으로는 '숨은 사람(dialanthanōn)' 논변이 있다고 한다.[46] 하지만 이 논변이 어떤 형식으로 전개되었는지는 알려져 있지 않다. 아마 사용된 용어만 다르고, 논변의 전개에 있어서는 두건 논변과 큰 차이가 없지 않을까 짐작할 뿐이다. 다만 크뤼시포스의 저술 목록에는 이 논변이 다른 것들과 구별되는 독자적인 작품인 양 기록되어 있다.[47]

### (4) 뿔 달린 사람(keratinēs) 논변

에우불리데스의 논변들 가운데 유일하게 이 논변만이 『생애』에 그 형식이 언급되고 있다.

---

**45** 다만 아리스토텔레스는 두건 쓴 사람이나 엘렉트라의 사례를 사용하지 않고, 코르시코스라는 사람을 거론하며, '나는 코르시코스를 안다'와 '나는 나에게 다가오는 두건 쓴 사람을 모른다'라는 문장을 이용하여 이 논변을 설명한다. 아리스토텔레스, 『소피스트적 논박』 24, 179b1-4: "그러므로 '내가 코르시코스를 알지만, 다가오는 사람이 누구인지를 모른다면, 나는 동일인을 알면서 알지 못하는 것이다'라는 주장은 참이 아니다."

**46** 『생애』 II, 108 [= 단편 64]: "(에우불리데스) […] 그는 변증술적 대화 속에서 많은 논변들을 질문 형식으로 제기하였는데, 그 예들로는 거짓말쟁이 논변, 숨은 사람 논변, 엘렉트라 논변, 두건 쓴 사람 논변, 더미 논변과 뿔 달린 사람 논변, 대머리 논변이 있다."

**47** 『생애』 VII, 198.

너는 네가 잃어버리지 않은 것을 갖고 있다. 그런데 너는 뿔을 잃어버리지 않았다. 그러므로 너는 뿔을 갖고 있다.[48]

디오게네스 라에르티오스는 한편으로 이 논변이 크뤼시포스의 것이라고 말하면서도, 에우불리데스가 이 논변을 고안했다는 의견도 있다고 말한다. 그런가 하면, 이 논변이 디오도로스 크로노스의 것이라는 보고도 있다. 한편, 섹스토스 엠페이리코스는 조금 다른 형식으로 뿔 달린 사람 논변을 언급하기도 한다.[49]


## 2. 올륀토스 출신의 에우판토스

에우판토스와 관련하여 우리가 갖고 있는 정보들은 대부분 디오게네스 라에르티오스의 보고에 의존한다.

에우판토스는 에우불리데스의 〈학생으로〉 그는 올륀토스 사람이었다. 그

---

48  『생애』 VII, 187.

49  섹스토스 엠페이리코스, 『퓌론주의 개요』 II, 241: "만일 네가 아름다운 뿔들을 갖고 있지 않고, 네가 뿔을 갖고 있다면, 너는 뿔을 갖고 있다. 그런데 너는 아름다운 뿔들을 갖고 있지 않고 뿔을 갖고 있다. 그러므로 너는 뿔을 갖고 있다." 하지만 애너스(J. Annas)와 반즈(J. Barnes)가 잘 지적하고 있듯이, 이 논변은 에우불리데스의 역설 논변이라기보다는 'Not-(P & Q)'와 '(not-P & Q)'의 차이를 간과한 일종의 오류추론에 가깝다(cf. J. Annas & J. Barnes 2000, 134, n. 339). 몬토네리는 이를 다음과 같은 추론 도식으로 정리한다(L. Montoneri 1984, 111).
 - 만일 (non-A) & B라면, 그렇다면 B이다.
 - 그런데 non-(A & B)이다.
 - 그러므로 B이다.

는 자기 시대에 일어난 것들에 관한 역사를 기록하였다. 또한 그는 비극 작품들도 많이 지었는데, 그것들로 경연에 참가하여 명성을 얻었다. 그는 또 안티고노스 왕의 선생이었으며, 왕에게 『왕정에 관하여』라는 연설문을 써주었는데, 그것은 매우 높은 평가를 받았다. 그는 노령으로 생을 마감했다.

- 『생애』 II, 110 [= 단편 68]

증언은 에우판토스가 올륀토스 출신이라는 것과 에우불리데스의 제자라는 사실 외에도, 비극을 짓고 역사서와 연설문을 썼다고 보고하고 있다. 이런 사실들을 감안할 때, 에우판토스는 예술적인 소양을 갖추었을 뿐만 아니라, 다방면에 박식한 사람이었으리라 짐작할 수 있다. 또한 앞서 언급된 안티고노스 왕이 서기전 320년에 태어난 점을 고려한다면, 에우판토스의 출생은 그보다 적어도 20년 이상 앞으로 잡아야 할 것이다.[50]

그런가 하면, 『생애』의 또 다른 보고에 의하면 에우판토스는 앗티카와 보이오티아의 접경에 위치한 작은 도시국가인 오로포스를 위해 사절단으로 마케도니아의 데메트리오스 왕에게 갔다고 한다.[51] 데메트리오스 왕은 철학 애호가로서 에레트리아학파의 메네데모스나 키티온의 제논 등 많은 철학자들을 초청하여 교류한 것으로 알려져 있다. 그러므로 에우판토스는 마케도니아 방문을 계기로 이들 철학자들과 교류를 맺었을 가능성도 있다.

---

50  예컨대 되링은 그가 348년경에 태어난 것으로 추정한다. Cf. K. Döring 1972a, 114.
51  『생애』 II, 141 [= 단편 71].

마지막으로 아테나이오스는『향연석의 현인들』에서 에우판토스가 프톨레마이오스 3세에 관한 일화를 그의 역사서에 기록했다고 말한다.[52] 하지만 프톨레마이오스 3세가 왕위에 오른 때가 서기전 246년 이었음을 고려한다면, 에우판토스는 거의 100세이거나 그 이상이었을 것이기에 이 일화는 신뢰하기가 쉽지 않다. 이상의 증언들을 토대로 우리가 추측할 수 있는 그가 서기전 4세기 중반부터 3세기 초반까지 살았으리라는 것뿐이다. 그 외에 에우판토스의 철학적 내용에 대해서는 전혀 전해지는 바가 없다. 다만『생애』의 증언에 따르면 메가라 철학자인 스틸폰이 에우판토스의 아들을 제자로 삼았다는 이야기가 전해질 뿐이다.[53]


## 3. 알렉시노스

### 3.1. 생애

『생애』의 증언에 따르면, 알렉시노스는 엘리스 출신으로 에우불리데스의 후계자에 속했다고 한다. 하지만 알렉시노스가 에우불리데스의 직계 제자였는지, 아니면 둘 사이에 다른 계승자들이 더 있었는지에 대해서는 알려진 바가 없다. 어쨌든 그는 학파의 수장이 되었는데, 당시 사람들 사이에서 탁월한 논박과 쟁론의 기술로 이름을 날렸

---

52　아테나이오스,『향연석의 현인들』VI, 251d [= 단편 70].
53　『생애』II, 113 [= 단편 164A].

다고 한다. 그래서 사람들은 논박(엘렝코스)의 대가였던 그를 가리켜 이름인 '알렉시노스' 대신 '엘렝크시노스'라 불렀다고 한다.

알렉시노스가 어느 시기를 살았는지에 관해서는 그와 논쟁을 벌였던 사람들의 면면을 통해서 어느 정도 추측이 가능한데, 그들은 각각 에레트리아의 메네데모스, 메가라의 스틸폰, 그리고 키티온의 제논이다.

우선 되링의 추측에 따르면, 알렉시노스는 서기전 317/6년 무렵에 메가라에서 메네데모스를 만났을 가능성이 높다.[54] 왜냐하면 당시에 메네데모스는 주둔군의 감시역(phrouros)으로 고향인 에레트리아에서 메가라로 파견을 나와 있었기 때문이다.[55] 그리고 몇 년 뒤에 이번에는 알렉시노스가 엘리스에 가서 메네데모스를 만났을 것이다. 메네데모스는 이미 학교를 설립했던 파이돈을 만나기 위해 엘리스에 갔고 그곳에서 은퇴하여 에레트리아로 돌아갈 때까지 머물렀다고 한다.[56] 또한 같은 시기에 알렉시노스와 메네데모스는 모두 헤라클레이아 출신의 디오뉘시오스를 학생으로 삼았다는 보고도 있다.[57] 또한 아테나이오스의 이야기에 따르면, 알렉시노스는 비슷한 시기에 마케도니아 사람 크라테로스를 위한 송가를 지었다고 한다.[58] 또한 『교육에 관하여』라는 글을 썼다고 하는데, 저술 시기는 서기전 283/2년 이전으로 추정된다.[59] 이상의 증언들로부터 되링은 알렉시

---

**54** Cf. K. Döring 1972a, 116.
**55** 『생애』 II, 125–126 [= 단편 170].
**56** Cf. K. von Fritz 1931, col. 789.
**57** 『생애』 VII, 166 [= 단편 81].
**58** 아테나이오스, 『향연석의 현인들』 XV, 696e–f [= 단편 91].
**59** 필로데모스, 『수사학』 II, col. XLIV 19– XLV 28; XLVIII 31–XLIX 19 [= 단편 88].

노스의 전성기가 아마도 300년 전후였을 것이며, 메네데모스(서기전 339/337~265/263년)나 제논(서기전 333/2~262년)과 비슷한 나이였으리라고 결론 짓는다.

알렉시노스의 학문 활동에 관해 말하자면, 처음에 그는 아마 고향인 엘리스에서 가르쳤을 것으로 추정된다. 그런데 헤르미포스의 증언에 따르면,[60] 그는 말년에 이르러 올륌피아에서 새로운 철학 학교를 세우고 싶어했다고 한다. 하지만 장소가 적절하지 않았고, 여러 가지 안 좋은 이유로 해서 그의 계획은 성공하지 못했다. 역시 같은 증언에 따르면, 알렉시노스는 알페이오스 강에서 수영을 하다가 갈대에 찔려 죽었다고 한다.

### 3.2. 저술

알렉시노스의 글은 논쟁적이고 논박적인 성격이 강했다고 한다. 그는 스토아학파의 제논과 역사가 에포로스에 반대하는 글을 썼으며,[61] 『회상』이라는 작품에서는 아리스토텔레스를 비판했다고 한다. 거기서는 필리포스와 알렉산드로스 부자가 등장하는데, 아들이 아버지에게 가정교사인 아리스토텔레스의 강의가 만족스럽지 못하다고 비판하는 내용이 담겨 있었고 한다.[62] 그리고 앞서 언급했듯이, 그는 마케도니아 사람 크라테로스에게 바치는 『송가』를 지었다고 한다. 마지막으로 에피쿠로스주의자인 필로데모스는 자신의 『수사학』에서 알

---

60 『생애』 II, 109-110 [= 단편 74].
61 『생애』 II, 109 [= 단편 92]; II, 110 [= 단편 93].
62 에우세비오스, 『복음 준비서』 XV, 2, 4 [= 단편 90].

렉시노스의『교육에 관하여』라는 작품을 언급하고 있는데, 이 작품과 관련하여 언급된 시기(서기전 283/2년)를 고려하면,『교육에 관하여』는 그의 초기작이었을 것으로 추정된다.

### 3.3. 학설

알렉시노스의 사상에 관한 증언들은 대부분 그의 '쟁론적' 특징에 관한 언급들에 국한된다. 그는 다양한 쟁론적 방법들을 연마했으며, 이를 통해 논박을 목적으로 하는 소피스트적 기술들을 확립했다고 한다. 그가 확립한 논박의 규칙 가운데 하나는 답변자가 질문에 대하여 '예'와 '아니오'로만 대답해야 한다는 것이었다. 이 규칙과 관련해서 디오게네스 라에르티오스는 알렉시노스가 그의 제자였던 메네데모스와 벌인 논쟁에 관한 일화를 전해주고 있다.

> [...] 그런데 헤라클레이데스의 말에 따르면 그는 학설에 있어서는 플라톤주의자였지만 변증술에 대해서는 비웃었다고 한다. 그래서 한번은 알렉시노스가 그에게 아버지를 때리는 것을 그만두었냐고 물었을 때, 그는 "때린 적도 없고 그만 둔 적도 없소"라고 대답했다고 한다. 그러자 알렉시노스가 "예"나 "아니오"로 대답함으로써 모호함을 해소해야 할 것 아니냐고 지적하자, 메네데모스는 이렇게 말했다고 한다. "문밖에서도 맞설 수 있는데, 굳이 당신의 영토 안으로 따라 들어가는 것은 웃기는 일이오."
>
> ─『생애』II, 135 [= 단편 84]

이 일화에 따르면, 알렉시노스의 질문은 이른바 복합질문의 오류

('아버지를 때렸냐'와 '때리는 일을 그쳤냐')가 담긴 것임을 알 수 있다.[63] 이 질문에 '예'나 '아니오'로 대답했다면, 어느 쪽으로 답하든 질문자의 의도에 따라 '아버지를 때렸다'라는 것을 인정하지 않을 수 없었을 것이다. 하지만 메네데모스는 변증술적 대화 규칙을 지키지 않고 답함으로써 알렉시노스의 의도를 피해갈 수 있었다. 그는 스승과 달리 쟁론 기술을 심각한 것으로서가 아니라 일종의 유희로 받아들였던 것처럼 보인다.

하지만 이렇게 희화되고 있음에도 불구하고, 알렉시노스의 쟁론술이 단지 상대의 주장을 파괴하는 것만을 목적으로 삼고 있었던 것 같지는 않다. 왜냐하면, 그의 쟁론술은 확실히 부정적이고 파괴적인 측면이 있지만, 그렇다고 해서 사변적인 측면까지 빠져 있는 것은 아니기 때문이다. 특히 그것은 스토아학파의 제논이 주장했던 우주의 절대적 완전성에 대한 알렉시노스의 논박을 통해 드러난다. 이 논박은 섹스토스 엠페이리코스에 의해 소개되고 있다.

[…] 또 제논은 이렇게도 말했다. "논리적인 것이 논리적이지 않은 것보다 강하다. 어떠한 것도 우주보다 강하지는 않다. 그렇다면 우주는 논리적이다. 그리고 지성과 생명을 분유한 것의 경우도 마찬가지이다. 왜냐하면 지성적인 것이 지성적이지 않은 것보다, 혼이 깃든 것이 혼이 깃들지 않은 것보다 강하기 때문이다. 그런데 어떠한 것도 우주보다는 강하지 않다. 그렇다면 우주는 지성적이고 혼이 깃든 것이다. […] 하지만 알렉시노스는 다음과 제논에게 같은 방식으로 맞섰다. 시를 쓸 수 있는 것은 시를

---

63  Cf. 아리스토텔레스, 『소피스트적 논박』 5, 167b38-168a16; 30, 181a36-181b24.

쓸 수 없는 것보다, 글자를 아는 것은 글자를 알지 못하는 것보다 강하다. 또한 여러 기술들에 따라 관조하는 것은 그렇지 않은 것보다 강하다. 하지만 어떠한 것도 우주보다 강하지 않다. 그렇다면, 이 우주는 시도 쓸 수 있고, 글자도 안다.

  – 섹스토스 엠페이리코스, 『자연학자들에 반대하여』 I, 104–108 [= 단편 94]

제논은 그 자체로 상대적인 개념인 '강함'을 일의적이고 절대적인 의미로 받아들임으로써, 우주보다 더 강한 것은 없다는 사실로부터, 우주가 논리, 지성, 생명(혼) 등 모든 완전성을 갖춘다고 논증한다. 이에 맞서 알렉시노스는 같은 추론 방식을 통해서 우주에 '시를 쓸 수 있는'이나 '교양 있는'과 같은 성질 역시 부여할 수 있다고 주장한다. 한편, 제논의 제자인 아리스톤은 스승을 옹호하기 위하여 『알렉시노스의 반박에 맞서』라는 글을 썼다고 전해진다.[64] 아리스톤의 옹호 논변은 살펴볼 필요가 있다. 왜냐하면 그의 논변은 간접적으로 알렉시노스 논변의 의미와 의도를 파악하는 데 도움이 되기 때문이다. 아리스톤의 옹호 논변 역시 섹스토스에 의해 다음과 같이 보고되고 있다.

|109| 하지만 스토아 철학자들은 다음과 같이 말함으로써 이러한 비판에 맞선다. 즉 제논은 절대적인 우월성을 염두에 두었다는 것이다. 그것은 비이성적인 것에 대한 이성적인 것의 우월성, 지성이 결여된 것에 대한 지성이 부여된 것의 우월성, 그리고 혼이 깃들지 않은 것에 대한 혼이 깃든 것의 우월성을 의미한다. 반면에 알렉시노스는 그렇게 보지 않았다.

---

64 『생애』 VII, 163 [= 단편 87].

|110| 왜냐하면 시를 쓸 수 있음은 시를 쓸 수 없음에 대하여 절대적인 방식으로 우월하지 않으며, 교양 있음 역시 교양 없음에 비해 절대적인 방식으로 우월하지 않기 때문이다. 따라서 그들의 논변들에는 커다란 차이가 있음을 볼 수 있다. 예컨대 아르킬로코스는 시적이지만(시를 쓸 수는 있지만), 시적이지 않은(시를 쓸 수 없는) 소크라테스보다 우월하지 않으며, 또 아리스타르코스 역시 교양이 있음에도 불구하고, 교양 없는 플라톤보다 우월하지 않다.

- 섹스토스 엠페이리코스, 『자연학자들에 반대하여』 I, 109-110

여기서 아리스톤은 스승을 대신하여 알렉시노스에게 반격을 가하고 있다. 그가 주목한 것은 스승인 제논은 우월함의 개념을 절대적인 것으로서 받아들인 반면(즉 그의 개념은 논리적인 가치와 존재론적인 가치를 모두 가지고 있는 반면), 알렉시노스의 '교양 있음(grammatikon)'이나 '시를 쓸 수 있음(poiētikon)'과 같은 개념들은 절대적인 가치를 갖지 못한다는 것이다. 왜냐하면 '교양 있음'이나 '시를 쓸 수 있음'이 '교양 없음(mē grammatikon)'이나 '시를 쓸 수 없음(mē poiētikon)'에 대해 절대적인 우월성을 지닌 것으로 간주되지는 않기 때문이다. 따라서 이런 개념들에 기반하여 알렉시노스가 구성한 논변들은 특별히 논증적인 효력을 발휘할 수 없다는 것이다. 그렇다면 아리스톤의 반박을 통해서 우리는 알렉시노스에 관해 무엇을 알 수 있을까?

아리스톤의 답변을 통해서 분명해지는 것은 알렉시노스가 자연 세계의 경험적 대상들에 관한 개념들을 그저 의미 전달을 위한 논리-언어적 도구 이상으로는 보지 않는다는 사실일 것이다. 이 개념들은 그저 인간적 합의의 산물일 뿐, 이것들에 사물에 고유한 실재성을 파악할 수 있는 힘은 결여되어 있다고 보는 것이다. 결국 알렉시노스가 보기에 이 개념들은 그것들의 관습적 성격으로 인해 지칭 대상들에 내재해 있는 존재론적 가치를 드러낼 수 없다. 그리고 알렉시노스의 이러한 태도는 그가 전형적인 메가라학파의 철학자임을 보여준다고 할 수 있다. 왜냐하면 메가라 철학자들은 인간의 언어와 사유를 통해서 경험 세계의 대상들을 온전히 파악하는 것에 부정적인 태도를 보여왔기 때문이다.

## 4. 아폴로니오스 크로노스

디오게네스 라에르티오스와[65] 스트라본의[66] 보고에 따르면, 아폴로니오스는 퀴레네 출신이며 '크로노스'는 그의 별명이었다고 한다. 그는 에우불리데스의 제자였고, 저 유명한 디오도로스의 선생이었다고 한다. 스트라본의 보고에 따르면, 제자가 스승보다 뛰어났기에 사람들은 스승의 별명을 빼앗아 제자에게 주었다고 하며, 그 뒤로 사람들은 제자의 이름을 디오도로스 크로노스라고 부르게 되었다.[67] 아폴로니오스의 생애나 사상과 관련하여 자세한 것은 아무것도 알려진 게 없다. 아폴로니오스는 앞서 짧게 다루었던 에우판토스와 마찬가지로 에우불리데스의 제자였다고 하는데, 이로부터 학자들은 에우판토스와 아폴로니오스가 동급생이었을 가능성이 높이 본다. 만약에

---

65  『생애』 II, 111 [= 단편 96].
66  스트라본, 『지리학』 XVII, 3, 22 [= 단편 97].
67  이에 관한 자세한 내용은 다음 장(章)을 보라.

두 사람이 비슷한 시기를 살았다면, 에우판토스의 생애에 기반하여 아폴로니오스는 서기전 4세기 중반에 태어나, 4세기 초반에 전성기를 보냈을 가능성이 높다.

# IV
# 디오도로스 크로노스와 그의 후예들

## 1. 디오도로스 크로노스

의사인 헤로필로스에 관해서도 유쾌한 일화가 하나 전해지고 있다. 그는 디오도로스와 동시대인이었는데, 변증술에 세련되지 못했던 디오도로스는 다른 많은 주제들에 대해서는 물론, 운동에 대해서도 소피스트적인 논변들을 펼치곤 했다고 한다. 그러다 한번은 어깨가 탈구된 디오도로스가 치료를 받기 위해 헤로필로스를 찾아오자, 헤로필로스는 그에게 다음과 말로 농담을 했다고 한다. "어깨는 있는 장소에서 빠졌거나, 아니면 있지 않은 장소에서 빠졌네. 하지만 있는 곳에서도 아니고, 있지 않은 곳에서도 아닐세. 그렇다면 어깨는 빠진 게 아니네." 결국 그 소피스트는 그따위 논변일랑은 집어치우고 그가 지닌 의술로 자기에게 적절한 치료를 해달라고 애원했다고 한다.

　　　　　　　　　　　　　－ 섹스토스 엠페이리코스, 『퓌론주의 개요』 II, 245

### 1.1. 생애와 저술

디오도로스 크로노스가 언제 태어났는지에 대해서 대해서는 정확히 알려진 것이 없다. 그의 생애와 관련된 증언들 역시 다른 메가라 철학자들과 별반 다르지 않아서, 그 수도 매우 적고 내용 역시 파편적이다. 디오게네스 라에르티오스와 스트라본의 보고에 따르면,[1] 디오도로스는 아메이니오스라는 인물의 아들로, 오늘날의 터키 남서부에 해당되는 카리아 지방의 이아소스에서 태어났다고 한다. 하지만 부친의 이름을 제외하고, 가족 관계나 집안 내력에 대해서는 달리 알려진 것이 없다. 그가 어떻게 해서 철학에 입문하게 되었는지도 알려져 있지 않다. 다만 그는 에우불리데스의 제자인 아폴로니오스 크로노스에게서 배웠다고 하며, 아마도 이를 계기로 메가라학파와 관계를 맺은 것으로 보인다.

디오도로스의 별명인 '크로노스(Kronos)'와 관련해서는 재미있는 일화가 있다. 원래 그 별명은 스승인 아폴로니오스의 것이었다고 한다. 그런데 제자에 비해서 스승이 명성을 떨치지 못하자, 사람들이 아폴로니오스로부터 별명을 빼앗아 디오도로스에게 넘겨주었다는 것이다.[2] 그리스 신화에서 크로노스는 올림포스 신들의 부모 세대인 티탄족들의 왕으로서 한때 세계의 지배자로 군림했던 만큼, 디오도로스가 크로노스라는 이름을 넘겨받았다는 것은 철학의 권위가 스승에게서 제자로 넘어왔음을 의미한다고 볼 수 있다. 하지만 이 별명과 관련해서는 전혀 다른 의미가 담긴 일화도 있다. 그것은 디오도로스의 비참한 최후와 관련되어 있다. 그는 일명 '소테르(Sōtēr, 구원자)'라고 불리는 프톨레마이오스 1세의 알렉산드리아 궁정에서 말년을 보냈다

---

1 『생애』 II, 111 [= 단편 96]; 스트라본, 『지리학』 XIV, 2, 21 [= 단편 98].
2 스트라본, 『지리학』 XIV, 2, 21 [= 단편 98]; XVII, 3, 22 [= 단편 97].

고 한다. 당시에 프톨레마이오스 왕은 다수의 철학자들을 후원하고 있었다. 그러던 어느 날, 궁정에서 열린 변증술 경연에서 디오도로스는 메가라 철학자이자 변증가인 스틸폰이 던진 질문에 답변을 하지 못하는 바람에 왕에게 야단을 맞았고, 사람들로부터 조롱과 함께 '크로노스'라는 별명을 얻었다는 것이다. 이에 상심한 디오도로스는 스틸폰이 했던 질문에 대하여 글을 쓰고는 스스로 생을 마감했다고 한다.[3] 그리스 신화에서 크로노스와 티탄족들이 자식 세대인 제우스와 올림포스 신들에게 패하여 타르타로스에 유폐(幽閉)되었다는 이야기를 떠올려본다면, '크로노스'는 디오도로스라는 변증가의 몰락을 암시하기에 적절한 별명이라고 볼 수도 있겠다.

이렇듯 디오도로스의 마지막은 비참했지만, 그는 살아 있는 동안에 많은 철학자들과 교류하였고 영향을 끼치기도 하였다. 디오도로스가 언제 고향을 떠나 아테네에 정착했는지도 알려져 있지 않다. 하지만 그는 아테네에서 많은 철학자들을 가르쳤는데, 그들 중에는 스토아학파의 설립자인 키티온의 제논과 회의론자 카르네아데스의 스승이었던 변증가 필론 등이 있었다고 한다. 또한 에피쿠로스와도 교류가 있었던 것으로 추측되며, 아카데메이아를 회의주의로 이끌었던 아르케실라오스 역시 디오도로스와 영향을 주고받은 것으로 보인다.

이렇듯 디오도로스가 언제 태어났고 언제 아테네 정착했는지는 알려진 바가 없지만, 우리는 그가 교류하고 가르쳤던 사람들의 면면을 통해서 어느 정도는 그의 활동 연대를 추측해볼 수 있다. 우선 스토아학파의 설립자인 제논은 대략 서기전 312/1년 이후에 아테네에 왔

---

3 『생애』 II, 111-112 [= 단편 99]; 플리니우스, 『박물지』 VII, 53, 180 [= 단편 100].

고, 처음에는 견유 크라테스에게서 철학을 배웠다고 한다. 그렇다면 제논이 디오도로스에게 배운 시기는 그 무렵이거나 조금 이후인 서기전 310~300년 사이였을 가능성이 높다. 다음으로 에피쿠로스는 서기전 296~295년 사이에 썼을 것으로 추정되는 『자연에 관하여』에서 디오도로스의 것으로 추정되는 물체와 운동 개념을 비판하고 있는데, 이 사실은 에피쿠로스가 이미 서기전 296~295년 무렵, 혹은 그 이전에 디오도로스의 이론을 알고 있었으리라고 추측할 만한 근거가 된다.[4] 또한 아르케실라오스가 아테네에 정착했던 때가 대략 서기전 290년경이었다는 사실을 고려하면, 아마도 그와 교류했다고 알려진 디오도로스는 290년이나 그 이후까지 아테네에서 활동했던 것으로 보인다. 다음으로 칼리마코스라는 시인은 디오도로스를 풍자한 시를 지었는데,[5] 그는 퀴레네 출신으로 서기전 290~285년 사이에 알렉산드리아에 정착했다고 한다. 따라서 해당 시기에 디오도로스는 알렉산드리아의 궁정에 머물면서 칼리마코스와 교류했을 가능성이 높다. 마지막으로 프톨레마이오스 1세는 서기전 283/2년에 사망하는데, 궁정에서 일어난 일화를 고려한다면, 디오도로스가 왕보다 뒤에 죽었다고 보기는 어렵다. 그렇다면 디오도로스는 그보다 앞선 서기전 285/4년 사이에 사망했을 가능성이 높다. 이를 통해 그의 삶을 다

---

4 Cf. D. Sedley 1977, 86.

5 섹스토스 엠페이리코스, 『문법학자들에 반대하여』, 309 [= 단편 128]: "자 보라! 까마귀들까지도 지붕 위에서 '어떤 것들이(koia) 따라 나올까악!', 또 '우리는 그때 어떻게(kōs) 될까악!' 하며 까악까악거리는구나." 데이빗 세들리(David Sedley)의 해석에 따르면, 시인은 까마귀들의 말을 인용할 때 의도적으로 'poia'와 'pōs'의 이오니아 방언을 사용함으로써, 이아소스 출신—카리아는 넓게 보면 이오니아 지방에 속한다—의 디오도로스를 암시하고 있다. Cf. D Sedley 1977, 79-80.

음과 같이 추측해볼 수 있다. 디오도로스는 아마 서기전 4세기 중반쯤에 태어났을 것이다. 그는 서기전 320년 전후에 아테네에 정착했고, 거기서 서기전 290년 무렵까지 머물면서 다수의 철학자들과 교류하며 영향을 끼쳤을 것이다. 그 뒤로는 알렉산드리아로 가서 프톨레마이오스 1세의 궁정에 머물다가 서기전 285~284년 사이에 사망했으리라는 것이다.

디오도로스의 저술과 관련해서는 어떠한 구체적인 정보도 남아 있지 않다. 저술에 관한 증언 자체가 없다는 것을 보면, 작품이 소실되었다기보다는 아예 글을 쓰지 않았다고 추측할 수도 있다. 어쩌면 디오도로스는 강의나 변증술적 토론을 중요하게 여긴 반면, 저술에는 큰 관심을 기울이지 않았을 수도 있다. 하지만 그가 프톨레마이오스의 궁정에서 스틸폰에게 논박당한 뒤에, 해당 문제에 대한 글을 쓰고 생을 마감했다는 증언을 감안한다면,[6] 아예 글을 안 썼다고 단정 짓기에는 신중할 필요가 있어 보인다.

### 1.2. 학설

비록 디오도로스의 생애나 저술에 대해서는 그다지 남은 것도, 알려진 것도 없지만, 그의 학설과 관련해서는 후대의 철학자들이 다양한 증언들을 제공하고 있다. 하지만 그 다양성은 종종 일관성 없는 모습으로 비추어지기도 해서 학자들에게 혼란을 주는 경우가 적지 않다. 증언에 담긴 내용 하나하나를 이해하기도 어렵지만, 무엇보다

6 『생애』 II, 111-112 [= 단편 99].

도 각각의 학설들을 통해서 디오도로스가 보여주고자 했던 것이 무엇이었는지, 달리 말해 그의 철학적 의도가 무엇이었는지를 통일적으로 파악하기가 지극히 어렵기 때문이다. 그럼에도 불구하고 우리에게 전해진 증언들을 살펴보면, 디오도로스의 사유가 크게 세 가지로 전개되고 있음을 알 수 있는데, 그것들은 각각 (1) 자연학(부분 없는 물체와 장소 개념, 그리고 운동의 부정), (2) 언어 이론(규약주의적 언어관), 그리고 (3) 논리-변증술 이론(양상 명제와 대가 논변)이다.

### (1) 자연학

자연학과 관련하여 디오도로스의 이론은 크게 두 가지로 이야기되는데, 하나는 자연의 요소들이 부분 없는 물체들(ta amerē sōmata)로 구성되어 있다는 것이고, 다른 하나는 물체의 운동을 부정했다는 주장이다. 이 두 이론은 밀접하게 연결되어 있으며, 거의 같은 맥락에서 동시에 다뤄진다. 그런데 이런 주장들은 다소 뜻밖이라는 인상을 주기도 한다. 왜냐하면 대부분의 메가라 철학자들에게서는 자연에 관한 논의 자체를 찾아보기 힘든 데 반하여, 디오도로스는 비록 부정적인 내용을 담고 있긴 하지만, 어쨌든 자연학과 관련하여 적극적으로 자신의 주장을 펼쳤기 때문이다.

우선 부분 없는 물체와 관련해서는 약 10여 개의 증언들이 전해지고 있다. 보고자들은 서기 1~2세기의 학설가사인 아에티오스로부터 2~3세기의 회의주의자인 섹스토스 엠페이리코스, 그리고 6세기의 신 플라톤주의자인 심플리키오스에 이르기까지 다양한데, 그 증언들 가운데 일부를 간추려보면 다음과 같다.

한편, 원자들을 다른 이름으로 부르는 사람들은 그것이 부분 없는 물체들
이라고 말하는데, 그것들은 전체의 부분들이기도 하거니와, 모든 것들이
나뉠 수 없는 것들인 그것들로 구성되는가 하면, 다시 그것들로 해체된다
는 것이다. 또한 사람들은 이 부분 없는 것들의 이름을 지은 사람이 디오
도로스였다고 말한다.

– 알렉산드리아의 디오뉘시오스, in 에우세비오스,

『복음 준비서』 XIV, 23, 4 [= 단편 116]

크로노스라는 별명으로 불리는 디오도로스는 부분 없는 물체들이 (원리들
이라고 보았다). 또한 그는 동일한 것들을 가장 작은 것들이라고도 말하는
데, 그것들은 수에 있어서는 무한하지만, 크기에 있어서는 한정되어 있다
고 한다.

– 아에티오스, 『철학자들의 의견들』, in 스토바이오스,

『선집』 I, 10, 16 [= 단편 117A]**⁷**

또한 지금들과 단일성들은 부분이 없다. 따라서 만일 어떤 사람들이 디오
도로스가 증명했다고 생각하듯이, 물체들은 부분이 없다고 말한다면, 그
들의 주제에 대해서도 동일한 것들이 말해지게 될 것이다.

– 심플리키오스, 『아리스토텔레스의 「자연학」 주석』

926, 19–21 [= 단편 120]

---

**7** 이와 유사한 증언들로는, 아에티오스, 『철학자들의 의견들』 I, 3, 3 [= 단편 117B]; 섹
스토스 엠페이리코스, 『퓌론주의 개요』 III, 6, 32 [= 단편 117C]; 『자연학자들에 반
대하여』 I, 363 [= 단편 117D]; 위(僞) 갈레노스, 『철학사』 18, p. 611, 1–2 [= 단편
117E]; 위(僞) 로마의 클레멘스, 『검토들』 VIII, 15, 225, 18–19 [= 단편 117F].

디오도로스가 주장했다는 부분없는 물체들은 전체의 부분들을 이루며, 다른 것들이 이것들로부터 구성되지만, 이것들 자체는 다른 것들로 나뉘지 않는다. 그런 점에서 이 물체들은 가장 작으며 만물의 원리이자 요소가 된다. 또한 이것들은 수적으로 무한한 반면, 크기에 있어서는 한정되어 있다. 고대 철학자들 중 몇몇은 디오도로스의 이 개념이 자연 철학에서의 원자론적 전통과 무관하지 않다고 보았다. 예컨대 섹스토스 엠페이리코스는 디오도로스를 물질적 원리를 탐구했던 철학자들 중 한 명으로 간주하였으며, 그를 데모크리토스, 에피쿠로스, 그리고 아낙사고라스의 뒤에 놓았다.[8] 사실 물체는 본성상 가로, 세로, 높이의 삼차원적인 크기를 통해 규정된다.[9] 그리고 크기를 갖는다는 것은 부분으로 나뉠 수 있음을 뜻한다. 그렇기 때문에 크기를 지닌 물체와 부분 없음은 서로 양립하기 어렵다. 어쩌면 디오도로스는 '부분 없는 물체'라는 말을 통해서 크기가 0으로 수렴해가는 극히 미세한 입자를 염두에 두었을지도 모른다. 또한 부분 없는 물체들이 크기를 통해 규정되고 수적으로 무한하며 결합과 분리를 겪는다는 증언 내용은 에피쿠로스의 이론과도 닮아 있다. 또한 그런 점에서 두 사람이 영향을 주고받았을 가능성도 매우 높다. 하지만 디오도로스의 정확한 출생 연대를 알 수 없기에, 둘 중 누가 먼저이고 또 누가 누구에게 영향을 끼쳤는지를 단정하기는 어렵다.[10] 다만 학자들은

---

8  섹스토스 엠페이리코스, 『퓌론주의 개요』 III, 32; 『자연학자들에 반대하여』 I, 363.

9  Cf. 플라톤, 『티마이오스』 53c: "불과 흙과 물과 공기가 물체라는 것은 확실히 누구에게나 분명할 겁니다. 물체의 형태를 지닌 것은 모두 깊이도 가지고 있지요. 또한 깊이의 경우, 면이 둘러싸고 있다는 것 역시 전적으로 필연적입니다."

10  예컨대 데이빗 펄리(David Furley 1967, 131−135)와 세들리(1977, 86)는 에피쿠로스가 디오도로스에게 영향을 받았다고 보는 반면, 샤를 말레(Charles Malet 1845,

둘의 관계가 아리스토텔레스를 매개로 이어졌을 것으로 추측하기도 한다. 즉 디오도로스와 아리스토텔레스가 부분 없는(따라서 불가분적인) 물체의 가능성을 놓고서 논쟁을 벌였고,[11] 이들의 논쟁이 에피쿠로스에게 일정 부분 영향을 끼쳤으리라는 것이다.[12]

그렇다면 디오도로스의 부분 없는 물체 개념은 그의 철학 안에서 어떤 의미 내지는 위상을 갖고 있을까? 사실 이 부분이 확실치 않은데, 왜냐하면 아리스토텔레스나 에피쿠로스와 달리, 디오도로스가 자연에 관하여 자신의 고유한 이론이나 일관된 설명 체계를 제시했다고는 보이지 않기 때문이다. 즉 부분 없는 물체라는 개념만 가지고서는 디오도로스가 본격적으로 자연의 질서를 탐구했던 자연학자였다고 단정하기는 다소 어려워 보인다. 다만 부분 없는 물체의 크기에 관한 물음은 서기전 4세기 후반에 이르러 철학자들 사이에 널리 퍼진

XXVIII-XXX)는 그 반대라고 생각한다.

11  Cf. 아리스토텔레스, 『자연학』 VI, 10, 240b8-241a6; 「감각에 관하여」 in 『자연학 소론집』 7, 449a-20-31. 다만 아리스토텔레스는 비판의 대상이 누구인지에 대해서는 언급하지 않는다. 반면에 아프로디시아의 알렉산드로스는 원래 부분 없는 물체의 개념을 처음으로 다루고 그 문제점을 지적한 사람은 아리스토텔레스지만, 디오도로스가 그의 개념을 부적절하게 차용했다고 평가한다. 아프로디시아의 알렉산드로스, 『아리스토텔레스의 「감각론」 주석』 122, 21-23; 172, 28-173 [= 단편 119]: "부분 없는 것들에 관한 논의는 디오도로스에 의해 제기되거나 다른 사람에 의해 제기되기도 했지만, 그 자신[아리스토텔레스]이 처음으로 제기하고 그것을 사용한 것처럼 보인다. 그러나 그는 발견자로서 그 주제를 건전하게 사용했던 반면, 다른 사람들은 그 주제에 대해 뽐내려는 생각에 그것을 그에게서 가져왔으면서도, 그것을 적절하지 않게 사용했던 것이다."

12  이와 관련하여 몬토네리(1984, 130-131)는 에피쿠로스가 디오도로스에 대한 아리스토텔레스의 비판을 보고서 원자에 대한 '부분 없음'이라는 개념을 포기했을 것이라고 추측한다. 이러한 추측이 맞다면, 에피쿠로스가 디오도로스보다 시간적으로 뒤에 오며, 원자 및 운동과 관련하여 디오도로스의 영향을 받았을 가능성이 상대적으로 높다고 할 수 있다.

토론 주제였으며, 특히 아카데메이아와 소요학파 간에 벌어진 논쟁의 핵심적인 주제였다고도 전해진다. 그렇게 보았을 때, 디오도로스의 부분 없는 물체 개념이 특별히 어떤 새로운 철학적 의도를 지닌것이라거나 자연학적인 구상하에서 제시되었으리라고 볼 필요는 없을 듯하다. 오히려 많은 학자들은 부분 없는 물체 개념을 운동을 부정하는 논변들과 연결지어 생각해왔다. 즉 디오도로스가 운동의 존재를 주장했던 사람들을 논박하기 위해서 부분 없는 물체 이론을 하나의 전제처럼 사용했으리라는 것이다.[13]

운동의 부정에 관한 디오도로스의 주장은 섹스토스 엠페이리코스의 보고 덕분에 비교적 자세하게 전해지고 있다.[14] 사실 '운동이 존재하는가'라는 물음은 회의주의자들에게 중요한 문제였던 것으로 보인다. 섹스토스에 따르면, 운동에는 세 가지 가능한 견해가 있다. 첫째는 운동이 존재한다는 견해로서, 이것은 대부분의 상식인들과 경험을 중시하는 철학자들이 선호하는 입장이다. 둘째는 운동이 존재하지 않는다는 견해로서 파르메니데스나 멜리소스와 같은 엘레아 철학자들 및 디오도로스의 입장이 이에 속한다. 마지막으로 셋째는 운동이 존재하는 만큼 존재하지 않는다는 견해로서 자기와 같은 회의주의자들이 이러한 입장을 취한다는 것이다. 여기서 디오도로스는 엘레아 철학자들과 함께 운동을 부정하는 철학자로 소개되고 있다.[15]

---

13  Cf. D. Sedley 1977, 88.
14  예컨대 섹스토스 엠페이리코스, 『자연학자들에 반대하여』II, 37-168.
15  특기할 만한 점은 여기서 엘레아 철학자들 가운데 제논이 누락되어 있다는 사실이다. 반면에 디오도로스가 운동 부정의 논편을 펼친 주도적인 인물로서 언급되고 있다. 이와 관련하여 세들리는 고대에 제논의 것으로 인용되었던 몇몇 논변들이 사실은 디오도로스가 엘레아적인 방식으로 수행했던 것이라고 보는 편이 더 적절하다고 지적하기

섹스토스가 소개하고 있는 디오도로스의 운동 부정 논변들을 몇 가지 유형별로 간추려보면 그 내용은 다음과 같다.

① 만일 어떤 것이 움직인다면, 그것은 그것이 들어 있는 장소에서 움직이거나 들어 있지 않은 장소에서 움직일 것이다. 그런데 그것은 들어 있는 곳에서는 움직이지 않는다. 왜냐하면 그것이 그 안에 있다면, 그 안에 머물러 있기 때문이다. 또 그것은 들어 있지 않은 곳에서도 움직이지 않는다. 왜냐하면 있지 않는 곳이라면, 그것은 무엇인가를 행할 수도 겪을 수도 없기 때문이다. 그렇다면 그것은 움직이지 않는다. [16]

② 움직이는 것은 장소 안에 있다. 그런데 장소 안에 있는 것은 움직이지 않는다. 그렇다면 움직이는 것은 움직이지 않는다. [17]

③ (부분 없는 물체의 존재를 주장하는 사람들의 경우) 첫 번째 부분 없는 장소에 둘러싸인 부분 없는 물체는 운동하지 않는다. 왜냐하면, 그것은 부분 없는 장소에 둘러싸이고 그것을 가득 채웠기 때문이다. 두 번째 부분 없는 장소 안에 놓여 있는 것 역시 움직이지 않는다. 왜냐하면 그것은 이미 움직였기 때문이다. 움직이는 것이 첫 번째 장소에 있는 것인 한에서 그 장소에서 움직이지 않고, 두 번째 장소에서도 움직이지 않는다면, 그리고 이것들 외에 제3의 장소는 생각할 수

도 한다. Cf. D. Sedley 1977, 84.

**16** 섹스토스 엠페이리코스, 『퓌론주의 개요』III, 71 [= 단편 124].

**17** 섹스토스 엠페이리코스, 『자연학자들에 반대하여』II, 112–117 [= 단편 129].

없다면, 움직인다고 말해지는 것은 움직이지 않는다.[18]

④ 어떠한 것도 움직이지 않는다. 왜냐하면 움직이는 것은 그것이 들어 있는 장소에서 움직이거나 그것이 들어 있지 않은 장소에서 움직이거나 할 것이기 때문이다. 하지만 그것은 들어 있는 곳에서도 움직이지 않고, 들어 있지 않은 곳에서도 움직이지 않는다. 그렇다면, 어떠한 것도 움직이지 않는다. 그런데 아무것도 움직이지 않는다는 주장과 함께 아무것도 소멸하지 않는다는 주장이 따라 나온다. 왜냐하면, 장소 안에 있는 것도 움직이지 않고, 장소 안에 있지 않은 것도 움직이지 않음으로 인해, 그 어떠한 것도 움직이지 않는 것처럼, 마찬가지로 시간 속에 사는 동물도 죽지 않고, 시간 속에 살고 있지 않는 동물도 죽지 않기 때문에, 동물은 그 어느 때도 죽지 않을 것이기 때문이다.[19]

이 네 논변들은 공통적으로 모두 장소와 관련하여 운동의 불가능성을 논증하고 있다. 즉 물체는 그것이 있는 곳에서 움직이지 않고, 있지 않은 곳에서도 움직이지 않기에, 어느 곳에서도 움직이지 않는다는 것이다. 우선 ①의 경우, 논변의 핵심은 물체가 장소 안에 있고, 그 장소를 벗어나지 않는 한, 그것이 움직일 여지는 없다는 데 있다(만일 물체가 움직이면 그것은 더 이상 그 장소에 있는 게 아니게 될 것이다). 반면에 물체가 장소 안에 없는 경우에는 움직임이고 뭐고 있

---

18  섹스토스 엠페이리코스, 『자연학자들에 반대하여』 II, 142–143 [= 단편 125].
19  섹스토스 엠페이리코스, 『문법학자들에 반대하여』, 309–312 [= 단편 128].

을 수 없다. ②는 ①의 단순화된 혹은 덜 엄밀한 버전이라 할 수 있다. ③은 ①, ②와 비슷하지만 앞서 디오도로스가 주장했던 '부분 없는 물체들'에 초점을 맞춰 전개되고 있다. 장소가 물체에 의해 규정되는 이상, 부분 없는 물체(a)는 부분 없는 장소(A)를 점유하고 가득 채울 것이요, (A) 안에서 운동의 여지는 존재하지 않는다. 만약 어떤 계기에 의해 (a)가 다른 부분 없는 장소인 (B)로 가 있게 된다 하더라도, (B) 안에서도 마찬가지로 운동의 여지는 존재하지 않는다. 따라서 (a)가 어디에 있든 간에 (a)는 움직이지 않는다. 마지막으로 ④는 운동의 부정을 소멸의 부정으로 확장시킨다. 이것은 장소 안에서의 운동(불가능)을 시간 안에서의 소멸(불가능)으로 바꾼 논변인데, 섹스토스는 같은 책의 다른 곳에서 다음과 같은 예를 사용하여 설명한다. "만일 소크라테스가 죽는다면, 그는 살아 있을 때 죽거나 아니면 죽었을 때 죽을 것이다. 그는 살아 있을 때는 죽지 않는다. 왜냐하면 살아 있는 동안은 죽지 않기 때문이다. 반면에 그는 죽었을 때도 죽지 않는다. 왜냐하면 그것은 두 번 죽는 것인데, 이는 불가능하기 때문이다. 그러므로 소크라테스는 죽지 않는다."[20]

그런데 이 네 개의 논변들은 그 성격상 엘레아학파의 제논이 전개했던 운동을 부정하는 논변과 비슷한 것처럼 보인다. 왜냐하면 제논역시 '운동체는 자신이 있는 곳에서도 운동하지 않고, 자신이 있지 않은 곳에서도 운동하지 않는다'와 같은 방식의 논변을 전개했기 때문이다.[21] 하지만 이 논변들의 기본적인 관점은 제논의 화살의 역설과

---

20  섹스토스 엠페이리코스, 『자연학자들에 반대하여』 I, 269; II, 346.
21  『생애』 IX, 72 [= DK 29 B 4 = Gemelli II, 116 = 『선집』 323].

궤를 같이하는 것처럼 보인다. 즉 날아가는 화살이 '지금(nun)'이라는 순간들의 프레임에 갇혀 운동을 상실하는 것처럼, 디오도로스의 물체는 그것이 어디에 있든 해당 장소(topos)에 갇힘으로써 움직임을 잃게 되기 때문이다.[22] 결국 디오도로스는 제논의 역설 논변을 모델로 삼아 그것을 부분 없는 물체와 연결시킴으로써 자신의 논변을 구성하는 것처럼 보인다. 하지만 둘 사이에는 커다란 차이가 있다. 제논의 역설은 화살을 무수한 순간들로 잘라냄으로써—마치 영사기의 필름 한 컷 한 컷에 담겨 정지된 화살의 이미지처럼—운동을 아예 제거해버린다. 반면에 디오도로스는 시간의 계기들 속에서 물체의 장소가 바뀌어 있음을 인정으로써, 달라지는 공간상의 위치들 속에 운동체가 갇혀 있다고 본다. 그리고 이로부터 '물체는 움직이지 않고, 이미 움직였다'라는 결론을 도출한다. 즉 운동은 '없다'라는 식으로 제거하는 것이 아니라, 운동이 '있었다'라고 보는 것이다. 이를 섹스토스는 다음과 같이 설명한다.

⑤ 첫 번째 부분 없는 장소에 둘러싸인 부분 없는 물체는 운동하지 않는다. 왜냐하면, 그것은 부분 없는 장소에 둘러싸이고 그것을 가득 채웠기 때문이다. 또 이번에는 두 번째 부분 없는 장소 안에 놓여 있는 것 역시 움직이지 않는다. 왜냐하면 그것은 이미 움직였기 때문이다(kekineitai gar ēdē). 움직이는 것이 첫 번째 장소에 있는 것인 한에서 그 장소에서 움직이지 않고, 두 번째 장소에서도 움직이지 않는다면,

---

22  아리스토텔레스, 『자연학』 VI, 9, 239b5-9, 30-33 [= DK 29 A 27 = Gemelli II, 116 = 『선집』 322-323]. Cf. M.-O. Goulet-Cazé 1999, 1109, n. 4.

그리고 이것들 외에 제3의 장소는 생각할 수 없다면, 움직인다고 말해지는 것은 움직이지 않는다.[23]

⑥ 부분 없는 물체는 부분 없는 장소에 담겨야 하며, 또 그런 까닭에 움직임은 그 장소 안에도 없고, 그것이 들어 있지 않은 장소 안에도 없다. […]. 그러므로 그것은 움직이지 않는다. 그러나 논변에 따르면 그것은 움직였다(kekinētai de kata logon). 왜냐하면 앞에서는 이 장소에서 관찰되었던 것이 지금은 다른 장소에서 관찰되기 때문이다(to gar proteron en tōide tōi topōi theōroumenon, touto en heterōi nun theōreitai topōi). 즉 그것이 움직이지 않았다면, 그런 일은 일어나지 않았을 것이다(hoper ouk an egegonei mē hē kinēthentos autou).[24]

이 두 논변은 앞의 논변 ③의 이유 내지는 보충 설명처럼 보인다. ③에서는 두 장소가 언급되고, 부분 없는 물체는 첫 번째 장소에서 두 번째 장소로 '움직였을' 뿐, 첫 번째 장소 안에서도, 두 번째 장소 안에서도 '움직이고 있지 않다'고 말한다. 이에 대하여 논변 ⑤는 부분 없는 물체가 각각의 장소에서 움직이지 않는 이유를 설명한다. 부분 없는 물체는 첫 번째 부분 없는 장소(A)를 가득 채우고 있기 때문에 움직일 수 없다. 여기서 '가득 채우고 있다'라는 말은 물리적으로 움직일 틈이 없어서 옴짝달싹 못한다라는 의미라기보다는, '지금'이라는 순간의 프레임에 갇혀 움직이지 않는 제논의 화살처럼, 물체가

---

23  섹스토스 엠페이리코스, 『자연학자들에 반대하여』 II, 142-143 [= 단편 125].
24  섹스토스 엠페이리코스, 『자연학자들에 반대하여』 II, 85-101 [= 단편 123].

그 장소에 있는 한 움직이지 않는다(물체가 움직인다는 것은 그 장소를 벗어나는 것이기에)라는 뜻으로 이해해야 한다. 이는 두 번째 장소(B)의 경우도 마찬가지여서, 물체가 해당 장소를 점유하고 있는 한, 그것은 움직이지 않는다. 하지만 여기서 의문이 제기된다. 부분 없는 물체가 각각의 장소에서 움직이지 않는다면, 어떻게 그것이 (A)에서 (B)로 '움직였다'라고 말할 수 있다는 말인가? 이 운동을 설명하는 것이 바로 논변 ⑥이다.

논변 ⑥은 '부분 없는 물체가 부분 없는 장소에 담기며, 물체는 그것이 담긴 장소에서도 움직이지 않고, 그것이 있지 않은 장소에서도 움직이지 않는다'라고 앞의 주장을 반복한 뒤에, 갑자기 물체가 '움직였다'라고 단언한다. 그리고 그 이유(logos)로서 시간의 경과에 따른 관찰을 제시한다. 같은 물체가 아까는(t1) 저 장소(A)에서 관찰되었는데, 지금은(t2) 이 장소(B)에서 관찰된다. 물체가 움직이지 않았다면, 이런 일은 불가능하다. 그러므로 물체는 움직였다라는 것이다. 여기에는 몇 가지 주목해야 할 것이 있다. 첫째, 디오도로스는 운동을 결과로서만 설명한다는 사실이다. 즉 어떻게 물체가 한 장소를 이탈해서 다른 장소로 이동하는지, 그 과정에 대해서는 설명하지 않는다. 오직 운동의 결과로서 장소의 이동이 발생했다라고만 말한다. 둘째, 결과를 확인하는 근거로서 관찰 경험을 인정한다는 점이다. 이것은 확실히 제논과 구별되는 모습이라 할 수 있다. 제논의 역설에서는 날아가는 화살이 모두 '지금'이라는 무수한 순간들로 나뉜다. 순간에서의 운동이 0인 이상, 다시 이 무수한 순간들을 모두 합친다고 해도 전체의 운동은 0이 된다. 따라서 제논의 화살은 움직이지 않는다. 반면에 디오도로스는 물체가 t1에서는 (A)에 있는 것으로 관찰되었고, t2

에서는 (B)에 있는 것으로 관찰되었다고 말하면서, 이 관찰의 의미를 부정하거나(관찰 경험으로는 허상을 볼 뿐이다), 그 가치를 폄하하지 않고(경험 세계에서의 관찰은 불확실한 결과만을 얻을 뿐이다), 오히려 관찰을 근거로 운동이 있었음을 단언한다. 그런데 이 말은 결국 디오도로스의 세계에 물체의 운동이 아주 독특한 방식으로 존재하며, 인간은 관찰 경험을 통해 그 결과(즉 운동했음)를 확인할 수 있다는 것을 의미한다.

그렇다면 물체는 그것이 있는 장소나 그것이 있지 않은 장소에서 '움직이지 않지만', 한 장소에서 다른 장소로 '움직였다'라는 주장을 어떻게 이해할 수 있을까? 사실 부분 없는 물체의 운동이 불가능하다는 논변의 기초는 아리스토텔레스에게서 찾아볼 수 있다. 그는『자연학』VI권 10장에서 부분 없는(따라서 불가분적인) 물체의 운동이 불가능하다는 주장을 전개한다. 부분 없는 것의 예로 점을 들어보자. 점은 한 장소의 경계를 넘어 다른 장소로 갈 수 없다. 왜냐하면 경계를 넘기 위해서는 먼저 점이 경계와 만난 뒤에, 점의 앞 부분이 경계를 넘고, 이어서 그 뒷 부분마저 경계를 넘어가는 과정이 연속적으로 이루어져야 하기 때문이다. 하지만 점은 부분을 갖지 않기에, '앞부분은 이쪽에, 뒷부분은 저쪽에 하는 식으로' 경계를 걸쳐서 넘어가는 것이 불가능하다.[25] 그럼에도 불구하고 운동의 존재를 인정하려 한다면, 이때 운동은 더 이상 연속적인 것이어서는 안 된다. 오히려 운동은 단속적인 것으로 이해해야 한다. 이것은 운동을 선이 아니라 점들

---

25  예컨대, 아리스토텔레스,『자연학』VI, 10, 241a6-14. 사실 오직 부분을 가진 것만이 안과 밖에 걸쳐 있을 수 있다는 생각은 이미 플라톤에게서 찾아볼수 있다. Cf. 플라톤,『파르메니데스』138d-e.

로서 이해하는 것이기도 하다. 예컨대 한 물체가 t1에서 (A)에 있었고, t2에서는 (B)에 와 있지만, 그 사이에는 아무런 연속도 없다고 보는 것이다.[26] 이는 마치 공포 영화에서 저 멀리 보이던 귀신이 어느 순간 코앞에 와 있는 것과 같은 방식의 움직임이라 할 수 있다. 디오도로스가 물체에 대해 '움직인다'라는 현재(지속상)가 아닌, '움직였다'라는 과거(단속상)로 표현한 것 역시 바로 이런 이유에서라고 볼 수 있다.

하지만 '운동이 있다'라는 진술이 참이 아니라면, '운동이 있었다'는 참일까? 섹스토스의 보고에 따르면 디오도로스는 완료된 것들이 참일 때에도, 그것들의 진행은 거짓임이 가능하다고 주장했다고 한다. 이를 설명하기 위하여 '결혼식'과 '헬레네'라는 두 가지 예를 드는데, 그 내용은 다음과 같다. "한 해 전에 결혼한 사람과 한 해 뒤에 결혼한 사람이 있다고 해보자. 그렇다면, 그 사람들과 관련하여, 한편으로 '그들이 결혼했다'라는 완료형의 명제는 참이지만, 다른 한편으로 '그들이 결혼한다'라는 진행형 명제는 거짓이 된다. 왜냐하면 앞사람이 결혼하고 있었을 때 뒷사람은 아직 결혼하고 있지 않았고, 뒷사람이 결혼하고 있었을 때 앞사람은 더 이상 결혼하고 있지 않았기 때문이다.[27] […] 따라서 완료된 것이 참인 경우에도 그것의 진행은 거짓임이 가능하다. 이러한 것은 '헬레네가 세 명의 남편을 가졌다'라는 명제에도 마찬가지로 해당된다. 왜냐하면, 그녀가 스파르타에서 메넬

---

**26** 세들리는 이를 '스타카토식 운동 분석(a staccato analysis of motion)'이라고 말한다. Cf. D. Sedley 2018, § 2.

**27** 원문은 "hote gar houtos egamei, oupō houtos egamei, kai hote houtos egamei, ouketi houtos egamei." 행위의 연속상을 표현하기 위해 반과거(imperfect) 시제인 'egamei'를 사용하고 있다.

라오스를 남편으로 가지고 있었을 때도, 일리온에서 파리스를 남편으로 가지고 있었을 때도, 파리스가 죽고서 그의 동생인 데이포보스와 결혼했을 때도, 진행형인 '그녀는 세 명의 남편을 갖고 있다'는 참이 아니기 때문이다. 그저 '세 명의 남편을 가졌다'만 참인 것이다."[28]

이상의 논변으로부터 디오도로스의 의도가 어느 정도 드러나는 것처럼 보인다. 즉 디오도로스가 부분 없는 물체 개념과 운동의 부정을 주장한 것은 결국 자연 세계의 실재성을 당연시 여기는 사람들을 겨냥한 비판의 의도와 무관하지 않다는 것이다. 하지만 디오도로스의 결론은 운동이 그저 환상이라는 제논이나 엘레아학파의 주장과는 결을 달리한다. 디오도로스가 엘레아적인 논변을 받아들인 목적은 감각 세계 자체를 제거하기 위해서가 아니라, 감각 세계를 바라보는 데 있어서 관점의 변화가 필요하다는 것을 강조하기 위해서였다고 볼 수 있다. 감각 경험을 통해 물체의 존재를 확인하고서 그것이 '움직인다'라고 단정하는 것은 옳지 않다. 경험은 얼마든지 우리를 기만할 수 있기 때문이다. 하지만 그럼에도 불구하고, 경험은 우리에게 한 물체가 다른 시간에 다른 장소에 있다고 말해주는 게 사실이다. 그러기에 우리는 그것이 '움직인다'라고는 말할 수 없어도 '움직였다'라고는 말할 수 있다는 것이다.

마지막으로 운동에 반대하는 디오도로스의 가장 중요한 논변을 살펴보고자 한다. 특히 이 논변은 디오도로스가 지닌 변증가로서의 탁월함이 돋보인다고 할 수 있는데, 아닌 게 아니라 섹스토스는 이 논변이 소피스트적인 성격을 지녔다고 평가한다. 그 내용을 간추려보

---

**28** 섹스토스 엠페이리코스, 『자연학자들에 반대하여』 II, 97-98 [= 단편 123].

면 다음과 같다.

⑦ 운동의 종류에는 두 가지가 있어서, 그 하나는 지배권을 통해(kat' epikrateian) 움직이는 것이고, 다른 하나는 순수하게(kat' eilikrineian) 움직이는 것이라 할 때, 그리고 지배권에 따른 움직임은 물체의 많은 부분들이 움직이지만 적은 부분들은 정지해 있는 곳에 존재하고, 순수함을 통한 움직임은 물체의 모든 부분들이 움직이는 곳에 존재한다고 할 때, 이 두 종류의 운동 중에서는 지배권을 통한 움직임이 순수한 움직임에 선행하는(proēgeisthai) 것처럼 보인다. 그것은 이를테면 누군가의 머리털이 순수하고 단적으로 잿빛이 되기 위해서는 먼저 잿빛이 지배적인 것이 되어야 하는 것과 같으며, 순수한 의미에서 한 덩어리를 얻기 위해서는 먼저 덩어리가 지배적인 것으로 생겨나야 하는 것과 같은 방식이라 하겠다. 이와 마찬가지로 지배권을 통한 운동은 순수하고 단순한 운동에 선행한다. 그러나 디오도로스에 따르면, 지배권을 통한 운동이란 없다(ouchi de ge esti tis kat' epikrateian kinēsis). 그렇다면 순수한 운동 역시 생겨나지 않으리라는 것이다(toinun oud' hē kat' eilikrineian genēsetai). 세 개의 부분 없는 원소들로 구성된 물체가 있어서, 둘은 운동 중에 있고 나머지 하나는 운동을 하지 않는다고 상상해보자. 왜냐하면 지배권을 통한 운동을 설명하기 위해서는 이런 상황이 필요하기 때문이다. 만일 우리가 부분이 없고 움직이지 않는 네 번째 원소를 이 물체에 덧붙인다면, 그 경우 [물체 전체의] 운동이 발생할 것이다. 왜냐하면 부분 없는 세 개의 원소들로 구성된 물체 가운데 둘이 움직이고 하나가 움직이지 않을 경우, 그 전체는 움직이기에, 여기에 부분 없는 네 번째 물체가 덧붙

여진다고 해도 그 전체는 운동할 것이기 때문이다. 왜냐하면 앞서 운동을 하고 있었던 부분 없는 세 개의 단위들은 방금 덧붙여진 네 번째 부분 없는 원소에 대해 지배권을 행사할 것이기 때문이다. [⋯] 그리고 이런 식으로 디오도로스는 10,000개의 부분 없는 원소들까지 나아가며, 이를 통해서 지배권을 통한 운동은 존재하지 않음을 보여준다. 그의 주장에 따르면 지배권을 통한 움직임은 불합리하다. 왜냐하면 지배권을 통해 움직이는 물체 가운데 9,998개의 부분 없는 원소들은 움직이지 않고, 단지 두 개만이 움직이기 때문이다. 그러므로 지배권을 통해서는 아무것도 움직이지 않는다. 하지만 만일 그렇다면, 순수하고 단순한 의미에서도 움직이는 것은 아무것도 없다. 결국 이로부터 어떠한 것도 움직이지 않는다는 결론이 도출된다.[29]

사실 이 논변은 앞서 에우불리데스를 다룬 장(章)에서 살펴보았던 더미 논변(sōritēs)과 유사한 성격을 띠는 것처럼 보인다.[30] 여기서는 두 가지 사례가 소개되고 있는데, 하나는 머리털의 색깔 변화이고, 다른 하나는 우리가 다루고 있는 물체의 운동 가능성에 관한 것이다. 우선 섹스토스는 두 가지 종류의 운동을 소개한다. 하나는 지배권을 통한 운동(kinēsis kat' epikrateian)이고, 다른 하나는 순수하고 단순한 운동(kinēsis kat' eilikrineian)이다. 지배권을 통한 운동은 물체를 구성하는 요소들 중 다수가 먼저 움직임으로써, 이것들이 지배적인 것이 되어 전체를 움직이게 하는 것이다. 반면에 순수한 운동은 물체를 구성

---

29  섹스토스 엠페이리코스, 『자연학자들에 반대하여』 II, 112-117 [= 단편 129].
30  세들리는 디오도로스가 에우불리데스로부터 이 논변을 차용했을 것이라고 추측한다. Cf. D. Sedley 1977, 92.

하는 모든 요소들이 다 함께 움직이는 것이다. 그리고 두 가지 운동 가운데 먼저 발생하는 것은 언제나 지배권을 통한 운동이다. 그리고 이 운동을 설명하기 위해 섹스토스는 머리털의 빛깔이 변하는 과정을 예로 들어 설명한다. 즉 만일 어떤 사람의 머리털이 잿빛으로 변하려 한다면, 먼저 '지배적인 측면에서' 잿빛으로 변해야 한다는 것이다. 달리 말하면 머리숱의 50퍼센트 이상이 잿빛이 되었을 때, 그때부터 머리숱이 전체적으로 잿빛으로 보이기 시작하며, 이 과정이 지속됨으로써 결국에는 머리숱 전체가 잿빛이 되리라는 것이다.

이 사례를 바탕으로 섹스토스는 운동에 대해서도 같은 주장을 하는데, 바로 이 부분이 디오도로스의 논변이라 할 수 있다. 논변의 대강을 살펴보면 다음과 같다. 물체의 모든 요소들이 행하는 순수한 운동의 앞에는 언제나 지배권을 통한 운동을 위치한다. 즉 어떤 물체가 전체적으로 움직이기 위해서는 먼저 그 물체를 구성하는 요소들의 50퍼센트 이상이 움직임으로써 운동의 지배권을 확보해야 한다는 것이다. 하지만 디오도로스가 보기에 이 전제로부터 도출되는 결론은 불합리하다. 따라서 운동은 존재하지 않는다. 그럼 그 과정을 구체적으로 살펴보자. 세 개의 입자들로 구성된 하나의 물체가 있다고 하자. 이 중 두 개의 입자가 움직이고 하나의 입자는 정지해 있다. 하지만 다수의 움직임을 따르는 지배권의 원리에 의해 물체는 전체로서 움직일 것이다. 이번에는 이 물체에 정지 상태의 입자를 하나 더해보자. 추가된 하나의 입자는 이미 전체로서 움직이고 있는 앞의 세 입자들에 의해 압도당할 것이다. 따라서 네 입자들로 구성된 물체는 역시 지배권을 통해 전체로서 움직일 것이다. 여기에 정지 상태의 입자를 하나 더 추가하더라도 결과는 같을 것이다. 그런 식으로 정지 상태의 입자를 계속 추가해서 총 10,000개가 된다 하더라도, 최초에 운동하고 있었던 두 개의 입자들로 인해, 9,998개의 입자가 정지 상태인 이 물체는 전체로서 움직일 것이다. 그러나 이런 결론은 불합리하다. 따라서 지배권을 통한 운동은 존재하지 않으며, 결과적으로 모든 입자들이 움직이는 순수한 운동 또한 존재하지 않는다.

이 논변은 확실이 더미 논변의 성격을 띤다. 왜냐하면 입자들을 점진적으로 추가함으로써 술어의 타당한 내용이 결론에 이르러서는 불합리한 것으로 바뀌기 때문이다. 하지만 엄밀히 따져보았을 때, 머리 빛깔의 변화와 물체의 운동 가능성은 그 논변 양상이 조금 다르다. 세들리가 잘 지적하고 있듯이,[31] 사실 더미 논변에 더 잘 들어맞는 사례는 머리 빛깔의 변화이다. 예컨대 어떤 사람의 머리숱이 지배적으로 검정색이라고 하자. 나이를 먹어가면서 잿빛 머리털이 하나하나 늘어나서 결국에는 검정색을 압도해버렸다고 해도, 애초에 검정색이 지배적이었다고 하는 지배권의 원리를 주장함으로써, 디오도로스는 그 사람의 머리숱이 여전히 흑발이라는 불합리한 결론을 주장할 수 있으리라는 것이다. 일반적으로 더미 논변은 머리카락이 한 올씩, 두 올씩 더해지는 것으로는 어떠한 차이도 만들어낼 수 없다는 상식적인 판단에서 출발하여 도대체 얼마나 잿빛이 더해져야 머리숱의 빛깔이 바뀌게 되는가를 묻는 식으로 나아간다.

사실, 운동을 부정하는 다른 논변들에 비해, 더미 논변의 결론은 상대적으로 약하다고 할 수 있다. 지배권에 따른 운동이 불합리하다고 해서 '그러므로 운동은 존재하지 않는다'라는 결론이 필연적으로

31  Cf. D. Sedley 1977, 92-93.

도출되지는 않기 때문이다. 또한 섹스토스의 증언만을 가지고서는 디오도로스가 이 논변을 얼마나 진지하게 생각하고 있었는지도 알 수 없다. 하지만 우리가 에우불리데스를 다룬 장에서 살펴보았듯이, 확실히 더미 논변은 여러 분야에 걸쳐 확장되고 응용되어 사용할 수 있는 논리적 도구이다. 특히나 메가라 철학자들과 그들의 영향을 받은 변증가들은 더미 논변을 비롯한 여러 가지 역설 논변들을 다양한 상황과 주제들에 맞춰 변용하는 훈련을 일상적으로 했다고 하니,[32] 물체의 운동을 부정하는 논변 역시 그러한 훈련 내용 중의 하나였을 가능성도 생각해볼 수 있다. 다만 분명한 것은 디오도로스가 경험 세계에서 나타나는 물체의 운동에 대하여 다양한 각도에서 여러 가지 방식으로 회의와 비판을 시도했으며, 지배권을 통한 운동의 역설 또한 관찰 경험에 대한 무비판적인 수용을 경고하는 훌륭한 도구로서 사용되었다는 것이다.

### (2) 언어 이론

디오도로스는 언어의 본성에 대해서도 관심을 기울였는데, 언어가 관습에 기반한 언어 사용자들의 약속이라는 일종의 언어 규약론의 입장을 취했다고 전해진다. 사실 언어가 자연적인 것인가, 아니면 관습적인 것인가 하는 물음은 플라톤이 『크라튈로스』에서 다뤘던 주제이기도 하다. 해당 대화편에 크라튈로스는 언어가 자연적인 것이며 이름이 자연의 본성을 반영한다는 입장에 선 반면, 헤르모게네스는

---

**32** 더미 논변은 스토아 철학자들 사이에서도 유행했고, 이들은 디오도로스에게서 훈련을 받았을 것으로 추측된다. Cf. 『생애』 VII, 82.

언어가 관습에 기반한 언어 사용자들 간의 약속이라고 주장한다.[33] 그런 점에서 볼 때, 디오도로스는 헤르모게네스의 입장에 서 있다고 할 수 있다.

하지만 디오도로스의 입장은 언어를 그저 사회적 관습이나 규약의 결과로 보는 수준을 훨씬 뛰어넘어서, 극단적으로 개인주의적인 모습까지도 보여준다. 예컨대 주석가들의 보고에 따르면, 그는 자기 딸들 가운데 한 명한테 '테오그니스(Theognis)'라는 남성 이름을 붙여주었는가 하면,[34] 노예들에게는 '블리튀리(blituri)'라든가, '멘(men)', '데(de)' 혹은 '알라멘(allamēn)' 등의 이름을 붙여주었다고 한다.[35] 여성에게 남성 이름을 붙인다든가, 전혀 다른 용도로 사용되는 품사들을 고유명사로 쓴다든가 하는 것은 언어가 자연적이라는 것을 부정할 뿐만 아니라, 아예 관습이나 사회적 약속을 통해 언어의 성격이 고정되는 것조차 인정하지 않겠다는 의도로 읽힌다. 왜냐하면 만일 누군가가 "'블리튀리'는 뤼라의 소리를 표현한 의성어고, '알라 멘(alla mēn)'은 역접의 뉘앙스를 담고 있는 소사(小辭)요"라고 주장한다면, 디오도로스는 당장 자기 노예들을 불렀을 것이기 때문이다. 좀 더 극단적으로 말하자면, 이러한 주장은 의미가 언어 안에 있지 않고, 화자에게 있다고 보는 입장이라 할 수 있다.[36]

이렇듯 언어에 관해 디오도로스가 취한 극단적으로 임의적인 태

---

33  플라톤, 『크라튈로스』 383a-384e.
34  알렉산드리아의 클레멘스, 『문집』 IV, XIX, 121, 5 [= 단편 101].
35  '블리튀리'는 의성어로 뤼라를 튕길 때 나는 소리를 명사화한 것이다. '멘', '데', '알라멘'은 각각 '한편으로(on the one hand)', '다른 한편으로(on the other hand)', '하지만 사실(yet truly)' 정도의 뉘앙스가 담긴 소사(小辭, particle)들이다. Cf. 단편 112-115.
36  Cf. D. Sedley 1977, 103.

도는 종종 다른 철학 학파들의 반감을 사기도 했다. 예컨대 에피쿠로스는 그의 『자연에 관하여』(XXVIII)[37]에서 제자인 메트로도로스와 최근에 그들이 언어에 대한 관점을 수정한 것에 관해 이야기를 나눈다. 그 이야기에 따르면, 그들은 한때 언어의 본성에 관해 『크라튈로스』의 헤르모게네스와 비슷한 입장을 취했다고 한다. 즉 언어는 순수하게 임의적인 것일 뿐, 이것보다 저것을 취해야 할 특별한 이유가 없다는 것이다. 하지만 지금은 그 이론을 포기했다고 한다. 그들이 마음을 바꾼 이유는 부분적으로 '언어의 실질적인 의미에 부합하는 단어를 사용하는 것이 아니라, 우스꽝스러운 의미의 단어를 선택하거나, 심지어는 아무 단어나 선택하여 사용한 사람들'을 보았기 때문이라는 것이다. 반면에 자신들은 언어를 사용함에 있어서 언어적 규약을 조롱하지 않고 지각 대상과 관련하여 그 이름을 변조하지도 않는다고 주장한다. 대부분의 학자들은 여기서 에피쿠로스가 비난하는 사람들이 디오도로스와 그의 추종자들일 것이라고 보고 있다.[38]

그렇다면 디오도로스가 언어의 본성에 대하여 그토록 강력하게 임의적이고 주관적인 태도를 취했던 까닭은 무엇일까? 메가라학파에 대한 전통적인 해석을 따르는 사람들은 디오도로스의 언어관이 엘레

---

**37** 에피쿠로스의 『자연에 관하여』는 전체 서른일곱 권으로 이루어진 작품으로 추정된다. 하지만 대부분 소실되고 일부 단편들만이 들쑥날쑥한 길이로 남아 있다. 그중에서도 상대적으로 많은 분량이 남아 있는 제XXVIII권에서 에피쿠로스는 제자인 메트로도로스와 함께 언어의 본성과 몇몇 인식론적인 문제들에 관해 대화를 나눈다. 특히 그들은 이 주제와 관련하여 디오도로스와 그의 추종자들에 맞서 감각 지각과 이를 통한 인식 과정을 신뢰한다는 입장을 펼치고 있다.

**38** Cf. D. Sedley 1977, 103; L. Montoneri 1984, 141; D. Delattre 2010, 1129-1130, n. 25.

아학파의 영향을 반영한다고 주장한다.[39] 파르메니데스의 단편에서 여신은 의견의 길과 관련하여 자기 이야기의 기만적인 질서에 귀기울이면서 가사자들의 의견을 배우라고 충고한다.[40] 하지만 이 충고는 운동과 변화로 가득한 감각 세계를 언어로 고정시키는 것이 사실상 불가능함을 의미한다. 마찬가지로 언어의 임의적 사용을 극한까지 추구했던 디오도로스의 태도 역시 감각 세계와 그것을 지칭하는 언어, 양자 어느 쪽에도 고정된 의미를 부여할 수 없다는 생각을 반영한다고 볼 수 있다. 다만 디오도로스의 언어 철학이 과연 경험 세계 자체에 대한 불신으로 바로 이어지는지에 대해서는 여전히 신중한 태도가 필요해 보인다.[41] 사실 디오도로스의 규약주의는 언어가 진리의 절대적 담지자가 아닐 수 있음을 보여주는 것만으로도 충분히 그 소임을 다했다고 평가할 수 있다. 예컨대 우리는 앞서 에우불리데스의 거짓말쟁이 논변과 더미 논변에서 일상 언어가 지닌 기만적인 성격에 대한 메가라 철학자들의 경고를 확인한 바 있다. 같은 맥락에서 디오도로스의 규약주의적 태도 역시 언어를 통해 경험 세계의 대상

---

**39** Cf. L. Montoneri 1984, 140−141.

**40** 심플리키오스, 『아리스토텔레스의 「자연학」 주석』 144, 25 [= DK 28 B 8 = Gemelli II, 22−23 = 『선집』 286]: "여기서 나는 신뢰받아 마땅한 나의 이야기와 진리에 대한 나의 생각을 멈추노라. / 지금부터 가사자들의 의견들을 배우도록 하라. / 내 이야기의 기만적인 질서에 귀기울임으로써(kosmon emōn epeōn apatēlon akouōn)."

**41** 그리고 이것은 파르메니데스의 경우도 마찬가지이다. 여신은 가사자들의 의견에 관한 이야기가 기만적인 질서로 가득 하지만, 그럼에도 불구하고, 자신으로부터 의견의 길에 관해 듣고 배운다면, 그것에 관해서는 가사자들 중 그 누구도 당해낼 수 없을 정도로 그럼직할 것이라고 말한다. Cf. 심플리키오스, 『아리스토텔레스의 「자연학」 주석』 38, 28 [= DK 28 B 8 = Gemelli II, 26−27; 『선집』 287−288]: "[…] 이 배열 전체를 그럼직한 것으로서 나는 그대에게 설파하노라. / 도대체 가사자들의 그 어떤 견해도 그대를 따라잡지 못할 정도로."

들을 고정시키고, 그 속에서 진리를 발견했다고 주장하는 시도들에 대한 경고 내지는 풍자로 볼 수 있을 듯하다.

그런데 디오도로스의 입장은 오히려 '이름 그 자체에는 어떠한 애매함도 없다'라는 다소 역설적인 결론으로 귀결될 수 있다. 아울루스 겔리우스는 이에 대해 다음과 같이 말한다.

크뤼시포스는 모든 단어가 본성상 애매하다고 말한다. 왜냐하면 동일한 단어가 둘이나 그 이상의 의미를 갖는 것이 가능하기 때문이다. 반대로 크로노스라는 별명으로도 불리는 디오도로스는 다음과 같이 말한다. "어떠한 단어도 애매하지 않고, 애매한 것을 말하거나 생각하지도 않으며, 말하는 이가 말한다고 생각하는 것 이외에 다른 것을 말한다고 간주해서도 안 된다." 그는 또 이렇게 말한다. "하지만 내가 뭔가를 생각할 때, 당신은 다른 것을 이해하는 경우, 우리는 말해진 것이 애매한 것이라기보다는 오히려 모호한 것이라고 간주할 수 있다. 왜냐하면 단어가 애매하기 위해서 그것은 본성상 다음과 같아야 한다. 즉 말하는 자가 둘이나 그 이상을 해야 할 것이다. 그러나 한 가지를 말한다고 생각하는 사람이 둘이나 그 이상의 것을 말하지는 않는다."

– 아울루스 겔리우스, 『앗티카의 밤』 XI, 12, 1–3 [= 단편 111]

기본적으로 디오도로스는 이름-사물 관계의 일의성을 주장했던 것처럼 보인다.[42] 이때 동일한 용어가 다른 의미를 갖지 않도록 하기

---

42  이름-사물 간의 일대일 대응 관계를 주장한 대표적인 철학자로 소크라테스의 제자인 안티스테네스를 들 수 있다. 하지만 안티스테네스는 모든 사물들마다 그것들에 고유한 이름들을 고정시킨다는 점에서 디오도로스와는 큰 차이가 있다. 즉 모든 개별 사

위해서는 발화자쪽에서 이름의 의미와 용법을 정확하게 설정해야 한다. 왜냐하면 말의 의미가 애매해지는 것은 발화자가 자의적인 방식으로 부여하는 의미를 청자가 이해하지 못했을 때이기 때문이다. 만일 누군가가 디오도로스에게 "당신은 '알라멘'을 어떨 때는 소사(小辭, particle)로 쓰고, 어떨 때는 노예의 이름으로 부름으로써, 그 이름을 애매하게 사용했소!"라고 비난한다면, 디오도로스는 다음과 같이 반박했을 것이다. "단어의 의미가 애매하다는 것은 한 단어가 동시에 이렇게도 해석되고 저렇게도 해석된다는 뜻이오. 하지만 단어의 의미는 매번 그것을 발화하는 화자에 의해 규정되기에, 그때 그때 오직 하나의 의미만이 발생할 뿐이오. 예컨대 내가 노예를 부를 심산으로 '블리튀리!'하고 외쳤을 때, 거기에는 의성어의 의미는 전혀 들어 있지 않소. 반면에 뤼라의 음색을 거론하며 '블리튀리!'라고 말할 때, 그것은 의성어일 뿐, 그 이름에는 노예에 관한 어떠한 의미도 없소. 따라서 동시에 애매한 사용이란 있을 수 없는 것이오. 당신이 애매하다고 말한 것은 그저 내가 단어에 부여한 의미를 잘못 이해했기 때문이오."

### (3) 이른바 '대가 논변(kurieuōn logos)'에 관하여

디오도로스의 철학 가운데 가장 유명하고, 또 고대는 물론 현대에 이르기까지 다양한 해석과 논쟁을 불러일으킨 것은 바로 그의 양상 이론과 함께 '대가 논변'이라 불리는 일련의 논증들이다. 사실 이 논변을 둘러싼 문제는 그 명칭에서부터 시작된다. 우리가 '대가'라고 옮

물들에는 그것들에 대응하는 고유 담론(oikeios logos)들이 있을 뿐, 개별자들을 포괄하는 보편 명사는 존재하지 않는다는 것이다. 사실 이러한 주장은 '여럿에 걸친 하나'로 알려진 플라톤의 형상 이론을 겨냥한 것이다. Cf. 김유석 2019b, 51-78.

긴 그리스어 '퀴리에우온(kurieuōn)'이 어떤 의미를 담고 있는지가 불분명하기 때문이다. 이 말은 '지배하다', '군림하다', '주인 노릇을 하다'를 의미하는 동사 '퀴리에우에인(kurieuein)'의 분사 형태인데, 학자들은 이 명칭을 크게 세 가지 관점에서 바라보았다. 먼저 ① 다수의 사람들은 이 이름이 다른 논변들에 비해 훨씬 더 강력하고 우월한 논리적인 힘을 강조한 것이라고 보아 '대가(적인)' 논변, 혹은 '으뜸(가는) 논변'이라고 부른다.[43] 반면에 ② 다른 이들은 이 이름이 메가라학파의 다른 논변들(예컨대 '거짓말쟁이', '두건', '대머리', '뿔 달린 사람' 등)처럼, 논변에 예화된 어떤 내용을 암시할 것이라고 추측하기도 한다.[44] 하지만 그 내용이 무엇인지는 알 수 없다. 마지막으로 ③ 또 다른 사람들은 이 말이 논변의 교훈, 그러니까 인간의 행위를 완전한 필연성의 굴레에 종속시키는 강력한 지배자 내지는 지배적인 힘을 암시한다고 보아 '지배자의(지배적인) 논변' 정도로 옮기기도 한다.[45]

대가 논변에서 다루는 주제는 가능과 필연 같은 양상에 관한 문제들인데, 이것들은 향후 헬레니즘 논리학에 지대한 영향을 끼치게 된다. 특히 철학사가들뿐만 아니라 논리학의 역사를 연구하는 학자들

---

**43** 예컨대 K. Döring 1972, 133, n. 4: 'Meisterschluß.' 그 외에도 다수의 영미권 학자들 역시 같은 취지로 해당 논변을 'master argument'라고 부른다. 국내의 경우, 닐 & 닐 2015의 역자들은 '으뜸 논증'으로 옮긴다(cf. 닐 & 닐 2015, 240, n. 26).

**44** Cf. G. Giannantoni 1981, 254.

**45** 예컨대 P.-M. Schule 1961: 'l'argument dominateur'; D. Sedley 1977: 'ruling argument.' 특히 세들리는 'kurieuōn'이라는 명칭이 해당 논변이 사용된 사례에서 차용되었을 가능성이 높다고 보며, 어쩌면 그것은 코린토스의 왕자 큅셀로스가 장차 나라의 지배자가 될 것이라는(즉 미래 사건에 관한) 예언을 암시하는 것일지도 모른다고 지적한다. Cf. 키케로, 『운명에 관하여』 VII, 13 [= 단편 132A]; D. Sedley 1977, 98, n. 32. 논변의 다양한 명칭과 그 의도에 관해서는, cf. L. Montoneri 1984, 146, n. 50.

은 디오도로스가 스토아학파의 명제 논리학에 영향을 주었다고 보며, 아예 이들을 함께 묶어 명제 논리학의 시조로 평가하기도 한다.[46] 세들리가 잘 지적하고 있듯이, 헬레니즘 논리학의 가장 주목할 만한 성취 중 하나는 자유의지와 결정론의 문제를 정식화하고 그것의 철학적 중요성을 드러냈다는 점이다. 예컨대 우리의 미래가 인과적으로 미리 규정되었거나 논리적 필연성에 의해 결정되어 있는 것이라면, 우리는 행위에 대한 도덕적인 비난이나 책임을 제기할 수 없게 될 것이다. 자연의 인과 관계가 이미 확립되어 있다고 보는 결정론과, 그것의 윤리적 귀결로서 우리의 행위에는 어떠한 자유로운 선택도 없다는 숙명론은 자연스럽게 미래 사건에 대해서도 참과 거짓을 판별할 수 있는가 하는 물음과 연결된다. 사실 이 문제는 이미 아리스토텔레스가 『명제론』 9장에서 다룬 바 있다. 이 문제는 당시에 커다란 논쟁을 불러일으켰으며, 학자들은 디오도로스 역시 아리스토텔레스의 『명제론』을 읽었을 가능성이 높다고 추측한다.[47] 다만 헬레니즘 시대의 철학자들은 이 문제와 관련하여 아리스토텔레스보다는 디오도로스를 자주 언급하며 선구자적인 인물로 간주한다.

디오도로스는 가능을 '현재에도 미래에도 있는(참인) 것'으로, 불가능은 '현재에도 미래에도 있지 않은(참이 아닌) 것'으로 정의한다. 대가 논변은 이러한 정의가 참임을 주장하는 논변이다. 하지만 이 논변은 논리학사에서 상당히 기구한―어떻게 보면 불행한!―운명을 겪었다.[48] 왜냐하면 이 논변은 고대의 철학자들이나 문인들을 비롯하

---

46  Cf. 닐 & 닐 2015, 100; S. Bobzien 2011, § 2.
47  Cf. D. Sedley 1977 96-97.
48  Cf. J. Hintikka 1964, 101.

여, 이른바 교양 있는 사람들이라면 누구나 한 마디씩 거들만큼 엄청나게 유행했던 논변이었음에도 불구하고, 막상 그 정식은 오늘날 전해지고 있지 않기 때문이다. 헬레니즘 시대의 수많은 작가들, 그리고 고대 후기의 주석가들은 대가 논변에 관해 언급하고, 또 그 논변을 행했던 사람들을 칭찬하거나 비난하지만, 정작 대가 논변의 내용이 무엇인지, 또 그 구조가 어떤지에 대해서는 다루지 않는다. 유일하게 대가 논변의 내용을 개괄적으로나마 전해주고 있는 사람은 에픽테토스이다. 그는 『담화록』에서 아주 짤막하게 대가 논변을 요약하듯이 언급하고 있다.[49] 하지만 그의 증언이 대가 논변 전체를 의미하는 것인지, 혹은 대가 논변의 여러 형식들 중 하나를 지칭하는 것인지는 알 수 없다. 또한 에픽테토스의 증언이 과연 객관적인 것인지, 또 그 내용을 어디까지 신뢰할 수 있는지도 우리는 알지 못한다. 그리고 이러한 불확실성은 대가 논변을 재구성하고 해석함에 있어서 항상 염두에 두고 있어야 하는 부분이기도 하다. 에픽테토스의 보고는 다음과 같다.

|1| 대가의 논변은 다음과 같은 명제들에 기반하여 제기되는 것처럼 보입니다. 사실 다음의 세 명제들은 서로 간에 모순을 공유하고 있는데, 그 하나는 ① '과거에 참인 모든 것은 필연적으로 그렇다'는 것이고, 다른 하나는 ② '가능에서는 불가능이 도출되지 않는다'는 것이며, 마지막 하나는 ③ '현재에도 미래에도 참이 아닌 것이 가능하다'는 것이지요. 이 모순 관계를 파악한 뒤에 디오도로스는 앞의 두 명제의 그럴듯함을 이용하여 '현

---

49　에픽테토스, 『담화록』 II, 19, 1–5. [= 단편 131].

재에도 미래에도 참이 아닌 것은 결코 가능하지 않다'(③의 부정)는 명제를 확립합니다. |2| 한편 또 어떤 이는 두 개의 명제로 다음의 것들, 즉 ③ '현재에도 미래에도 참이 아닌 게 있을 수 있다'와 ② '불가능에서 가능이 도출되지 않는다'는 명제는 보존하되, ① '과거에 참인 모든 것은 필연적으로 그렇다'는 명제는 보존하지 않습니다. 이것은 예컨대 클레안테스학파의 입장으로 보이며, 안티파트로스가 전폭적으로 지지하는 입장이기도 합니다. |3| 또 어떤 이들은 다른 쌍, 그러니까 ③ '현재에도 미래에도 참이 아닌 것이 가능하다'와 ① '과거에 참인 모든 것은 필연적으로 그렇다'는 명제는 보존하는 반면, '가능에서도 불가능이 도출된다'(②의 부정)고 주장합니다. |4| 하지만 저 세 명제를 모두 보존할 수단은 없으니, 왜냐하면 그것들은 모순을 공유하고 있기 때문이지요. |5| 그렇다면 누군가가 내게 이렇게 묻는다고 해보죠. "그건 그렇고, 당신은 그것들 중에 어떤 것들을 보존하겠소?" 나는 그 사람에게 모르겠다고 대답할 겁니다. 그렇지만 나는 다음과 같은 이야기를 전해 들었지요. 그러니까 디오도로스는 앞의 두 명제(①, ②)를 보존한 반면, 내가 알기로, 판토이데스학파와 클레안테스는 다른 두 명제를(②, ③), 그리고 크뤼시포스학파는 또 다른 두 명제(①, ③)를 보존했다는 겁니다.

— 에픽테토스, 『담화록』 II, 19, 1-5 [= 단편 131]


에픽테토스의 증언에 따르면, 대가 논변은 다음의 세 명제들을 출발점(aphormai)으로 삼아 이루어진다.

① 과거에 참인 모든 것은 필연적으로 그렇다(pan parelēluthos alēthes anankaion einai).

② 가능에서 불가능은 도출되지 않는다(dunatōi adunaton mē akolouthein einai).

③ 현재에도 미래에도 참이 아닌 것이 있을 수 있다(dunatos einai ho out' estin alēthes out' estas).

그런데 이 세 전제들은 함께 있을 수 없다. 왜냐하면 이것들은 서로 충돌하기(machē) 때문이다. 따라서 어떤 명제가 됐든 셋 중 둘을 선택했다면, 나머지 하나는 버려야 한다. 그리고 세 개의 전제들 가운데 무엇을 선택하고 무엇을 버릴 것인지에 대해서는 철학자들마다 그 입장이 달랐다고 에픽테토스는 말한다. 계속해서 에픽테토스의 보고에 따르면, 디오도로스는 ①과 ②를 취하는 대신 ③을 부정했고, 클레안테스와 그의 추종자들은 ②와 ③을 취하고 ①을 버렸으며, 마지막으로 크뤼시포스학파는 ①과 ③을 선택하고 ②를 버렸다는 것이다. 에픽테토스의 보고는 여기까지이다. 이 세 명제들이 논변의 전제들로서 제시된 배경은 무엇인지, 각각의 철학자들은 왜 서로 다른 선택을 했는지, 또한 전제들의 선택과 포기는 그들이 내세우던 철학과 어떤 관계가 있는지 등에 관해서는 별다른 언급이 없다. 그저 디오도로스의 선택과 관련하여 우리가 짐작할 수 있는 것은 그가 ①과 ②를 선택하고 ③을 부정함으로써 '현재에도 미래에도 참이 아닌 것은 가능하지 않다'라는 결론을 도출했으리라는 것이다. 그리고 이 결론은 가능에 대한 디오도로스의 정의, 즉 '현재에도 미래에도 참인 것'에 부합한다는 것이다. 이것은 무엇을 의미할까?

대가 논변은 그 모호성과 불완전성으로 인해 다양한 해석의 여지를 남겼고, 학자들 역시 저마다 서로 다른 입장들을 제시해왔다. 재미있는 것은 대가 논변에 대하여 철학사 연구자들뿐만 아니라, 현대의 논리학자들 역시 깊은 관심을 보였다는 사실이다. 대가 논변에 대한 전통적인 해석은 논변에 나타난 가능, 불가능, 필연 등의 양상 개념들을 존재론적인 의미로, 다시 말해 존재자와 사건의 본성을 이해하는 관점에서 다루어왔다. 반면에 20세기 중반 이후, 영미권에서는 현대 논리학과 분석철학에 영감을 얻어 디오도로스의 양상문을 존재론적 차원이 아니라 명제의 진리 차원에서 다루려는 경향이 주류를 이루었다. 사실 철학사의 오래된 주제에 대한 그들의 관심에는 대가 논변의 논리적 타당성과 한계를 검토하는 것뿐만 아니라, 논변의 수정을 통해 한층 더 새롭고 신뢰할 만한 버전을 만들어보겠다는 욕망도 담겨 있었다.[50] 여기서 대가 논변에 대한 해석을 모두 다룰 수는 없지만, 성급한 일반화의 위험을 무릅쓰고 크게 전통적인 해석의 관점과 현대 논리학의 입장을 나눠보면, 대체로 다음과 같이 요약할 수 있다.[51]

우선 전통적인 입장을 살펴보자면, 첼러[52]를 비롯한 19세기의 철학사가들[53]에서 시작된 전통적인 해석은 대가 논변을 존재론적인 문제로 이해한다.[54] 디오도로스는 이 논변을 통해 가능을 현실화될 수

---

50  Cf. G. Giannantoni 1981, 240-241.
51  대가 논변을 둘러싼 다양한 입장들에 관해서는 몬토네리(1984, 148-177)의 해석과 평가를 주로 참고하였다.
52  Cf. E. Zeller 1882, 3-11.
53  예컨대 F. Deycks 1827, 69 이하; D. Henne 1843, 190 이하; C. Mallet1845,117 이하.
54  이러한 입장은 신 칸트학파의 철학자로도 유명한 고전 문헌학자인 니콜라이 하르트만의 해석으로 이어진다. 그는 1937년에 발표한 논문에서 디오도로스의 양상문에는 존재의 근본 양식을 구성하는 '실재성(Wirklichkeit)'이 자리 잡고 있다고 주장한다. Cf. N. Hartmann 2017, 209-223.

밖에 없는 것(즉 현재에도 있고 미래에도 있을 것)으로 규정함으로써 미래의 불확실성을 차단하려 했다는 것이다. 또한 전통적인 입장은 대가 논변이 자연스럽게 아리스토텔레스의 가능태/잠재태 개념을 겨냥했다고 본다. 디오도로스의 가능은 미래에 반드시 현실화된다는 점에서 아리스토텔레스의 가능과 대립된다. 왜냐하면 아리스토텔레스의 가능은 적절한 조건이 갖춰지지 않을 경우 현실화되지 않으며, 설령 그 본성이 발휘되지 않더라도 여전히 가능으로서 남아 있기 때문이다.[55] 논변의 형식과 관련해서 전통적인 입장을 취하는 사람들은 대가 논변을 후건 부정(modus tollens)[56] 형식에 기반한 가설적 추론이라고 보았다.

- 만일 현재에도 미래에도 있지 않는 것이 가능하다면, 가능에서 불가능이 도출될 수 있을 것이다(if P then Q).
- 그런데 가능에서 불가능은 도출될 수 없다(~Q).
- 그러므로 현재에도 미래에도 있지 않은 것은 가능하지 않다(~P).

첼러는 디오도로스의 논변이 메가라학파의 설립자인 에우클레이데스의 논박술을 반영한다고 생각했다. 에우클레이데스는 상대의 주장을 논박하기 위해 전제 단계부터 비판을 가하지 않고, 상대방 논변의 결론이 도출되기를 기다렸다가 공격했다고 알려져 있다. 앞의 논변 역시 상대방의 결론(Q: 가능에서 불가능이 도출될 수 있을 것이다)

---

55  Cf. 아리스토텔레스, 『형이상학』 IX, 3, 1047a17-b2.
56  즉 P이면 Q이다(if P then Q). 그런데 Q가 아니다(~Q). 따라서 P가 아니다(~P).

에 대하여 그것의 불합리함(~Q: 가능에서 불가능은 도출될 수 없다)을 보여줌으로써 대가 논변의 원리(~P: 현재에도 미래에도 참이 아닌 것이 있을 수 있다)를 공격했다는 것이다. 하지만 전통적인 입장을 취하는 학자들은 대부분 대가 논변이 논리적으로 실패했다고 평가한다. 특히 디오도로스는 아리스토텔레스의 양상 개념들, 예컨대 가능(dunaton), 불가능(adunaton), 필연(anankaion), 논리적 귀결(akolouthein) 등 아리스토텔레스가 발전시킨 개념들을 가져와서 자기 입맛대로 사용했다고 본다. 예를 들어 논리적 귀결을 의미하는 '따라나오다(akolouthein)'를 시간적인 연속의 의미로 사용했는가 하면, 잠재성의 의미가 담긴 '가능(dunaton)'은 사건의 발생 가능성이라는 측면에서 이해했다는 것이다. 결과적으로 대가 논변은 양상 개념들의 의미를 불분명하게 이해하고 사용함으로써 오류에 빠질 수밖에 없었다는 것이다.

대가 논변에 대한 존재론적인 해석의 전통은 프랑스의 철학사가인 피에르-막심 슐(Pierre-Maxime Schule)에 이르러 완성을 본다.[57] 슐은 대가 논변을 구성하는 명제들이 아리스토텔레스의 개념들을 사용하고 있으며, 논변 의도는 아리스토텔레스의 가능 개념을 논박하는 데 있다고 봄으로써 첼러류의 해석과 같은 입장을 취한다. 다만 그는 대가 논변이 단순히 논리적 오류에 빠졌다거나 소피스트적 궤변이라고는 보지 않는다. 디오도로스가 '따라나오다(akolouthein)'를 시간적 귀결로 사용한 게 아니라, 아리스토텔레스에 충실하게 논리적인 귀결는 의미로 사용했다고 본다면, 대가 논변의 결론에는 문제가 없다는

---

57  Cf. P.-M. Schule 1960.

것이다. 그 경우 대가 논변은 아리스토텔레스적인 명제에 충실히 기반하여 미래 사건들에 관한 디오도로스의 논제를 증명하고 있는 것이기 때문이다.

대가 논변에 대한 전통적인 해석이 주로 양상을 존재자와 사건(의 가능과 필연)에 관한 문제로 이해했던 것과 달리, 20세기 중반 이후 영미권을 중심으로 하는 논리적인 해석에서는 디오도로스의 양상문을 명제적 수준에서 다루고자 한다. 이러한 관점의 주된 관심사는 가능과 필연에 관한 명제의 진리 여부가 된다. 따라서 대가 논변은 존재론이 아니라 논리-변증술적인 차원에서 살펴봐야 하며, 이를 위해서는 오늘날 발전된 형식 논리학의 방법과 기술을 사용할 필요가 있다는 것이다. 예컨대 벤슨 메이츠(Benson Mates)와 같은 논리학자는 대가 논변을 다음과 같이 번역한다.[58]

① 과거에 대해 참인 모든 명제들은 필연적(으로 참)이다(Every proposition true about the past is necessary).

② 참인 명제에서는 불가능한 명제가 도출될 수 없다(All impossible proposition may not follow from a possible one).

③ 가능하긴 하지만 현재에도 미래에도 참이 아닌 명제가 있다(There is a proposition which is possible, but which neither is tre nor will be true).

이제 대가 논변의 원리들은 존재론적인 수준이 아니라 명제 수준에서 사건에 대한 진술이 된다. 또한 양상들도 사물의 존재 방식이라

---

58  Cf. B. Mates 1961, 31.

기보다는 담론의 논리적 규정들로서 취급된다. 사실 메이츠는 디오도로스의 명제들이 현대적인 의미에서의 명제라기보다는 오히려 명제적인 함수들에 가깝다고 지적하고, 디오도로스의 정의들을 양상기호를 통해 표현한다.[59] 양상 기호를 사용하여 디오도로스의 논변을 분석하려는 시도는 아서 프라이어(Arthur Prior)의 글에서도 나타난다.[60] 특히 그는 그저 대가 논변을 분석하는 데 그치지 않고, 논변을 보다 온전한 형태로 재구성을 하기 위해 원문에는 없는 추가적인 전제들을 도입하기도 한다.[61] 그 외에도 야코 힌티카(Jaakko Hintikka)와 같은 철학자는 대가 논변의 원리들이 대부분 아리스토텔레스에게서 찾아볼 수 있는 것들이라고 생각한다.[62] 그는 대다수의 철학사가들이 아리스토텔레스와 디오도로스 간의 차이를 과도하게 강조해왔다고 지적한다. 하지만 사실 디오도로스는 아리스토텔레스의 주요 개념들을 잘 알고 있었으며, 비록 이들이 가능 개념을 놓고 서로 대립했던

---

59  Cf. B. Mates 1961, 36-37.
60  A.N. Prior 1955, 205-209.
61  대가 논변을 보다 온전한 형태로 만들기 위해서 프라이어는 대가 논변의 두 전제를 재규정한다.
    ①′ 어떤 것이 참일 경우, 그것은 참이 아니기가 불가능하다.
    ②′ 어떤 것이 불가능하다면, 그것을 필연적으로 함축하고 있는 어떠한 것도 불가능하다.
    그리고 여기에 두 개의 보조 전제들을 다음과 같이 추가하는데, 이 전제들은 에픽테토스의 『담화록』에는 없는 것들이다.
    ④ 어떤 것이 참인 경우, 그것이 미래에 참이라는 것은 언제나 참이었다.
    ⑤ 어떤 것이 현재에도 미래에도 참이 아닌 경우, 그것이 미래에 참이 아니라는 것은 참이었다.
    이상의 전제들을 통해서 프라이어는 '현재에도 미래에도 참이 아닌 것은 가능하지 않다'(즉 ③의 부정)가 온전히 증명될 수 있다고 본다. Cf. A.N. Prior, 1955, 209-211.
62  Cf. J. Hintikka 1964, 101-114.

것은 사실이지만, 디오도로스가 사용한 추론 방식은 아리스토텔레스의 것과 매우 닮았다는 것이다. 이러한 문제의식으로부터 힌티카는 대가 논변이 아리스토텔레스의 메가라학파 비판에 대한 디오도로스의 답변이며, 디오도로스는 메가라학파의 결정론을 자기 시대에 일상적으로 사용했던 가능 개념을 가지고서 재구성하려 했던 것이라고 평가한다.

사실 디오도로스의 논변에 관한 연구 전체를 놓고 보면 지금 소개한 인물들과 해석들은 (전통적 해석이든, 논리적 해석이든 간에) 말 그대로 빙산의 일각에 불과하다. 하지만 거의 모든 연구자들이 공통적으로 인정하는 것은 대가 논변의 내용을 알 수 없기 때문에 많은 부분을 그럴직한 추측이나 상상력으로 채워야 한다는 사실이다. 문제는 연구자가 개입할 수 있는 한계가 어디까지냐 하는 것이다. 이와 관련하여 고대 논리학의 전문가인 수잔 봅치엔(Susanne Bobzien)은 대가 논변을 해석함에 있어서 몇 가지 의미 있는 충고를 해주고 있다.[63] 우선 논변이 소개되는 철학적 맥락과 상황을 고려해야 한다. 예컨대 대가 논변의 보고자는 스토아 철학자인 에픽테토스라는 사실이 그렇다. 따라서 에픽테토스가 사용한 개념과 논변의 전개 방식, 그리고 평가는 디오도로스의 생각을 충실하게 반영한다기보다는, 스토아적인 관점에 따라 윤색된 것일 수 있다.[64] 다음으로 논변의 확장이 아니라 충

---

[63] Cf. S. Bobzien 2011, § 5.

[64] 이것은 특히 세들리가 강조하는 것이기도 하다. 그는 에픽테토스가 논변을 완성하는 데 필요한 또 하나의 전제, 즉 '현재나 미래에 참인 것은 과거에도 필연적으로 참이다'를 언급하지 않았다고 지적하고, 에픽테토스가 이 단계를 빼먹은 이유가 이것이 스토아 철학자들에게는 이론의 여지없이 타당한 것으로 간주되었기 때문이라고 해석한다. Cf. D. Sedley 1977, 97-98.

실한 재구성을 위해서는 당시 사람들이 생각하고 사용했던 논리적인 수단들과 개념들만을 사용해야 한다. 특히 '명제', '귀결', '양상'과 같은 개념들을 사용할 때는 당시의 논리학과 변증술에 부합하는 방식을 따라야 하며, 해당 논변을 일상 언어를 사용하는 것만으로도 정확히 드러낼 수 있어야 한다(당시에는 기호 논리학이 없었으니까!). 마지막으로 그렇게 재구성된 논변은 사회적 모임의 자리에서 소개하기에 부담스러울 정도로 복잡해서는 곤란하다. 왜냐하면 당시에 대가 논변은 전문가들이 도서관이나 연구실에서 긴 시간 몰두했던 문제가 아니라, 저녁 식사 자리에서 지적인 여흥 삼아 즐겼던 주제이기 때문이다.[65]

이제 다시 에픽테토스의 증언으로 돌아가보자. 에픽테토스는 대가 논변을 소개한 뒤에, 이것이 철학자들 사이에서 논쟁을 불러일으켰으며, 판토이데스와 같은 메가라학파의 철학자들뿐만 아니라, 클레안테스를 비롯한 내로라하는 스토아 철학자들 역시 이에 관해 글을 썼다고 증언한다.[66] 그리고 이들은 대가 논변의 전제들과 관련하여 저마다 서로 다른 입장을 취했다고 한다. 그런데 이는 스토아 철

---

**65** Cf. 에픽테토스, 『담화록』 II, 19, 1-8: "누군가가 이렇게 묻는다고 해봅시다. '그렇다면 당신은 그것들[세 원리들] 중 어느 쌍을 지지할 것이오?' 나는 그에게 '모른다'라고 답할 겁니다. 나는 다음과 같은 이야기를, 그러니까 디오도로스가 한 쌍을 지지했고, 내 생각으로는 판토이데스의 추종자들과 클레안테스가 다른 한 쌍을 지지했으며, 크뤼시포스의 추종자들이 또 다른 한 쌍을 지지했다는 이야기를 들었을 뿐이니까요. [⋯] 비록 내가 보잘것없긴 하지만, 무엇보다도 회식 자리에서는(epi sumposiōi) 그 저자들을 열거함으로써 참석자들을 놀라게 할 수는 있지요."

**66** Cf. 에픽테토스, 『담화록』 II, 19, 9: "또한 크뤼시포스도 『가능한 것들에 관하여(Peri dunatōn)』의 제1권에서 이에 관해 경탄할 만한 글을 썼죠. 그리고 클레안테스도 이 주제에 관해 특별한 글을 썼고, 이는 아르케데모스도 마찬가지입니다. 그리고 안티파트로스 역시 『가능한 것들에 관하여』에서뿐만 아니라, 아예 『대가 논변에 관하여(Peri tou kurieuontos)』에서 독립적인 주제로 글을 썼죠."

학자들 역시 기본적으로 대가논변을 조건문(sunēmmenon)으로 이해했으며, ①과 ②를 가정할 경우 필연적으로 ③이 부정됨(즉 '현재에도 참이 아닌 것은 결코 가능하지 않다.' 이를 ④라고 하자)을 알고 있었음을 뜻한다. 그러므로 만일 누군가가 ④를 거부하고 ③을 유지하려 한다면, 그는 ①이나 ②를 부정해야 하는 것이다(예컨대 클레안테스와 안티파트로스는 ③을 유지하기 위해 ①을 부정했으며, 크뤼시포스는 ②를 부정했다).[67] 그렇다면 디오도로스는 왜 ①과 ②를 선택하고 ③을 부정했을까? 왜냐하면 그 경우 논변은 참에서 출발해 거짓으로 끝나는데, 디오도로스가 보기에 그것은 건전하지 못한 논변이기 때문이다. 따라서 조건문이 건전한 것이 되기 위해서는 ①과 ②로부터 ~③, 즉 ④가 나와야 한다는 것이다. 그런데 이를 좀 더 잘 이해하기 위해서는 디오도로스의 양상문을 살펴볼 필요가 있다.

### (4) 디오도로스와 필론의 양상 이론

주석가들은 가능과 필연과 같은 양상 개념들에 대하여 디오도로스와 그의 제자인 필론의 입장을 비교한 바 있다. 필론은 디오도로스의 양상 이론을 다룰 때마다 항상 함께 언급되는 인물인데, 편의상(?) '메가라의 필론'이라고 불리긴 하지만, 실제로 그의 고향이 어디인지는 불명이다. 그는 키티온의 제논과 동문수학했는데, 제논이 독립하여 스토아학파를 세운 것과 달리 필론은 오랫동안 디오도로스 곁에 머물렀던 것으로 보이며, 이론적으로도 스승과 밀접한 관계에 있었으리라고 추측된다. 하지만 필론이 스승과 모든 면에서 일치했던 것

---

**67** Cf. D. Sedley 1977, 100-101.

은 아니다. 그는 가능과 필연 개념을 이해함에 있어서 스승과 입장을 달리 했으며, 디오도로스 역시 필론의 주장에 대하여 비판적인 입장을 취하기도 한다. 키케로와 보에티우스는 양상(가능/불가능, 필연/비필연)과 관련하여 이들의 주장을 다음과 같이 소개하고 있다.

크뤼시포스여! 당신이 강력한 변증가인 디오도로스와 맞서는 커다란 전투에서, 당신의 주장을 포기하지 않도록 주의하십시오! […] 그러므로 (디오도로스에 따르면) 미래에 관해 진술되는 모든 거짓 명제들은 가능하지 않다는 것입니다. 그러나, 크뤼시포스여! 그것은 당신이 조금도 원치 않는 것이며, 무엇보다도 바로 그것에 관해 당신은 디오도로스와 대결하고 있는 것이오. 왜냐하면 그는 참이거나 장차 참일 것만이 가능하다고 말하기 때문이요, 또한 무엇이든 장차 있을 것은 필연적으로 있게 된다고 말하고, 무엇이든 있지 않을 것은 있게 될 수 없다고 말하기 때문입니다. 당신은 장차 있지 않을 것도 가능하다고 말하지요. […].

하지만 사람들이 『가능한 것들에 관하여』라고 부르는 디오도로스의 반론으로 돌아가봅시다. 우리는 거기서 '가능한 것'이 어떤 의미를 갖는지 살펴볼 것입니다. 자, 디오도로스의 의견은 참이거나 장차 참일 것만이 가능하다는 것입니다. 이 논제는 다음의 주장들과 연결됩니다. 즉 '필연적이지 않은 것은 결코 발생하지 않는다.' '모든 가능한 것은 이미 그렇거나 앞으로도 그럴 것이다.' 또한 '미래의 것이 과거의 것을 넘어 참에서 거짓으로 바뀌는 것 역시 불가능하다.' 그렇지만 '과거의 것들은 불변하는 것이 분명한 반면, 몇몇 미래의 것들은 분명하지 않기에, 불변하는 것에 속하는지가 잘 드러나지 않는다'라는 주장들 말입니다.

                        - 키케로, 『운명에 관하여』 VI, 12-VII, 13; IX, 17 [= 단편 132A]

그러므로 가능에 관한 학설들은 셋이다. 필론에 따르면, 가능이란 고유 본성으로부터 참인 진술이 나올 수 있는 것을 말한다. 이를테면 내가 "나는 오늘 테오크리토스의 『목가(牧歌)』를 다시 읽을 것이다"라고 말할 때가 그렇다. 외부의 어떠한 것도 그것을 막지 않고, 그것이 그 자체로 있는 한, 그것은 참으로서 진술될 수 있다. 한편, 동일한 방식으로 필론은 어떤 것이 참인 경우, 그 자체로 있는 한 결코 거짓이 될 수 없는 것을 그 자체로 필연이라고 정의한다. 다른 한편으로 그는 그 자체로 있는 것인 한에서 오류가 나올 수 있는 것을 그 자체로 필연적이지 않은 것이라고 규정한다. 고유한 본성에 따를 때 절대로 참이 나올 수 없는 것은 불가능하다. 하지만 그는 우연과 가능이 그 자체로 동일한 것이라고 단언한다.

디오도로스는 가능을 있거나 있을 것[현재나 미래에 참인 것]이라고 규정한다. 불가능은 거짓인 것으로서 참일 수 없는 것이다. 필연적인 것은 참인 것으로서 거짓일 수 없는 것이다. 필연적이지 않은 것은 이미 거짓인 것이거나 거짓일 것이다.

스토아주의자들에 따르면, 가능이란 어떤 것의 외부에서 접촉하는 것들이 아무런 방해도 하지 않을 경우, 참인 진술이 나올 수 있는 것이다. 반면에 불가능은 바깥에서 그것의 산출을 방해하고 있는 다른 것들 때문에 어떠한 참도 나오지 않는 것이다. 반면에 필연적인 것은 참인 경우에 거짓 진술이 어떠한 이유로도 나오지 않는 것이다. […].

– 보에티우스, 『아리스토텔레스의 「명제론」 주석』

234, 10-235, 9 [= 단편 138]


디오도로스에 따르면 가능은 '현재 있거나(참이거나) 미래에 있을 (참일) 것'이다. 반면에 필론은 가능을 한 사물이 지닌 본성적인 힘으로 본다. 이 힘은 주변의 상황이 방해하더라도 자신의 본성을 실현하고야 마는 사물의 고유 성향이기도 하다. 앞의 증언들을 바탕으로 이들의 양상 개념을 다음과 같은 논리 대당 사각형으로 표현할 수 있다.[68]

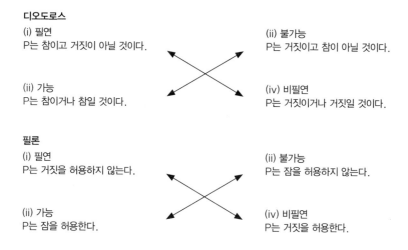

**디오도로스**

(i) 필연
P는 참이고 거짓이 아닐 것이다.

(ii) 불가능
P는 거짓이고 참이 아닐 것이다.

(ii) 가능
P는 참이거나 참일 것이다.

(iv) 비필연
P는 거짓이거나 거짓일 것이다.

**필론**

(i) 필연
P는 거짓을 허용하지 않는다.

(ii) 불가능
P는 참을 허용하지 않는다.

(ii) 가능
P는 참을 허용한다.

(iv) 비필연
P는 거짓을 허용한다.

　다음으로 살펴봐야 할 것은 조건문의 건전성(hugies) 여부이다. 즉 어떤 경우에 조건문이 건전하고 또 어떤 경우에 그렇지 않은가를 판단하는 것이다. 이 문제와 관련해서는 섹스토스 엠페이리코스의 증언을 참고할 수 있는데, 그는 『논리학자들에 반대하여』에서 디오도로스와 필론이 입장을 달리한다고 전하고 있다.[69] 섹스토스의 증언에 따르면, 모든 변증가들은 조건문 안의 귀결문이 그것의 선행 명제로부터 따라 나올 때 해당 조건문은 건전하다는 데 동의한다. 하지

---

**68**　Cf. 닐 & 닐 2015, 250–251; G. Giannantoni 1982, 246–247; L. Montoneri 1984, 192.
**69**　Cf. 섹스토스 엠페이리코스, 『논리학자들에 반대하여』 II, 112–117 [= 단편 142].

만 그것이 언제, 어떻게 귀결되는지 관해서는 학자들마다 입장이 다르다고 지적한다. 예컨대 필론은 조건문이 '참에서 출발해서 거짓으로 귀결되지 않으면, 그런 조건문은 모두 건전하거나(hugies) 참이다(alēthes)'라고 주장한다.[70] 그 경우 조건문이 참이 되는 경우는 셋이고 거짓이 되는 경우는 하나이다. 첫째, 조건문이 참에서 출발해서 참으로 끝날 때, 그 조건문은 건전하다. 예컨대 낮에 "만일 낮이면 빛이 있다"라고 진술하는 경우가 그렇다. 왜냐하면 참("낮이다")에서 출발하여 참("빛이 있다")로 끝나기 때문이다. 둘째, 거짓에서 출발해서 거짓으로 귀결되는 조건문도 건전하다. 예컨대 "만일 지구가 난다면 지구는 날개를 갖고 있다"라는 진술이 그렇다. 거짓("지구가 난다")에서 출발해서 거짓("지구는 날개를 갖고 있다")으로 귀결되기 때문이다. 셋째, 거짓에서 출발하여 참으로 귀결되는 조건문 역시 건전하다. "만일 지구가 난다면, 지구는 존재한다"라는 진술이 이에 해당된다. "지구가 난다"는 거짓된 출발이지만, "지구는 존재한다"는 참인 귀결이기 때문이다. 마지막으로 필론이 보기에는 참에서 출발하여 거짓으로 귀결되는 조건문만이 건전하지 않다. 예들 들어 낮에 "만일 낮이면 밤이다"라고 말하는 경우가 그렇다. 실제로 낮이라고 한다면, 선행문인 "낮이다"는 참이지만, 귀결문인 "밤이다"는 거짓이기 때문이다.[71]

반면에 필론과 달리, 디오도로스는 조건문이 참이 되는 것은 '참에서 출발하여 거짓으로 끝나는 것이 과거에도 현재도 불가능한 경우'라고 주장한다. 섹스토스는 다음의 예를 통해 필론과 디오도로스의 차이를 설명한다. "만일 낮이면 나는 대화한다"라는 조건문이 있다고

---

[70] Cf. 섹스토스 엠페이리코스, 『퓌론주의 개요』 II, 11, 110 [= 단편 141].

해보자. 해당 진술을 하는 시점이 낮이고, 그때 내가 대화를 하고 있다면, 필론에 의하면 그 명제는 참이다. 왜냐하면 그것은 참에서 출발하여("만일 낮이면") 참으로 귀결되기 때문이다("나는 대화한다"). 그러나 디오도로스에 의하면 해당 조건문은 거짓일 수 있다. 왜냐하면 설령 낮이라 해도, 내가 잠시 대화를 멈추고 잠자코 있을 수 있기 때문이다. 그 경우 선행문의 명제는 "낮이다"라는 참에서 출발하지만, "내가 대화한다"는 거짓이 되기에, 조건문 전체는 거짓으로 귀결된다는 것이다. 이번에는 "만일 밤이면 나는 대화한다"라는 조건문이 있다고 해보자. 실제로 낮이고 내가 잠자코 있을 경우, 이 조건문은 필론에 따르면 참이다. 왜냐하면 거짓에서 출발해서 거짓으로 끝나기 때문이다. 반면에 디오도로스가 보기에, 시간이 흘러 밤이 되어도 내가 여전히 잠자코 있다면, 이 조건문은 거짓이 된다. 왜냐하면 그 경우 조건문은 참에서 출발해 거짓으로 귀결될 수 있기 때문이다. 그렇다면 "만일 밤이면 낮이다"라는 명제는 어떨까? 실제로 낮일 경우, 필론에 따르면 이 조건문은 건전하다. 왜냐하면 거짓에서 출발해서 참으로 귀결되기 때문이다. 반면에 디오도로스가 보기에는 여전히 건전하지 않다. 시간이 계속 흘러서 다시 밤이 될 경우, 선행문("밤이

---

**71** 필론의 조건문에 담긴 진리값을 현대적인 진리표에 넣어보면, 실질 함축(material implication)의 진리표에 대응됨을 볼 수 있다. Cf. L. Montoneri 1984, 195-196.

| P | Q | P ⊃ Q |
|---|---|-------|
| T | T | T |
| F | F | T |
| F | T | T |
| T | F | F |

다")은 참이지만 귀결문("낮이다")은 거짓이 되기 때문이다.

결국 디오도로스가 보기에 건전한 조건문은 참에서 시작해서 거짓으로 끝나는 것이 과거에도 불가능한 조건문뿐이다. 그런데 여기서 조건문의 건전성을 정하는 기준과 관련하여 디오도로스와 필론과의 결정적 차이는 바로 시간성의 도입 여부에 있음을 알 수 있다. 필론과 달리 디오도로스는 시간 개념을 도입함으로써, 시간에 따른 상황의 변화를 통해 조건문이 건전함을 유지할 수 있는 가능성을 배제시켰던 것이다. 좀 더 엄밀히 말하면, 디오도로스는 시간을 양상의 조건으로 이해했다기보다는, 오히려 양상을 시간 속에서 이해했던 것 같다.[72] 또한 그는 시간을 본질적으로 현재로서 이해하며, 이 현재와 관련하여 선행한 것(즉 과거)과 뒤따르는 것(즉 미래)이 규정된다고 본다. 그렇다면 다음과 같이 정리해볼 수 있다. 즉 디오도로스가 보기에 과거 및 과거에 대한 명제가 진리에 대응하지 않음을 함축한다면, 모든 미래 및 미래에 대한 명제는 불가능하게 된다. 달리 말하면, 진리에 대응하지 않는 미래와 미래 명제는 진리에 대응하지 않는 과거와 과거에 대한 명제를 함축한다는 것이다.[73]

앞서도 언급했지만, 디오도로스의 대가 논변과 양상 이론은 필론이나 스토아학파를 비롯한 당대의 철학자들에게 많은 영감을 주었음에도 불구하고, 정작 그 내용은 오늘날까지 전해지지 않는 바람에

---

72 Cf. D. Sedley 1977, 97-99; G. Giannantoni 1981, 249-250.
73 이와 관련하여 잔난토니는 다음과 같은 예를 들고 있다(G. Giannantoni 1981, 250). 내가 ㉠ "6년 뒤에 나는 열 살짜리 아들을 가질 것이다"라고 말한다고 해보자. 이 명제가 가능한 것은 오직 ㉡ "나는 네 살짜리 아들을 갖고 있다"라는 명제가 참일 때뿐이다. 만일 ㉡이 거짓이라면, ㉠은 불가능하다. 즉 ㉠의 불가능성은 ㉡의 과거(즉 '나는 4년 전에 아들을 낳았다')가 거짓이라는 데서 비롯되는 것이다.

현대의 학자들 사이에서 수많은 추측과 논란을 일으켰다. 그러다 보니 대가 논변과 양상 이론을 통해 디오도로스가 주장하고자 했던 의도 역시 다소 막연한 짐작만을 허용할 뿐이다. 오랫동안 사람들은 디오도로스의 논변을 메가라학파의 이론적인 맥락 속에서 평가해왔다. 그것은 메가라학파의 철학을 엘레아적인 전통 속에서 바라보는 것으로서 감각, 경험의 확실성을 의심하고 그 대상인 운동과 변화의 존재를 인정하지 않는 것이었다. 예컨대 에우클레이데스는 비유를 통한 논증을 거부했는데, 이는 경험 세계의 특징이기도 한 사물들 간의 닮음에 기반한 논변을 신뢰할 수 없다는 의도로 추측된다. 또한 에우불리데스가 만들었다고 전해지는 다수의 역설 논변들 또한 경험 세계로부터는 결코 확실한 지식을 얻을 수 없음을 강조한 것처럼 보인다. 왜냐하면 온전한 진리는 불변하고 영속적인 것으로서, 끊임없는 운동과 변화로 가득 찬 감각 세계의 자료들을 통해서는 결코 얻을 수 없기 때문이다. 또한 운동과 변화로부터 파생되는 개념들, 이를테면 시간(과거, 현재, 미래), 사건에서의 필연과 우연, 가능과 현실 등도 불필요한 것들이 된다. 이런 맥락을 고려했을 때, 디오도로스가 '가능을 현재에도 미래에도 참인 것'으로 규정하고, 이를 대가 논변을 통해 정당화하려 했다고 보는 것은 어느 정도 자연스러워 보인다. 그 경우 가능은 언제나 현실화된 것으로서 이해되기 때문이다. 즉 디오도로스 논변의 바탕에는 운동과 변화에 대한 불신과 부정적 태도가 일관되게 자리잡고 있다고 볼 수 있다.

그러나 주의해야 할 것이 있다. 만일 우리가 일체의 운동과 변화를 부정하고 오직 존재만을 극단적으로 추구한다면, 그런 세계에서는 '가능'이라는 것 자체가 들어설 여지가 없을 것이다. 그러나 디오도로스는 '가능'이라는 개념을 아예 부정하지는 않는다. 아리스토텔레스적인 용어로 표현하자면, 디오도로스는 가능(잠재태)을 현실(활성태)로 환원해서 사용했다고 볼 수 있다.[74] 사실 이와 유사한 모습은 앞서 다룬 디오도로스의 자연학에서도 찾아볼 수 있다. 거기서 그는 물체의 본성과 관련하여 그것이 '운동한다'는 것은 부정하지만, '운동했다'는 것은 인정한다. 경험 세계와는 완전히 절연된 절대적인 존재의 영역을 상정한다면, 일체의 운동을 부정하는 것이 당연하겠지만, 디오도로스는 운동의 존재를 부정하면서도, 과거에 이루어진 운동까지 부정하지는 않는다. 즉 경험 세계에 대한 단호한 부정과 달리, 디오도로스의 학설에서는 물체의 운동이라든가, 가능 개념이 들어설 수 있는 일정한 여지가 허용된다고 할 수 있다. 그는 감각 세계와 경험적 인식 그 자체를 간단히 부정하지는 않았던 것으로 보인다. 왜냐하면 감각·경험을 통해 접하게 되는 것들은 그저 존재하지 않은 것(허상)으로 치부하기에는 너무나도 직접적이고 분명하기 때문이다. 그래

---

74 이러한 모습은 아리스토텔레스의 지적에 잘 나타난다(Cf. 『형이상학』 IX, 3, 1046b 29-32 [= 단편 130A]). 아리스토텔레스에 따르면, 메가라 철학자들은 "활동할 때만 능력이 있고, 활동하지 않을 때는 능력이 없다(hotan energēi monon dunasthai, hotan de mē energēi ou dunasthai)"라고 주장했다는 것이다. 이것의 의미에 대해서는, cf. 아프로디시아의 알렉산드로스, 『아리스토텔레스의 「형이상학」 주석』 570, 25-30 [= 단편 130B]: "그[아리스토텔레스]는 메가라 사람들이 가능과 현실을 같은 것으로 만든다고 지적한다. 왜냐하면, 그들의 말에 따르면, 집 짓는 사람은 집을 지을 때, 바로 그 때 집 짓는 능력을 가질 뿐만 아니라 집을 지을 수도 있는 반면, 집을 짓지 않을 때에는 집을 지을 수도 없고, 그런 능력을 갖지도 않으니, 이는 가능과 현실이 같기 때문이라는 것이다. 또 다른 것들에 대해서도 사정은 마찬가지라는 것이다." 다만 이렇게 주장한 철학자가 누구인지에 대해서는 구체적인 언급을 하지 않는다. 아마도 아리스토텔레스와 가장 격렬하게 논쟁을 벌였던 에우불리데스와 그의 제자들이었을 가능성이 높다. Cf. C. Brian 1976, 35; L. Montoneri 1984, 142-143.

서 디오도로스는 존재자들의 운동과 변화, 또 경험 세계에서의 사건
과 양상들을 아예 부정하는 대신, 이것들이 불확실하며 신뢰할 수 없
는 것들임을 보여주면서, 차라리 이 개념들을 완성된 현실 안에 가두
려 했던 것은 아닐까 짐작해볼 수 있다. 그리고 디오도로스의 이러한
작업은, 몬토네리가 잘 지적하고 있듯이,[75] 메가라 철학자들이 지녀
왔던 전통적인 생각들을 그의 시대에 맞게 새로운 용어들과 논변들
을 통해 수정하고 혁신한 것이라고 평가할 수 있다.

## 1.3. 디오도로스는 변증술학파의 철학자인가?

서양 고대 철학사에서 디오도로스는 오랫동안 메가라학파의 일원
으로 간주되어왔다. 그는 학파의 지도자였을 뿐만 아니라, 탁월한 변
증술 선생으로서 메가라의 필론과 키티온의 제논 등을 가르쳤다고
전해진다. 이러한 전통적인 평가에 처음으로 의문을 던진 사람은 세
들리였다. 그는 1977년의 논문에서[76] 디오도로스는 메가라 철학자가
아니라 오히려 메가라학파와 라이벌 관계에 있었던 변증술학파의 일
원이었다고 주장한다. 세들리에 따르면 사람들이 디오도로스를 메가
라학파의 철학자로 간주했던 것은 그리스어로 '학파'를 뜻하는 '하이
레시스(hairesis)'와 학파의 '계승자'를 의미하는 '디아도케(diadochē)'를

---

[75] Cf. L. Montoneri 1984, 145.

[76] Cf. D. Sedley 1977, 74-78. 디오도로스의 철학사적 위치에 관한 저자의 입장이라든
가, 몇몇 세부 논변들과 관련해서는 적잖은 논란이 있긴 하지만, 출간된 지 45년이 된
지금까지도 이 논문을 넘어선 연구는 없다고 해도 과언이 아닐 만큼, 세들리의 논문
은 디오도로스와 헬레니즘 철학의 관계에 관한 기념비적인 연구이다.

느슨하게 바라보고, 비슷한 것인 양 취급했기 때문이라고 지적한다. '학파'는 특정한 사상을 가진 철학자를 중심으로 그 추종자와 제자들이 모인 학문과 교육의 공동체를 가리켰다. 학파는 대개 학교의 형태를 띠었으며, 학교장의 사상은 학파의 철학적 정체성을 대표했다. 교장의 자리는 제자들에 의해 계승되었고, 그들을 '계승자들'이라 불렀다. 세들리는 여기서 메가라학파에 관한 오해가 발생했다고 본다. 즉 에우클레이데스가 메가라학파를 세운 이래로 많은 계승자들이 나왔지만, 그들이 모두 학파의 일원이었던 것은 아니라는 것이다.

디오게네스 라에르티오스의 보고에 따르면, 고대인들이 에우클레이데스의 계승자들을 처음에는 '메가라 철학자들(Megarikoi)'이라 불렀고, 그 뒤에는 '쟁론가들(eristikoi)'로 불렀으며, 더 이후에는 '변증가들(dialektikoi)'로 불렀다고 한다.[77] 사람들은 이 명칭들이 모두 메가라학파를 지칭하는 이름들로서, 변증가로 알려진 디오도로스 역시 자연스럽게 메가라학파의 철학자로 간주했다는 것이다. 그러나 세들리에 따르면, 디오도로스가 에우클레이데스의 철학적 계승자인 것은 맞지만, 메가라학파의 수장 자리를 이어받은 이른바 학교의 계승자는 아니었다. 오히려 그는 다른 변증가들의 모임에 속해 있었다. 사실 '변증술'이라든가, '변증가'라는 이름은 시간의 흐름 속에서 몇 차례 의미 변화를 겪었다. 플라톤과 아리스토텔레스 시대에 이 명칭은 특정

---

[77] 『생애』 II, 106 [= 단편 31]: "에우클레이데스는 이스트모스 지방에 있는 메가라 출신이다. [⋯] 그의 제자들은 '메가라 철학자들'로 불리다가, 이어서 '쟁론가들'이라 불렸고, 나중에는 '변증가들'이라고 불렸다. 처음으로 그들을 '변증가들'이라고 부른 이는 칼케돈 사람인 디오뉘시오스였는데, 그것은 그들이 질문과 답변의 형식으로 논변을 전개했기 때문이었다."

한 철학적 방법(예컨대 문답법)과 이를 수행하는 사람을 일컫는 말이었지만, 크뤼시포스 시대에 이르면 논리학 및 이에 정통한 사람을 가리키는 말이 된다. 따라서 '변증가'라는 표현만을 가지고서 디오도로스를 메가라학파로 간주해서는 곤란하다는 것이다.

변증술학파는 투리오이 출신의 클레이노마코스[78]가 세운 것으로 알려져 있다. 그는 에우클레이데스의 직계 제자로서 대략 서기전 4세기 중후반에 활동했으리라 추정된다. 디오도로스는 이보다 약 두 세대 정도 이후인 3세기 초반에 활동했으며, 메가라학파에서 배운 다양한 논변들—특히 에우불리데스의 역설 논변들—을 헬레니즘 시대의 철학자들에게 전해준 매개자 역할을 했던 것으로 보인다. 그렇다면 세들리는 왜 변증술학파를 굳이 메가라학파와 구분하고, 디오도로스를 메가라학파가 아닌 변증술학파의 일원에 넣으려 할까? 왜냐하면 메가라학파는 시간이 흐르면서 점차 견유주의적인 경향을 띠게 되었기 때문이다. 특히 학파의 수장이면서 디오도로스를 논박한 것으로 유명한 스틸폰에 이르면 메가라학파는 그저 변증술에 특화된 학파의 모습을 넘어 윤리학 학파의 성격을 갖게 된다. 반면에 디오도로스에

---

**78** 『생애』(I. 17)에서는 칼케돈 출신의 클레이토마코스가 변증술학파를 세웠다고 기록되어 있다. 하지만 학자들은 디오게네스 라에르티오스가 클레이노마코스와 클레이토마코스를 헷갈렸을 것으로 본다. 클레이토마코스는 서기전 2세기에 활동한 신 아카데메이아 철학자로서 카르네아데스의 제자이다. Cf. M.-O. Goulet-Cazé 1999, 76, n. 1. 한편 『수다』에는 이 부분이 제대로 적혀 있음을 볼 수 있다. Cf. 『수다』 "에우클레이데스" 항목 [= 단편 34]: "[…] 메가라의 에우클레이데스는 자기 고유의 학파를 세웠는데, 그것은 그를 따라서 메가라학파라고 불렸다. 반면에 에우클레이데스의 제자였던 클레이노마코스 이래로 그것은 변증술학파라고 불렸다. […] 헤라클레이아 출신의 브뤼손은 에우클레이데스와 더불어 쟁론적인 변증술을 도입하였다. 클레이노마코스는 그 기술을 강화하였다. 그것으로 인해 많은 사람들이 모여들었으며, 그것은 키티온의 제논에 이르러서야 멈추었다. […]."

게서는 윤리학적인 요소가 전혀 나타나지 않는다. 앞서 살펴본 것과 같이, 디오도로스가 몰두했던 것은 윤리적인 주제가 아니라, 물체의 운동, 언어의 본성, 양상 개념 등과 같이, 주로 자연학과 언어철학·의미론, 논리학의 영역에 속하는 주제들이었다. 사정이 그렇다면, 우리는 디오도로스를 메가라학파가 아니라 변증술학파의 일원으로 볼 때, 그의 활동을 더 잘 이해할 수 있다는 것이다.[79]

이렇듯 철학사의 재해석을 통해서 세들리는 디오도로스가 자신의 독창적인 학설(dogma)을 수립한 인물라기보다는, 오히려 다양한 철학적 주제들과 관련하여 논변을 만들어낼 수 있었던 전문적인 변증가였을 것이라고 평가한다. 그가 물체의 운동을 부정하는 논변을 펼치고, 규약주의적 언어관을 몸소 실천했으며, 대가 논변을 통해 가능을 현실태 안에 고정시키려 했던 것은 결국 어떤 새로운 학설을 세우려는 시도였다기보다는 기존의 철학적인 입장들의—그것들이 엘레아학파의 것이든, 혹은 메가라학파의 것이든 간에—논리적인 토대를 구축하려는 시도였다는 것이다. 세들리의 이러한 해석은 이후 뵙치엔의 지지를 받는다. 그녀는 변증술학파가 한때 메가라학파의 일원으로 에우불리데스의 제자였던 투리오이의 클레이노마코스에 의해 독립해 나왔으며, 이 변증술학파는 올륀토스의 에우판토스, 칼케돈 출신의 디오뉘시오스를 거쳐 디오도로스까지 이어졌을 것으로 본다. 그 외에도 논박가 알렉시노스, 그리고 디오도로스의 제자이면서 스승과 논쟁을 벌였던 필론 역시 변증술학파의 철학자들로 간주한다. 다만 변증술학파는 그리 오래 지속되지 않고 사라졌으며, 철학적 기

<hr/>

79 Cf. D. Sedley 1977, 76-77.

여가 확인된 인물은 디오도로스와 필론뿐이라고 평가한다.[80]

세들리의 해석을 읽어보면, 딱히 반대할 만한 부분이 눈에 띄지는 않는다. 하지만 그렇다고 해서 특별히 동의할 만한 부분도 드러나지 않는다. 오히려 '왜 군이 메가라학파와 변증술학파를 엄격히 구별하고, 왜 꼭 디오도로스를 전자가 아닌 후자의 일원으로 봐야만 할까' 하는 의문이 들기도 한다. 기본적으로 세들리는 에우클레이데스로부터 세 개의 학파, 즉 메가라학파, 쟁론술학파, 그리고 변증술학파가 파생되었다고 본다. 그중 메가라학파(스틸폰)는 견유주의 영향을 받아 윤리적인 성향을 갖게 되고, 쟁론술학파(에우불리데스, 알렉시노스)는 논리학과 소피스트 기술을 발전시켰으며, 마지막으로 변증술학파(디오도로스, 필론)는 명제 논리와 추론, 양상 이론에 몰두했다는 것이다. 그런데 에우클레이데스로부터 파생되는 학파들의 계보에 관한 이러한 설명은 상당히 명쾌하지만, 그만큼 도식적이고 인위적인 인상을 주기도 한다. 무엇보다도 이러한 설명의 전제가 되는 해석, 즉 에우클레이데스로부터 세 개의 학파가 파생되었다는 해석은 그 근거가 너무 빈약하다. 사실 디오게네스 라에르티오스는 에우클레이데스의 후계자들이 시간의 흐름에 따라 '메가라학파', '쟁론가들' 그리고 '변증가들'로 불렸다고 썼을 뿐이지, 이것들이 각각 다른 학파들이라고는 말하지 않았다. 이와 관련하여 몬토네리는 세들리의 해석이 전제가 정당화되지 않았고, 인위적이며, 주장하려는 결론에 강박되어 있다고 비판한다. 특히 에우클레이데스의 학파가 사상적으로 개방적이고 다원주의적인 성격을 허용하고 있었다는 점을 고려한다면, 그

---

**80**  Cf. S. Bobzien 2011, § 1.

의 계승자들을 굳이 서로 다른 학파들로 나누는 것은 설득력이 떨어진다는 것이다. 그는 오히려 에우클레이데스학파의 개방성과 다원성이야말로 그들을 부르는 이름의 다양성 등을 설명해줄 수 있다고 지적한다.[81]

물론 몬토네리의 주장 역시 결정적인 것은 되지 못한다. 왜냐하면 오히려 학파의 개방성 덕분에 그로부터 다른 학파들이 자유롭게 파생되었을 수도 있기 때문이다. 다만 우리는 조금 다른 이유로 몬토네리의 결론을 지지하는데, 그것은 '메가라학파', '쟁론가' 그리고 '변증가'라는 명칭의 기원에 관한 고민에 기인한다. 사실 하나의 학파를 부르는 세 개의 이름 속에는 각각 다른 뉘앙스가 담겨 있다고 볼 수 있다. 디오게네스 라에르티오스도 지적하고 있듯이, 학파의 이름을 정하는 기준 가운데 하나는 해당 학원이 설립된 지역 내지는 설립자의 고향이다. 그렇게 볼 때 '메가라학파(Megarikoi, 직역하면 '메가라 사람들')'는 에우클레이데스의 고향에서 비롯된 이름이라 하겠다.[82] 다음으로 '변증가들(dialektikoi)'이라는 이름은 메가라 철학자들이 자기들 스스로를 일컫는 말이었다. 그리스인들은 문답법을 통해 대화 상대의 무지를 드러냈던 소크라테스를 변증술의 대표자로 간주하였기에, 스스로를 변증가라고 부름으로써 자기들이 소크라테스의 후예라는 자부심을 유지했다고 볼 수 있다. 이와 반대로 '쟁론가들(eristikoi)'이라는 이름은 논적들이 메가라 철학자들을 부

---

81 Cf. L. Montoneri 1984, 204.
82 Cf. 『생애』 I, 17 [= 단편 44A]: "철학자들 가운데, 어떤 이들은 출신 도시에 따라서 이름을 얻었는데, 예컨대 엘리스학파와 메가라학파, 에레트리아학파와 퀴레네학파가 그렇다."

를 때 쓰는 말이었다. 왜냐하면 이 말에는 상대의 주장을 파괴하는 것을 일삼는 말싸움꾼이라는 부정적인 뉘앙스가 담겨 있기 때문이다. 요컨대 '메가라학파', '변증가들', '쟁론가들'이라는 세 이름은 학파의 기원과 성격에 대한 서로 다른 정보들, 그리고 호명하는 자의 태도 및 평가와 관련된 뉘앙스의 차이를 전해주지만, 이것들이 세 개의 이름이 각각 다른 조직을 지칭한다고 단정지을 근거는 없다. 오히려 이것들은 모두 하나의 대상을 가리킨다고 봐도 무방할 것 같다. 또한 우리는 고대인들의 증언 속에서 메가라 철학자들이 쟁론가들이라든가, 변증가들로 자연스럽게 번갈아 가며 불리는 모습을 보기도 하는데, 이는 굳이 세 개의 이름을 서로 다른 세 학파들의 것으로 나눠 볼 필요가 없음을 방증한다고 할 수 있다.[83] 또한 다양한 성향의 철학자들이 메가라학파를 드나들면서 서로 배우고 영향을 주고받았다는 증언들을 고려한다면, 당시 학파 안에는 비교적 자유롭고 열린 분위기가 조성되어 있었으리라고 추측할 수 있다. 그렇다면 굳이 디오도로스의 성향에 따라 학파를 고정시킬 필요는 없어 보인다.[84]

---

**83** Cf. 필로데모스, 『수사학』 VI fr. XXIV, 3-7 [= 단편 89]: "변증가인 메가라 철학자들 (tous [M]ega[r]ikous dialektikou[s…]). / 모두 수사가들(pas rhêt[or…])."

**84** Cf. D. Sedley 2018, § 1. 아닌 게 아니라, 세들리는 이후의 글에서 이와 관련하여 한결 유연한 입장을 취하는 듯한 인상을 준다. 그는 '디오도로스가 메가라 철학에 많은 빚을 지고 있다는 것은 부정할 수 없지만, 그를 메가라 철학자로 가정해야 할 이유는 없다'고 주장한다. 하지만 이는 거꾸로 다음과 말할 수도 있다. 즉 '디오도로스를 굳이 메가라학파 소속의 철학자로 가정 안 해도 되지만, 어쨌든 그가 메가라 철학에 많은 빚을 진 이상, 굳이 사상적 계승자임을 부정할 이유도 없다'라고 말이다.

## 2. 필론

필론에 관한 정보는 극히 빈약하다. 그는 '메가라의 필론'으로 불리곤 하지만, 실제 고향이 어디인지는 알려져 있지 않다. 그는 키티온의 제논과 함께 디오도로스의 제자였다고 전해진다.[85] 그의 양상 이론과 함축 이론은 이미 앞에서 디오도로스의 이론과 함께 살펴본 바 있다. 필론은 『메넥세노스』라는 작품을 썼다고 한다. 작품의 내용은 전해지지 않지만, 혹자는 작품의 제목이자 (아마도) 주인공인 메넥세노스가 플라톤의 『뤼시스』(211b)에 등장하는 쟁론에 능한 소년일지도 모른다고 추측하기도 한다. 또한 크뤼시포스의 저술 목록 중에는 필론이라는 인물을 비판하는 작품이 두 편 있는데, 학자들은 이 사람이 아마도 메가라의 필론일 것이라고 추측한다.[86]

## 3. 판토이데스

판토이데스에 대한 정보는 섹스토스 엠페이리코스의 증언을 통해 얻을 수 있는데, 그에 따르면, 판토이데스는 에우불리데스, 알렉시노

---

[85] 『생애』 VII, 16 [= SSR II F 3]: "그[키티온의 제논]는 열정적으로 변증가 필론과 논쟁을 벌였고, 또 그와 동문수학을 했다."
[86] 『생애』 VII, 191, 194 [= 단편 144]: "(크뤼시포스의 저술 목록 중에서) 『필론의 『의미작용에 관하여』에 반대하여』 한 권. [⋯] 『필론의 『양상에 관하여』에 반대하여, 티모스트라스에게』 한 권." 이와 관련하여 되링은 전자의 작품이 디오도로스의 언어이론과 관련되어 있을 것이고, 후자의 작품은 함축에 관한 이론을 검토하는 것일 수 있다고 추측한다. Cf. K. Döring 1972, 139.

스와 함께 논리학의 전문가였다고 한다.[87] 그런가 하면 디오게네스 라에르티오스의 증언에 따르면, 소요학파의 철학자였던 뤼콘이 그의 강의를 들었다고 한다.[88] 뤼콘은 스트라톤이 죽은 뒤에 소요학파를 이끌었는데(서기전 274~270년), 그때 그의 나이가 약 서른이었다고 하니, 이를 역산하면 그가 판토이데스의 학생이었을 때는 대략 서기전 280년 전후라고 추측할 수 있다. 다시 이러한 추측에 기반하여, 우리는 판토이데스가 서기전 3세기 초반(대략 270년 전후)에 전성기였을 것이라고 추측해볼 수 있다. 디오게네스 라에르티오스는 크뤼시포스의 저술 목록 중에 『판토이데스의 「애매한 표현들에 관하여」에 반대하여』라는 작품명을 거론하고 있는데, 이것은 판토이데스의 저술에 대해 우리가 얻을 수 있는 거의 유일한 정보이다. 이번에는 에픽테토스에 따르면, 대가 논변과 관련하여 판토이데스는 클레안테스 안티파트로스와 함께 디오도로스의 입장에 반대했던 것으로 전해진다.[89] 에픽테토스에 따르면 판토이데스는 대가 논변의 전제 ①(과거에 참인 모든 것은 필연적으로 그렇다)을 받아들이지 않았다고 한다. 하지만 그가 어떤 논변을 전개했는지는 알려져 있지 않다.

---

[87] 섹스토스 엠페이리코스, 『논리학자들에 반대하여』 I, 13 [= 단편 63]: "다른 한편, 논리학에 관해 말하자면, 그것은 철학의 한 부분으로 판토이데스와 알렉시노스, 에우불리데스와 브뤼손, 그리고 디오뉘소도로스와 에우튀데모스를 중심으로 이어져 내려왔다."

[88] 『생애』 V, 68 [= 단편 145].

[89] 에픽테토스, 『담화록』 II, 19, 1-5 [= 단편 131].

## 4. 디오도로스의 딸들

전통에 따르면 디오도로스에게는 다섯 명의 딸들이 있었는데, 그녀들은 모두 정숙했고, 변증술에 능했다고 한다. 알렉산드리아의 클레멘스는 아예 디오도로스의 딸들이 모두 변증가가 되었다고 전하고 있다.[90] 한편, 디오도로스는 다섯 명의 딸들 가운데 한 명에게 '테오그니스'라는 남성 이름을 지어주었는데, 이는 언어의 본성에 대한 디오도로스의 규약주의(혹은 개인주의)적 입장을 반영하는 것처럼 보인다.

---

90  알렉산드리아의 클레멘스, 『문집』 IV, XIX, 121, 5 [= 단편 101]: "사실, 필론이 그의 『메넥세노스』에서 하는 말에 따르면, 크로노스라 불렸던 디오도로스의 딸들은 모두 변증가가 되었는데, 그녀들의 이름은 차례대로 다음과 같다. 메넥세네, 아르게이아, 테오그니스, 아르테미시아, 판타클레이아."

# V
# 스틸폰과 그의 후예들

메가라가 함락되고 군인들이 약탈을 자행하자, 아테네인들은 강력한 탄원을 통해 메가라인들의 안전을 요청하였다. 데메트리오스 역시 주둔군을 철수시키고 도시를 자유롭게 해주었다. 또한 왕은 그 일을 수행하면서 철학자 스틸폰을 기억해냈는데, 그는 평정한 삶을 선택하여 명성이 자자한 사람이었다. 그래서 왕은 그를 궁으로 불러 혹시 누군가가 그에게서 무엇인가를 앗아가지는 않았는지를 물었다. 그러자 스틸폰은 이렇게 말했다. "아무도 없었습니다. 왜냐하면 내 지식을 가져가는 자는 누구도 보지 못했으니까요."

　　　　　　　　　　　　　　　　　- 플루타르코스, 『데메트리오스의 생애』 9, 8-9


## 1. 스틸폰의 생애

이제 메가라학파의 마지막 대표라 할 수 있는 스틸폰에 대해 살펴볼 차례다. 스틸폰은 메가라 출신이다. 그가 살았던 시기는 알렉산드로스 사후 제국이 분열되면서 프톨레마이오스 1세(소테르, 서기전 367~282년)와 안티고노스 1세(모노프탈모스, 서기전 382~301년), 그리고 그의 아들 데메트리오스 1세(폴리오르케테스, 서기전 337~283년) 등이 난립하며 내전을 벌였던 격동의 시대였다. 스틸폰 역시 이러한 혼란에서 자유롭지 못했으며 내전의 피해자이기도 했다. 당시에 그가 살던 메가라는 서기전 308년부터 306년 사이에 프톨레마이오스와 데메트리오스에 의해 차례로 점령당했는데, 도시가 점령당하면서 스틸폰은 가족과 재산을 모두 잃었던 것이다. 한편, 스틸폰의 명성을 익히 들어 알고 있었던 왕들은 그에게 빼앗긴 것들을 보상해주겠다고 말했다. 하지만 이 철학자는 자신이 가지고 있는 인간으로서 진정으로 좋은 것, 즉 덕과 지식에 대해서는 아무것도 잃지 않았다고 대답함으로써 정복자에게 깊은 인상을 심어주었다고 한다.[1]

이 일화는 스틸폰이 지혜와 덕이라는 윤리적인 영역에서 사람들의 존경을 받고 있었음을 보여준다. 지금까지의 메가라 철학자들이 주로 변증술과 논리학의 영역에서 이름을 날렸던 것에 비하면, 스틸폰의 일화들은 오히려 소크라테스의 윤리적 관심사들을 환기시킨다는 점에서 학파의 원점(原點)으로의 회귀라는 특징을 보여준다고 할 수 있다. 이에 관해서는 뒤에 자세히 살펴보도록 하겠다. 또한 우리는 이 일화를 가시고서 스틸폰의 생몰연대를 대략적으로나마 추정해볼 수 있다. 앞의 사건이 있었던 당시(서기전 308~307년)에 그가 지혜나 명성에 있어서 정점에 도달해 있었다고 한다면, 그는 대략 60~70세 사이였을 것이다. 이로부터 스틸폰은 서기전 380~370년 사이에 태어났을 것이다. 또한 그가 오래 살았다는 증언을 고려한다면,[2] 그

---

1 Cf. 단편 151A–I.
2 Cf. 『생애』 II, 120 [= 단편 152]: "그[스틸폰]는 늙어 죽었는데, 빨리 죽기 위해 포도주를 마셨다고 한다. 역시 그를 위한 우리의 헌시는 다음과 같다. 메가라의 스틸폰을 당

는 대략 서기전 290~280년 사이에 사망했을 것으로 추정된다.

반면에 스틸폰의 명성에 관한 이야기와는 반대로, 그를 도덕적으로 비난하는 듯한 증언들 역시 찾아볼 수 있다. 예컨대 디오게네스 라에르티오스는 오네토르라는 인물의 말을 인용하여 스틸폰이 니카레테라는 유녀(遊女)와 동거를 했다고 말한다.[3] 또한 그가 술과[4] 여자에[5] 빠져 살았다는 증언들도 있다. 물론 이런 비난들은 스틸폰의 명성을 질투한 악의적인 소문에 불과한 것일 수도 있다. 예컨대 아테나이오스는 니카레테가 그저 천박한 유녀가 아니라 교양 있는 여인이었으며, 스틸폰의 강의를 듣기도 했다고 말하며 그를 옹호한다.[6] 또한 스틸폰이 술과 여자에 빠져 살았다고 전하는 키케로의 증언 역시 그를 비꼬거나 비난하기 위한 것이 아니라, 오히려 그의 도덕적인 강인함을 찬양하려는 의도로 언급되었음을 유념할 필요가 있다.

그런가 하면 스틸폰은 직간접적으로 정치적인 인물들과 어울렸고,

신은 분명히 알 것이다. / 노년이, 그리고는 질병이 그를 쓰러뜨리니, 그것들은 제압하기 힘든 멍에였네. / 그러나 한 쌍의 몹쓸 말보다 포도주에서 최고의 마부를 발견하였으니, / 술을 마시고는 〈앞으로〉 내달렸던 것이네."

3 『생애』 II, 114 [= 단편 155]: "또 그[스틸폰]는 니카레테라는 유녀(遊女)와 동거를 했는데, 오네토르 역시 어딘가에서 그렇게 말했다."

4 『헤라쿨라네움 파퓌로스』 418 fr. 4 [= 단편 75]: "[⋯] 다른 누구도 그처럼 어리석고 단순하며 착각으로 〈가득 차지〉 않았다. / [⋯] 바로 그 저술에서 스틸폰은 술 취한 자라 불리고, 또 아리스티포스는 여타의 악덕들과 특히 가족과 성적인 쾌락을 즐겼다 하여 비난을 받았으며 [⋯]"

5 키케로, 『운명에 관하여』 5, 10 [= 단편 158]: "우리는 메가라 철학자인 스틸폰이 그의 시대에 실로 통찰력 있고 탁월한 사람이었다고 인정합니다. 그 자신의 가족들은 그가 술과 여자를 좋아했다고 쓰고 있습니다. 하지만 그들이 그렇게 쓰는 것은 그를 비난하기 위해서가 아니라 오히려 예찬하기 위해서입니다. 왜냐하면 그는 열악한 본성을 교육을 통해 잘 길들이고 억제하였기에, 누구도 그가 술에 취한 모습을 본 적이 단 한 번도 없었으며, 누구도 그에게서 욕망의 흔적을 보지 못했던 것입니다."

6 아테나이오스, 『향연석의 현인들』 XIII, 596e [= 단편 156].

그 자신도 적잖이 정치적이었다는 증언들도 있다.[7] 하지만 그가 구체적으로 어떤 정치적 사안들에 관심을 가졌고, 또 어떤 식으로 개입했는지에 관해서는 알려진 바가 없다. 다만 그는 독립적이었고 자존심이 강했으며 특히 강자들 앞에서 당당했다고 알려져 있다. 그래서 그는 종교적 권위와 관습을 두려워하지 않았고,[8] 프톨레마이오스 1세에게 불려갔을 때에도 전혀 주눅들지 않았으며, 함께 아이귑토스로 여행을 가자던 왕의 청을 거절했다고 한다.[9]

그는 도덕적으로 엄격하고 강인한 성격 외에도 빼어난 변증술과 달변의 기술로 사람들을 매료시킨 것으로 유명하다. 스틸폰이 황제가 보는 앞에서 변증가 디오도로스를 논박했다는 일화는 이미 앞 장(章)에서 살펴본 바 있다. 그의 말솜씨와 변증 기술이 워낙 뛰어났기에 다른 철학 학파의 학생들이 그에게 가담했으며, 심지어 그를 논박하기 위해 메가라학파를 찾은 사람들이 오히려 스틸폰에게 정리되어 열렬한 추종자가 되었다는 증언도 있다.[10] 심지어 뷔잔틴 백과사전인 『수다』에는 '메가라학파의 추종자로 만들다'라는 뜻을 담은 '메가리사이(megarisai)'라는 단어가 나오는데, 사전의 설명에 따르면 이 단어는 스틸폰의 활동에서 비롯된 것이라고 한다. 즉 '스틸폰은 헬라스 지역의 메가라 철학자로, 논거발견술과 소피스트술에서 다른 이들을 월등히 능가했기에, 소수를 제외하고는 헬라스 전체가 그를 바라보고

---

7 『생애』 VI, 76 [= 단편 149]; 『생애』 II, 114 [= 단편 162].
8 플루타르코스, 『덕의 진보에 관하여』 12, 83C [= 단편 159]; 아테나이오스, 『향연석의 현인들』 X, 422d [= 단편 160].
9 『생애』 II, 115 [= 단편 150].
10 『생애』 II, 113 [= 단편 164A].

는 메가라학파에 가담할 정도였다'는 것이다.[11]

한편 스틸폰의 스승에 관해서는 몇 개의 증언들이 서로 엇갈리고 있다. 우선 디오게네스 라에르티오스는 이와 관련하여 서로 다른 두 개의 증언을 전하고 있다.[12] 하나는 스틸폰이 에우클레이데스의 직계 제자라는 것이다. 이 경우 스틸폰은 2세대 메가라 철학자에 속한다고 볼 수 있다. 그런데 에우클레이데스는 대략 서기전 370~360년 사이에 사망한 것으로 추정된다. 스틸폰의 출생시기를 서기전 380~370년 사이로 가정할 경우, 두 사람의 생존 시기는 10~20년 정도 겹친다. 두 사람의 만남이 전적으로 불가능하지는 않지만 사제관계를 맺었다고 보기에는 설득력이 떨어지는 게 사실이다. 다른 하나는 스틸폰이 코린토스 출신의 트라쉬마코스의 제자이며, 이 트라쉬마코스가 에우클레이데스의 제자였다는 증언이다. 이 증언에 따르면 스틸폰은 3세대 메가라학파에 속하며 출생 시기는 서기전 350년 전후로 잡을 수 있다. 이외에도 세 번째로 『수다』의 기록을 들 수 있는데,[13] 이에 따르면 스틸폰은 테바이 출신의 파시클레스의 제자였다고 한다. 파시클레스는 견유 크라테스의 동생이지만, 그 자신은 2세대 메가라학파에 속한다. 그는 형에게도 배웠지만, 메가라학파의 디오클레에데스에게서 배웠다고 전해진다. 그런데 이 주장은 시기적으로 잘 맞지 않는다. 왜냐하면 크라테스의 전성기는 대략 서기전 328~325년으로 추정되는데, 이때는 이미 스틸폰이 50세를 넘겨서 누군가의 제자가 되기에는 너무 늦은 나이이기 때문이다. 네 번째로 스틸폰이 견유

---

11 『수다』"메가라주의자 되기" 항목 [= 단편 163B];『생애』II, 113 [= 단편 163A].
12 『생애』II, 113 [= 단편 147].
13 『수다』"스틸폰" 항목 [= 단편 148A].

디오게네스(서기전 412/403~324/321년)의 강의를 들었다는 증언도 있는데,[14] 이는 그가 윤리적인 문제에 관심을 기울였고, 특히 절제와 자제력을 갖춘 인물이었다는 일화들을 감안할 때, 어느 정도 설득력 있는 것처럼 보인다. 마지막으로『수다』의 보고에 따르면, 스틸폰은 이크튀아스의 계승자로서 메가라학파를 이끌었다고 한다.[15] 앞서도 언급했지만 스틸폰은 워낙 훌륭한 선생으로서 학파를 잘 이끌었기에, 헬라스인들 전체가 스틸폰을 따라 메가라학파에 입문할 정도였다고 한다. 이러한 증언들은 스틸폰의 가르침과 지적인 위상, 그리고 윤리적인 품성을 강조하려는 것처럼 보인다. 몇몇 철학사가들은 스틸폰이 스토아학파의 설립자인 제논에게도 영향을 끼쳤다고 본다. 즉 그는 제논에게 변증술과 논리-언어 분석의 기술을 전수했을 뿐만 아니라, 윤리적인 성품의 탁월함으로 인해 소크라테스로부터 이어지는 윤리적인 삶의 모범으로서 평가되었던 것이다.[16]

---

14 『생애』 VI, 76 [= 단편 149].
15 『수다』 "에우클레이데스" 항목 [= 단편 33]: "에우클레이데스는 메가라 사람으로(이스트모스 지역의 메가라 출신으로) 철학자이다. 그는 "메가라"라고 불리는 학파를 설립하였는데, 그 이름은 그에게서 비롯된 것이다. [⋯] 그 이후로는 이크튀아스가, 그 다음으로는 스틸폰이 학파를 이끌었다."
16 E. Zeller 1877, 254. 제논이 스틸폰의 강의를 들었다는 증언과 관련해서는, cf.『생애』 II, 120; VII, 2; VII, 24.

## 2. 스틸폰의 저술과 학설

### 2.1. 저술

스틸폰은 플라톤처럼 대화 형식으로 글을 썼다고 한다. 하지만 몇 편의 작품을 썼는지에 관해서는 증언들이 일치하지 않는다. 예컨대 『수다』에는 그가 스무 편 이상의 대화를 썼다고 기록되어 있다.[17] 다만 작품들의 제목이나 내용은 언급되어 있지 않다. 반면에 디오게네스 라에르티오스는 그가 아홉 편의 대화를 썼다고 증언하면서 작품들의 제목에 대해서도 다음과 같이 언급하고 있다.

> 그런데 그[스틸폰]의 대화편들은 다음의 아홉 편으로 차가운 것들이라고 한다. 『모스코스』, 『아리스티포스』 혹은 『칼리아스』, 『프톨레마이오스』, 『카 이레크라테스』, 『메트로클레스』, 『아낙시메네스』, 『에피게네스』, 『자신의 딸에게』, 『아리스토텔레스』.
>
> ─『생애』 II, 120 [= 단편 187]

여기서 우선 주목할 것은 디오게네스 라에르티오스가 작품의 제목들을 전해주면서 이것들이 '차가운(psuchros)' 작품들이라고 말한다는 사실이다. 이 말은 아마도 문체상의 특징을 가리키는 것처럼 보이는데, 그것이 정확히 어떤 의미인지는 불확실하다. 수사학에서 '프쉬크로스(psuchros)'라는 말은 '문체가 무미건조하고 따분하다'는 뜻으로 쓰

---

[17] 『수다』 "스틸폰" 항목 [= 단편 188].

이지만, 좀 더 자세히 들여다보면, 이 말은 표현의 반복과 단어의 덧붙임, 합성어의 남용 등으로 인해 생겨나는 따분함을 의미한다.[18] 따라서 스틸폰의 작품들은 일반적인 의미에서 무미건조한 문체로 쓰였다는 뜻으로 볼 수도 있지만, 중언부언하는 것과 같은 표현의 과잉으로 인해 지루하다는 의미로 이해할 수도 있다. 그러나 디오게네스 라에르티오스는 『생애』의 다른 대목에서 스틸폰이 글을 남기지 않았다고 말함으로써 오락가락하는 모습을 보이기도 한다.[19]

그의 대화편들은 오늘날 남아 있지 않다. 다만 제목들이 모두 사람 이름으로(게다가 거의 모두 실존했던 인물들로 추정된다) 되어 있다는 점을 감안한다면, 우리는 이 제목들로부터 어느 정도 대화의 주제나 내용을 짐작해볼 수 있을 것이다. 플라톤의 대화편들도 그렇지만, 아마도 저자는 자기 시대의 인물들이나 사건들을 작품의 소재로 삼았을 것이요, 그렇게 함으로써 철학적 주제에 관한 논의들을 더욱더 구체적이고 풍부하게 만들고자 했을 것이다. 이런 가정에 근거하여 몇몇 철학사가들은 대화편들의 제목으로부터 대략 다음과 같은 추측을 해왔다.

우선 『모스코스』는 엘리스 출신의 소크라테스주의자인 파이돈의 제자와 이름이 같다.[20] 그런 점에서 엘리스학파와 관련된 주제를 다

---

**18** 아리스토텔레스, 『수사학』 III, 2; 데메트리오스, 『표현에 관하여(문체론)』 114-118. Cf. M.-O. Goulet-Cazé 1999, 330, n. 4.

**19** 『생애』 I, 16 [= 단편 189]: "그리고 그들[철학자들] 가운데 어떤 이들은 저술을 남긴 반면, 어떤 이들은 글이라고는 조금도 쓰지 않았으니, 예컨대, 몇몇 사람들에 따르면, 소크라테스, 스틸폰, 필리포스, 메네데모스, 퓌론, 테오도로스, 카르네아데스, 브뤼손이 그렇다."

**20** 『생애』 II, 126 [= SSR III E 1]. Cf. R. Goulet 2005, 554.

뤘을 가능성이 있다. 다음으로 『아리스티포스』는 소크라테스의 직계 제자인 아리스티포스(서기전 5세기 후반~4세기 중반)를 가리킬 수도 있고, 그의 외손자이면서 퀴레네학파의 실질적 설립자인 동명의 아리스티포스(서기전 4세기 후반)를[21] 가리킬 수도 있다. 『프톨레마이오스』는 메가라를 점령했던 프톨레마이오스 1세를 소재로 한 작품이었을 것으로 짐작된다. 이번에는 『카이레크라테스』와 『에피게네스』의 경우 각각 소크라테스의 제자들을 가리키는 것처럼 보인다. 이들의 이름은 플라톤과 크세노폰의 작품들 속에도 언급된다.[22] 한편, 『메트로클레스』는 동시대의 견유 철학자와 이름이 같다. 또한 『아낙시메네스』역시 소크라테스 이전의 자연철학자라기보다는, 스틸폰과 동시대에 활동했던 람프사코스 출신의 수사가를 지칭할 가능성이 높다. 그런가 하면 『아리스토텔레스』는 스타기라이의 철학자를 지칭할 수도 있고, 동명의 퀴레네 철학자를 지칭할 수도 있는데, 디오게네스 라에르테스의 증언에 따르면, 스틸폰은 퀴레네의 아리스토텔레스에게서 그의 제자들인 클레이타르코스와 심미아스를 빼앗아왔다고 한다.[23] 마지막으로 『자신의 딸에게』는 당시에 성적으로 문란하다 하여 구설수에 올랐던 스틸폰 자신의 딸에 관한 작품이었을 것으로 짐작된다.[24]

---

21 『생애』 II, 83.

22 카이레크라테스는 카이레폰의 형제이다(크세노폰, 『회상』 I, 2, 48). 에피게네스는 아테네 케파시아구(區) 출신으로 소크라테스의 재판(플라톤, 『변명』 33e)과 죽음(플라톤, 『파이돈』 59b)을 모두 지켜본 인물이다.

23 『생애』 II, 113 [= 단편 164A].

24 플루타르코스, 『혼의 고요에 관하여』 6, 468A [= 단편 154]: "딸의 문란한 생활에도 불구하고, 스틸폰은 자기 시대의 철학자들 가운데 가장 즐겁게 사는 것에 아무런 방해도 받지 않았다. 그뿐만 아니라 메트로클레스가 그를 비난하자, 그는 다음과 같이 말했다. '그러면 그게 내 잘못인가? 아니면 그녀의 잘못인가?' 하지만 메트로클레스가

마지막으로 아테나이오스는[25] 스틸폰이 『회상』이라는 작품을 썼으며, 다시 이 작품을 소재로 삼아 스토아 철학자인 페르사이오스가 『향연석의 대화들』이라는 작품을 썼다고 증언한다. 하지만 그것이 사실인지는 확인할 수 없다. 어쩌면 스틸폰이 지은 작품 제목이라기보다는, 페르사이오스가 스틸폰(과 제논)에 대해 가졌던 '기억들'을 엮어서 작품을 썼다는 의미로 이해할 수도 있다.[26]

## 2.2. 학설

다른 메가라 철학자들도 그렇지만, 스틸폰의 사상과 관련된 증언들은 양적으로 불충분하고 내용에 있어서도 불완전하다. 특히 스틸폰의 경우, 증언들에 담긴 내용의 폭이 매우 좁은 편이어서 증언들만을 가지고서는 그의 사유의 맥락이라든가, 학설의 전체적인 상을 추측하기가 쉽지 않다. 이런 한계 속에서 스틸폰의 사상을 이해하기 위해서 몬토네리는 이중적인 접근 방식을 제안한다.[27] 그것은 한편으로 그의 단편들을 우리에게 익히 알려진 메가라학파의 이론적인 맥

---

'잘못은 그녀의 몫이지만, 불행은 당신 몫이오'라고 대꾸하자, 그는 또 이렇게 말했다. '그게 무슨 말인가? 잘못은 몰락이기도 하지 않나?' '물론이오'라고 메트로클레스가 대답했다. '그런데 몰락이란 몰락을 겪은 자들에게 있어서는 실패이기도 하지 않나?' 메트로클레스가 이에 동의했다. '또한 실패란 실패를 겪은 자들에게는 불행이기도 하지 않나?' 그렇게 그는 철학자답고 부드러운 논변을 통해 견유(犬儒)의 비방이 그저 개소리에 불과함을 보여주었던 것이다."

25 아테나이오스, 『향연석의 현인들』 IV, 162b-c [= 단편 191]: "또한 훌륭한 철학자 페르사이오스가 스틸폰과 제논의 『회상』을 엮은 『향연석의 대화들』도 [현자 여러분이 좋아하는 작품이지요.] [...]."

26 Cf. K. Döring 1972a, 151-152; L. Montoneri 1984, 212.

27 Cf. L. Montoneri 1984, 212-213.

락 안에 놓고서 살펴보는 것이고, 다른 한편으로는 메가라학파의 일반적인 학설과 구별되는 스틸폰만의 독창적인 요소를 찾아보는 것이다. 몬토네리는 이러한 고찰을 통해서 스틸폰의 사상이 이론 철학적인 측면과 실천 철학적인 측면으로 구별될 수 있다고 지적한다. 이론적인 측면에서 스틸폰은 메가라학파의 전통적인 학설들을 비교적 충실히 따르는 것처럼 보인다. 반면에 실천적인 측면에서는 윤리학적인 특징이 두드러지게 나타나는데, 이것들은 기존의 메가라 철학자들에게서 찾아볼 수 없는 스틸폰의 독창적인 사유인 것처럼 보인다는 것이다. 이러한 접근법은 한편으로 스틸폰의 사상을 메가라학파라는 이론적 틀 안에서 안정적으로 위치시키면서, 다른 한편으로는 그만의 독창적인 요소들을 구별해낸다는 점에서 충분히 따를 만한 것처럼 보인다.

### (1) 이론 철학

이론 철학에서 스틸폰은 메가라학파의 전통적인 학설들을 적극적으로 수용하고 있다. 그의 이러한 태도는 아리스토클레스, 플루타르코스, 디오게네스 라에르티오스 등의 증언들을 통해 확인할 수 있다. 먼저 아리스토클레스의 증언을 살펴보자.

반면에 어떤 이들은 그들[신(神)이 여럿이라고 생각했던 철학자들]과 대립되는 목소리를 낸다. 그들은 감각과 인상을 버려야 하고, 오직 이성 자체만을 신뢰해야 한다고 생각한다. 그와 같은 것들은 처음에 크세노파네스와 파르메니데스와 제논과 멜리소스가 주장했고, 나중에는 스틸폰 주변 사람들과 메가라 철학자들이 주장했다. 그로부터 그들은 존재가 하나이며 타자는 존재하지 않는다고 평가했을뿐더러, 어떠한 것도 결코 생겨나 거나 소멸하거나 운동을 겪거나 하지 않는다고 평가했다.

　　　– 아리스토클레스, in 에우세비오스,『복음 준비서』XIV, 17, 1 [= 단편 27][28]

아리스토클레스는 시켈리아의 메세네 출신으로 서기 1세기 전후에 활동한 소요 철학자로 알려져 있다.[29] 그가 했던 말들은 에우세비오스(260/265~339년)의『복음 준비서』에 일부가 담겨 전해 내려온다. 여기서 먼저 눈에 띄는 것은 '스틸폰 주변 사람들과 메가라 철학자들(hoi peri Stilopōna kai tous Megarikous)'이라는 표현이다. 즉 아리스토클레스는 스틸폰의 사상을 따로 언급하기보다는 메가라학파의 사상적 맥락 안에서 다루고 있는 것처럼 보인다. 이는 스틸폰의 철학이 적어도 이론적인 측면에서는 메가라학파의 내용과 크게 다르지 않다고 추측할 여지를 제공한다. 다음으로 주목할 것은 아리스토테클레스가 스틸폰과 메가라학파의 사상을 엘레아학파의 전통 속에 위치시키고 있다는 사실이다. 이는 메가라학파의 철학적 성격을 소크라테스(변증술)과 엘레아학파(이성주의에 기반한 일자 존재론)의 혼종(混種)으로 평가하는 경향이 이미 헬레니즘 시대에 형성되었음을 보여준다. 그러므로 아리스토클레스의 증언을 신뢰한다면, 스틸폰은 감각보다는 이성을 신뢰하였고, 여럿이 아닌 오직 하나의 존재만을 인정하였으며, 경험 세계에서 발생할 수 있는 생성과 소멸, 운동과 변화를 부정했다

---

**28**　이 대목은 앞서 에우클레이데스의 사상을 다루는 II장 1.3절 (4)항에서 인용하였으며, 특히 증언에 담긴 철학적 의미들에 관해 이미 자세히 설명한 바 있다. 여기서는 스틸폰과 관련된 특징만을 간단히 언급하고자 한다.

**29**　S. Follet 2018, 382-384.

고 볼 수 있다.

스틸폰의 사상과 관련해서 다음으로 들 수 있는 것은 플루타르코스(서기 46~125년)의 증언이다. 플루타르코스는 아리스토클레스보다약 한 세기 정도 뒤에 활동한 중기 플라톤주의자이다. 그는 에피쿠로스주의자인 콜로테스를 비판하는 논고를 썼는데, 거기서 콜로테스가스틸폰의 철학과 논변들을 진지하게 다루지 않고, 장난스럽게 과장하거나 왜곡했다고 지적한다.

소크라테스와 플라톤 다음으로는 [콜로테스는] 스틸폰을 공격한다. 콜로테스는 스틸폰의 참된 주장들과 논의들, 즉 자기 자신과 조국과 친구들, 그리고 왕들 가운데 그를 중시했던 사람들까지 다스릴 수 있게 해준 그의참된 주장들과 논의들에 대해서는 쓰지 않았고, 그의 혼에 깃든 지혜가그의 온화함과 자제력과 더불어 얼마나 대단했는지에 관해서도 쓰지 않았다. 반대로 스틸폰이 소피스트들을 상대로 장난치거나 농담으로 쓰기위해 내놓곤 했던 짧은 글들 가운데, 하나를 언급하고는, 그것에 맞서 설득력 있게 논박하지도, 문제를 해결하지도 않으면서 스틸폰에 대해 과장된 비난을 하며, 스틸폰이 '하나가 다른 하나로 서술되지 않는다'라고 말함으로써 삶을 전복시켰다고 주장한다. 즉 "왜냐하면, 우리가 '사람이 좋다'라든가 '사람이 장군이다'라고 말하지 못하고, '사람은 사람이다'라거나, 이와는 별개로 '좋음은 좋음이다'나 '장군은 장군이다'라고 말한다면, 또 "기병이 일만 명이다"라든가 '도시가 튼튼하다'라고 말하지 못하고, '기병은 기병이다'라거나 '일만 명은 일만 명이다'라고 말하며, 다른 것들도그런 식으로 말한다면, 어떻게 우리가 살아갈 수 있겠는가? […]" |23|하지만 어쨌든 스틸폰의 주장에 관해서라면 다음과 같다. 그가 말하는 것

은, 만일 우리가 말과 관련하여 '달린다'라는 술어를 붙일 경우, 서술되는 것[술어]은 서술되는 것의 대상[주어]과 같지 않고 다르다는 것이다. 또한 인간과 관련해서 '좋다'라는 술어를 붙일 경우에도 이들은 같지 않고, 인간에게 본질적인 정의와 좋음에 본질적인 정의는 다르다는 것이다. 또 이번에는 '말'은 '달린다'와 다르다. 왜냐하면 우리가 각각의 정의를 요구받을 경우 우리는 양자에 관해 같은 정의를 제시하지 않을 것이기 때문이다. 그로부터 하나를 다른 하나로 서술하는 사람들은 오류를 범하는 셈이다. 〈＊＊＊〉 만일 '사람'과 '좋다'가 같고, '말'과 '달리다'가 같다면, |B| 곡식과 약의 좋음은 어떻게 서술할 것이며, 제우스께 맹세코, 또 사자와 개가 달리는 것은 어떻게 서술할 것인가! 반면에 만일 그것들이 다르다면, '인간이 좋다'거나 '말이 달린다'라고 말하는 것은 옳지 않다. 그렇다면 만일 스틸폰이, 주어 속에서 말해지거나 또 주어를 통해 말해지는 것들의 어떠한 결합도 인정하지 않고, 그것들 하나하나만을 인정함으로써, 이것들 속에서 † 가혹할 정도로 피투성이가 되었다면, 또 만일 그것이 결코 우연적인 것과 같다고 말해지지도 않고, 그것에 관해 우연적인 것이라고 말해져야 한다고 생각되지도 않는다면, 스틸폰은 몇몇 표현들을 불편해했고 그 언어적 일상에 맞섰던 것이지, 인간의 삶과 모든 것들을 뒤엎으려 했던 것은 아니었음에 분명하다.

– 플루타르코스, 『콜로테스에 반대하여』 22,

1119C–D; 23, 1120A–B [＝ 단편 197]

플루타르코스가 보기에, 콜로테스는 스틸폰이 '어떤 것이 다른 것으로 서술되지 않는다(heteron heteroi mē katēgoreisthai)'라고 주장함으로써 일상의 삶을 전복시켰다고 비난한다.[30] 이 보고에 따르면, 아마도 스틸폰은 주어와 같지 않은 술어는 불가능하다고 주장했던 것 같다. 그리고 이 주장은 존재의 동일성 논제에 기반했던 것처럼 보인다. 플루타르코스의 증언을 보면, 스틸폰의 주장은 이런 식이다. 만일 '말'의 본질이 '달리다'의 본질과 다르다면, 두 개의 서로 다른 본질은 하나를 다른 하나로 서술함으로써 동일시될 수 없다. 따라서 유일하게 타당한 판단 형식은 동어반복, 즉 같은 것으로 같은 것을 서술하는 것밖에 없다는 것이다('말은 말이다'). 사실 이 주장이 스틸폰의 독창적인 학설이라고 보기는 어렵다. 우리는 엘레아 철학자들, 소피스트들, 견유들, 그리고 다른 메가라 철학자들에게서도 이와 비슷한 주장들은 찾아볼 수 있다. 더욱이 이런 유형의 주장은 쟁론적 성격의 변증술을 구사했던 철학자들에게 공통적인 특징이라 할 수 있다. 특히 메가라 철학자들이 이런 주장을 공유했다는 것은 심플리키오스의 증언에도 잘 나타난다.[31] 그는 다음과 같은 주장을 메가라 철학자들의 것으로 부여했다. 즉 모든 것들은 자기들에게 고유한 로고스(본질, 정의)를 갖기 때문에, 한 사물을 다른 것으로 서술하는 것은 불가능하다는 것이다. 왜냐하면 각각의 로고스들은 다르며 서로 구별되기 때문이다. 이런 주장은 메가라 철학자들의 쟁론적 변증술을 통해서 극단적인 귀결에 이르게 된다. 즉 변증술을 통해서 존재의 단일성을 다양한 개념적 규정들이라는 다수성으로 잘라내었던 것이다. 그래서 '교

---

**30** 플루타르코스, 「콜로테스에 반대하여」 22, 1119C-D; 23, 1120A-B [= 단편 197].

**31** 심플리키오스, 「아리스토텔레스의 「자연학」 주석」 120, 12-17 [= 단편 198]: "[…] 메가라학파라고 불리는 철학자들 역시 정의를 갖는 것들은 다른 것들이며, 다른 것들은 서로 간에 구별된다는 전제를 분명한 것으로 받아들임으로써, 각각의 것들은 자기 자신에 의해 규정된다고 생각했다. 왜냐하면 '교양 있는 소크라테스'의 정의가 다르고 '하얀 소크라테스'의 정의가 다르기에, 소크라테스는 자기 자신과 구별된다는 것이다."

양 있는 소크라테스'라는 로고스는 '흰 소크라테스', '건강한 소크라테스', '지혜로운 소크라테스' 등과 구별되며, 그럼으로써 소크라테스는 그렇게 나뉘어진 것들의 무수한 로고스들로 분할되어버리는 것이다.

세 번째로 디오게네스 라에르티오스의 보고를 살펴보자. 그는 스틸폰의 사상과 관련하여 두 가지 중요한 언급을 하는데, 그 내용이 상당히 모호하여 적잖은 논란을 불러일으켰다.

> 스틸폰은 쟁론술 분야에서 매우 능수능란했기 때문에 형상들까지 제거할 정도였다. 심지어 그는 다음과 같이 주장하기도 했다. '말하는 사람은 누구도 존재하지 않는다.' 그 말은 여기 이 사람이 있다는 말도 아니고 저기 저 사람이 있다는 말도 아니기 때문이다. 왜 하필 저기 저 사람이라기보다는 여기 이 사람이어야 한단 말인가? [저 사람이 아니라면] 이 사람도 아니라는 것이다. 또 이번에는 이런 것도 있다. '채소는 보여줄 수 있는 것이 아니다.' 왜냐하면 채소는 수만 년 전부터 있어왔기 때문이다. 그렇다면 이것은 채소가 아니라는 것이다.
>
> — 『생애』 II, 119 [= 단편 199]

여기서 스틸폰의 것으로 이야기되는 요소는 두 가지이다. 하나는 그가 능수능란한 쟁론의 능력갖고 있었다는 것이고, 다른 하나는 그가 이데아론을 부정했다는 것이다. 문제는 이데아론을 부정하면서 든 두 개의 주장, 즉 "말하는 사람은 누구도 존재하지 않는다(ton legtonta anthrōpon einai mēdena)"와 "채소는 보여줄 수 있는 것이 아니다(to lachanon ouk esti to deiknumenon)"가 무엇을 의미하는가 하는 것이다.

먼저 첫 번째 주장은 다음과 같이 해석할 수 있다. 스틸폰에 따르면 '말하는 사람(ton legonta anthrōpon)'은 '누구도 존재하지 않는다(einai mēdena)'. 왜냐하면 두 개념(즉 '말하다'와 '사람')은 결합될 수 없기 때문이다. 스틸폰에 따르면 그러한 결합은 오직 두 개념이 (예컨대 '사람은 사람이다'처럼) 동일한 것일 때만 타당하다는 것이다. 즉 앞의 플루타르코스의 증언에서 보았듯이, 오직 주어와 동일한 술어만이 허용된다고 할 수 있다. 만일 '말하다'와 '사람'이 동일한 것으로서 결합될 수 있다면, 사람이 사람으로 있는 한, 그는 매순간 끊임없이 말해야 한다. 하지만 이는 있을 수 없는 일이다. 아마도 스틸폰의 의도는 서로 다른 개념들을 결합시키거나, 개념을 개별자의 속성으로 술어화하는 것을 부정하려는 것이 아니었을까 추측해볼 수 있다. 하지만 다수의 학자들은 첫 번째 문장의 의미가 아무래도 모호하다고 지적한다. 그래서 이 문장을 그대로 읽는 대신, 다른 방식의 독법을 채택하는데, 그것은 '있다(einai)'를 '말하다(legein)'로 고쳐 읽는 것이다.[32] 그 경우, 'ton legonta anthrōpon'는 주어가 되고, 'legein'은 동사, 'mēdena'는 동사 'legein'의 목적어가 되어 '인간에 대해 말하는 자는 누구에 대해서도 말하지 않는다'로 읽을 수 있다.[33] 이렇게 읽었을 때, 문장의 의미

---

[32] 처음으로 이러한 독법(legein mēdena. Bac, Pac, Fac 사본)을 취했던 사람은 뢰퍼(G. Roeper, "Conjecturen zu Diogenes Laertius," in *Philologus* 9, 1854, 14)였다. 반면에 롱(H.S. Long)은 자신의 비판본(*Diogenis Laertii Vitae Philosophorum*, Oxford, OUP, 1966)에서 'legein mēdena' 대신 'einai mēdena' (d, p, f 사본)를 취한다. 이와 관련해서는, cf. M.−O. Goulet−Cazé 1999, 330, n. 1. 하지만 마르코비치(M. Marcovich 2008)나 도란디(T. Dorandi 2013) 등 최근의 편집자들은 다시 뢰퍼의 독법으로 돌아가 'legein mēdena'를 취했다.

[33] 참고로 인용문과 달리, 「부록」에 수록된 단편 199의 번역에서는 뢰퍼가 수정한 독법을 따라 '인간에 대해서 말하는 사람은 누구에 대해서도 말하지 않는다'로 옮겼다.

는 보다 분명해진다. 아마도 스틸폰이 주장하려 했던 것은 보편자에 대한 부정이었을 것이다. 즉 "인간(종으로서의 인간, 혹은 보편자로서의 인간)에 대해 말하는 사람은 누구에 대해서도 말하는 게 아니다. 왜냐 하면 그는 이 (개별적인) 인간에 대해 말하지도 않고, 저 (개별적인) 인 간에 대해서도 말하지 않기 때문이다."

이번에는 두 번째 주장, 즉 "채소는 보여줄 수 있는 것이 아니다(to lachanon ouk esti to deiknumenon)"를 살펴보자. 이 주장의 의미는 첫 번 째 주장에 비해 상대적으로 분명해 보인다. 여기서 채소는 보편 개념 으로 이해할 수 있다. 당연하게도 보편 개념은 개별적인 인간의 눈 에 보이지 않는다. 즉 스틸폰은 인간이나 채소 같은 보편 개념을 구 체적이고 경험적인 개별자에게 적용하는 적용할 수 없음을 주장했던 것이다. 사실 스틸폰이 든 사례들은 경험적이고 개별적인 존재자들 과 보편 개념 사이의 관계에 관한 문제를 겨냥한다고 볼 수 있다. 그 리고 이 문제는 메가라 철학자들에게 낯선 것이 아니다. 우리는 이미 제3인간 논변을 발전시켰던 폴뤽세노스에게서 이와 비슷한 문제의식 을 발견할 수 있다. 폴뤽세노스의 제3인간 논변은 가지적인 보편자 들과 감각 사물들 간의 강력한 분리를 상정한 것이었다. 그것은 플라 톤이 생각했던 가지적 형상과 감각 대상 간의 분유/참여 관계에 대한 비판이기도 하다. 스틸폰이 강조하고자 했던 것은 보편 개념을 이용 하여 개별자를 지칭하는 것이 사실은 불가능하다는 것이다.

재미있는 것은 플라톤의 가지적 형상을 보편자로 간주하여 비판 하는 것이 비단 메가라학파에만 국한된 것은 아니라는 사실이다. 우 리는 같은 소크라테스주의자들 가운데 안티스테네스에게서도 이와 비슷한 태도를 찾아볼 수 있다. 그는 플라톤을 향해 '나는 말(hippos)

은 보지만 말임(hippotēs)은 보지 못한다'라든가 '나는 인간(anthrōpos)은 보지만 인간임(anthrōpotēs)은 보지 못한다'라고 말함으로써 플라톤의 형상을 비판했다고 한다.[34] 요컨대 안티스테네스 역시 스틸폰(그리고 메가라 철학자들)과 마찬가지로 가지적 형상을 초월적 보편자로 보고, 이것이 경험 세계의 개별자에게 포착될 수 없다고 비판하는 것이다. 하지만 이들의 비판에는 근본적인 차이가 있다. 안티스테네스는 '여럿에 걸친 하나'로서의 보편적 형상의 존재를 부정하고, 그 대안으로 하나의 대상에 하나의 진술이 붙는 이른바 '고유 담론(oikeios logos)' 이론을 제시한다. 반면에 스틸폰과 메가라 철학자들은 보편적 형상이 개별자에 의해 포착될 수 없다는 지적을 통해서 형상을 부정하는 것이 아니라, 반대로 형상의 독자적 위상을 강조하려 한다. 다시 말해 경험 세계와의 분유/참여 관계를 끊어버림으로써 가지적 형상의 초월성과 순수성을 온전히 보존하려 했다는 것이다. 이를 위해 스틸폰은 인간이라는 보편 개념을 가지고서는 개별적인 사람에 대한 인식을 제공할 수 없음을 보여주려 했던 것이다. 한편, 인간의 경우와 반대로, 채소의 사례는 구체적인 시공간 속에 위치한 경험적 개별자(지금 여기 있는 이 채소)에게 보편성을 부여하는 것이 부당함을 보여주려 한 것처럼 보인다. 보편자인 채소는 내 앞에 있는 채소와 동일시될 수 없으며, 개별적인 채소는 채소라는 보편 개념을 통해 정의될 수 없다. 그러므로 이 두 경우 모두에서, 그러니까 보편자에서 출발하든, 개별자에서 출발하든 간에, 이데아를 개별자에 적용하는 것

---

34  Cf. 심플리키오스, 『아리스토텔레스의 「범주론」 주석』 208, 28 [= Fr. 50A DC = SSR V Q 149]; 암모니오스, 『포르퓌리오스의 「이사고게」 주석』 40, 6–10 [= Fr. 50C DC = SSR V Q 149]. Cf. 김유석 2019b, 51–78.

은 불가능하며, 개별자를 통해 이데아를 규정하는 것 역시 불가능하다는 것이다. 그렇게 해서 이데아는 순수하게 분리된 보편자로 머물며, 그것에 대한 규정이나 인식은 불가능하다. 요컨대 스틸폰이 생각한 것은 가지적인 실재와 감각적인 것 간의 절대적인 분리(chōrismos)가 아닐까 추측해볼 수 있다.[35]

### (2) 실천 철학

스틸폰 사유의 또 다른 측면은 실천 철학, 특히 윤리학과 관련되어 있다. 대부분의 메가라 철학자들이 (디오도로스 크로노스와 그의 학파를 포함하여) 논리-변증술적인 분야에만 관심을 집중했던 것에 반해, 스틸폰은 윤리·정치적인 문제에도 관심을 기울였다는 점은 주목할 만하다. 또한 윤리적인 주제와 관련하여 그가 했던 발언과 실천은 당시에 널리 알려졌을 뿐만 아니라, 그 자신이 그러한 발언과 행동들로 인해 큰 존경을 받았다고 전해진다. 스틸폰의 생애에 관한 몇몇 증언들을 보면, 그의 행적과 발언에는 삶의 방식과 윤리적 가치에 대한 고민과 성찰이 내재해 있었으리라고 추측할 수 있다. 그런 점에서 스틸폰은 윤리학의 이론과 체계를 구축했다기보다는, 오히려 삶 속에서 윤리적인 문제를 실천했던 것으로 보인다. 그렇다면 변증술 및 이론 철학의 영역에서는 독창적인 면이 그다지 부각되지 않았던 것과 달리, 어떻게 해서 스틸폰이 윤리학과 실천 철학의 영역에서는 커다란 성공을 거두었는지 살펴볼 필요가 있다.

---

**35** 어쩌면 플라톤의 『파르메니데스』 전반부에 전개된 파르메니데스의 형상 비판은 안티스테네스나 메가라 철학자 등이 행했던 비판을 염두에 둔 것이었을지도 모른다.

여기서 주목해야 할 부분은 우리에게 전해진 간접 증언들 중 다수가 비록 일화의 형식이긴 하지만, 스틸폰의 도덕적인 성격과 관련하여 몇몇 구별되는 특징들을 드러내고 있다는 사실이다. 예컨대 앞서 인용한 『콜로테스에 반대하여』에서 플루타르코스는 스틸폰이 지혜에 있어서뿐만 아니라 온화함(praotēs)과 자제력(metriopatheia)에 있어서도 대단했다고 말한다. 또한 그는 평정(동요 없음, aochlēsia)을 인간에게 으뜸가는 재산으로 보았다고 하며,[36] 감정에 얽매이지 않고 고요하며 동요되지 않는 삶을 선호한 것으로 전해진다. 특히 스틸폰이 인간에게 있어서 최고 선을 혼의 동요되지 않은 상태(animus impatiens)로 보았다는 것은 언뜻 스토아 철학에서 말하는 아파테이아를 연상시키기도 한다. 하지만 스틸폰의 평정과 스토아학파의 무감동은 매우 가깝지만 똑같지는 않다. 예컨대 세네카는 스토아의 현자들이 모든 고통을 느끼면서도 그것을 극복하는 반면, 스틸폰(을 비롯한 메가라의 현자들)은 아예 고통 자체를 느끼지 않는 사람들이라고 말하며 양자의 차이를 지적한다.[37]

하지만 그렇다고 해서 스틸폰이 사회와 유리된 채 내적인 자유에 몰두했다거나 현실에서 벗어나 은둔자의 삶을 산 것은 아니었다. 그는 다양한 사람들과 만났고, 특히 프톨레마이오스나 데메트리오스

---

36 위 아프로디시아의 알렉산드로스, 『아리스토텔레스의 「영혼론」 주석』 II, 150, 34-35 [= 단편 196]: "어떤 이들은 [으뜸가는 재산이] 평정(aochlēsia)이라고 예컨대 메가라 철학자들이 그렇다." 위 알렉산드로스는 이 주장이 메가라 철학자들의 생각이라고 언급하지만, 첼러(1877, 276-278)는 '메가라 철학자들'이 곧 스틸폰을 의미한다고 본다.
37 세네카, 『편지』 9, 1-3 [= 단편 195]: "[…] 우리[스토아주의자들]와 그들[메가라 철학자들] 사이에는 다음과 같은 차이가 있네. 우리의 현자는 실로 모든 불행을 극복하지만 그것을 느끼는 반면, 그들의 현자는 사실상 불행을 느끼지도 않는다는 것이지."

등 여러 왕들 및 권력자들과 교류하였다.[38] 특히 스틸폰의 명성을 익히 들어 알고 있었던 권력자들은 그를 만나 함께하기를 원했다고 한다. 하지만 그는 권력자에게 주눅들거나 아부를 하지 않았으며, 언제나 의연하고 당당한 태도를 유지했다.[39] 그래서 플루타르코스의 지적처럼, 스틸폰은 자신의 주장과 논변을 통해 권력자들로 하여금 귀를 기울이게 만듦으로써 오히려 그들을 다스릴 정도였다고 한다.[40] 그런 식으로 스틸폰은 타인과 관계를 맺되 타인에게 의존하지 않음으로써 일관되게 자유의 조건을 유지했던 것으로 보인다. 아울러 스틸폰은 성격에 있어서도 단순하고 꾸밈이 없었으며 일반인들하고도 잘 어울렸다고 한다.[41] 또한 그가 당시 대중들의 신앙을 곧이곧대로 받아들이지 않고 비판적인 태도를 취했다는 일화들도 적잖이 찾아볼 수 있는데,[42] 이를 통해서 그가 종교에 대해 어느 정도 이성적인 태도를 취

---

38 『생애』 II, 114 [= 단편 162]: "다른 한편으로 그[스틸폰]는 매우 정치적인 사람이기도 했다."

39 『생애』 II, 115 [= 단편 150]: "사람들 말에 의하면, 프톨레마이오스 1세 소테르 역시 그[스틸폰]를 궁으로 불러들였다고 한다. 또 그가 메가라를 차지하게 되었을 때, 스틸폰에게 돈을 주었을 뿐만 아니라, 함께 아이귑토스로 여행을 가자고 그를 불렀다고 한다. 그런데 스틸폰은 약간의 돈을 받았을 뿐, 여행은 거절하였고, 프톨레마이오스가 항해를 떠날 때까지 아이기나에 가 있었다."

40 『생애』 II, 115~116 [= 단편 151A]: "[…] 스틸폰은 그[데메트리오스]와 인간의 선행에 관해 대화를 나누면서 그런 식으로 왕을 매혹시켰고, 결국 왕은 그에게 열중할 정도가 되었다."

41 디오게네스 라에르티오스, 『생애』 II, 117 [= 단편 161].

42 예컨대, 아테나이오스, 『향연석의 현인들』 X, 422d [= 단편 160]: "다른 한편 스틸폰은 극기심으로 인해 마늘을 먹고 신들의 어머니의 신전에서 잠이 들었을 때도 두려움에 떨지 않았답니다. 그것들 중 무엇이든 조금이라도 먹은 사람은 들어가는 것이 금지되어 있었거든요. 그런데 그가 잠들자 여신이 그에게 나타나 이렇게 말했답니다. '스틸폰, 너는 철학자이거늘 법을 위반하는구나.' 그러자 그는 다음과 같이 대답했다지요. '당신이 제게 먹을 것을 주신다면, 제가 마늘을 필요로 하지는 않을 것입니다.'"

했다고 추측할 수 있다. 요컨대 스틸폰은 인간애와 함께 스스로 절제하는 모습을 보임으로써 소크라테스적인 덕을 유지했다고 볼 수 있다.

지금까지 증언들에 나타난 스틸폰의 윤리학적인 요소들을 정리해 보면 다음과 같이 간추릴 수 있을 것이다. 자제력과 혼의 평정에 대한 강조, 외적인 것에 대한 독립과 자족성의 추구, 단순하고 검박한 삶, 물질적인 부가 아닌 덕과 지혜를 중시하는 태도. 그런데 몇몇 학자들은 스틸폰의 윤리학적인 요소들이 견유학파의 윤리학과 닮았다고 보고, 스틸폰이 견유의 영향을 받았을 것이라고 추측하기도 한다. 예를 들어 첼러는 스틸폰이 한편으로는 메가라학파의 변증술과 형이상학을 충실하게 계승하면서, 다른 한편으로는 메가라 철학을 견유들의 이론 및 윤리적 실천과 결합시켰다고 주장한다.[43] 먼저 이론적인 측면에서, 첼러는 우리가 앞 절에서 살펴보았던 스틸폰의 보편 개념 비판과 안티스테네스의 형상 비판이 그저 우연히 닮은 것이 아니라고 생각한다. 하나의 대상에는 그것에 고유한 하나의 진술만이 있다고 주장했던 안티스테네스와[44] 사물 간의 닮음에 기반한 유비 논증을 거부했던 에우클레이데스 사이에는 강력한 이론적 유사성이 있다

---

그 외에도, cf. 플루타르코스, 『덕의 진보에 관하여』 12, 83C [= 단편 159]; 『생애』 II, 117 [= 단편 177]; II, 116 [= 단편 183].

**43** Cf. E. Zeller 1877, 274-275; K. von Fritz 1931, col. 721.

**44** Cf. 아리스토텔레스, 『형이상학』 V, 29, 1024b26-34 [= Fr. 47A DC = SSR V A 152]; 아프로디시아의 알렉산드로스, 『아리스토텔레스의 「형이상학」 주석』 434, 25-435, 20 [= Fr. 47B DC = SSR V A 152]. 첼러는 안티스테네스를 견유의 시조로 여겼다. 안티스테네스가 견유와 무관하다는 주장은 20세기 초에 제기되었다(cf. D. Dudley 1937, 1-16).

는 것이다. 다음으로 실천적 측면에서, 첼러는 스틸폰의 발언과 행적 속에 견유들이 내세웠던 윤리적 요소들이 담겨 있다고 주장한다. 예 컨대 감정에 휘둘리지 않는 평정 상태를 최고선으로 보아았다는 점, 자제력을 강조하면서 타인에게 의존하 않고 자족성을 추구했다는 점, 가족과 사회로부터 독립적이고 자유로운 태도를 취하면서도 공 동체 자체를 부정하지는 않았다는 점, 특히 추방을 나쁜 것으로 보지 않았다는 일화[45] 등은 모두 견유들이 내세웠던 가치들에 부합한다는 것이다.[46] 요컨대 어떠한 것에도 의존하지 않고, 삶에서 요구되는 모 든 필요로부터 자유로운 상태는 견유들에게 있어서 현자의 최고 단 계이기도 했지만, 동시에 스틸폰의 이상이기도 했다는 것이다.

이렇듯 스틸폰 철학의 많은 부분은 견유들의 사상과 겹쳐보이는 것이 사실이다. 하지만 그렇다고 해서 모든 학자들이 첼러의 견해에 동의한 것은 아니었다. 반대하는 학자들은 스틸폰과 디오게네스의 사이에는 닮음 이상으로 중요한 차이점들이 적지 않다고 지적한다. 따라서 스틸폰에 대한 견유의 영향을 완전히 부정할 수는 없지만, 그 렇다고 해서 스틸폰의 윤리학을 견유적인 시각으로 해석하는 것은 옳지 않다는 것이다.[47] 몬토네리가 잘 지적하고 있듯이, 스틸폰은 메 가라학파의 전통을 충실하게 계승하는 속에서도, 의외로 당시의 다

---

**45** 텔레스, 『단편』 III (추방에 관하여), 21, 2 - 23, 4 [= 단편 192]. 디오게네스는 아버지 와 함께 위조 주화를 제조하다가 적발되어 고향인 시노페로부터 추방당했다. 이에 관 한 평가로는, cf. 송유레 2018, 70-73.

**46** 예컨대 문명의 속박으로부터의 자유, 전통 종교와 관습에 대한 조롱과 비난, 자연에 부합하는 삶과 이를 실현하기 위한 수련, 혼의 평정과 무감동, 궁극적으로는 완전한 자족성의 추구 등. Cf. 김유석 2021, 230-254.

**47** Cf. L. Montoneri 1984, 222-224; R. Muller 2016, 601.

양한 철학적 경향과 학파들에 대하여 열린 태도를 취했다고 보는 편이 더 적절해 보인다. 우선 스틸폰이 메가라학파의 선배 철학자들에 비해 상대적으로 윤리학적 주제에 깊은 관심을 보였으며, 그 내용 역시 견유의 사상과 비슷하다는 점을 감안할 때, 그가 디오게네스의 영향을 받지 않았다고 주장하는 것이 오히려 부자연스러워 보인다. 또한 디오게네스가 메가라 철학자인 이크튀아스를 소재로 대화편을 썼듯이,[48] 마찬가지로 스틸폰 역시 견유 메트로클레스를 소재로 글을 썼다.[49] 또한 스틸폰의 학생들 중에는 견유인 필리스코스라는 인물도 있었다고 한다.[50] 이상의 증언들을 고려할 때, 스틸폰은 어떤 식으로든 견유와 영향을 주고받은 것으로 보인다. 하지만 그렇다고 해서 스틸폰과 같은 강력한 변증가가 그저 견유의 윤리학을 수동적으로 받아들였다고 보는 것은 설득력이 떨어진다. 반대로 스틸폰은 견유학파의 윤리학에 대해 일정 정도 거리를 취하며 비판적인 시선을 유지했으리라고 생각할 수 있다. 사실 스틸폰의 윤리학에는 견유의 윤리학과는 구별되거나, 경우에 따라서는 대립되는 측면이 눈에 띈다. 예컨대 견유의 윤리학이 이른바 '덕으로 난 지름길(suntomos ep' aretēn hodos)'을 내세우며 반(反) 지성주의적 성격을 드러낸 반면,[51] 스틸폰은 덕과 앎을 동일시함으로써 소크라테스에서 에우클레이데스로 이어지는 윤리학적 주지주의를 고수하였다. 아닌 게 아니라 스틸폰은 견유 크라테스가 지성을 결여했다고 비난했으며, 이에 맞서 크라테

---

**48** 『생애』 II, 112 [= 단편 32A].

**49** 『생애』 II, 120 [= 단편 187].

**50** 『수다』 "필리스코스 아이기네테스" 항목 [= 단편 175].

**51** Cf. 김유석 2021, 238-240.

스는 스틸폰이 덕에 관해 수다를 떨어댈 뿐이라고 응수하기도 하였다.[52] 마지막으로 스틸폰과 견유는 사회와 정치에 미묘하게 다른 태도를 취했다. 스틸폰은 내적인 자유와 자족성을 위하여 세속의 권력과 일정한 거리를 유지하긴 했지만, 여전히 기존의 정치 체제를 인정했으며 당대의 권력자들과도 교류하였다. 반면에 디오게네스가 꿈꿨던 정치체제는 인간이 쌓아놓은 문명과 제도, 관습의 굴레로부터 해방된 것으로서 온전히 자연에 부합하는 공동체였다.[53]

## 3. 스틸폰의 제자들

스틸폰은 실질적으로 메가라학파를 대표했던 마지막 철학자였다. 증언들에 따르면, 그는 학파의 수장으로서 존경받았으며, 수많은 젊은이들이 제자가 되기 위해 찾아왔다고 한다. 하지만 이후 스토아학파의 설립자인 키티온의 제논과 훗날 에레트리아학파를 세운 아스클레피아데스와 메네네모스 정도를 제외하고 나머지 학생들에 대해서는 이름말고는 거의 알려진 바가 없다. 다만 제자들 중에서 필리포스라는 인물은 스승에 관하여 재미있는 증언을 남겨주고 있다. 그는 스틸폰의 열렬한 추종자였는데, 다른 철학 학파나 철학자 밑에 있다가 스틸폰에게 전향해 온 학생들의 이름을 전해주고 있다. 되링은 그 학생들을 크게 세 그룹으로 나눴다. 첫째 그룹은 스틸폰이 다른 학파나

---

52 『생애』 II, 118 [= 단편 180].
53 Cf. S. Husson 2015; 김유석 2021, 245-247.

선생들에게서 뺏어온 학생들로서, 메트로도로스와 티마고라스는 소요 철학자인 테오프라스토스의 제자들이었고, 클레이타르코스와 쉬라쿠사이의 심미아스는 퀴레네학파의 학생들이었다고 한다. 둘째 그룹은 다른 메가라 철학자들의 제자들이었다가 스틸폰에게 온 학생들로서 일반적으로 '변증가들'이라고 불렸다고 하는데, 아리스테이데스의 제자 파이오네이오스가 이에 속한다. 셋째 그룹은 스틸폰을 논박하러 왔다가 오히려 그에게 설복당한 사람들로서, 보스포로스의 디필로스, 엑사이네토스의 아들 뮈르멕스 등이 이에 해당되었다고 한다. 그 외에도 소요 철학자이자 자연학에 조예가 깊었다는 프라시데모스와 수사학자인 알키모스 등이 있었다고 한다. 하지만 이들의 신원에 대해서는 달리 알려진 게 없다.[54]

54 『생애』 II, 113-114 [= 단편 164-165].

# VI
# 결론: 메가라학파의 종언과 유산

한번은 스틸폰이 유녀(遊女) 글뤼케라에게 그녀가 정도에 맞지 않게 젊은이들을 타락시킨다고 비난하자, 글뤼케라는 다음과 같은 말로 응수했다고 합니다. "우리는 같은 비난을 받고 있는 거예요. 스틸폰! 왜냐하면 사람들은 당신이 당신과 만나는 이들에게 쓸데없이 싸움만 일삼는 소피스트술을 가르침으로써 그들을 타락시킨다고들 말하니까요. 나 역시 사랑을 일삼는 기술을 가르친다는 점에서 마찬가지인 거예요." 그러므로 사람들이 망가지고 나쁜 일을 겪는다는 점에서 철학자와 함께 살거나 유녀와 함께 사는 것에는 아무런 차이도 없는 셈이지요.
– 아테나이오스, 『향연석의 현인들』 XIII, 584a

메가라학파는 스틸폰 이후 갑자기 사라졌다. 학파의 설립자인 에우클레이데스(대략 서기전 450~380년)부터 스틸폰(대략 서기전 360/350~270년)까지의 시간을 따져보면 약 메가라학파는 한 세기 반 정도 지속했던 것으로 추측된다.[1] 물론 스틸폰 이후에도 제자들이 계속 학

---

1 소크라테스가 사형당한 직후(서기전 399년), 플라톤을 비롯한 몇몇 제자들은 메가라로

교를 이어나갔을 수도 있지만, 제자들의 경우에는 그저 몇몇 이름만이 남아 있을 뿐이며, 그나마 남아 있는 그들의 행적이나 학설에 관한 증언들은 부정확하며 신뢰하기 어려운 내용들뿐이다. 따라서 스틸폰을 끝으로 메가라학파는 철학사의 무대에서 사라졌다고 보는 편이 나을 듯하다. 다른 한편으로 철학사의 시대 구분에 따르면, 메가라학파는 소크라테스 말년에 시작되었으며, 플라톤 및 아리스토텔레스와 대결하였고, 헬레니즘 초창기에 이르러 에피쿠로스, 제논, 크뤼시포스 등에게 영향을 끼치고는 순식간에 사라졌다고 볼 수 있다. 비록 밤하늘에 명멸하는 별들처럼, 당시에도 수많은 철학자들과 학파들이 하루가 멀다하고 생겨났다가 사라지기를 반복했지만, 고대 논리학과 변증술 분야에서 메가라학파가 떨쳤던 명성—보기에 따라서는 악명!—을 생각해보면, 그 종말은 다소 허무하다 싶을 정도로 순식간이라고 할 수 있다. 그러다 보면, 철학사에서 그다지 적절한 질문이 아닐 수도 있지만, '그토록 강력한 논리학과 변증술로 무장하고 있었으면서, 왜 메가라학파는 더 오래 지속하지 못하고 급하게 사라져버렸을까'라는 궁금증이 생길 수도 있다.

한 가지 생각해볼 수 있는 것은 메가라학파의 철학자들은 변증술과 논리학, 이론 철학을 바탕으로 윤리학 및 실천 철학을 유기적으로 결합하면서 발전시키지 않았다는 사실이다. 그리고 이는 소크라테

피신하는데, 이때 에우클레이데스가 그들을 보호해줬다고 한다. 이를 통해 아마도 에우클레이데스는 스승이 살아 있었을 때 이미 고향인 메가라에서 학생들을 가르치고 있었으리라고 짐작할 수 있다. 에우클레이데스가 40~50세 사이에 학교를 세웠다고 한다면, 그 시기는 서기전 410~400년으로서 소크라테스가 죽기 10년 전부터 사망할 때까지의 시기와 일치한다. 그리고 스틸폰의 사망 시기를 대략 서기전 270년 전후로 잡는다면, 메가라학파는 대략 130~140년 정도 유지되었으리라고 추측해볼 수 있다.

스의 윤리적 문제의식에서 출발하여 가지적 형상의 가정에 기반하여 존재론과 인식론의 문제들을 다루고는 다시 윤리와 정치의 문제로 돌아온 플라톤이라든가, 학문을 이론학, 실천학, 제작학으로 분류하고, 탐구 대상의 성격에 맞게 철학의 방법과 한계를 각각 다르게 설정했던 아리스토텔레스와 비교해보면 쉽게 알 수 있다. 또한 구 아카데메이아의 크세노크라테스가 철학을 인식론(논리학), 자연학(형이상학), 윤리학으로 삼분한 이래로,[2] 헬레니즘 시대의 철학자들이 이 구분에 맞춰 철학의 각 영역들을 유기적으로 발전시켰던 것과 달리, 메가라 철학자들은 철학의 영역들을 개별적으로만 다루었던 것처럼 보인다. 그들 중 다수는 변증술과 논리학에 능했고, 또 그들 가운데 일부는 경험 세계의 위상과 감각 지각의 한계를 비판했으며, 그보다 더 소수의 사람들은 윤리적인 문제들을 다루었다. 하지만, 그들의 주제는 서로 어떠한 관계도 맺지 못한 채 각각 개별적인 수준의 연구에 머물렀던 것이다. 예를 들어 스틸폰은 자제력을 비롯하여 덕과 현자의 본성 등을 언급했지만, 그의 윤리학적 개념들이 좋음의 단일성과 같은 메가라 철학의 근본 원리들로부터 연역되지는 않았다.[3] 오늘날의 시선으로 보자면, 논리학자가 윤리학의 문제를 해결할 의무는 없으며, 윤리학자가 자신의 탐구 원리를 형이상학에서 찾을 필요도 없을 것이다. 그러나 메가라학파의 시대에는 그런 것들이 자연스럽게 요구되었다. 철학자들은 전통에 따라 분류된 철학의 다양한 영역들을 탐구했지만, 그것들은 그저 고립된 채로 머물지 않고, 각 부분이

---

2  섹스토스 엠페이리코스, 『논리학자들에 반대하여』 I, 16 [= Fr. 81 IP 1982].
3  『생애』 II, 106 [= 단편 24].

유기적으로 연결되어 있었으며, 넓게 보아 일정한 체계를 형성했다고 할 수 있다. 그런 면에서 메가라학파는 다른 철학 학파들에 비해 상대적으로 부족해 보였던 것이 사실이다. 결과적으로 형이상학적 원리를 통해 연역되지 않은 윤리적 실천의 내용은 그 의미와 교훈의 원천을 찾지 못한 채 불완전한 상태로 남게 되었던 것이다.[4]

또 하나 생각할 수 있는 것은 운동과 변화가 이루어지는 경험 세계에 대한 메가라학파의 비판이 대안을 제시하지 못한 채 그저 비판으로만 머물렀다는 점이다. 예컨대 에우불리데스의 역설들은 경험 세계에 대한 우리의 인식이 언제나 불확실하고 신뢰할 수 없다는 것을 기발한 방식으로 보여주었고, 디오도로스의 논변들은 감각 세계의 실재성과 운동의 확실성에 대한 강력한 비판이었다. 그러나 메가라 철학자들은 이러한 비판으로부터 특별한 대안을 제시하지는 않았다. 운동과 변화, 생성과 소멸이 이루어지는 경험 세계의 한계를 비판하는 데 성공했다면, 그로부터 자연스럽게 제기되는 것은 온전한 존재와 앎의 확실성이 어떻게 보장받을 수 있는지를 설명하는 것이다. 사실 플라톤이 『파르메니데스』에서 가지적 형상과 감각 사물 간의 분유/참여에 대한 어려움을 검토했던 것은 바로 이런 문제와 대결했던 것이라 하겠다. 그리고 그는 『티마이오스』에 이르러(비록 신화적인 서술에 의존하긴 하지만) 본과 모상의 관계라는 유비를 통해 나름의 해결책을 제시한다. 반면에 메가라학파는 해결책에 대해 침묵한다. 메

---

4  그리고 이는 견유학파와 퀴레네학파의 경우도 마찬가지였다. 이들은 '덕으로 난 지름길'을 찾는 데 몰두하거나(디오게네스) '쾌락의 노예가 아니라 주인'이 되기 위해 애썼지만(아리스티포스), 그런 주장들이 도출될 수 있는 근본 원리를 확보하고 체계를 세우는 데는 그다지 관심을 보이지 않았다.

가라 철학자들은 이성의 단일성을 강조했지만 여럿이 어떻게 가능한지는 밝히지 않았고, 결과적으로 여럿으로 가득 찬 세계에 대한 설명은 오직 부정적인 방식으로만 이루어질 수밖에 없었다. 서로 다른 학파들 간의 대결과 논쟁이 난무하던 시대에 철학적 난문에 대한 답변을 제시할 수 있는가 하는 것은 결코 작은 문제가 아니다. 결국 메가라 철학에서 남은 것은 쟁론적인 성격의 변증술뿐이다. 하지만 메가라 변증술의 파괴적 성격은 그것의 좋은 의도와 무관하게 감각 세계를 설명하려는 모든 시도를 파괴해버린다는 비난으로부터 자유로울 수 없었다. 달리 말하면 현상을 구제하는 데 있어서 긍정적인 기여는 하나도 없이 오직 다른 모든 시도들을 비판하기만 했다는 비난을 면하기 어렵게 되었다고 할 수 있다.

그렇다면 메가라 철학자들이 발전시킨 변증술과 논리학은 어떨까? 그것들은 확실히 기존의 철학자들에게서는 찾아보기 힘든 독창적인 것이며, 그것들을 통해서 메가라학파가 고대 논리학의 역사에서 중요한 기여를 한 것은 부정할 수 없는 사실이다. 하지만 이러한 기술이 학파를 오래 유지해주지는 못했던 것 같다. 왜냐하면 논리학이 사유의 형식을 다루는 철학의 도구라는 것을 굳이 언급하지 않더라도, 사유의 도구가 그 자체로는 철학적인 내용을 담고 있지 않다는 것은 분명하기 때문이다. 즉 변증술과 논리학만으로는 학파의 정체성이 유지되기 어렵다는 것이다. 왜냐하면 사유의 도구가 훌륭하다면, 그것이 아리스토텔레스의 것이든, 메가라학파의 것이든 누구에게나 유용할 것이기 때문이다. 메가라학파의 논리학은 그들의 철학적 내용에 결박되어 있지 않았으며, 누구든 그것을 가져다가 자신의 철학을 전개하는 데 도구로 사용할 수 있는 것이었다. 결국 메가라 철학자들이 고안한 변증술과 논리학은 그대로 스토아학파에 흡수되었다.[5] 스토아 철학자들은 그 도구를 발전시켜 자기들의 자연학과 윤리학을 전개하는 데 사용했던 반면, 메가라학파에게 있어서 자기들의 변증술과 논리학은 그저 비판의 무기인 채로 남아버렸던 것이다.

이와 관련하여 뮐러는 메가라학파의 한계점을 다음 세 가지로 진단했는데,[6] 이는 상당히 설득력 있는 것처럼 보인다. 첫째, 윤리학의 영역에서 메가라 철학자들은 가치와 행위의 원칙들을 그들이 전개했던 형이상학적 원리로부터 연역해내지 못했다. 따라서 메가라 철학자들의 윤리학은 학파의 사상 속에 통합되지 못하고 개별적인 철학자의 주장으로 머물게 되었다. 둘째, 형이상학의 영역에서 메가라 철학자들은 원리 수준에서 하나와 여럿의 관계, 그리고 가지적인 영역와 감각 세계와의 관계 설정에 흥미를 보이지 않았으며, 결과적으로 현상을 구제하지 않고 버리는 데 만족하였다. 마지막으로 셋째, 논리학과 변증술의 영역에서 메가라학파는 설명이나 논거 확립의 측면은 도외시한 채, 논박과 쟁론의 측면에만 관심을 기울임으로써, 그들의 도구는 파괴적인 것으로만 남게 되었다. 요컨대 플라톤과 아리스토텔레스, 헬레니즘 초기의 에피쿠로스주의자들이나 스토아학파 등 동시대의 경쟁 관계에 있었던 학파들의 학설과 비교해보았을 때, 메가라학파의 윤리학과 인식형이상학, 그리고 논리-변증술은 유기적

---

5  에우불리데스의 역설 논변들 가운데 몇몇은 크뤼시포스가 만들었다고 전해진다(cf. 『생애』 VII, 186-187, 192, 198). 또한 크뤼시포스가 발전시킨 스토아 논리학은 디오도로스 추종자들과의 끊임없는 대결 속에서 그 자양분을 얻었다고 할 수 있다(cf. 키케로, 『운명에 관하여』 VI, 12-VII, 13; IX, 17 [= 단편 132A]).
6  Cf. R. Muller 1988, 202-203.

인 관계를 이루며 발전하지 못하고, 고립적이고 개별적인 방식으로 전개되다가 점차 흩어지거나 다른 학파의 사상으로 흡수되었다고 볼 수 있다.

대부분의 철학 학파들이 겪었던 운명과 마찬가지로, 역사 속 개별 사건으로서의 메가라학파라는 실체는 서기전 4세기부터 2세기 중엽까지 약 150여 년간 지속하다 사라졌다. 그리고 한때 그들이 공유하고 발전시켰던 정신의 극히 일부만이 남아 우여곡절을 거치면서 오늘날까지 전해지고 있다. 시대에 따라 철학사가들은 그들을 때로는 엄격한 이성주의자로, 때로는 냉정한 논박가이자 섬세한 논리학자로 평가하였지만, 많은 경우 기세등등한 쟁론가들 내지는 소크라테스의 탈을 쓴 궤변론자들로 간주하였다. 특히 아리스토텔레스는 '외견상 논박술인 듯 보이지만 사실은 오류추론'인 소피스트적 논박기술[7]의 여러 유형들을 소개하면서 메가라 철학자들이 사용했던 논변들을 예로 들곤 했는데, 그의 이러한 평가는 이후 철학사에서 메가라학파를 '소크라테스의 아류인 소피스트들'이라고 낙인찍는 데 결정적인 역할을 한 것처럼 보인다. 심지어 오늘날에도 에우불리데스를 비롯한 메가라 철학자들의 논변은, 애초에 그들이 가졌던 철학적 문제의식이나 형이상학적 의도에 관한 아무런 언급도 없이, 그저 교양 논리학에서 오류론의 대표 사례들로서 소개되곤 한다. 만일 메가라 철학자들이 오늘날의 평가를 들을 수 있다면, 그들은 자기들의 진의가 전해지지 않았다는 것에 대해 적잖이 억울해했을지도 모른다. 하지만 적어도 부정할 수 없는 사실은 예나 지금이나 메가라 철학자들의 논변들

---

7  아리스토텔레스, 『소피스트적 논박』 1, 164a20-22.

이—그것이 정론(正論)이든 사론(邪論)이든 간에—일상의 경험과 상식에 빠져 느슨해진 인간의 정신을 아프게 찌르며, 이성의 능력을 날카롭게 벼리도록 자극해왔다는 사실이다. 또한 그런 한에서 메가라학파는 소크라테스가 법정에서 선언했던 등에의 역할[8]을 오늘날까지 충실히 수행해왔다고 봐도 과언은 아닐 것이다.

8  플라톤, 『변명』 30d-31a.

# 메가라학파 단편 모음

The Fragments of the Megarics

# I. 에우클레이데스와 그의 주변

## 1A. 에우클레이데스의 생애 (Fr. 1-14)

1 아울루스 겔리우스,[1] 『앗티카의 밤』 VII, 10, 1-4 [= SSR II A 2]

|1| 우리의 기억에 플라톤 학파의 일원으로 유명한 철학자 타우루스는[2] 여러 가지 훌륭하고도 유익한 사례들을 가지고서 철학을 추구하도록 권유하곤 하였는데, 그는 특히 젊은이들의 정신을 자극하기 위하여 소크라테스주의자인 에우클레이데스가 행했던 일을 말하곤 했다. |2| 그는 다음과 같이 말했다. "아테네인들은 메가라의 시민들 가운데 누구든 아테네에 발을 들여놨다가 체포될 경우에는 그 자체로 사형에 처한다는 법령을 공포하였네." 그는 말을 이어갔다. |3| "아테네인들이 이웃이었던 메가라 사람들에게 가졌던 분노는 그리도 대단했던 게지. |4| 그때 에우클레이데스는 바로 그 메가라에 살고

---

1 아울루스 겔리우스는 서기 2세기 무렵에 활동한 로마의 문필가이다. 젊은 시절 그리스로 유학을 떠나 아테네에 체류하며, 중기 플라톤주의자인 칼베니우스 타우루스의 제자가 되었다. 『앗티카의 밤』은 그가 그리스에 체류했던 경험을 바탕으로 저술한 일종의 수필로서, 2세기 무렵 그리스 지역의 풍습과 문화를 비롯하여 여러 철학자들에 관한 일화가 기록되어 있다.
2 칼베누스 타우루스는 서기 2세기 무렵에 활동했던 중기 플라톤주의 철학자이다. 그는 베리투스(오늘날의 베이루트) 출신이지만, 주로 아테네에서 활동했다. 타우루스의 행적에 관한 정보는 대부분 그의 학생이었던 아울루스 겔리우스가 쓴 『앗티카의 밤』의 내용에 의존하는데, 거기서 타우루스는 학파의 수장 내지는 학교의 교장과 같은 모습으로 묘사되고 있다. 또한 겔리우스는 책의 곳곳에서 타우루스가 젊은 학생들에게 철학을 권면하는 일화들을 들려주곤 했다고 말한다. 다른 한편, 에우세비오스의 보고에 따르면, 타우루스는 145년에 전성기였다고 하는데, 아마도 그 시기에 아테네의 플라톤주의 학교를 이끌었던 것으로 보인다. 아울러 그는 그리스 출신의 수사가이자 제2소피스트 운동의 중심 인물이기도 한 헤로데스 앗티쿠스(101~177년)의 스승으로도 알려져 있다.

있었고, 그 법령 이전에는 아테네에 머물며 소크라테스의 대화를 듣곤 했지. 아테네인들이 법령을 공포한 이후에, 그는 밤이 되어 어둠이 다가오면, 긴 여성용 투니카를 입고, 울긋불긋한 망토를 걸친 뒤에, 머리에는 사각의 면사포를 뒤집어쓰고, 메가라에 있는 그의 집에서 아테네에 있는 소크라테스의 집까지 왕복했다네. 그 밤의 일부 시간이라도 스승의 강의와 토론에 참여하기 위해서였지. 그리고 다시 먼동이 틀 때면 같은 복장으로 위장한 채 20마일이 조금 넘는 거리를 되돌아갔다네."

2 『수다』[3] "소크라테스" 항목 [= SSR II A 1]

소크라테스의 측근들로는 […] 메가라 사람 에우클레이데스가 있었다.

3A 플라톤, 『파이돈』 59b-c [= SSR II A 4][4]

에케크라테스: 외국인들도 몇 명 있었나요?

파이돈: |59c| 네, 테바이 사람인 심미아스와 케베스, 파이돈데스, 그리고 메가라에서 온 에우클레이데스와 테릅시온이 있었습니다.

3B 소크라테스주의자들의 편지 14, 9: 『에우클레이데스가 크세노폰에게』[5] [=

---

3 10세기 무렵의 뷔잔틴 백과사전.
4 플라톤이 종종 역사적 사실을 드라마적 소재로 사용한다는 것은 잘 알려진 사실이다. 하지만 소크라테스가 죽던 날 에우클레이데스가 그와 함께 있었다는 『파이돈』의 진술을 굳이 의심할 만한 이유는 없을 듯하다.
5 편지의 발신자가 아이스키네스라는 주장도 있다. 하지만 소크라테스주의자들의 서간 문들은 대부분 후대에 쓰인 위작들이기 때문에 발신자와 수신자를 밝힌다는 것은 별 의미가 없다. 아마도 이 편지는 『파이돈』의 내용을 염두에 두고 쓰였을 것이다.

SSR I H 1]

소크라테스의 친구들 중에서 그가 죽을 때 곁에 있었던 사람들은 나와 테릅시온과 아폴로도로스와 파이돈 […].

4A 디오게네스 라에르티오스,[6] 『생애』 III, 6 [= SSR II A 5]

그러고 나서 [플라톤이] 스물여덟 살이 되었을 때, 헤르모도로스의 말에 따르면, 그는 다른 몇몇 소크라테스주의자들과 함께 메가라의 에우클레이데스에게로 갔다고 한다.

4B 디오게네스 라에르티오스, 『생애』 II, 106 [= SSR II A 5]

헤르모도로스가 말하기를 플라톤을 비롯하여 남은 철학자들은 소크라테스가 죽은 뒤에 그[에우클레이데스]에게 갔는데, 그들은 참주들의 잔인함이 두려웠기 때문이었다.

4C 소크라테스주의자들의 편지 21, 1: 『아이스키네스가 크산티페에게』 [= SSR II A 6]

메가라의 에우프론에게 밀가루 6코이닉스와[7] 8드라크메[8] 그리고 당신이 겨울을 날 수 있도록 새 옷을 주었습니다. 그러니 그것들을

---

6  서기 3세기 무렵의 전기작가이자 학설사가. 그 자신 에피쿠로스주의자(혹은 회의론자?)로 알려져 있지만 확실치 않다. 대표작인 『저명한 철학자들의 생애와 학설(*Bio kai gnōmai tōn en philosophiai eudokimēsantōn*)』(이하 『생애』)이 오늘날까지 전해지고 있다.

7  코이닉스(choinix)는 마른 곡물을 재는 단위로 1코이닉스는 1.1리터에 해당된다. 고대 그리스에서 1코이닉스는 성인의 하루치 식량에 해당된다.

8  1드라크메(drachmē)는 숙련 노동자 혹은 중무장 보병의 하루치 급료(misthon)에 해당된다.

받아주세요. 그리고 에우클레이데스와 테릅시온이 매우 훌륭하고 좋은 사람들이며, 소크라테스에게는 물론 당신에게도 호의적이라는 것을 알아주시기 바랍니다. 또 혹시라도 아이들이 우리에게 오기를 원한다면 붙잡지 마시기 바랍니다. 메가라까지 오는 길은 멀지 않으니까요.

4D 소크라테스주의자들의 편지 22, 1: 『아이스키네스(?)가 크산티페에게』 [= SSR II A 7]

저의 작품들 가운데 아직 제가 없는 자리에서 다른 사람들에게 감히 보일 만한 것을 갖고 있지는 못합니다만, 어찌 제가 에우클레이데스가 몸져누워 계시던 그 집에서 거기에 있던 여러분과 기껍게 수다를 나눌 수 있었겠습니까?

4E 소크라테스주의자들의 편지 15, 2: 『크세노폰이 에우클레이데스와 테릅시온에게』 [= SSR II A 8]

이미 저에게도 플라톤의 저술이 어찌어찌하여 들어왔는데, 거기에는 소크라테스와 이름과 함께 어떤 사람과 나눈 적잖이 중요한 대화가 적혀 있었습니다. 그렇지만 저는 사람들이 말하듯이, 그[플라톤]가 메가라 지방에서 몇몇 메가라 사람들에게 그와 같은 작품을 읽어줬다고 생각합니다.[9]

---

9 문장에 흠결이 있다. 원문은 "oimai toinun peri Megara anegnōn † hōs legetai tina tōn Megareōn tōn toioutōn." Alatius와 R. Muller를 따라 다음과 같이 고쳐 읽었다. "oimai toinun peri Megara anegnō 〈Platōn〉, hōs legetai, tisi (tini) tōn Megareōn to toiouton."

5 플라톤, 『테아이테토스』 142a-143b[10] [= SSR II A 9]

에우클레이데스: |**142a**| 이제 막 시골에서 오는 길인가, 테릅시온? 아니면 오래전에 온 건가?

테릅시온: 꽤 오래전에 왔습니다. 실은 아고라에서 선생님을 찾아다녔는데요, 뵐 수가 없어 의아해하던 터였습니다.

에우클레이데스: 난 도시에 있지 않았거든.

테릅시온: 그럼 어디 계셨던 거죠?

에우클레이데스: 항구로 내려가던 길에 코린토스의 주둔지에서 아테네로 이송되고 있던 테아이테토스를 만났지.

테릅시온: 살아 있었나요, 죽었나요?

에우클레이데스: |**b**| 살아 있긴 했네만 겨우 간신히였지. 이런저런 부상으로 심각하기도 했지만, 군대에 퍼진 질병이 그를 덮친 게 더 큰 문제였네.

테릅시온: 설마 이질은 아니겠지요?

에우클레이데스: 아니, 이질일세.

테릅시온: 그가 어떤 사람인데, 위태롭다니요!

에우클레이데스: 그는 아름답고 훌륭한 사람이지, 테릅시온. 방금도 당시 전투와 관련해서 그를 매우 칭송하는 사람들의 이야길 들었을 정도라니까.

테릅시온: 그거야 전혀 이상할 게 없죠. 오히려 그가 그런 사람이 아니라면 그게 더 놀라운 일이었을 겁니다. |**c**| 그런데 그는 왜 여기 메가라에 머물지 않았나요?

---

**10**  번역은 정준영(2013)의 것을 일부 수정하여 인용하였다.

에우클레이데스: 그가 고향길을 자꾸 재촉했네. 나야 머물라 간청도 하고 충고도 했지만, 그가 응하질 않더라고. 그래서 결국 그를 바래다주게 되었고, 그러고서 다시 돌아오던 길에 소크라테스 선생님에 대한 기억이 떠올라 그만 놀라고 말았네. 다른 경우도 그렇지만 특히 테아이테토스를 두고 어쩌면 그리 예언자 같은 말씀을 하셨던지. 내 생각에 소크라테스 선생님은 돌아가시기 얼마 전에 아직 청소년이었던 그와 우연히 만나, 대화를 나누며 교제를 하시고는 그 자질에 무척이나 감탄하셨던 것 같아. |d| 그리고 내가 아테네에 갔을 때 선생님께서는 그와 주고 받은 논의를 자세히 이야기해 주셨네. (매우 들을 만한 논의였네.) 뿐만 아니라 테아이테토스가 성년이 되면 반드시 꼭 명성을 얻게 될 거라는 말씀도 하셨네.

테릅시온: 과연 그분 말씀이 맞는 것 같군요. 그런데 그 논의는 어떤 것이었나요? 선생님께서 이야기해 주실 수 있겠습니까? […]

에우클레이데스: |143b| 아무렴, 나 자신도 에리노스까지 테아이테토스를 바래다준 터라 흔쾌히 휴식을 취하겠네. 그럼 가보세. 우리가 휴식을 취하는 동안 노예가 낭독을 하게 될 걸세.

### 6 디온 크뤼소스토모스,[11] 『연설문』 VIII, 1 [= SSR I H 2]

시노페 사람인 디오게네스는 조국에서 추방된 뒤에 누구 못지않게 비참한 몰골을 하고 아테네에 도착했고, 여전히 많이 있었던 소크라테스의 동료들을 만났습니다. 그러니까 그들은 플라톤, 아리스티포스, 아이스키네스, 안티스테네스, 그리고 메가라의 에우클레이데스

---

11  1세기 그리스의 연설가이자 저술가.

였지요. 반면에 크세노폰은 퀴로스와 함께 원정에 참여했던 탓에 도망 중이었습니다.

7 디오게네스 라에르티오스, 『생애』 VI, 24 [= SSR II A 28]

또한 그[시노페의 디오게네스]는 다른 사람들을 무시하는 데 능수능란했다. 그래서 그는 에우클레이데스의 스콜레(학교)를 '콜레(담즙/쓴 맛)'라고 불렀는가 하면, 플라톤의 디아트리베(강의)를 '카타트리베(시간 낭비)'라고 부르기도 했다.

8 디오게네스 라에르티오스, 『생애』 II, 107 [= SSR II A 34]

그렇기 때문에 티몬[12]은 나머지 소크라테스주의자들을 비방하는 가운데 그[에우클레이데스]에 관해서도 이렇게 말했던 것이다.

"하지만 나는 그런 한담꾼들은 신경 쓰지 않소. 다른 누구도 말이오. 설령 파이돈이 아무리 대단한 사람이라 하더라도, 설령 쟁론가인 에우클레이데스가 메가라인들에게 쟁론의 광기를 넣어준 사람이라 해도 말이오."

9 디오게네스 라에르티오스, 『생애』 II, 30 [= SSR II A 3]

그[소크라테스]는 에우클레이데스가 쟁론적인 담론에 열심인 것을 보고서 이렇게 말했다. "에우클레이데스여, 자네는 소피스트들을 상대할 수는 있겠지만, 사람들은 결코 상대할 수 없을 걸세." 왜냐하면 그는 그것들에 관해 사소한 것까지 논쟁하는 일은 쓸모없다고 생각

---

12  티몬(서기전 320~230년)은 필리우스 출신의 회의론자로 퓌론의 제자이다.

했기 때문이다.

10A 플루타르코스,[13] 『형제애에 관하여』 18, 489D [= SSR II A 15]

소크라테스주의자인 에우클레이데스는 그의 학교에서 다음과 같은 일로 유명하다. 그의 형제가 그에게 "내가 너에게 복수하지 못한다면 죽고 말 것이다!"라고 이성을 잃고서 거친 말을 내뱉는 것을 듣고서 그는 이렇게 말했다고 한다. "하지만 나는 네가 분노를 멈추고, 예전에 좋아했던 것처럼 우리를 좋아해달라고 설득하지 못한다면 죽고 말 것이야."

10B 스토바이오스,[14] 『선집(選集)』, IV, 27, 15 (플루타르코스로부터) [= SSR II A 15]

소크라테스주의자인 에우클레이데스는 그의 형제가 "내가 네게 복수하지 못한다면 죽고 말 것이다"라고 말하는 것을 듣고서 이렇게 말했다. "하지만 나는 네가 나를 좋아하도록 설득하지 못한다면 죽고 말 것이야."

10C 플루타르코스, 『화의 조절에 관하여』 14, 462C [= SSR II A 15]

에우클레이데스는 그의 형제가 갈등 끝에 그를 향해 "내가 너에게

---

**13** 1세기 카이로네이아 출신의 중기 플라톤주의자이자 전기작가. 다양한 철학적 주제들에 관한 논고들을 모아놓은 『모랄리아』와 그리스와 로마의 위인들을 비교 서술한 『비교열전』(우리에게는 『플루타르코스 영웅전』으로 알려져 있다)이 유명하다.

**14** 5세기 마케도니아 출신의 문헌 수집가. 고대 그리스 작가들의 작품에서 글을 발췌하여 두 권으로 된 『선집(Anthologia)』을 내었는데, 그중 첫째 권은 『글모음(Eclogae)』으로, 둘째 권은 『명문집(Florilegium)』으로 불린다.

복수하지 못한다면 죽고 말 것이다"라고 말하는 것을 듣고서, "하지만 나는 내가 너를 설득하지 못한다면 죽고 말겠어"라고 말하고는 그 자리에서 그를 만류하고는 태도를 바꾸게 하였다.

10D 『파리 단장』 171 [= SSR II A 15]

에우클레이데스는 그의 형이 갈등 끝에 "너에게 복수하지 못한다면 나는 죽고 말 것이다"라고 말하는 것을 듣고서 다음과 같이 말했다. "하지만 나는 내가 너를 설득할 수 없다면 죽고 말겠어."

10E 『바티칸 단장』 278 = 『뮌헨 명문집』 100 = 『팔라티움 단장』 160 [= SSR II A 15]

에우클레이데스는 그의 형이 화가 치밀어서 그에게 복수하지 못한다면 먼저 죽지 않을 것이라고 말하는 것을 듣고서 다음과 같이 말했다. "하지만 나는 내가 그를 가장 친한 사이로 만들지 못한다면, 먼저 죽지 않을 것이다."

10F 대(大) 바실레이오스,[15] 『젊은이들을 위한 설교』 VII, 11-14 [= SSR II A 16]

이번에는 누군가가 메가라에서 온 에우클레이데스에게 화가 나서 그를 죽이겠다고 협박하고 또 그렇게 할 것을 맹세했다. 그러자 그 [에우클레이데스]는 최선을 다해 그를 가라앉히고 자신에게 향한 적개심을 멈추게 하겠노라고 역으로 맹세했다.

---

[15] 카파도키아 지방의 카이사리아의 주교. 카이사리아의 바실레이오스(서기 330~379년)라고도 불린다.

11 『바티칸 단장』 277 = 『바젤 단장』 268 = 『파리 단장』 185 = 고백자 막시무스,[16] 『공통의 주제들(*Loci communes*)』 XXI [= SSR II A 17]

철학자 에우클레이데스는 누군가로부터 신들이 어떠한지, 또 무엇을 좋아하는지에 관해 질문을 받고서 다음과 같이 말했다. "다른 것들은 모르겠소. 하지만 참견쟁이들을 신들이 싫어한다는 것만큼은 확실히 아오."

12 『가장 훌륭하고 제일가는 학문의 글모음』[17] 49 [= SSR II A 20]

에우클레이데스는 누군가가 아이들을 잃은 슬픔에 죽게 해달라고 빌자 다음과 같이 말했다. "그[죽음]를 왜 부르시오? 인간이여! 당신이 부르지 않아도 그는 올 것이거늘!"

13 『가장 훌륭하고 제일가는 학문의 글모음』 42 [= SSR II A 19]

에우클레이데스는 가장 훌륭한 조언자가 누구냐는 질문을 받고서 "적기(適期)"라고 대답했다.

14 『파리 라틴 단장』 8 [= SSR II A 21]

에우클레이데스는 다음과 같이 말했다. "많은 인간들은 어리석게도 노예들의 음식과 의복은 피하면서 노예들의 습관은 피하려 들지 않는다."

---

16  서기 6~7세기 뷔잔틴 신학자.
17  작자 미상의 명문집(名文集). 161편의 교훈이 될 만한 짧은 글들로 이루어져 있다.

## 1B. 에우클레이데스의 저술과 학설 (Fr. 15–30)

15 디오게네스 라에르티오스, 『생애』 II, 108 [= SSR II A 10]

그[에우클레이데스]는 여섯 개의 대화편들을 썼는데, 그것들은 『람프리아스』, 『아이스키네스』, 『포이닉스』, 『크리톤』, 『알키비아데스』, 『에로티코스』이다.

16 『수다』 "에우클레이데스" 항목 [= SSR II A 10]

그는 『알키비아데스』, 『아이스키네스』, 『크리톤』, 『포이닉스』, 『람프리아스』, 『에로티코스』라는 대화편들을 썼으며, 그 외에 다른 것들도 썼다.

17 『그리스 도서 목록』 II2 No. 2363, col. I, 10(서기전 2세기 말 ~ 1세기 초로 추정)

[…] 에우클레이데스의 『아이스키네스』.

18 디오게네스 라에르티오스, 『생애』 II, 64

파나이티오스는 소크라테스주의자들의 모든 대화편들 중에서 플라톤과 크세노폰과 안티스테네스와 아이스키네스의 것들이 참되다고 생각한다. 반면에 파이돈과 에우클레이데스의 것들은 의심스러워했고, 다른 것들은 모두 부정했다.

19 스토바이오스, 『선집』 III, 6, 63 [= SSR II A 11][18]

에우클레이데스의 말: "한편으로는 잠[수면]이 있다. 그것은 더 어리고 젊은이의 모습을 한 다이몬으로 설득하기 쉬우며 [그로부터] 도

망치기도 쉽다. 반면에 다른 것도[죽음?] 있는데 그것은 머리가 반백이고 늙은이이며, 사람들 중에서도 특히 노인들에게 뿌리 박혀 자라는데, 설득되지도 않고 완고하다. 일단 이 다이몬이 나타나면, 이것으로부터 벗어나기란 어렵다. 왜냐하면 그것은 말에 아무런 관심도 기울이지 않으며, 전반적으로 듣는 것이 불가능하니, 그것은 귀머거리이기 때문이다. 또한 그것에게는 무엇인가를 보여주면서 알려줄 수도 없으니, 그것은 장님이기 때문이다."

20 켄소리누스,[19] 『탄생일에 관하여』 3, 3 [= SSR II A 11]

그런데 소크라테스주의자인 에우클레이데스는 우리 모두에게 모든 면에서 한 쌍의 다이몬이 자리한다고 말하는데, 우리는 그것을 루키리우스의 『풍자시들』 XVI권에서 찾아볼 수 있다.

21 알렉산드리아의 헤쉬키오스,[20] 『렉시콘』 A 5559(I, p. 191) [= SSR II A 12]

† 속이 빈(空腹); 먹을 수 없는. † 에우클레이데스[21]

---

**18** 스토바이오스가 인용한 이 대목은 에우클레이데스의 유일한 직접 단편으로 추정된다. 다만 어느 작품을 인용한 것인지는 알 수 없다. 이에 관해서는, cf. L. Montoneri 1984, 45. 19세기와 20세기 초반의 학자들은 이것이 아마도 『에로티코스』의 일부일 것이라고 추측하기도 하였으나 오늘날에는 받아들여지지 않는다. 이에 대한 비판으로는, cf. K. Döring 1972, 79-82.

**19** 3세기 무렵에 활동했던 로마의 문법학자이자 수필가.

**20** 5세기 알렉산드리아 출신의 문법학자.

**21** 원문은 "† anuxion· abrōton. † Eukleidēs." 문장의 흠결 때문에 이 말이 무슨 의미를 갖고 있는지, 어떤 맥락에서 쓰였는지 알 수 없다. 다만 에우클레이데스가 했던 말 정도로 추측할 뿐이다.

22 율리오스 폴뤼데이케스.[22] 『용어집(*Onomastikon*)』 VI, 161 [= SSR II A 13]

에우클레이데스와 소포클레스는 "절반쯤 악한(hēmikakon)"이라 말하는 반면, 아리스토파네스는 "절반쯤 악하게(hēmikakōs)"라고 말한다.


23(?) 율리오스 폴뤼데이케스 『용어집』 III, 82 [= SSR II A 14]

뤼시아스와 에우리피데스는 "쉰둘로이(sundouloi)"[23]라고 말하는 반면, 휘페레이데스와 대다수의 사람들은[24] "호모둘론(homodoulon)"[25]이라고 말한다.


24 디오게네스 라에르티오스, 『생애』 II, 106 [= SSR II A 30]

그[에우클레이데스]는 좋음이 여러 가지 이름으로 불리지만 하나임을 보여주었다. 즉 그것은 어떤 때는 실천적 지혜로, 또 어떤 때는 신으로 불리는가 하면, 또 어떤 때는 지성이나 그 밖의 것들로 불린다는 것이다. 반면에 좋음에 대립되는 것들은 존재하지 않는다고 말하며 제거하였다.


---

**22** 라틴명은 '율리우스 폴룩스(Julius Pollux).' 서기 2세기 무렵에 활동한 나우크라티스 (아이귑토스) 출신의 문법학자이자 소피스트, 수사가. 그의 대표작인 『오노마스티콘 (*Onomastikon*)』은 당시의 일상생활부터, 정치, 경제, 연극 등과 관련된 개념들을 알파벳 순서가 아닌 주제별로 정리, 용례와 함께 수록한 일종의 용어집이다.

**23** 즉 한 주인 밑에 있는 노예들.

**24** 사본에 따라서는 '대다수의 사람들(hoi pleiones)' 대신 '에우클레이데스(Eukleidēs)'라고 읽기도 한다. 그 경우 '휘페레이데스와 에우클레이데스는'으로 읽을 수 있다. 하지만 이 독법을 뒷받침할 만한 확실한 증거가 없기에, 편집자가 단편 번호 뒤에 물음표를 붙여놓았다.

**25** 즉 같은 처지에 속한 동료 노예.

25 디오게네스 라에르티오스, 『생애』 VII, 161 [= SSR II A 32]

그[아리스톤]는[26] 제논처럼 덕이 여럿이라는 것을 받아들이지 않았고, 메가라 철학자들처럼 단일한 덕이 여러 이름으로 불린다는 것도 받아들이지 않았다. 반대로 그는 덕이 관계를 맺는 방식에 따라 달라진다고 보았다.

26A 키케로, 『아카데미아학파 전서(루쿨루스)』 XLII, 129 [= SSR II A 31]

메가라 철학자들의 견해는 유명했습니다. 내가 본 기록에 따르면, 그들의 지도자는 좀 전에 언급한 바 있는 크세노파네스였습니다. 그리고는 그의 뒤를 파르메니데스와 제논이 따르지요. 그렇게 그들로부터 엘레아 철학자들이 그 이름을 얻게 된 것입니다. 그 다음으로 에우클레이데스가 오는데 그는 소크라테스의 제자로 메가라 출신으로, 역시 그로부터 메가라 철학자들이 그렇게 이름 불리게 되었습니다. 그들은 하나이고 닮았으며 언제나 동일한 것만이 좋은 것이라고 말했습니다. 그들은 또한 플라톤에게서도 많은 것을 빚지고 있지요. 다른 한편, 메네데모스는 에레트리아 출신으로, 그로부터 에레트리아 철학자들은 그 이름을 빚지게 된 것입니다. 그들은 모든 좋음을 정신과 정신의 예민함 속에 놓았는데, 그로부터 진리가 구별된다는 것이었지요.

---

26  스토아 철학자, 제논의 제자.

26B 락탄티우스.[27] 『신성한 교리』 3, 12, 9 [= SSR II A 31]

그러므로 타당하게도 철학자들 가운데 무명이 아닌 에우클레이데스야말로 메가라학파의 설립자이다. 그는 자신을 다른 이들과 구별하면서 최고의 좋음은 언제나 자신과 닮고 동일한 것이라고 말했다.

27 아리스토클레스.[28] in 에우세비오스.[29] 『복음 준비서』 XIV, 17, 1 [= SSR II O 26]

반면에 어떤 이들은 그들과 대립되는 목소리를 낸다. 그들은 감각과 인상을 버려야 하고, 오직 이성 그 자체만을 신뢰해야 한다고 생각한다. 그와 같은 것들은 처음에 크세노파네스와 파르메니데스와 제논과 멜리소스가 주장했고, 나중에는 스틸폰 주변 사람들과 메가라 철학자들이 주장했다. 그로부터 그들은 존재가 하나이며 타자는 존재하지 않는다고 평가했을뿐더러, 어떠한 것도 결코 생겨나거나 소멸하거나 운동을 겪거나 하지 않는다고 평가했다.

28 세네카, 『편지』 88, 44 [= SSR II A 33]

제논은 모든 논의들을 파괴해버렸으니, 그는 아무것도 없다고 주장했던 것이지. 그와 대략 비슷한 입장을 취했던 이들은 퓌론주의자

---

**27** 루키우스 카이킬리우스 피르미아누스 락탄티우스(240~325년). 로마의 기독교 신학자. 그의 대표작이기도 한 『신성한 교리(*Divinae Institutiones*)』는 철학자들의 비판에 맞서 기독교의 교리를 옹호한 작품이다.

**28** 1세기 소요학파 철학자. 저술이나 구체적인 사상은 알려져 있지 않다.

**29** 2~3세기 카이사리아의 주교이자 호교론자. 이단(철학자들!)을 논박하기 위해 썼던 『복음 준비서(*Praeparatio Evangelica*)』는 역설적으로 오늘날 소실된 고대 철학자들의 사상을 엿볼 수 있는 귀중한 자료가 되었다.

들과 메가라 철학자들, 에레트리아 철학자들, 그리고 아카데메이아 철학자들이었으니, 그들은 새로운 이론, 즉 아무것도 알 수 없다(nihil scire)는 이론을 도입했던 걸세.

29 디오게네스 라에르티오스, 『생애』 II, 107 [= SSR II A 34]

그[에우클레이데스]는 증명들을 공격할 때 전제에 대해서가 아니라 결론에 대해서 공격했다.

30 디오게네스 라에르티오스, 『생애』 II, 107 [= SSR II A 34]

또한 그는 비유를 통한 논증을 거부하였다. 그는 그 논증이 닮은 것들로 구성되거나 닮지 않은 것들로 구성된다고 말했다. 만일 닮은 것들로부터 논증이 이루어진다면, 닮은 것들을 다루느니, 차라리 그 것들 자체를 다루는 것이 더 나을 것이며, 만일 닮지 않은 것들로부터 논증이 이루어진다면, 그 비교는 지나친 것이기 때문이다.[30]

---

**30** "그 비교는 지나친 것이기 때문이다"는 "parelkein tēn parathesin"을 옮긴 것이다. 이때 'parelkein'은 자동사('과도하다', '지나치다')로, 'tēn parathesin'은 동사의 주어('그 비교는')로 보았다(예컨대, L. Montoneri 1984, 65-66, n. 50: "L'accostamento è fuorviante"; M.-O. Goulet-Cazé 1999, 316: "Le rapprochement est forcé"). 반면에 다른 번역도 가능한데, 'parelkein'을 타동사('한켠에 치우다')로, 'tēn parathesin'은 타동사의 목적어('그 비교를')로 보아, "그런 비교는 치워버리는 것(이 낫다)"라고 옮길 수도 있다(예컨대, R.D. Hicks 1959, "It is gratuitous to set them side by side").

## 1C. 에우클레이데스에서 비롯된 학파의 철학사적 상황과 전개 과정 (Fr. 31-44)

31 디오게네스 라에르티오스, 『생애』 II, 106 [= SSR II A 1]

에우클레이데스는 이스트모스 지방에 있는 메가라 출신이다. 혹은 몇몇 사람들에 따르면, 이를테면 알렉산드로스가 『학파의 계승자들』에서 말하듯이, 겔라 출신이라고도 한다. 그는 또 파르메니데스에 몰두하였다. 그리고 그의 제자들은 "메가라 철학자들"로 불리다가, 이어서 "쟁론가들"이라 불렸고, 나중에는 "변증가들"이라고 불렸다.[31] 처음으로 그들을 "변증가들"이라고 부른 이는 칼케돈 사람인 디오뉘시오스였는데, 그것은 그들이 질문과 답변의 형식으로 논변을 전개했기 때문이었다.

32A 디오게네스 라에르티오스, 『생애』 II, 112 [= SSR II A 24]

에우클레이데스의 제자들 중에는 메탈로스의 아들인 이크튀아스도 있었는데 그는 고귀한 사람으로 견유 철학자인 디오게네스가 그에 대하여[32] 대화편을 짓기도 하였다. 또한 투리오이 사람인 클레이노마코스도 있었다. 그는 처음으로 명제들과 술어들, 그리고 그와 같

---

31 메가라 '철학자들', '쟁론가들', '변증가들'은 각각 'Megarikoi', 'eristikoi', 'dialektikoi'를 옮긴 것이다.
32 여기서 '그에 대하여(pros hon)'는 두 가지로 해석 가능한데, 하나는 '그에 관하여(on)'이고 다른 하나는 '그에 반대하여(against)'이다. 견유와 메가라학파가 서로 영향을 주고받긴 했지만 기본적으로는 라이벌 관계였음을 고려할 때, 또 디오게네스의 풍자적이고 비판적인 성향을 감안할 때, 이크튀아스를 지적하고 조롱하는 내용을 담은 대화였을 가능성이 높다.

은 주제들에 관하여 글을 썼다. 또한 메가라 사람인 스틸폰도 있었는데, 그는 가장 탁월한 철학자였다.

32B 디오게네스 라에르티오스, 『생애』 VI, 80 [= SSR II H 1]
[견유 철학자인 디오게네스의 작품 목록 중에서…] 『이크튀아스 (*Ichthuas*)』

33 『수다』 "에우클레이데스" 항목 [= SSR II A 22]
에우클레이데스는 메가라 사람으로(이스트모스 지역의 메가라 출신으로) 철학자이다. 그는 "메가라"라고 불리는 학파를 설립하였는데, 그 이름은 그에게서 비롯된 것이다. 그뿐만 아니라 그 학파는 "변증술학파"와 "쟁론술 학파"라는 이름으로 불리기도 한다. 그는 소크라테스의 제자였다. 그 이후로는 이크튀아스가, 그 다음으로는 스틸폰이 학파를 이끌었다.

34 『수다』 "에우클레이데스" 항목 [= SSR II A 22]
그[소크라테스]는 다음의 철학자들을 배출하였다. […] 메가라의 에우클레이데스는 자기 고유의 학파를 세웠는데, 그것은 그를 따라서 메가라학파라고 불렸다. 반면에 에우클레이데스의 제자였던 클레이노마코스 이래로 그것은 변증술학파라고 불렸다. […] 헤라클레이아 출신의 브뤼손은 에우클레이데스와 더불어 쟁론적인 변증술 (*eristikēn dialektikēn*)을 도입하였다. 클레이노마코스는 그 기술을 강화하였다. 그것으로 인해 많은 사람들이 모여들었으며, 그것은 키티온의 제논에 이르러 멈추었다. […] 하지만 어떤 이들은 브뤼손이 소크라테스가 아니라 에우클레이데스의 수업을 들었다고 쓰고 있다. 퓌론 역시 브뤼손의 수업을 들었는데, 퓌론주의자들이라는 이름은 그로부터 붙여진 것이다. [⋯] [소크라테스의 제자들 중에는] 메가라 사람인 테륍시온도 있다. [⋯] 또한 무신론자라고도 불리는 테오도로스는 브뤼손의33 수업을 들었다.

### 35 디오게네스 라에르티오스, 『생애』 I, 18–19 [= SSR I H 6]

철학의 부분은 셋인데, 그것들은 자연학, 윤리학, 변증술이다. [⋯] 윤리학은 소크라테스에게서 비롯되었다. [⋯] 그런데 윤리학의 학파는 열 개로 다음과 같다. 아카데메이아학파, 퀴레네학파, 엘리스학파, 메가라학파, 견유학파, 에레트리아학파, 변증술학파, 소요학파, 스토아학파, 에피쿠로스학파. |19| 한편, 구 아카데메이아학파는 플라톤이 세웠고, 중기 학파는 아르케실라오스가, 신 학파는 라퀴데스가 세웠다. 퀴레네학파는 퀴레네 사람인 아리스티포스가 세웠고, 엘리스학파는 엘리스 사람인 파이돈이 세웠으며, 메가라학파는 메가라 사람인 에우클레이데스가 세웠고, 견유학파는 아테네 사람인 안티스테네스가 세웠으며, 에레트리아학파는 에레트리아 사람인 메네데모스가 세웠고, 변증술학파는 카르타고 사람인 클레이토마코스가34 세

---

**33** 원문의 '그의(autou)'가 브뤼손을 가리키는 것으로 보았다. 몇몇 학자들은 아예 autou 대신 Brusōnos으로 고쳐 읽자고 제안하기도 한다. Cf. Döring 1972, 160, n. 1.

**34** 니체 이래로 학자들은 디오게네스 라에르티오스가 실수를 했다고 본다. 변증술학파의 설립자는 투리오이 출신의 클레이노마코스이기 때문이다. 카르타고 출신의 클레이토마코스는 아카데메이아의 철학자이다. 주목할 만한 점은 디오게네스 라에르티오스가 변증술학파와 메가라학파를 서로 다른 것인 양 서술하고 있다는 사실이다. 이와 관련하여 세들리는 전통적으로 메가라 철학자로 간주해왔던 디오도로스 크로노스를

웠으며, 소요학파는 스타게이로스 사람인 아리스토텔레스가 세웠고, 스토아학파는 키티온 사람 제논이 세웠다. 반면에 에피쿠로스학파는 에피쿠로스 자신의 이름에서 비롯되었다.

36 디오게네스 라에르티오스, 『생애』 II. 47 [= SSR I H 5]

그[소크라테스]를 따랐던 이른바 소크라테스주의자들 가운데 지도자[35]들은 플라톤, 크세노폰, 안티스테네스였다. 다른 한편, 전통적인 열 명의 소크라테스주의자들 중에서 단연 돋보였던 이들[36]은 아이스키네스, 파이돈, 에우클레이데스, 아리스티포스 네 명이었다. 실로 가장 먼저 크세노폰에 관해 말해야 하고, 이어서 견유학파의 안티스테네스에 관해, 그 다음으로는 소크라테스주의자들에 관해 말해야 하며, 이어서 그런 식으로 플라톤에 관해 말해야 하니, 왜냐하면 그를 필두로 열 개의 학파가 오며, 그 자신이 맨 처음에 아카데메이아를 설립했기 때문이다.

메가라학파가 아닌 변증술학파의 철학자로 보기도 한다. Cf. D. Sedley 1977, 74-83; M.-O. Goulet-Cazé 1999, 76, n. 1.

35 '지도자들'은 'hoi koruphaiotatoi'를 옮긴 것이다. 모든 소크라테스주의자들과 학파들을 가장 앞에서 이끌었던 사람들(leaders) 정도로 이해할 수 있다. 안티스테네스는 소크라테스의 제자들 가운데 가장 연장자라는 점에서, 그리고 플라톤은 소크라테스의 가장 뛰어난 제자이자 아카데메이아의 설립자라는 점에서 지도자로 분류되었을 것이다. 반면에 크세노폰은 학파를 세워 활동했던 대부분의 소크라테스주의자들과 달리, 개인으로서 활동했기에 전통적인 학파의 인물에 속하지 않고 지도자로 분류된 것이 아닐까 추측된다. Cf. M.-O. Goulet-Cazé 1999, 360-361, n. 2.

36 '단연 돋보였던 이들'은 'hoi diasēmotatoi'를 옮긴 것이다. 전통적인 열 명의 소크라테스주의자들 및 그들이 세운 학파들에 관해서는, cf. 단편 35.

37 무명씨, 『플라톤의 「테아이테토스」 주석』 col. III, 50 - IV, 3 [= SSR II A 26]

한편 [에]우클레이데스는 유명한 소크라테스주의자들 중 한 명이었고, "메가라"라고 불리는 학파를 설립하였는데, 이 학파는 나중에 소피스트적인 성격을 더 많이 띠게 된다.

38 키케로, 『연설가에 관하여』 III, XVII, 62 [= SSR I H 4]

여전히 다른 부류의 철학자들이 있었는데, 그들은 거의 모두 자기들이 소크라테스주의자들이라고 주장했습니다. 그 부류들은 에레트리아학파, 헤릴로스주의자들,[37] 메가라학파, 퓌론주의자들이었지요. 하지만 그들은 이미 오래전에 흩어졌고 사라져버렸습니다.

39 누메니오스,[38] in 에우세비오스, 『복음 준비서』 XIV, 5, 5 [= SSR I H 11]

소크라테스의 뒤를 이어 다양한 논변들을 끌어온 제자들로는 한편으로 아리스티포스가 있었고, 다른 한편으로는 안티스테네스가 있었으며, 그 밖에는 메가라 철학자들과 에레트리아 철학자들 내지는 그들과 함께 다른 몇몇 사람들도 있었다.

40 위(僞) 갈레노스, 『철학사』 7, p. 604, 15-16 [= SSR II A 27]

사람들은 에우클레이데스와 메네데모스와 클레이토마코스를[39] 쟁

---

**37** 헤릴로스는 서기전 3세기 칼케돈 출신의 스토아 철학자로 제논의 제자였다.
**38** 서기 2세기 후반 아파메아 출신의 철학자. 퓌타고라스주의와 플라톤주의의 결합을 시도하였으며, 신 플라톤주의의 전조로 평가받고 있다.
**39** 이 부분은 저자의 실수로 보인다. 원래 쟁론가는 클레이노마코스이다. 본문의 클레이토마코스는 쟁론가가 아니라 아카데메이아의 철학자이다. 단편 36의 주를 참고하라.

론가들이라고 부른다.

41 디오게네스 라에르티오스, 『생애』 I, 19 [= SSR I H 6]

반면에 히포보토스는 그의 『학파들에 관하여』에서 아홉 개의 학파들과 노선들이 있었다고 말한다. 그는 첫 번째로 메가라학파에 대해 말하는 반면, 견유학파나 엘리스학파나 변증술학파에 대해서는 언급하지 않는다.

42 크리스티아누스 요세푸스, 『비망록(Memorialis Libellus)』 143 [= SSR I H 6]

헬라스인들에게는 어떤 학파들이 있었을까? […] 메가라학파 […] 이러한 스무 개의 학파들은 퓌타고라스주의자인 헤라클레이데스가 철학자들 사이에 있었던 학파들의 역사를 다룬 그의 책에서 나눈 것이다.

43A 스트라본,[40] 『지리학』 IX, 1, 8 [= SSR II A 29]

메가라 사람들의 도시에는 "메가라학파"라고 불리는 철학자들의 학파가 있었는데, 그들이 추종했던 에우클레이데스는 메가라 출신의 소크라테스주의자였다.

43B 뷔잔티온의 스테파노스,[41] 『민족지(Ethnica)』 "메가라" 항목 [= SSR II A 29]

한편, "메가라학파"라고 불리는 철학자들의 학파가 있었는데, 왜

---

40  1세기 전후 폰토스 출신의 지리학자.
41  6세기 뷔잔티온 출신의 문법학자.

냐하면 스트라본이 그의 책 제9권 말하듯이, 그들은 소크라테스주의자였던 메가라 사람 에우클레이데스를 따랐기 때문이다.

44A 디오게네스 라에르티오스, 『생애』 I, 17 [= SSR I H 6]

철학자들 가운데, 어떤 이들은 출신 도시에 따라서 이름을 얻었는데, 예컨대 엘리스학파와 메가라학파, 에레트리아학파와 퀴레네학파가 그렇다.

44B 필로포노스,[42] 『아리스토텔레스의 「범주론」 주석』 1, 19-2, 2 [= SSR I H 9]

그렇지만 사람들은 철학자들의 학파들을 일곱 가지 방식으로 말하기 때문에, [···] 혹은 학원장의 고향에 따라 [말하기도 하는데], 이를테면 에우클레이데스(의 고향)을 따라 "메가라"학파라고 [부르듯이] [···].

44C 올륌피오도로스,[43] 『아리스토텔레스의 「범주론」 주석 서설』 3, 8-18 [= SSR I H 9]

한편 철학자들의 학파들이 이름을 얻는 방식은 일곱 가지이다. [···] 다른 한편으로 최초 설립자들의 고향에 따라 얻기도 하니, [···] 이를테면 메가라 철학 학파는 메가라 사람들인 에우클레이데스와 테릅시온으로부터 [그 이름을 얻은 것이라고들] [···] 말한다.

---

42  6세기 아리스토텔레스 주석가이자 기독교 신학자.
43  6세기 신 플라톤주의자이자 아리스토텔레스 주석가.

44D 엘리아스,[44] 『아리스토텔레스의 「범주론」 주석』 108, 34-109, 2 [= SSR I H 9]

우리가 알아야 할 것은 철학의 학파들이 일곱 가지 방식으로 이름 불린다는 것이다. […] 혹은 학원장의 고향에 따라 불리기도 하는데, 이를테면 메가라 철학자들의 경우, 테룹시온과 에우클레이데스가 메가라 사람들이거니와, 그로부터 그 이름도 메가라 철학 학파라고 불리게 된 것이다.

44E 심플리키오스,[45] 아리스토텔레스의 「범주론」 주석』 3, 30-4, 2 [= SSR I H 9]

그러므로 철학의 학파들은 일곱 가지 방식으로 이름 불린다. […] 혹은 학원장의 고향에 따라 불리기도 하는데, 이를테면 […] 에우클레이데스의 고향에 따라 메가라학파라고 불리듯이 말이다.

## 2. 디오클레이데스

― 단편 **148A**를 보라(**cf. 148B**). [**= SSR II O 1**]

## 3. 칼케돈 출신의 디오뉘시오스 (Fr. 45-46)

45 스트라본, 『지리학』 XII, 4, 9 [= SSR II P 1]

비튀니아에는 학식으로 인해 거론할 만한 사람들이 있었는데, 철

---

44 6세기 아리스토텔레스 주석가, 올륌피오도로스의 제자.
45 6세기 신 플라톤주의자이자 아리스토텔레스 주석가.

학자 크세노크라테스와 변증가인 디오뉘시오스가 그들이었다.

46 디오게네스 라에르티오스, 『생애』 II, 98 [= SSR II P 2]

안티스테네스가 『철학자들의 계보』에서 말한 바에 따르면, 테오도로스[46] 역시 안니케리스와[47] 변증가 디오뉘시오스의 수업을 들었다.

### 4. 이크튀아스 (Fr. 47-48)

47 아테나이오스,[48] 『향연석의 현인들(Deipnosophitae)』 VIII, 335a [= SSR II H 1]

[…] 이크튀아스는 메가라학파의 철학자였습니다. […].

48 테르툴리아누스,[49] 『호교론』 46, 16 [= SSR II H 3]

이크튀아스는 조국에 대해 계략을 꾸미다가 살해당했다.

### 5. 클레이노마코스 (Fr. 49)

‒ 단편 **32A, 34, 35, 40, 203B**를 보라.

---

46 테오도로스는 퀴레네학파의 철학자이다. 그는 신들의 존재를 믿지 않아서 "무신론자 테오도로스"라고 불리기도 한다(『생애』 II, 97). 『수다』 "테오도로스" 항목 [= 단편 204]을 보라.
47 안니케리스는 서기전 3세기 무렵에 활동했던 퀴레네 철학자이다.
48 2~3세기 나우크라티아 출신의 수사가이자 문법학자.
49 2~3세기 카르타고 출신의 신학자.

49 디오게네스 라에르티오스, 『생애』 IV, 4 [= SSR II I 4]

[스페우시포스의 저술 목록 가운데] 『클레이노마코스 또는 뤼시아스』 한 권.

# II. 에우불리데스과 그의 주변

## 1A. 에우불리데스: 전기적 자료들 (Fr. 50-58)

50 디오게네스 라에르티오스, 『생애』 II, 108 [= SSR II A 23]
에우불리데스 역시 에우클레이데스의 계승자이다.

51A 디오게네스 라에르티오스, 『생애』 II, 108 [= SSR II B 1]
그에 관해서 희극 작가들 가운데 한 사람은 이렇게 말했다.

"쟁론가 에우불리데스는 뿔 달린 질문들을[50] 던지고
거짓 가득한 논변들로[51] 수사가들을 농락하며
데모스테네스의 말 더듬는 수다를[52] 가져가버렸지.
왜냐하면 데모스테네스 역시 그의 수업을 듣고서 말 더듬기를 그친 것처럼 보이니까."

---

50  에우불리데스의 "뿔 달린 사람 논변"을 암시한다. 본서 III장, 1.3절, (4)항 참조.
51  에우불리데스의 "거짓말쟁이 논변"을 암시한다. 본서 III장, 1.3절, (1)항 참조.
52  직역하면 "데모스테네스의 '로-' 발음 못 하는 수다"가 된다. 사본에는 rhōbostōmulēthran 이라고 적혀 있다. 우선 stōmulēthran은 수다라는 뜻이다. 문제는 rhōbo-가 무엇을 뜻하는지 불확실하다는 점이다. 그래서 『수다』에서는 rhombostōmulēthran으로 고쳐 읽기도 한다. 플루타르코스는 rhōpoperperōēthran으로 읽는데, 이 말은 "허풍쟁이"라는 의미를 지닐뿐더러, 고대의 희극 작가들이 이 단어를 데모스테네스의 별명으로 사용했다는 점에 주목한다. 하지만 디오게네스가 '로-' 발음을 하지 못한다는 뜻의 rhōbikós를 염두에 두고 rhōbo-로 시작되는 단어를 만들었으리라는 가정도 충분히 가능하다. 그 경우 사본의 의미를 살려 읽을 수 있을 뿐만 아니라, 왜 희극 작가들이 데모스테네스의 수다를 자주 비꼬았는지도 설명이 된다.

51B 『수다』 "말 더듬는 수다(rhombostōmulēthra)" 항목 [= SSR II B 1]

롬보스토뮐레트라: 에우불리데스가 말하기를, "뿔 달린 질문을 던지고 거짓 가득한 논변들로 수사가들을 농락하는 그 쟁론가는 데모스테네스의 말 더듬는 수다를 가져가버렸다."

52 필로데모스,[53] 『수사학』 II, 206 [= SSR II B 2]

누군가는 다음과 같이 인용할 수 있을 것이다. […] 데모스테네스 역시 플라톤과 에우불리데스 곁에서 배웠으며, 사람 키만 한 거울들을 세웠다고[54] 이야기된다고 말이다.

53A 플루타르코스, 『연설가 10인의 생애』 VIII, 845C [= SSR II B 3]

하지만 그는 밀레토스 출신의 변증가였던 에우불리데스에게서 배우고는 모든 것들을 수정하였다.

53B 포티오스,[55] 『도서관』 cod. 265, p. 493b [= SSR II B 3]

그렇지만, 그[데모스테네스]는 변증가들 가운데 누구에게도 뒤지지 않았던 밀레토스 출신의 에우불리데스에게서 배운 뒤에 오류를 야기했던 모든 것들을 수정하였다.

---

**53**  서기전 1세기 가다라(쉬리아) 출신의 에피쿠로스 철학자.
**54**  데모스테네스는 거울 앞에서 마치 섀도복싱을 하듯이 변증술 연습을 했다고 한다. Cf. 플루타르코스, 『데모스테네스의 생애』 11, 1; R. Muller 1985, 112.
**55**  9세기 콘스탄티노플의 총대주교이자 신학자.

54 아풀레이우스,[56] 『변론』 15 [= SSR II B 3]

실로 데모스테네스의 경우 […] 그가 언제나, 마치 선생 앞에서 그러는 것처럼, 거울 앞에서 법정 변론을 연습했다는 사실을 모르는 이가 과연 누가 있을까요? 그런 식으로 이 최고의 연설가는 철학자 플라톤에게서 달변의 능력을 길어내고 변증가 에우불리데스에게서는 논변의 능력을 습득한 뒤에, 익히 알려진 것들을 최신의 것들에 맞게 수정해달라고 그의 거울에게[57] 요구했던 것입니다.

55 루키아노스,[58] 『데모스테네스 예찬』 12 [= SSR II B 4]

그런데 거기서 네가 주요하게 언급한 사람은 칼라이스트라토스뿐인가? 알키다마스, 이소크라테스, 이사이오스, 에우불리데스처럼 찬란하게 빛나는 이름들의 목록도 있거늘!

56 『수다』 "데모스테네스" 항목 [= SSR II B 1]

그[데모스테네스]는 변증가 에우불리데스와 플라톤의 강의도 들었다.

– 단편 **68, 69, 73, 96**를 보라.

57 아테나이오스, 『향연석의 현인들』 X, 437d-e [= SSR II B 6]

포도주 용기 축제 기간에 아테네에서의 관습은 소피스트들에게

---

**56**  2세기 로마의 작가.
**57**  즉 에우불리데스.
**58**  2세기 그리스 작가이자 수사가.

선물과 함께 보수를 보내는 것이었는데, 소피스트들 자신도 지인들을 손님으로 초대하였지요. 예컨대 변증가 에우불리데스는 극작품인 『축제 참가자들』에서 다음과 같이 말하고 있습니다.[59]

"악당아! 너는 소피스트 놀음을 하고, 또 포도주 단지 축제에서
보수와 선물을 달라고 하는구나. 호화롭게 무화과를 먹으면서!"

58 필로데모스, 『시작품들에 관하여』, in 『헤라쿨라네움 파퓌로스』 128 fr. VI [= SSR II B 7]

φιαι [....] φους η πάσης
τῆς φιλοσοφίας τόπων
οιτα [
.] που [
ζετ [.....] ἀλλ' ἠμ[
Εὐβουλίδ[....] πο [
.] π [..] οι [..] φ [

– 심하게 손상된 텍스트의 6행에서 'Euboulid[…]'를 읽을 수 있다.

## 1B. 에우불리데스: 저술과 학설 (Fr. 59-67)

59 디오게네스 라에르티오스, 『생애』 II, 109 [= SSR II B 8]

다른 한편으로 에우불리데스 역시 아리스토텔레스에 동의하지 않

---

**59** 이 증언은 애매하다. 왜냐하면 에우불리데스가 희극의 저자로 읽힐 수도 있지만, 희극 속 등장인물로 읽힐 수도 있기 때문이다.

앗고, 많은 부분에서 그를 공격했다.

60 아리스토클레스, in 에우세비오스, 『복음 준비서』 XV, 2, 5 [= SSR II B 9]

또한 에우불리데스 역시 그[아리스토텔레스]에 반대하는 책에서 명백하게 거짓말을 하고 있으니, 먼저 그는 아리스토텔레스의 결혼에 관해, 또 그와 헤르메이아스 간의 내밀한 관계에 관해 다른 이들이 쓴 냉혹한 시들을 마치 〈아리스토텔레스의 시들인 양〉 내놓았고, 그 다음에는 아리스토텔레스가 필리포스에게 대들었다고 말하는가하면, 그가 플라톤이 최후를 마칠 때 나타나지도 않았고, 스승의 책들을 위조했다고 말하기 때문이다.

61 아테나이오스, 『향연석의 현인들』 VIII, 354c [= SSR II B 10]

하지만 내가 알기로는 오직 에피쿠로스만이 그[아리스토텔레스]에 맞서서 그렇게 말했습니다. 반면 에우불리데스도 그렇게 하지 못했고, 또 케피소도로스도[60] 감히 저 스타게이로스인에게 맞서 그와 같은 것을 말하지는 못했지요. 비록 그들 모두 저 사람에 반대하는 글들을 남기긴 했지만 말입니다.

62 테미스티우스,[61] 『연설들』 XXIII, 285c [= SSR II B 11]

케피소도로스와 에우불리데스, 티마이오스, 디카이아르코스[62]를

---

**60** 케시포소도르스는 서기전 4세기의 희극시인이자 연설가이다. 그는 이소크라테스의 제자였으며, 플라톤과 아리스토텔레스를 맹렬하게 비난했다고 한다.

**61** 4세기 정치가, 수사학자, 철학자.

**62** 서기전 4세기의 소요 철학자.

비롯하여, 스타기라이 사람 아리스토텔레스를 공격하는 모든 군대를 나는 과연 언제쯤이면 여유롭게 검토할 수 있을까요? 그들의 저술들이 적개심과 승리에의 욕망을 유지한 채 오늘날에 이르고 있는데 말입니다!

63 섹스토스 엠페이리코스.[63] 『학자들에 반대하여』 VII, 13[64] [= SSR II B 12]

다른 한편, 논리학에 관해 말하자면, 그것은 철학의 한 부분으로 판토이데스와 알렉시노스, 에우불리데스와 브뤼손, 그리고 디오뉘소도로스와 에우튀데모스[이 두 사람은 투리오이인들로 플라톤의 『에우튀데모스』에서 언급되고 있다]를 중심으로 이어져 내려왔다.[65]

64 디오게네스 라에르티오스, 『생애』 II, 108 [= SSR II B 13]

(에우불리데스) […] 그는 변증술적 대화 속에서 많은 논변들을 질문 형식으로 제기하였는데, 그 예들로는 거짓말쟁이 논변, 숨은 사람 논변, 엘렉트라 논변, 두건 쓴 사람 논변, 더미 논변과 뿔 달린 사람 논변, 대머리 논변이 있다.

65 디오게네스 라에르티오스, 『생애』 VII, 186–187 [= SSR II B 13]

사실 그 철학자[크뤼시포스]는 또한 다음과 같은 논변들도 질문 형식으로 제기하였다. […] |**187**| […] 또 이런 것도 있다. 만일 네가 무

---

63  2~3세기 퓌론주의자.
64  『논리학자들에 반대하여』 I, 13.
65  디오뉘도소로스와 에우튀데모스는 서기전 5세기에, 에우불리데스와 브뤼손은 4세기에, 그리고 판토이데스와 알렉시노스는 3세기에 활동했다.

엇인가를 잃어버리지 않았다면, 너는 그것을 가지고 있다. 그런데 너는 뿔을 잃어버리지 않았다. 그렇다면 너는 뿔을 가지고 있다. 하지만 다른 사람들은 이 논변이 에우불리데스의 것이라고 말한다.

– 단편 **88, 22-23**행을 보라.

66(?) 디오게네스 라에르티오스, 『생애』 II, 41-42 [= SSR I D 1]

그리하여 그[소크라테스]는 유죄를 주장하는 이들의 표를 281표로 [무죄를 주장하는 이들의 표보다] 더 많이 받았다. 그리고 판관들이 소크라테스가 무슨 벌을 받아야 하는지, 혹은 얼마를 지불해야 하는지를 정할 때, 그는 25드라크메를 지불하겠다고 제안했다.**66** |42| 사실 그때 에우불리데스는 100드라크메를 내주겠다고 말했다. 하지만 판관들이 한 바탕 소리를 지르고 나자, 소크라테스는 이렇게 말했다고 한다. "내가 이룩한 것들을 고려한다면, 영빈관에서의 식사 대접을 형벌로 제안하는 바이오."

67(?) 디오게네스 라에르티오스, 『생애』 VI, 20 [= SSR V B 2]

디오클레스의 주장에 따르면, 그[시노페의 디오게네스]의 아버지는 공공 은행을 맡고 있었을 때 주화를 위조하다가 걸려서 추방당했다고 한다. 하지만 에우불리데스**67**는 그의 『디오게네스에 관하여』에

---

**66**  하지만 이 보고를 뒷받침할 만한 다른 전거나 증언들은 어디에서도 찾을 수 없기에, 편집자는 이 단편에 의문을 제기하고 있다.

**67**  이 인물이 과연 메가라학파의 에우불리데스인지에 대해서는 다수의 학자들이 의심스러워해왔다. 그래서 몇몇 학자들은 '에우불리데스'가 아니라 '에우불로스'로 읽어야 한

서 그 일을 저지른 사람은 디오게네스 자신이며 아버지와 함께 추방 당해 떠돌았다고 주장한다.

## 2. 올륀토스 출신의 에우판토스 (Fr. 68-72)

68 디오게네스 라에르티오스, 『생애』 II, 110 [= SSR II D 1]

에우판토스 역시 에우불리데스의 〈학생으로〉 그는 올륀토스 사람 이었다. 그는 자기 시대에 일어난 것들에 관한 역사를 기록하였다. 또한 그는 비극 작품들도 많이 지었는데, 그것들로 경연에 참가하여 명성을 얻었다. 그는 또 안티고노스 왕[68]의 선생이었으며, 왕에게 『왕 정에 관하여』라는 연설문을 써주었는데, 그것은 매우 높은 평가를 받 았다. 그는 노령으로 생을 마쳤다.

- 단편 **164A**를 보라.

69 『헤라쿨라네움 파퓌로스』 1112, fr. 2 [= SSR II C 3]

[…] 멤논[과 알렉시]노스와 너와 에[우불레이]데스와 에우판[토스 의] […].

---

다고 제안하기도 하지만, 막상 그렇게 바꿔 읽은 '에우불로스'가 누구인지도 알려져 있지 않다. Cf. K. Döring 1972a, 114; SSR vol. IV, 454-455; M.-O. Goulet-Cazé 1999, 704, n. 1.

**68** 안티고노스 2세(서기전 319~239년). 마케도니아의 왕으로 많은 철학자들과 교류했 다고 한다.

70 아테나이오스, 『향연석의 현인들』 VI, 251d [= SSR 미수록]

에우판토스는 그의 『역사』 제4권에서 아이귑토스의 왕이었던 프톨레마이오스 3세에게 칼리크라테스라는 식객이 있었다고 말하고 있지요. 그는 하도 엽기적이어서 오뒷세우스의 초상화를 제사용 칼에[69] 달고 다녔을 뿐만 아니라, 자식들에게 텔레고노스와 안티클레이아라는 이름을 붙여줄 정도였답니다.

71 디오게네스 라에르티오스, 『생애』 II, 141 [= SSR III F 16]

그[메네데모스]는 오로포스를[70] 위하여 데메트리오스에게 사절단으로 파견되는 중책을 맡았던 것으로 보이는데, 이는 에우판토스도 그의 『역사』에서 언급하고 있다.

72 필로데모스, 『스토아주의자들에 관하여』, in 『헤라쿨라네움 파퓌로스』 339, col. VI

[…] 왜냐하면 우리가 말하는 것들에 대해서는 히에로뉘모스와 칼키스 사람 에우판토스는 물론, 아테네 사람 헤게몬 역시 증언하고 있기 때문이다. […].

## 3. 멤논

— 단편 **69**를 보라.

---

69  원문은 "en tēi sphagidi." 스파기스(sphagis)는 "제사용 칼(sacrificial knife)"을 뜻한다. 반면에 뮐러(R. Muller 1985)는 "봉인용 반지(anneau à cacheter)"로 옮겼다.
70  오로포스는 앗티카와 보이오티아의 경계에 위치한 작은 도시국가이다.

## 4A. 알렉시노스: 생애 (Fr. 73-86)

73 디오게네스 라에르티오스, 『생애』 II, 109 [= SSR II C 1]

다른 사람들 가운데는 에우불리데스의 계승자로 엘리스 사람인 알렉시노스가 있었는데, 그는 승부욕이 아주 강한 사람이었다. 그런 이유로 그는 "엘렝크시노스"[71]라는 별명으로 불리기도 했다.

74 디오게네스 라에르티오스, 『생애』 II, 109-110 [= SSR II C 1]

그런데 헤르미포스는[72] 그[알렉시노스]에 관해 말하는 바에 따르면, 그는 엘리스에서 올림피아로 왔는데, 그곳에서 철학을 하려고 했던 것이다. 학생들이 그에게 왜 이곳에 정착했냐고 묻자, 그는 "올림피코스"라 불리는 학파를 설립하고 싶었다고 말했다. 하지만 비용의 압박과 함께 그 지방이 위험하다고 판단한 제자들은 떠났고, 혼자가 된 알렉시노스는 여생을 한 명뿐인 가노(家奴)와 함께 보냈다고 한다. 하지만 그 이후에 알페이오스 강에서 수영을 하다가 갈대에 찔렸고, 그렇게 최후를 마쳤다고 한다. |110| 그리고 그에 대한 우리의 비문은 다음과 같다.

과연 그 이야기는 근거가 없지 않네,

즉 재수가 없는 자는

수영을 하다가도 어떻게든 못에 발이 찔린다는 이야기 말일세.

---

71 '논박'을 의미하는 '엘렝코스(elenchos)'를 이름인 알렉시노스(Alexinos) 앞에 붙인 별명이다. '논박을 일삼는 자' 정도의 의미일 것이다.
72 서기전 3세기 무렵의 문법학자이자 학설사가.

왜냐하면 이 존귀한 사내도,

알페이오스 강을 건너기 전에

갈대에 찔려 죽었으니 말이네.


75 『헤라쿨라네움 파퓌로스』 418, fr. 4 [= SSR II C 2]

[···] 다른 누구도 그처럼 어리석고 단순하며 착각으로 〈가득 차지〉 않았다.

[···] 바로 그 저술에서 스틸폰은 술 취한 자라 불리고, 또 아리스티포스는 여타의 악덕들과 특히 가족과 성적인 쾌락을 즐겼다 하여 비난을 받았으며, 알렉시노스는 5므나[73]를 대가로 요구했고, 안티도로스에 대해 말하니 그는 실로 그와 같은 악행으로 비난을 받았으며, [···].[74]


– 단편 **69**를 보라.


---

73 '므나(mna)'는 고대 그리스의 화폐 단위로서, 고전기(서기전 4세기)에 1므나는 약 100 드라크메와 같았다. 1드라크메가 숙련 노동자나 중무장 보병의 하루 급료에 해당되었음을 고려한다면, 1므나의 가치를 짐작할 수 있다. Cf. 단편 4C.

74 불완전한 형태의 사본을 빌헬름 크뢰너트(Wilhelm Crönert, *Kolotes und Menedemos*, Göttingen, 1908, 19)가 재구성하였다. 본문은 다음과 같다.

........]πάντας A
........]ιν εἰς κατα·
........ο]ὐθεὶς ἄλλος
........ἀ]νόητος καὶ εὐ-
₅ ήθης .....]νει ματαίωι.
φέρεται δὲ ἐ]ν αὐτῶι ΤΟΥ
.....]Τωι συγγράμματ[ι
καὶ Στίλ]βων ὁ Μέθυσος ὑπὸ[103)]
ταὐτοῦ] ἀποκαλούμενος

₁₀ καὶ 'Αρίσ]τιππος ὁ ἔνε(κα ἄλ-)    ΕΝΕΤΑΙΚΑΙ ₙ
λυιν τε κα]τ(α)ιτ(ι)ὤμενος[¹⁰⁴]) καὶ
ὅτι τῆ[ι] συγγενεῖ κατὰ τὰ-
φροδίσι]α ἀπολούσει [ἐχρῆτο    ΛΑΠΟ ₙ
καὶ 'Αλε]ξῖνος ὁ τὰ[ς] πέντε    ΤΑΙΠΕΝΤΕ ₙ
₁₅ μνᾶς εἰ]σπραττόμενος
καὶ 'Αν]τίδωρος ἄλλα τε
ὁποῖα] δήποτε κατηγορού-
[μενος καὶ ὅτι ....

76 키케로, 『아카데미아학파 전서(루쿨루스)』 XXIV, 75 [= SSR II C 8]

어쨌든 나로서는 여러분을 성가시게 만들지만 그리 대단하지는 않은 사람들을 접했으니, 그들은 스틸폰, 디오도로스, 알렉시노스로서, 그들의 몇몇 소피스트 기술은 복잡미묘하고 신랄하지요.

77 프론토,[75] 『안토니누스에게 보내는 편지, 답변에 관하여』 2, 16 [= SSR II C 9]

만일 철학의 탐구가 오직 사물에 몰두하는 것이라면, 나는 당신이 그토록 말들을[76] 가볍게 여기는 것에 대해 덜 놀랐을 겁니다. 그렇지만 당신이 뿔 달린 사람, 더미, 거짓말쟁이 등 복잡미묘하고 뒤엉킨 논변들을 배웠으면서, 웅변의 실천과 표현의 고귀함, 장엄함, 우아함, 그리고 화려함을 무시하다니, 이는 당신이 잘 말하기보다는 떠들기를 선호하고, 목청껏 외치는 것보다 투덜대고 웅얼거리기를 선호한다는 것을 보여줍니다. 당신은 디오도로스와 알렉시노스의 논변들을 플라톤과 크세노폰과 안티스테네스의 논변들보다 앞에다 놓았습니다. 그것은 마치 배우의 일을 공부하는 자가 로스키우스의 연기보다 타수르쿠스의 연기를 더 즐기는 것과 같지요.[77] 혹은 마치 수영을 함에 있어서, 양쪽 모두 가능한 경우, 돌고래보다는 오히려 개구리와 대결하기를 선호하고, 독수리의 웅장한 날개보다는 메추라기의 작은 날개로 날기를 선호하는 사람과 같습니다.

75  마르쿠스 코르넬리우스 프론토. 서기 2세기 무렵의 연설가이자 마르쿠스 아우렐리우스 황제의 수사학 선생이었다.
76  원문은 verba. 1차적으로는 말을 의미하지만, 이 글의 맥락에서는 '논변'의 의미로 사용되고 있기에 경우에 따라서는 '논변'으로 옮기기도 했다.
77  타수르쿠스에 대해서는 이 작품 말고는 달리 알려진 바가 없다. 반면에 로스키우스는 당대의 유명 배우로 키케로가 옹호했던 인물이기도 하다.

78 프론토, 『안토니누스에게 보내는 편지, 달변에 관하여』 2, 18 [= SSR II C 9]

그[페리클레스]는 아낙사고라스의 제자였지,**78** 협잡꾼 알렉시노스의 학생은 아니었습니다.

79 플루타르코스, 『스토아주의자들의 공통 개념에 관하여』 X, 1062F–1063A [= SSR II C 11]

반면에 만일 그들[스토아주의자들]이 진지하게 말하고 또 철학자들로서 말한다면, 모든 사람들을 구별 없이 비난하고 비방하는 일은 공통 개념에 반하는 것이다. 어떤 이들은 사려 깊은 사람들로 취급하는 반면 어떤 사람들은 악당들로 취급하고, 크뤼시포스에 대해서는 넋 놓고 바라보는 반면, 알렉시노스에 대해서는 비웃으면서,**79** 사람들이 서로 간에 더 어리석지도 덜 어리석지도 않다고 생각하니 말이다.

80 스토바이오스, 『선집』 IV, 20, 31 [= SSR II C 7]

크뤼시포스에 대하여: 누군가가 "현자는 사랑 받을 수 없다. 메네데모스와 에피쿠로스와 알렉시노스가 그렇게 증언했다"라고 말하자,

---

**78** 플루타르코스는 『페리클레스의 생애』에서 정치가 페리클레스에게 영향을 준 선생들로 다몬과 제논, 그리고 아낙사고라스를 거론하며, 그중에서도 페리클레스와 가장 가깝게 어울리면서 그의 위엄과 품위를 높여준 사람이 아낙사고라스였다고 말한다. 플루타르코스, 『페리클레스의 생애』 5: "페리클레스는 아낙사고라스를 한없이 경외하며 차츰 하늘의 현상들에 대한 심오한 사변에 심취하였고, 아낙사고라스 덕분에 마음가짐이 고결하고 진지해졌으며, 말투는 고상해져서 천민들의 수단방법을 가리지 않는 뻔뻔스러움에서 벗어나게 되었다." Cf. 김유석 2013a, 22–25.

**79** Cf. M. Casevitz & D. Babut 2002, 154–155, n. 123: "크뤼시포스와 알렉시노스가 현자가 아닌 사람들의 범주 속에서 각각 '합리적인' 인간과 '불한당 같은' 인간의 유형으로 자리하고 있다."

그는 다음과 같이 말했다. "나는 같은 증명을 이용하겠네. 제대로 배워먹지 못한 알렉시노스와 지각 없는 에피쿠로스와 정신 나간 메네데모스가 아니라고 주장한다면, 그렇다면 현자는 사랑 받을 것이네."

81 디오게네스 라에르티오스, 『생애』 VII, 166 [= SSR II C 16]

다른 한편, 디오클레스의 말에 따르면, 그[헤라클레이아 출신의 디오뉘시오스]는 처음에 같은 시민인 헤라클레이데스의 학생이었고, 이어서 알렉시노스와 메네데모스의 학생이었으며, 마지막에는 제논의 학생이었다고 한다.[80]

82 디오게네스 라에르티오스, 『생애』 II, 136 [= SSR III F 14]

그럼에도 불구하고, 그[메네데모스]는 말에 있어서는 그토록 엄한 사람이었지만, 행동에 있어서는 가장 부드러운 사람이었다. 어쨌든 그는 알렉시노스를 여러 번 놀리고 또 심하게 조롱하기도 했지만, 그럼에도 불구하고 알렉시노스를 잘 대해주었고, 도둑질을 당하거나 노상강도를 만날까 걱정하던 그의 부인을 델피에서 칼키스까지 바래다주기도 하였다.

83 플루타르코스, 『나쁜 수치심에 관하여』 18, 536A–B [= SSR II C 6]

사람들의 보고에 따르면 소피스트 알렉시노스는 산책을 하는 중에 메가라 출신의 스틸폰에 대해 많은 험담을 했다고 한다. 그런데 참석

---

**80** 하지만 헤라클레이아 출신의 이 디오뉘시오스는 나중에 스토아학파마저 버리고 에피쿠로스학파, 혹은 퀴레네학파로 전향했다고 한다. 그래서 그는 '변절자 디오뉘시오스(Dionusios ho Metathemenos)'라고 불리기도 한다.

자들 가운데 누군가가 "하지만 그는 지난번에 당신을 찬양한 바 있다"고 언급하자, 알렉시노스는 "제우스께 맹세코, 사실 그는 가장 훌륭하고 가장 고귀한 사람이라네"라고 말했다고 한다. 하지만 메네데모스는 정반대로 알렉시노스가 종종 그를 예찬했다는 말을 듣고서 "하지만 나는 언제나 알렉시노스를 비난하네. 결국 그는 나쁜 놈이네. 나쁜 놈을 찬양하거나, 그게 아니라면 정직한 사람에게 비난을 받는 셈이니까"라고 말했다고 한다.

84 디오게네스 라에르티오스, 『생애』 II. 135 [= SSR II C 6]

반면에 사람들이 말하기를 그[메네데모스]는 명제들 가운데 부정명제들은 거부하였고, 긍정명제들만 취하였다. 또한 긍정문 중에서도 단순한 문장들만을 받아들이고, 단순하지 않은 것들은 거부하였다. 그런데 단순하지 않은 문장이란 조건문과 [접속사로 연결된] 복합문을 말한다. 그런데 헤라클레이데스의 말에 따르면 그는 학설에 있어서는 플라톤주의자였지만 변증술에 대해서는 비웃었다고 한다. 그래서 한번은 알렉시노스가 그에게 아버지를 때리는 것을 그만두었냐고 물었을 때, 그는 "때린 적도 없고 그만둔 적도 없다"고 대답했다. 다시 알렉시노스가 "예"나 "아니오"로 대답함으로써 모호함을 해소해야 할 것 아니냐고 지적하자, 메네데모스는 이렇게 말했다. "문 밖에서도 맞설 수 있는데, 굳이 당신의 영토 안으로 따라 들어가는 것은 웃기는 일이오."

85 디오게네스 라에르티오스, 『생애』 II. 125 [= SSR II C 18]

그[메네데모스]는 […] 클레이스테네스의 […] 아들이었는데, 클레이스테네스는 고귀한 가문의 사람이었지만 가난한 건축가였다. 또 어떤 이들은 클레이스테네스가 무대 미술가이기도 했으며, 메네데모스는 둘 모두를[81] 배웠다고도 말한다. 그래서 그가 법령을 쓸 때, 알렉시노스의 제자 가운데 한 사람이 현자[82]에게는 무대를 꾸미는 일도, 법령을 꾸미는 일도[83] 어울리지 않는다고 말하면서 그를 공격했다고 한다.

86 디오게네스 라에르티오스, 『생애』 IV, 36 [= SSR II C 17]

알렉시노스의 추종자인 한 변증가가 알렉시노스의 가르침을 적절하게 설명하지 못하자, 그[아르케실라오스]는 필록세노스가 벽돌공들에게 했던 일화를 말했다. 필록세노스는 그들이 자신의 노래를 엉터리로 부르자, 직접 그들의 벽돌을 갖다 놓고 짓밟으면서 다음과 같이 말했다는 것이다. "너희들이 내 것을 망치고 있으니, 나도 너희들 것을 망치겠다!"

### 4B. 알렉시노스: 저술과 사상 (Fr. 87-95)

87 디오게네스 라에르티오스, 『생애』 VII, 163 [= SSR II C 5]

(스토아 철학자 아리스톤의 저술 목록 중에서, SVF I 333) 『알렉시노스의 반박에 맞서』.

---

81  즉 건축과 무대 미술.
82  '현자'는 'sophos'를 옮긴 것이다. 여기서는 '철학자'를 의미한다.
83  '꾸미는'은 모두 'graphein'을 옮긴 것이다. '쓰다'와 '그리다'라는 의미가 모두 들어 있다.

- 단편 **63**을 보라.

88 필로데모스, 『수사학』 II, col. XLIV 19 – XLV 28; XLVIII 31 – XLIX 19 (= I 78-
80; 84-85 Sudhaus = 135-137; 143-145 Auricchio) [= SSR II C 12]

[하지만] 헤르마르코스 역시 메네클레스 치세기에(서기전 283/2년)
테오레이데스에게 보내는 한 편지에서 같은 의견(즉 소피스트적 수사
학이 기술이라는 의견)을 지지하였다. 사실 알렉시노스는 『교육에 관하
여』에서 소피스트적 수사가들이 쓸데 없이 많은 것들을 탐구한다고
그들을 비난했는데, 그들의 관심거리들 중에는 표현에 관한 것도 있
고, 기억에 대한 것도 있으며, 호메로스가 "아스트라 데 데 프로베베
케"[84]로 시작하는 그의 서사시에서 "휘포베베켄"[85]이라고 말했는지를
연구한 저술들 및 그와 에우리피데스에게 있어서 다른 몇몇 난문들
에 관한 것도 있었다. 또 알렉시노스는 논의를 요약하고 반복하는 것
의 어려움들과 문젯거리들 및 그 밖의 다른 것들도 덧붙였다. 그렇지
만 그는 다른 것은 물론 특히 ⟨***⟩ 예찬하기도 하였다. "그렇지
만 우리는 그들을 인정할 것이다. 밖에서 제기되는 많고도 유익한 것
들에 관해 그와 같은 설명들을 행하고자 노력했거니와 그것들을 결
정하는 일은 철학자들에게 속하니 말이다. 왜냐하면 설령 그것들 가
운데 몇몇 설명이 지식을 통해서 완결되지 못한다 하더라도, 그럴
듯한 설명과 추측을 통해서 수사가들이 판단하는 것은 가능하기 때
문이다."

84  원문은 'astra de dē probebēke.' '그건 그렇고 별들은 전진한다'라는 뜻이다.
85  원문은 'hupobebēken.' 맥락에 따라서 '내려간다' 혹은 '물러선다' 정도로 읽을 수 있다.

알렉시노스가 그와 같이 헛소리를 지껄이자, 그[헤르마르코스]는 그것들에 대해 전반적으로 반대 논의를 전개하면서—말하기를—(알렉시노스의 주장에 대하여 앞서 언급한 편지에서 헤르마르코스가 전개한 반론이 이어진다. 그 마지막 문장은 이렇다), "그건 그렇고, 수사가들의 몇몇 논변들이 지식에 따라 완성되지 않고 경험과 추측을 통해 완성된다는 것은 도대체 어떻게 받아들여야 하는 걸까? 왜냐하면 그것이 말 그대로, 그 논변들은 변증술적 추론을 갖지 않음을 의미한다고 생각해서는 분명히 안 되기 때문이다. 사실 그것은 몇몇이 느끼는 것이 아니라 모두가 느끼는 것이다. 그 역시 그것에 전적으로 동의한다는 것은 말할 필요도 없다. 적어도 알렉시노스는 어디선가 에우불리데스가 추론이 담기지 않은 논변들을 무시했다 하여 그를 비난한다. 왜냐하면 그것들 없이도 우리가 사물들에 대해 배울 수 있기 때문이라고 그는 말한다."

89 필로데모스, 『수사학』 VI, fr. XXIV 3-7 (I 279-280 Sudhaus) [= SSR II C 13]
변증가들인 메가라 철학자들 […].
모두 수사가들 […].

90 아리스토클레스, in 에우세비오스, 『복음 준비서』 XV, 2, 4 [= SSR II C 14]
사람들은 쟁론가 알렉시노스가 쓴 『회상』이 확실히 웃기는 작품이라 말할 수 있을 것이다. 왜냐하면 그는 어린아이인 알렉산드로스가 아버지인 필리포스와 대화를 나누면서, 아리스토텔레스의 말은 조롱하고 헤르메스라는 별명으로 불리는 니카고라스을 받아들이는 것처럼 묘사하기 때문이다.

91 아테나이오스, 『향연석의 현인들』 XV, 696e-f [= SSR II C 15]

또한 그것 송가(頌歌)로서 마케도니아 사람 크라테로스를 기리는 것이었는데, 변증가 알렉시노스가 쓴 작품이었다고, 칼리마코스의 제자인 헤르미포스는 그의 『아리스토텔레스에 관하여』의 제1권에서 말하고 있습니다. 그 송가는 델피에서 어린아이의 뤼라 반주에 맞춰 노래로 불리기도 했지요.

92 디오게네스 라에르티오스, 『생애』 II, 109 [= SSR II C 1]

그[알렉시노스]는 특히 제논과 의견이 갈리곤 했다.

93 디오게네스 라에르티오스 『생애』 II, 110 [= SSR II C 1]

그[알렉시노스]는 제논에 맞섰을 뿐만 아니라, 역사가인 에포로스에[86] 맞서서도 다른 책들을 썼다.

94 섹스토스 엠페이리코스, 『학자들에 반대하여』 IX, 104-108[87] [= SSR II C 4]

|104| [···] 또 제논은 이렇게도 말했다. "논리적인 것[88]이 논리적이지 않은 것보다 강하다. 어떠한 것도 우주보다 강하지는 않다. 그렇다면 우주는 논리적이다. 그리고 지성과 생명을 분유한 것의 경우도 마찬가지이다. 왜냐하면 지성적인 것이 지성적이지 않은 것보다, 혼이 깃든 것[89]이 혼이 깃들지 않은 것보다 강하기 때문이다. 그런데 어

---

86 에포로스는 서기전 4세기 퀴메(아이올로스) 출신의 역사가로 이소크라테스의 제자였다.
87 『자연학자들에 반대하여』 I, 104-108.
88 원문은 'to logikon.' '이성적인 것'으로 읽을 수도 있다.

떠한 것도 우주보다는 강하지 않다. 그렇다면 우주는 지성적이고 혼이 깃든 것이다. […] |108| 하지만 알렉시노스는 다음과 제논에게 같은 방식으로 맞섰다. 시를 쓸 수 있는 것은 시를 쓸 수 없는 것보다, 글자를 아는 것은 글자를 알지 못하는 것보다 강하다. 또한 여러 기술들에 따라 관조하는 것은 그렇지 않은 것보다 강하다. 하지만 어떠한 것도 우주보다 강하지 않다. 그렇다면, 이 우주는 시도 쓸 수 있고, 글자도 안다.[90]

95 키케로, 『신들의 본성에 관하여』 III, IX, 22-23 [= SSR II C 4]

[…] 사실 제논은 다음과 같이 논증했으니 말입니다. "이성을 이용하는 것은 이성을 이용하지 않는 것보다 우월하다. 한데 세계보다 더 우월한 것은 없다. 따라서 세계는 이성을 이용한다." |23| 만일 이것이 마음에 든다면, 당신은 세계가 책을 능란하게 읽는다는 것을 입

---

**89** 원문은 'to empsuchon.' 즉 생명체.

**90** 이 글의 바로 뒤에는 스토아 철학자들(대표적으로는 키온 출신의 아리스톤)이 제논의 주장과 알렉시노스의 비판과 제논의 주장을 비교하면서 제논을 옹호하는 내용이 다음과 같이 이어진다. Cf. 섹스토스 엠페이리코스, 『자연학자들에 반대하여』 I, 109-110: "하지만 스토아 철학자들은 다음과 같이 말함으로써 이러한 비판에 맞선다. 즉 제논은 절대적인 우월성을 염두에 두었다는 것이다. 그것은 비이성적인 것에 대한 이성적인 것의 우월성, 지성이 결여된 것에 대한 지성이 부여된 것의 우월성, 그리고 혼이 깃들지 않은 것에 대한 혼이 깃든 것의 우월성을 의미한다. 반면에 알렉시노스는 그렇게 보지 않았다. |110| 왜냐하면 '시를 쓸 수 있음'은 '시를 쓸 수 없음'에 대하여 절대적인 방식으로 우월하지 않으며, '교양 있음' 역시 '교양 없음'에 비해 절대적인 방식으로 우월하지 않기 때문이다. 따라서 그들의 논변들에는 커다란 차이가 있음을 볼 수 있다. 예컨대 아르킬로코스는 시적이지만(시를 쓸 수는 있지만), 시적이지 않은(시를 쓸 수 없는) 소크라테스보다 우월하지 않으며, 또 아리스타르코스 역시 교양이 있음에도 불구하고, 교양 없는 플라톤보다 우월하지 않다." 되링(1972)이나 잔난토니 (SSR)와 달리, 몬토네리(1984)는 이 부분까지 알렉시노스에 관한 증언으로 간주하고 그의 단편집 본문에 수록하고 있다.

증할 것입니다. 즉 제논의 발자취를 좇아 당신도 다음과 같은 논증을 구성할 수 있으니 말입니다. "글자를 아는 것은 글자를 알지 못하는 것보다 우월하다. 한데 세계보다 더 우월한 것은 없다. 따라서 세계는 글자를 안다." 이런 방식으로 세계는 달변가가 것이며 심지어는 수학자나, 음악가, 마침내는 모든 학설들의 전문가는 물론, 결국에는 철학자까지 될 것입니다.[91]

---

**91** 번역은 강대진(2012)의 것을 일부 수정하여 인용함. Cf. R. Muller 1985, 86 (Annexe I).

# III. 디오도로스와 그의 주변

## 1. 아폴로니오스 크로노스

- 단편 **96-98**을 보라.

## 2A. 디오도로스: 전기적 자료들 (Fr. 96-108)

96 디오게네스 라에르티오스, 『생애』 II, 111 [= SSR II E 1; SSR II F 1]

또한 에우불리데스의 강의를 들은 다른 사람들도 있었는데, 그들 중에는 아폴로니오스 크로노스가 있었다. 그의 제자는 이아소스 사람이자 아메이니오스의 아들인 디오도로스였는데, 그 자신이 크로노스라는 이름으로 불리기도 했다. 그에 관하여 칼리마코스는 풍자시에서 다음과 같이 쓰고 있다.

모모스는**92** 직접
벽에다 썼다네. "크로노스는 지혜롭구나."

97 스트라본, 『지리학』 XVII, 3, 22 [= SSR II E 2]

다른 한편으로 아폴로니오스 크로노스 역시 그곳[퀴레네] 출신이었다. 그는 변증가 디오도로스의 선생이었다. 디오도로스 역시 같은

---

**92** 모모스(ho Mōmos)는 익살과 조롱, 빈정거림의 신이었다. 벽에다가 디오도로스를 조롱하는 낙서를 남겼다는 뜻으로 이해할 수 있다.

크로노스라고 불렸는데, 몇몇 사람들이 스승의 명칭을 제자에게 넘겨주었다.

98 스트라본, 『지리학』 XIV, 2, 21 [= SSR II E 2]

그곳[이아소스] 출신으로는 변증가 디오도로스가 있었다. 그는 크로노스라는 이름으로 불리기도 했는데, 원래 그것은 잘못된 것이다. 왜냐하면 크로노스라고 불린 것은 그의 스승이었던 아폴로니오스였기 때문이다. 하지만 진짜 크로노스가 명성을 얻지 못했기에 사람들은 그에게로 이름을 넘겨주었던 것이다.

99 디오게네스 라에르티오스, 『생애』 II, 111-112 [= SSR II F 1]

그[디오도로스]는 프톨레마이오스 소테르 왕 곁에 머무는 동안 스틸폰에게서 몇몇 변증술적인 논변들로 질문을 받았다. 하지만 즉석에서 대답을 할 수 없었기에, 그는 그런 이유들로 야단을 맞았고, 게다가 조롱하는 의미에서 크로노스라는 말을 듣기까지 했다. |112| 그는 향연의 자리를 떠난 뒤에, 그 문제에 관한 글을 쓰고는 상심에 빠져 생을 마감했다. 그리고 여기에 그를 위한 우리의 비문이 있다.

디오도로스 크로노스여, 악령들 가운데 누가 그대를
사악한 상심으로 옥죄었단 말인가?
그대가 그대 자신을 타르타로스로 내던지기 위하여,
스틸폰의 수수께끼 같은 말을
풀지 못했기 때문인가? 그렇다면 그대는 드러난 셈이로구나.
로(R)와 캅파(K)가 없는 크로노스(KRONOS)로!**93**

100 플리니우스, 『박물지』 VII, 53, 180 [= SSR II F 2]

변증술의 지혜를 가르쳤던 교수인 디오도로스는 수치심으로 죽었으니, 스틸폰이 장난으로 던진 질문을 그 자리에서 풀지 못했기 때문이다.

101 알렉산드리아의 클레멘스, 『문집』 IV, XIX, 121, 5 [= SSR II F 6]

사실, 필론이 그의 『메넥세노스』에서 하는 말에 따르면, 크로노스라 불렸던 디오도로스의 딸들은 모두 변증가가 되었는데, 그녀들의 이름은 차례대로 다음과 같다. 메넥세네, 아르게이아, 테오그니스, 아르테미시아, 판타클레이아.

102 히에로뉘모스,[94] 『요비니아누스에 반대하여』 I, 42 [= SSR II F 6]

소크라테스주의자인 디오도로스에게는 정숙함에서 돋보였던 다섯 명의 딸들이 있었는데, 그녀들에 관해서는 카르네아데스의 스승이었던 필론 역시 자세한 이야기를 쓰고 있다.

103 디오게네스 라에르티오스, 『생애』 VII, 25 [= SSR II F 3]

히포보토스의 말에 의하면, 그[키티온의 제논]는 디오도로스와 교류하였고, 그의 곁에서 변증술 훈련을 받았다고 한다.

---

**93**  Kronos(티탄 신들의 왕)에서 k와 r를 빼면 onos(당나귀)가 된다.
**94**  4~5세기 교부, 신학자.

104 디오게네스 라에르티오스, 『생애』 VII, 16 [= SSR II F 3]

그[키티온의 제논]는 열정적으로 변증가 필론과 논쟁을 벌였고, 또 그와 동문수학을 했다. 그로부터 그는 그의 스승이었던 디오도로스 못지않게, 젊은 제논에[95] 의해서도 경탄의 대상이 되었다.


105 『수다』 "제논" 항목 [= SSR II F 3]

제논은 무사이오스의 아들이다. 그는 시돈 출신으로 스토아 철학자이며, 크로노스라고도 불리는 디오도로스의 제자였는데, 디오도로스 자신은 키티온 사람인 제논의 선생이기도 했다.[96]


106 누메니오스, in 에우세비오스, 『복음 준비서』 XIV, 5, 11–XIV, 6, 4 (단편 25, 4-29 & 63-67 des Places) [= SSR II F 4]

그런데 아르케실라오스와 제논[키티온 사람]은 폴레몬[97]의 학생들이었다. […] 나는 그래서 제논이 처음에는 크세노크라테스[98]에게, 이어서 폴레몬에게 드나들었으며, 그 다음에는 견유인 크라테스와 어울렸다고 말했던 것을 기억한다. 하지만 지금은 그에 대해 다음의 것도 고려해야 한다. 즉 그는 스틸폰과 헤라클레이토스의 논의들을 나눠 가졌다는 것이다. 왜냐하면 그들[아르케실라오스와 제논]은 폴레몬에게 함께 배우러 다니면서 서로 경쟁 관계에 있었기 때문이었는

---

95  키티온의 제논과는 동명이인이다. 『수다』를 비롯하여 몇몇 문헌에 따르면, 이 사람은 시돈 출신의 제논으로 추정되지만 확실치는 않다(바로 아래의 단편 105 참조).
96  요컨대 디오도로스는 키티온의 제논과 시돈의 제논 모두의 스승인 셈이다.
97  구 아카데메이아의 원장. 크세노크라테스의 계승자이다.
98  구 아카데메이아의 원장. 스페우시포스의 계승자이다.

데, 서로 간의 싸움을 위해, 한 사람[제논]은 헤라클레이토스와 스틸폰과 함께 크라테스를 받아들였다. 그는 그들 가운데 스틸폰에 의해서는 싸움꾼으로 단련되었고, 헤라클레이토스로부터는 엄격함을 배웠으며, 크라테스로 인해서는 견유가 되었다. 반면에 아르케실라오스는 테오프라스토스와 플라톤주의자인 크란토르, 그리고 디오도로스에게 천착했고, 나중에는 퓌론에 몰두했는데, 그들 가운데 크란토르에게서는 설득의 기술을 얻었고, 디오도로스로부터는 소피스트의 기술을 배웠으며, 퓌론에게서는 천변만화와[99] 맹렬함, 그리고 무(無)를[100] 배웠다. 이로부터 사람들은 그에 관해 말할 때 기만적이고 오만한 어떤 시를 노래하고 했다.

앞은 플라톤이요, 뒤는 퓌론이며, 가운데는 디오도로스네.[101]

티몬 역시 그가 메네데모스에게서 쟁론술을 얻어 그것을 갖추게 되었다고 주장한다. 적어도 그가 메네데모스에 관해 말하는 것을 보면 말이다.

---

**99** 천변만화는 pantodapos를 옮긴 것이다. 사람이 지닌 모든 측면들, 다양한 수단, 혹은 변덕.

**100** 무(無)는 ouden을 옮긴 것이다. 아마도 회의주의자 퓌론의 영향일 것이다.

**101** Cf. 호메로스, 『일리아스』 VI, 181: "[키마이라의] 앞은 사자요, 뒤는 뱀이며, 가운데는 염소이다." 우선 아르케실라오스의 앞 모습은 플라톤이다. 왜냐하면 아르케실라오스는 공식적으로 플라톤주의자였기 때문이다. 다음으로 뒤는 퓌론이다. 왜냐하면 그는 회의주의를 신봉했는데, 퓌론은 회의주의의 아버지이기 때문이다. 마지막으로 가운데는 디오도로스이다. 왜냐하면 섹스토스 엠페이리코스의 증언에 따르면, 아르케실라오스는 디오도로스의 변증술을 받아들였기 때문이다. Cf. D. Sedley 1977, 83.

거기서 그는 가슴 속에 메네데모스의 납을 품고서

온통 살뿐인[102] 퓌론에게로, 혹은 디오도로스에게로 돌진할 것이다.

그리하여 그는 변증가였던 디오도로스의 교묘한 논변들과 퓌론의 추론들과 그의 회의주의를 뒤섞고는, 플라톤의 무시무시한 담론으로 그의 헛소리와 같은 수다를 치장했다. [⋯] |6, 4| 그[아르케실라오스]는 그 섬세하고도 설득력 있는 기만술을 디오도로스에게서 얻은 뒤에 퓌론과 교류하였고 [⋯] 그렇게 거기서 실력을 갖추고는, 그는 퓌론과 같은 식으로 그 이름만 제외한 채 모든 종류의 논쟁에서 물러서지 않았다.

107 디오게네스 라에르티오스, 『생애』 IV, 32-33 [= SSR II F 4]

그[아르케실라오스]는 플라톤에게 경탄한 것처럼 보였고, 그의 책들을 구하였다. |33| 또한 다른 사람들에 따르면, 그는 퓌론을 경쟁자로 삼았으며, 변증술을 집착했고 에레트리아학파의 논변들에 몰두했다고 한다. 아리스톤은 그에 대하여 [⋯ (SVF I 343 = 단편 106, 12) ⋯] 말하고, 또 티몬은 그에 관하여 그런 식으로 [⋯ (단편 106, 15-16) ⋯] 말하며, 조금 뒤에서 그는 그로 하여금 다음과 같이 말하게 한다.

나는 퓌론에게로, 또 뒤틀린[103] 디오도로스에게로 헤엄쳐 갈 것이다.

---

102 "온통 살뿐인"은 to pan kreas를 옮긴 것이다. 메네데모스의 혹독함과 퓌론의 부드러움을 대비시키는 것이라 볼 수 있다. 일설에 의하면, 바로 이 대목으로부터 퓌론의 별명이 pankreas(췌장)이 되었다고도 한다. Cf. É. de Places 1973, 66, n. 3.
103 원문은 "skolios." 교활하고 음흉하다는 뉘앙스를 담고 있다.

108 섹스토스 엠페이리코스, 『퓌론주의 개요』 I, 33, 234 [= SSR II F 4]

[사람들의 말에 따르면,] 그로부터 아리스톤은 그[아르케실라오스]에 관해 [… (SVF I 344 = 단편 106, 12) …] 말했다. 왜냐하면 그는 디오도로스에 따라 변증술을 사용했으면서도, 앞에서 볼 때는 플라톤주의자였기 때문이었다.

## 2B. 디오도로스: 학설 (Fr. 109-143)

109 디오게네스 라에르티오스, 『생애』 II, 111 [= SSR II F 1]

그[디오도로스]는 변증가이기도 했는데, 몇몇 사람들에 따르면 그는 최초로 두건 논변과 뿔 달린 사람 논변을 발명했다고 여겨진다.

110 테미스티우스, 『연설들』 II, 30b [= SSR II F 31]

그런데 아마 여러분이 평가하기에, 만일 누군가가 추론과 관련하여 이런저런 분야의 논의를 한다면, 그리고 없는 사람 논변을 검토할 수 있고, 두건 논변을 비롯하여, 긍정과 부정으로 답하는 것들을 드러낼 수 있다면 말입니다. 예컨대 필론과 디오도로스처럼 말입니다. 그들의 빛나는 유산들인 대가의 논변과 뿔 달린 사람 논변은 어렵고 해로운 궤변들이며, 그것들을 이해하기란 어려운 반면, 정작 그 지식은 쓸모가 없지요. […] 그와 같은 인간도 철학을 한다고 〈여러분은 생각하십니까?〉

111 아울루스 겔리우스, 『앗티카의 밤』 XI, 12, 1-3 [= SSR II F 7]

크뤼시포스는 모든 단어가 본성상 애매하다(ambiguum)고 말한다.

왜냐하면 동일한 단어가 둘이나 그 이상의 의미를 갖는 것이 가능하기 때문이다. |2| 반면에 크로노스라는 별명으로도 불리는 디오도로스는 다음과 같이 말한다. "어떠한 단어도 애매하지 않고, 애매한 것을 말하거나 생각하지도 않으며, 말하는 이가 말한다고 생각하는 것 외에 다른 것을 말한다고 간주해서도 안 된다." |3| 그는 또 이렇게 말한다. "하지만 내가 뭔가를 생각할 때, 당신은 다른 것을 이해하는 경우, 우리는 말해진 것이 애매한 것이라기보다는 오히려 모호한 (obscure) 것으로 간주할 수 있다. 왜냐하면 단어가 애매하기 위해서 그것은 본성상 다음과 같아야 한다. 즉 말하는 자가 둘이나 그 이상을 해야 할 것이다. 그러나 한 가지를 말한다고 생각하는 사람이 둘이나 그 이상의 것을 말하지는 않는다."

112 암모니오스, 『아리스토텔레스의 「명제론」 주석』 38, 17–20 [= SSR Ⅱ F 7]

[…] 우리는 변증가 디오도로스의 생각을 받아들이지 않을 것인데, 그는 모든 말에는 의미가 있다고 생각했으며, 그 증거로 자신의 가복(家僕)들 가운데 한 명을 "알라멘"[104]이라 불렀는가 하면, 다른 사람은 다른 소사(小辭)[105]를 써서 불렀다.

113 심플리키오스, 『아리스토텔레스의 「범주론」 주석』 27, 15–24 [= SSR Ⅱ F 7]

어떤 사람들은 그 어려움을 해결하면서 모든 이름이 의미를 가진 것은 아니라고 주장한다. 왜냐하면 이름을 말하는 방식은 다음의 세

---

104  원문은 "Allamēn." 그리스어로 "alla mēn"은 "하지만 확실히(yet truly)" 정도의 의미이다.
105  '소사(小辭, particle)'는 'sundesmon'을 옮긴 것이다.

가지이기 때문이다. 하나는 그 형태에 따른 이름으로,**106** 그것이 특정한 의미내용과 대응되지 않을 수도 있다. 이를테면 "블리튀리"가 그러하다.**107** 다른 하나는 이름의 형태를 갖지 않으면서도 의미 내용과 대응되는 것이다. 예를 들어 "알라멘"이라는 결합된 이름은 디오도로스가 그의 가복에게 붙인 것으로, 그는 이를 통해 문법의 구분들 및 이름들이 본래 있다고 말한 사람들을 조롱했다. 다른 하나는 이름의 형태도 갖고 그 의미내용과도 대응되는 것이다. 이를테면, 소크라테스, 플라톤, 그리고 우리가 부르는 다른 이름들이 그렇다. 〈그렇다면〉 같은 이름을 지닌 것(동명이의어)이 이름의 형태를 가지면서도 대응되는 의미가 없다는 것이 무슨 문제란 말인가?

114 스테파노스,**108** 『아리스토텔레스의 「명제론」 주석』 9, 20–24 [= SSR II F 7]

크라튈로스는 이름들이 그것들의 1차적인 의미에 따르면(즉, 이름에 걸맞은 의미대로라면) 자연적인 것이라고 말했다. 반면에 디오도로스는 자연적인 것이 아니라, 제정된 것이라고 말했으며, 또한 2차적인 의미에 따르는 것이자 단순하고 우연적인 것이라고 말했다. 그로부터 그는 자기의 친자식들을 소사들의 이름으로 불렀으니, 그들에게 "멘(Men)"과 "데(De)"라는 이름을 붙였던 것이다.**109**

---

106  원문은 "kata ton charaktēra." 여기서 형태(charaktēr)는 시각적인 형태가 아니라 소리의 분절 방식을 의미한다고 볼 수 있다.
107  원문은 "to blituri." '블리튀리'는 의성어로 뤼라의 현을 튕길 때 나는 소리를 명사화한 것이다.
108  6~7세기 알렉산드리아 출신의 아리스토텔레스 주석가.
109  그리스어 'men'과 'de'는 문장 내 대조나 대구에 주로 사용되는 소사(particle)이다(ex. on the one hand – on the other hand; einerseits – andererseits; d'une part – d'autre

115 『그리스 일화집(*Anecdota Graeca*)』 IV, 328, 25-32 [= SSR II F 7]

이름에 관하여. 사람들은 이름이 맨 앞에 위치한다고 말한다. 왜냐하면 모든 단어들이 공통적으로 호칭에 따라 이름 불리기 때문이다. 이를테면 우리가 플라톤이 아름다운 이름들 사용했다고 말하는 것처럼 말이다. 왜냐하면 만일 이름의 형태를 갖는 것과 의미를 갖는 것이 이름이고, 다른 한편으로 담론의 각 부분들이 의미를 갖는 것이거나 함께 결합될 수 있는 것이라면, 그 부분들은 이름이라 불릴 수 있음에 분명하다. 따라서 사람들은 크로노스라는 별명으로 불리기도 하는 디오도로스가 자신의 가복을 그런 식으로 불렀다고들 말하는 것이다.


116 알렉산드리아의 디오뉘시오스, in 에우세비오스, 『복음 준비서』 XIV 23, 4 [= SSR II F 8]

한편, 원자들을 다른 이름으로 부르는 사람들은 그것이 부분 없는(amerē) 물체들(sōmata)이라고 말하는데, 그것들은 전체의 부분들이기도 하거니와, 모든 것들이 나뉠 수 없는 것들인 그것들로 구성되는가 하면, 다시 그것들로 해체된다는 것이다. 또한 사람들은 이 부분 없는 것들의 이름을 지은 사람이 디오도로스였다고 말한다.


part; da una parte – dall'altra).

117A 아에티오스,**110** 『철학자들의 의견들』I, 3, 27, in 스토바이오스, 『선집』I, 10, 16 [= SSR II F 8]

크로노스라는 별명으로 불리는 디오도로스는 부분 없는 물체들이 (원리들이라고 보았다). 또한 그는 동일한 것들을 가장 작은 것들이라고도 말하는데, 그것들은 수에 있어서는 무한하지만, 크기에 있어서는 한정되어 있다고 한다.

117B 아에티오스, 『철학자들의 의견들』I, 3, 3 [= SSR II F 8]

크세노크라테스와 디오도로스는 가장 작은 것들이 부분을 갖지 않는 것들이라고 정의하였다.

117C 섹스토스 엠페이리코스, 『퓌론주의 개요』III, 6, 32 [= SSR II F 8]

그런데 크로노스라는 별명으로 불리는 디오도로스는 가장 작고 부분 없는 물체가 (즉, 만물의 원리라고 말했다).

117D 섹스토스 엠페이리코스, 『학자들에 반대하여』IX, 363**111** [= SSR II F 8]

그런데 크로노스라는 별명으로 불리는 디오도로스는 가장 작고 부분 없는 물체가 (즉, 만물의 원리이자 요소라고 말했다).

117E 위 갈레노스, 『철학사』18, p. 611, 1-2 [= SSR II F 8]

그런데 크로노스라고 불려온 디오도로스는 부분 없고 가장 작은

---

**110**  1~2세기의 학설사가.
**111**  『자연학자들에 반대하여』I, 363.

물체들이 (즉, 만물의 원리들이라고 생각한다).

117F 위(僞) 로마의 클레멘스, 『교령집(敎令集, Recognitiones)』 VIII, 15, p. 225, 18–19 [= SSR II F 10]

원리들의 요소들을 […] 디오도로스는 부분 없는 것들이라고 부른다.

(루피누스의 라틴어 번역)[112] [= SSR II F 10]

원리들의 요소들을 […] 디오도로스는 "아메레(amere)"라고 말하는데, 이는 그것들 안에 부분들이(partes) 들어 있지 않은 것을 말한다.

118 칼키디오스, 『플라톤의 「티마이오스」 주석』 203 et 279 [= SSR II F 10]

또한 (즉, 플라톤은) 눈에 보이지 않는 결합을 곰포스(gomphos)라고 부르는데,[113] 그것은 디오도로스의 말처럼 미세한 물체들의 결속이거나, 아니면 아낙사고라스의 말처럼 같은 것들이 서로 비슷하게 덩어리를 형성하는 것이거나 […].

|279| 다른 이들은 무한한 수의 나눠지지 않는 물체들의 작음 때문에, 목재의 미세함이 엮이거니와, 디오도로스와 몇몇 스토아주의자들처럼, 그것들의 결합은 분리만큼이나 우연적이라고 생각했다.

---

112  Tyranius Rufinus(혹은 Rufinus Aquileiensis, 340/345-410). 로마의 신학자로 그리스 교부들의 문헌들을 라틴어로 옮겼다.
113  Cf. 플라톤, 『티마이오스』 43a3. 플라톤은 신들이 인간의 혼을 몸 안에 연결시킬 때 작아서 눈에 보이지 않는 나사들로(gomphoi) 접합시켰다고 말한다.

119 아프로디시아의 알렉산드로스[114], 『아리스토텔레스의 「감각론」 주석』

122, 21-23; 172, 28-173, 1 [= SSR II F 9]

만일 작은 것이 자신의 본성으로 인해 감각될 수 없고, 큰 것은 감지되지 않을 수 없다면, 가장 작은 것은 자신의 본성으로 인해 크기를 드러내지 않을 것이다.

|172, 28| 그들 가운데 부분 없는 것들에 관한 논의는 디오도로스에 의해 제기되거나 다른 사람에 의해 제기되기도 했지만, 그 자신(즉, 아리스토텔레스)이 처음으로 제기하고 그것을 사용한 것처럼 보인다. 그러나 그는 발견자로서 그 주제를 건전하게 사용한 반면, 다른 사람들은 그 주제에 대해 뽐내려는 생각에 그것을 그에게서[115] 가져왔으면서도, 그것을 적절하지 않게 사용했던 것이다.

120 심플리키오스, 『아리스토텔레스의 「자연학」 주석』 926, 19-21 [= SSR II F 9]

또한 지금들과 단일성들은 부분이 없다. 따라서 만일 어떤 사람들이 디오도로스가 증명했다고 생각하듯이, 물체들은 부분이 없다고 말한다면, 그들의 주제에 대해서도 동일한 것들이 말해지게 될 것이다.

121 아에티오스, 『철학자들의 의견들』 in 스토바이오스, 『선집』 I, 19, 1 [= SSR II F 11]

디오도로스 크로노스에 따르면, 움직인 것은 있지만 움직이는 것

---

**114** 2세기 말~3세기 초. 카리아(오늘날의 터키 남서부) 지방의 작은 도시인 아프로디시아스 출신의 소요학파 철학자이자 아리스토텔레스 주석가.

**115** 즉 아리스토텔레스의 논의를 […].

은 어떠한 것도 없다.

122 섹스토스 엠페이리코스, 『학자들에 반대하여』 X, 48[116] [= SSR II F 12]

다른 한편으로, 그 사람들과는(즉, 파르메니데스와 멜리소스처럼 운동이 존재하지 않는다고 주장하는 사람들과는) 디오도로스 크로노스 역시 같은 입장을 취한다. 그에 따르면, 무엇인가 움직인 것은 있어도, 움직이는 것은 단 하나도 없다라고 말하지만 않는다면 말이다. 이에 대해서는 논의를 진행하면서, 그의 입장을 상세히 검토할 때, 우리가 설명할 것이다. 반면에 지금은 다음을 주목하는 것으로 충분하다. 즉 그 역시도 운동을 부정한 사람들과 같은 의견을 취한다는 것이다.

123 섹스토스 엠페이리코스, 『학자들에 반대하여』 X, 85-101[117] [= SSR II F 13]

운동이 존재하지 않는다는 것과 관련하여 또 다른 무게 있는 주장이 디오도로스 크로노스에 의해 제시되었다. 그 주장을 통해 제기하는 바에 따르면, 움직이는 것은 단 하나도 없지만, 움직인 것은 있다는 것이다. 그리고 움직이는 것이 없다는 주장은 그 자체로 부분 없는 것들을 가정하는 것으로부터 귀결된다. |86| 왜냐하면 부분 없는 물체는 부분 없는 장소에 담겨야 하기 때문이며, 또 그런 까닭에 움직임은 그 장소 안에도 없고(왜냐하면 그것은 장소를 가득 채우기 때문이다. 반면에 움직이려는 것은 [자기보다] 더 큰 장소를 가져야 한다), 그것이 들어 있지 않은 장소에도 없기 때문이다. 왜냐하면 그것은 아직 그곳

---

116 『자연학자들에 반대하여』 II, 48.
117 『자연학자들에 반대하여』 II, 85-101.

에 있지 않기 때문인데, 그것이 거기서 움직이기 위해서는 [그곳에 있어야 한다]. 그러므로 그것은 움직이지 않는다. 그러나 논변에 따르면 그것은 움직였다. 왜냐하면 앞에서는 이 장소에서 관찰되었던 것이 지금은 다른 장소에서 관찰되기 때문이다. 즉 그것이 움직이지 않았다면, 그런 일은 일어나지 않았을 것이다. [⋯].

|87| 그 무엇도 움직이지 않는다는 주장을 위하여 그[디오도로스]는 널리 횡행하던 일련의 논변을 제기하였는데, 그 논변은 다음과 같다. "만일 무엇인가가 움직인다면, 그것이 들어 있는 장소 안에서 움직이거나, 아니면 들어 있지 않은 장소에서 움직일 것이다. 하지만 그것은 들어 있는 곳 안에서도 움직이지 않고(왜냐하면 그것은 그 안에 머물러 있기 때문이다), 들어 있지 않은 곳 안에서도 움직이지 않는다(왜냐하면 그것은 그 안에 들어 있지 않기 때문이다). 그렇다면 그 어떤 것은 움직이지 않는다." |88| 논변도 그런 식이지만, 그 전제들의 설득력[118] 역시 명백하다. 왜냐하면 두 개의 장소가 있어서, 한 곳은 무엇인가가 담긴 곳이고, 두 번째 곳은 그것이 담기지 않은 곳이며, 이 곳들 외에 셋째 장소에 대해 생각하는 것은 불가능한 경우, 움직이는 것이 실로 움직인다고 한다면, 그것은 둘 중의 한 곳에서 움직여야 하기 때문이다. 왜냐하면 생각조차 할 수 없는 장소에서는 움직일 수 없을 것이기 때문이다. 그렇다면 한편으로, 그것이 들어 있는 장소에서 그것은 움직이지 않는다. 왜냐하면 그것은 장소를 가득 채운 상태이기 때문이다. 그것이 그 안에 들어 있는 한, 그것은 머물러 있다. 하지만 그것이 그 안에 머물러 있다면, 그것은 움직이지 않는다. |89|

---

118  원문은 hē paramuthia. 확실성, 매력 등으로도 옮길 수 있다.

반면에 그것이 들어 있지 않은 곳의 경우, 역시 그것이 움직이는 것은 불가능하다. 왜냐하면 무엇인가가 있지 않은 곳이라면, 거기서는 무엇인가를 행할 수도 겪을 수도 없으며, 마찬가지로 움직일 수 없기 때문이다. 이는 마치 누군가가 로도스에 있는 사람이 아테네에서 움직인다고 말할 수 없는 것과 같다. 그렇게 일반적으로 우리는 어떠한 물체라도 그것이 있지도 않은 장소에서 움직인다고는 말하지 않을 것이다. |90| 그로부터 만일 두 장소가 있어서, 하나는 어떤 것이 담겨 있는 곳이고 다른 하나는 있지 않은 곳이라면, 또한 그것들 중 어느 곳에서도 움직이는 것이 움직일 수 없음이 증명되었다면, 운동하는 것은 있을 수 없는 셈이다.

그런 것이 이 논변의 설득력이기도 하다. 하지만 그것은 역시 많은 사람들에 의해 다채로운 방식으로 반박되기도 했거니와, 우리는 이제부터 그것들에 대한 반론들을 제시할 것이다. |91| 사실상 어떤 이들은, 완료된 것들이 참이라면, 그것들의 진행 역시 거짓이 될 수 없으며, 오히려 참인 상태를 유지한다고 주장한다. 또한 완료된 것들이 거짓이라면, 마찬가지로 그것들의 연속성 역시 거짓인 상태를 유지한다고 주장한다. 왜냐하면 어떤 것의 한계가 존재한다면, 그것 역시 존재하는 반면, 존재하지 않는 것의 경우, 그 한계도 존재하지 않기 때문이다. 그런데 만일 진행 중인 것의 한계가 완료된 것이라면, 그렇다면 한계로서의 완료된 것이 존재하는 한, 진행 중인 것 역시 필연적으로 존재할 수밖에 없으니, 완료된 것은 진행 중인 것의 한계이기 때문이다. |92| 또한 진행 중인 "생겨나는 것"이 참이 아닌 한, 완료된 "생겨난 것" 역시 없듯이, 또한 마찬가지 방식으로, 진행 중인 "소멸되는 것"이 앞서 있지 않는 한, 완료된 "소멸된 것" 역시 없으

며, 그렇게 마찬가지로 진행 중인 "움직이는 것"이 참이 아니라면, 완료된 "움직인 것"이 참인 것도 불가능하다. […].

|97| 이와 같은 것들이 그 논변에 대한 반론들이다. 하지만 디오도로스는 첫 번째 것에 대해[즉 91-92] 즉각 반박한 것처럼 보이는데, 그는 완료된 것들이 참일 때에도, 그것들의 진행은 거짓임이 가능하다고 가르쳤던 것이다. 한 해 전에 결혼한 사람과 한 해 뒤에 결혼한 사람이 있다고 해보자. 그렇다면, 그 사람들과 관련하여, 한편으로 "그들이 결혼했다"라는 완료된 형태의 명제는 참이지만, 다른 한편으로 "그들이 결혼한다"라는 진행형 명제는 거짓이 된다. 왜냐하면 앞 사람이 결혼할 때는 뒤의 사람은 아직 결혼하고 있지 않고, 뒤 사람이 결혼할 때는 앞 사람은 더 이상 결혼하고 있지 않기 때문이다. 그 사람들과 관련하여, 그들이 함께 결혼하고 있었다면, 그 경우에만 "그들이 결혼한다"는 참이 되었을 것이다. 따라서 완료된 것이 참인 경우에도 그것의 진행은 거짓임이 가능하다. |98| 이러한 것은 "헬레네가 세 명의 남편을 가졌다"는 명제에도 마찬가지로 해당된다. 왜냐하면, 그녀가 스파르타에서 메넬라오스를 남편으로 가지고 있었을 때도, 일리온에서 파리스를 남편으로 가지고 있었을 때도, 파리스가 죽고서 데이포보스와 결혼했을 때도, 진행형인 "그녀는 세 명의 남편을 갖고 있다"는 참이 아니기 때문이다. 그저 "세 명의 남편을 가졌다"만 참인 것이다. […] |100| […] 하지만, 제우스께 맹세코, 동일한 가정을 옹호하기 위해, 디오도로스는 또 다른 설득력 있는 주장을 더욱 분명한 사례를 이용하여 제시한다. |101| 그는 이렇게 말한다. 위에 있는 지붕으로 공을 던져보자. 그렇다면, 날아가는 공이 중간에 이른 시점에서 진행형 명제인 "공이 지붕에 닿는다"는 거짓이다. 왜

냐하면 그것은 여전히 이동 중이기 때문이다. 완료형 명제인 "공이 지붕에 닿았다"는 참이 된다. 그렇다면 진행 중에 있는 것이 거짓일 때에도, 완료된 것으로 있는 것이 참인 것이 가능하며, 또 그런 이유로, 어떤 것이 진행형으로서 운동 중에 있지는 않지만, 완료형으로서 운동을 마친 상태로 있는 것은 가능한 셈이다.

124 섹스토스 엠페이리코스, 『퓌론주의 개요』 III, 71 [= SSR II F 16]

만일 어떤 것이 움직인다면, 그것은 그것이 들어 있는 장소에서 움직이거나 들어 있지 않은 장소에서 움직일 것이다. 그런데 그것은 들어 있는 곳에서는 움직이지 않는다. 왜냐하면 그것이 그 안에 있다면, 그 안에 머물러 있기 때문이다. 또 그것은 들어 있지 않은 곳에서도 움직이지 않는다. 왜냐하면 있지 않는 곳이라면, 그것은 무엇인가를 행할 수도 겪을 수도 없기 때문이다. 그렇다면 그것은 움직이지 않는 셈이다. 그런데 이 논변은 실은 디오도로스 크로노스의 것이다.

125 섹스토스 엠페이리코스, 『학자들에 반대하여』 X, 142-143[119] [= SSR II F 15]

그런데 만물이 부분 없는 것들로 환원된다고 주장하는 사람들은 […] 한층 더 힘든 문제들에 걸려들게 되는데, |143| 그 첫 번째는 운동이 없으리라는 것으로서, 이는 부분 없는 장소와 물체들을 주장하던 디오도로스가 가르친 내용이기도 하다. 사실 첫 번째 부분 없는 장소에 둘러싸인 부분 없는 물체는 운동하지 않는다. 왜냐하면, 그

---

**119** 『자연학자들에 반대하여』 II, 142-143.

것은 부분 없는 장소에 둘러싸이고 그것을 가득 채웠기 때문이다. 또 이번에는 두 번째 부분 없는 장소 안에 놓여 있는 것 역시 움직이지 않는다. 왜냐하면 그것은 이미 움직였기 때문이다. 움직이는 것이 첫 번째 장소에 있는 것인 한에서 그 장소에서 움직이지 않고, 두 번째 장소에서도 움직이지 않는다면, 그리고 이것들 외에 제3의 장소는 생각할 수 없다면, 움직인다고 말해지는 것은 움직이지 않는다.

126 섹스토스 엠페이리코스, 『학자들에 반대하여』 X, 347[120] [= SSR II F 30]

[디오도로스] 크로노스 역시 그와 같은 일련의 논변들을 제기했다. 만일 벽이 파괴된다면, 벽이 파괴되는 것은 돌들이 서로 접촉해서 잘 맞을 때이거나, 아니면 그것들이 떨어져나갈 때일 것이다. 하지만 벽은 돌들이 서로 접촉해서 잘 맞을 때도 파괴되지 않고, 서로로부터 떨어져 나갈 때도 파괴되지 않는다. 그렇다면 벽은 파괴되지 않는다.

127 섹스토스 엠페이리코스, 『퓌론주의 개요』 II, 245 [= SSR II F 17]

또한 의사인 헤로필로스에 관한 유쾌한 일화도 〈하나〉 전해지고 있다. 사실 그는 디오도로스와 동시대인이었는데, 변증술에 세련되지 못했던 디오도로스는 다른 많은 주제들에 대해서는 물론, 운동에 대해서도 소피스트적인 논변들을 펼치곤 했다. 그러다 한번은 어깨가 탈구된 디오도로스가 치료를 받기 위해 헤로필로스를 찾아왔을 때, 헤로필로스는 그에게 다음과 말로 농담을 했다고 한다. "어깨는 있는 장소에서 빠졌거나, 아니면 있지 않은 장소에서 빠졌네. 하

---

120 『자연학자들에 반대하여』 II, 347.

지만 있는 곳에서도 아니고, 있지 않은 곳에서도 아닐세. 그렇다면 어깨는 빠진 게 아니네." 결국 그 소피스트는 그따위 논변일랑은 집어치우고 그가 지닌 의술로 자신에게 적절한 치료를 해달라고 애원했다고 한다.

128 섹스토스 엠페이리코스, 『학자들에 반대하여』I. 309–312[121] [= SSR II F 18]

그렇지만 문법을 대표하는 자들은 우연히 마주하는 짤막한 단가조차 이해하지 못하는 마당에, 더 오래된 작품들이나[122] 어쩌면 전문적인 글들을 가지고서 그들을 당혹스럽게 하는 것은 확실히 불필요한 일이다. 예컨대 칼리마코스가 디오도로스 크로노스에 대해 쓴 다음과 같은 경구처럼 말이다.

자, 보라! 까마귀들까지도[123] 지붕 위에서, "어떤 것들이 따라 나올까악!", 또 "우리는 그때 어떻게 될까악!" 하며 까악까악 거리는구나.[124]

|310| 크로노스가 변증술에 가장 능한 자이며, 어떻게 건전한 조건문을[125] 판별하는지를 가르쳤다는 것, 그리하여 이미 그 압도적인 가

---

121 『문법학자들에 반대하여』I. 309–312.
122 즉 오랜 시간을 거치며 권위를 얻은 작품들. 접속사 kai를 선언(選言)으로 옮겼다.
123 되링의 독법을 따라 koi로 읽었다(Wilamowitz, Pfeiffer). 사본에는 kou로 적혀 있다.
124 원문에서는 자모 k를 반복하면서 일종의 두운법(頭韻法)처럼 사용하고 있다.
   ēnide **k**oi **k**orakes tegeōn epi "**k**oia sunēptai"
   **k**rōzousin **k**ai "**k**ōs authi genēsometha." (강조는 인용자).
125 '조건문'은 'sunēmmenon'을 옮긴 것이다. 이 단어는 원래 '연결 · 결합'을 의미하는 동

르침 때문에, 집 위의 까마귀들마저 귀에 못이 박히도록 들음으로 써[126] 그가 생각하는 건전한 조건문의 판단 기준을 까악까악 읊어댈 정도라는 것, 문법학자는 이것들을 말할 수 있을 것이니, 거기까지는 아이들조차 아는 것들로서 그도 이해할 것이기 때문이다. |311| 하지만 "또 우리는 그때 어떻게 될까"라는 데까지 나아가면, 문법학자는 그것이 의미하는 바를 찾을 수 없기에 침묵하고 말 것이다. 왜냐하면 디오도로스가 설파한 아무것도 움직이지 않는다는 말은 철학자에게 속하는 주장이기 때문이다. 왜냐하면 움직이지는 것은 그것이 들어 있는 장소에서 움직여지거나 그것이 들어 있지 않은 장소에서 움직이거나 할 것이기 때문이다. 하지만 그것은 들어 있는 곳에서도 움직이지 않고, 들어 있지 않은 곳에서도 움직이지 않는다. 그렇다면, 그 어떤 것은 움직이지 않는다. 그런데 아무것도 움직이지 않는다는 주장과 함께 아무것도 소멸하지 않는다는 주장이 따라 나온다. |312| 왜냐하면, 장소 안에 있는 것도 움직이지 않고, 장소 안에 있지 않은 것도 움직이지 않음으로 인해, 그 어떠한 것도 움직이지 않는 것처럼, 마찬가지로 시간 속에 사는 동물도 죽지 않고, 시간 속에 살고 있지 않는 동물도 죽지 않기 때문에, 동물은 그 어느 때도 죽지 않을 것이기 때문이다. 그런데 사정이 그렇다면, 디오도로스의 주장에 따라 우리는 언제나 살아 있기에, 우리의 삶은 그때에도 계속 될 것이다.

---

사 'sunaptomai'의 완료 분사형으로, 조건문은 결합된 명제를 의미한다. 까마귀의 "어떤 것들이 따라 나올까(sunētai)"라는 노래는 디오도로스의 변증술이 조건 명제와 관련되어 있음을 암시한다. Cf. R. Bett 2018, 123, n. 320.

126  직역하면, "수많은 반복학습으로부터(ek pollēs tēs katēchēseōs)."

## 129 섹스토스 엠페이리코스, 『학자들에 반대하여』 X, 112–117[127] [= SSR II F 14]

|**112**| 그러므로 디오도로스가 다룬 논의에 반대하는 것들에 맞서 이것들을 말할 필요가 있었다. 하지만 그는 다른 논변들도 몇 가지 도입했는데, 그것들은 그렇게 무게 있는 것들이 아니라, 좀 더 소피스트적인 성격을 지닌 것들이었다. 우리는 그것들을 소개할 것인데, 이는 우리의 검토를 통해서 그것들 각각을 회피할 수 있기 위함이다. 예를 들어 그는 이렇게 말한다. 움직이는 것은 장소 안에 있다. 그런데 장소 안에 있는 것은 움직이지 않는다. 그렇다면 움직이는 것은 움직이지 않는다.

|**113**| 운동의 종류에는 두 가지가 있어서, 그 하나는 지배권을 통해 움직이는 것이고, 다른 하나는 순수하게 움직이는 것이라 할 때, 그리고 지배권을 통한 움직임이 물체의 많은 부분들이 움직이지만 적은 부분들은 정지해 있는 곳에 존재하고, 순수함을 통한 움직임은 물체의 모든 부분들이 움직이는 곳에 존재하는 이상, 이 두 종류의 운동 중에서는 지배권을 통한 움직임이 순수한 움직임에 선행하는 것처럼 보인다. |**114**| 왜냐하면 어떤 것이 완전히 움직이기 위해서는, 다시 말해 전체가 전체로서 움직이려면, 그것은 먼저 지배권을 확보함으로써 움직이는 것으로 파악되어야 하기 때문이다. 그것은 이를테면 누군가의 머리털이 완전히 잿빛이 되기 위해서는 먼저 [머리털이] 지배적인 면에서 잿빛이 되어야 하는 것과 같으며, 완전한 의미에서 한 덩어리를 얻기 위해서는 지배적인 면에서 덩어리가 생겨야 하는 것과 같은 방식이라 하겠다. 이와 마찬가지로 지배권을 통한 운

---

127  『자연학자들에 반대하여』 II, 112–117.

동은 완전한 운동에 앞서야 한다. 왜냐하면 완전함을 통한 운동은 지배권을 통한 운동이 확장된 것이기 때문이다. 그러나 우리가 다루겠지만, 지배권을 통한 운동이란 존재하지 않는다. 그렇다면 완전한 운동 역시 생겨나지 않을 것이다.

|115| 세 개의 부분 없는 원소들로 구성된 물체가 있어서, 둘은 운동 중이고 하나는 운동을 하지 않는다고 가정해보자. 왜냐하면 지배권을 통한 운동을 위해서는 이것이 요구되기 때문이다. |116| 그렇다면 만일 우리가 부분이 없고 움직이지 않는 네 번째 원소를 이 물체에 덧붙인다면, 다시 [물체 전체의] 운동이 발생할 것이다. 왜냐하면 부분 없는 세 개의 원소들로 구성된 물체 가운데 둘이 움직이고 하나가 움직이지 않을 경우, 그 전체는 움직이기에, 여기에 부분 없는 네 번째 물체가 덧붙여진다고 해도 그 전체는 움직일 것이기 때문이다. 왜냐하면 앞서 움직이고 있었던 부분 없는 세 개의 물체들이 방금 덧붙여진 하나의 부분 없는 원소보다 더 강할 것이기 때문이다. 그런데 만일 네 개의 부분 없는 원소들로 구성된 물체가 움직인다면, 다섯 개의 원소들로 구성된 물체 역시 움직이게 될 것이다. 왜냐하면 앞서 움직이고 있었던 네 개의 부분 없는 원소들이 다섯 번째로 추가된 부분 없는 원소보다 더 강할 것이기 때문이다. |117| 그리고 만일 다섯 개의 원소들로 구성된 물체가 움직인다면, 그것은 여섯 번째 부분 없는 원소가 덧붙여졌을 때도 당연히 움직일 것이다. 왜냐하면 다섯 개의 원소들은 여섯 번 째의 부분 없는 원소보다 더 강하기 때문이다. 그리고 이런 식으로 디오도로스는 10,000개의 부분 없는 원소들까지 나아가며, 이를 통해서 지배권을 통한 운동은 존재하지 않음을 보여준다. 그의 주장에 따르면 지배권을 통한 움직임은 불합리하다. 왜냐

하면 지배권을 통해 움직이는 물체 가운데 9,998개의 부분 없는 원소들은 움직이지 않고, 단지 두 개만이 움직이기 때문이다. 그러므로 지배권을 통해서는 아무것도 움직이지 않는다. 하지만 만일 그렇다면, 순수하고 단순한 의미에서도 움직이는 것은 아무것도 없다. 결국 이로부터 어떠한 것도 움직이지 않는다는 결론이 도출된다.

130A 아리스토텔레스, 『형이상학』 IX, 3, 1046b 29-32 [= SSR II B 15]

예컨대 메가라학파처럼 활동할 때만 능력이 있고 활동하지 않을 때는 능력이 없는 것이라고 주장하는 이들이 있다. 이를테면 집을 짓고 있지 않은 사람은 집을 지을 능력이 없으며, 집을 지을 때만 집 짓는 사람이라는 것이다. 또한 다른 것들의 경우에도 마찬가지라고 그들은 주장한다.

130B 아프로디시아의 알렉산드로스, 『아리스토텔레스의 「형이상학」 주석』 570, 25-30 [= SSR II B 16]

에우클레이데스의 주변에 있었던 사람들을 메가라 철학자들이라고 부를 수 있을 것이다. 왜냐하면 실제로 그는 메가라에다 학교를 세웠기 때문이다. 그[아리스토텔레스]는 메가라 사람들이 가능과 현실을 같은 것으로 만든다고 지적한다. 왜냐하면, 그들의 말에 따르면, 집 짓는 사람은 집을 지을 때, 바로 그때 집 짓는 능력을 가질 뿐만 아니라 집을 지을 수도 있는 반면, 집을 짓지 않을 때에는 집을 지을 수도 없고, 그런 능력을 갖지도 않으니, 이는 가능과 현실이 같기 때문이라는 것이다. 또 다른 것들에 대해서도 사정은 마찬가지라는 것이다.

131 에픽테토스, 『담화록』, II, 19, 1–5 [= SSR II F 24]

|1| 대가의 논변은 다음과 같은 명제들에 기반하여 제기되는 것처럼 보입니다. 사실 다음의 세 명제들은 서로 간에 모순을 공유하고 있는데, 그 하나는 "과거에 참인 모든 것은 필연적으로 그렇다"는 것이고, 다른 하나는 "가능에서는 불가능이 도출되지 않는다"는 것이며, 마지막 하나는 "현재에도 미래에도 참이 아닌 것이 가능하다"는 것이지요. 이 모순 관계를 파악한 뒤에 디오도로스는 앞의 두 명제의 그럴듯함을 이용하여 "현재에도 미래에도 참이 아닌 것은 결코 가능하지 않다"는 명제를 확립합니다. |2| 한편 또 어떤 이는 두 개의 명제로 다음의 것들, 즉 "현재에도 미래에도 참이 아닌 게 있을 수 있다"와 "불가능에서 가능이 도출되지 않는다"는 명제는 보존하되, "과거에 참인 모든 것은 필연적으로 그렇다"는 명제는 보존하지 않습니다. 이것은 예컨대 클레안테스학파의 입장으로 보이며, 안티파트로스가 전폭적으로 지지하는 입장이기도 합니다. |3| 또 어떤 이들은 다른 쌍, 그러니까 "현재에도 미래에도 참이 아닌 것이 가능하다"와 "과거에 참인 모든 것은 필연적으로 그렇다"는 명제는 보존하는 반면, "가능에서도 불가능이 도출된다"고 주장합니다. |4| 하지만 저 세 명제를 모두 보존할 수단은 없으니, 왜냐하면 그것들은 모순을 공유하고 있기 때문이지요. |5| 그렇다면 누군가가 내게 이렇게 묻는다고 해보죠. "그건 그렇고, 당신은 그것들 중에 어떤 것들을 보존하겠소?" 나는 그 사람에게 모르겠다고 대답할 겁니다. 그렇지만 나는 다음과 같은 이야기를 전해 들었지요. 그러니까 디오도로스는 앞의 두 명제를 보존한 반면, 내가 알기로, 판토이데스학파와 클레안테스는 다른 두 명제를, 그리고 크뤼시포스학파는 또 다른 두 명제를 보존했다는 겁니다.

132A 키케로, 『운명에 관하여』 VI, 12 – VII, 13; IX, 17 [= SSR II F 25]

크뤼시포스여! 당신이 강력한 변증가인 디오도로스와 맞서는 커다란 전투에서, 당신의 주장을 포기하지 않도록 주의하십시오! [⋯] 그러므로 미래에 관해 진술되는 모든 거짓 명제들은 가능하지 않다는 것입니다. |VII 13| 그러나, 크뤼시포스여! 그것은 당신이 조금도 원치 않는 것이며, 무엇보다도 바로 그것에 관해 당신은 디오도로스와 대결하고 있는 것이오. 왜냐하면 그는 참이거나 장차 참일 것만이 가능하다고 말하기 때문이요, 또한 무엇이든 장차 있을 것은 필연적으로 있게 된다고 말하고, 무엇이든 있지 않을 것은 있게 될 수 없다고 말하기 때문입니다. 당신은 장차 있지 않을 것도 가능하다고 말하지요. 예를 들어 이 보석이 깨지는 것은 가능합니다. 설령 그런 일이 앞으로 결코 있지 않을 것이라 해도 말이지요. 그리고 큅셀로스가[128] 코린토스를 지배하는 것 역시 필연적인 일은 아닙니다. 설령 그것을 천 년 전에 신탁이 예언했다 하더라도 말이지요. 하지만 만일 당신이 그 신적인 예언들을 인정한다면, 당신은 미래와 관련하여 잘못된 진술들을 불가능한 것들 가운데 속한다고 간주할 것이니, 예를 들면 "아프리카누스가 카르타고를 정복하지 않을 것이다"라고 말하는 경우가 그렇습니다.[129] 또한 미래와 관련하여 참을 말하고 또 그것이 장차 그렇게 된다면, 당신은 필연적으로 그렇다고 말해야 할 것입니다. 그것들은 모두 당신과 적대적인 디오도로스의 의견인 것입니다. [⋯].

---

128  서기전 7세기 무렵 코린토스 최초의 참주.
129  스키피오 아프리카누스. 서기전 204년 카르타고 군대를 무찌르고 항복을 받아냈다.

|**IX 17**| 하지만 사람들이 『가능한 것들에 관하여』라고 부르는 디오도로스의 반론으로 돌아가봅시다. 우리는 거기서 "가능한 것"이 어떤 의미를 갖는지 살펴볼 것입니다. 자, 디오도로스의 의견은 참이거나 장차 참일 것만이 가능하다는 것입니다. 이 논제는 다음의 주장들과 연결됩니다. 즉 '필연적이지 않은 것은 결코 발생하지 않는다.' '모든 가능한 것은 이미 그렇거나 앞으로도 그럴 것이다.' 또한 '미래의 것이 과거의 것을 넘어 참에서 거짓으로 바뀌는 것 역시 불가능하다.' 그렇지만 '과거의 것들은 불변하는 것이 분명한 반면, 몇몇 미래의 것들은 분명하지 않기에, 불변하는 것에 속하는지가 잘 드러나지 않는다'라는 주장들 말입니다.

132B 히에로뉘모스, 『펠라기우스주의자들에 반대하여』 I, 9 (키케로의 『운명에 관하여』에서) [= SSR II F 25]

가장 강력한 변증가들인 디오도로스와 크뤼시포스 사이에는 가능과 관련된 논쟁이 있다. 디오도로스는 오직 참이거나 장차 참일 것만이 가능하며, 장차 있을 것은 무엇이든 필연적인 반면, 장차 있지 않을 것은 있을 수 없다고 말한다. 반면에 크뤼시포스는 장차 있지 않은 것 역시 가능하다고 주장한다. 마치 이 진주를 자르는 것처럼, 설령 그런 일이 앞으로 결코 일어나지 않더라도 말이다.

133 키케로, 『친구들에게 보내는 편지』 IX, 4 [= SSR II F 25]

가능한 것들과 관련하여 나는 디오도로스의 입장을 따른다는 것을 알아두게. 그렇기 때문에 만일 자네가 올 거라면, 자네가 오는 것은 필연적이네만, 반대로 만일 자네가 오지 않을 거라면, 자네가 오는 것은 불가능하다는 것을 알아두게.

134 플루타르코스, 『스토아주의자들의 모순에 관하여』 46, 1055D−E [= SSR
II F 26]

또한 가능에 관한 논변은 그의[크뤼시포스, SVF II 202] 운명에 관
한 논변과 어찌 부딪히지 않을 수 있는가? 만일 가능이 디오도로스
의 주장처럼 현재의 참이나 미래의 참인 것이 아니라, 생겨날 수 있
는 모든 것이, 설령 실제로는 생겨나지 않더라도, 가능이라고 한다
면, 운명에 따르지 않는 많은 것들이 가능할 것이다. 〈＊＊＊〉 결국
운명은 부동하고 제압당하지 않으며 모든 것을 능가하는 힘을 상실
하거나, 아니면 운명이 크뤼시포스가 평가하는 그런 것이라면, 생겨
날 수 있는 것은 종종 불가능한 상황에 빠지고 말 것이다.

135 아프로디시아의 알렉산드로스, 『아리스토텔레스의 「분석론 전서」 주석』 I,
183, 34−184, 10[130] [= SSR II F 27]

그[아리스토텔레스]는 가능한 것들에 관해서도, 특히 디오도로스
식으로 논의되는 것, |184| 즉 있는 것 혹은 있을 것에 관해서도 역
시 말할 수 있다. 사실 디오도로스는 모든 면에서 가능한 것은 오직
있는 것이나 있을 것만이라고 보았다. 그에 따르면, 만일 내가 코린
토스에 있거나, 혹은 내가 모든 경우에 있을 것이라면, 내가 코린토
스에 있는 것은 가능하다. 반면에 만일 내가 있지 않다면, 내가 코린

---

130  Cf. Alexander of Aphrodisias, *On Aristotle Prior Analytics* 1. 14−22, trs. bBy I. Mueller
& J. Gould, London/New York, Bloomsbury, 2013, 94.

토스에 있는 것은 결코 가능하지 않다. 또한 만일 아이가 모든 면에서 글을 읽고 쓸 줄 알게 될 것이라면, 그 아이가 글을 읽고 쓰는 것은 가능하다. 이를 확립하기 위해 디오도로스는 특히 대가의 논변을 제기했던 것이다. 마찬가지로 아리스토텔레스는 필론의 주장과 관련해서 논변을 제기했다. 즉 가능이란 간단히 말해 사물의 고유 성향으로,131 설령 어떤 외적인 강제에 의해 그렇게 되는 것이 방해를 받더라도 그 상태는 이루어질 수 있다. 따라서 필론은 베지 않은 밀밭에 있는 짚단이나 바다 속 깊이 잠긴 짚단이나, 그것이 있는 곳에서 불에 탈 수 있다고 말했다. 설령 그것이 둘러싸고 있는 것들에 의해 필연적으로 방해를 받는다 하더라도 말이다.

136 필로포노스, 『아리스토텔레스의 「분석론 전서」 주석』 169, 17–21 [= SSR Ⅱ F 27]

그런데 디오도로스는 가능에 다른 어떤 의미가 있다고 주장했다. 왜냐하면 그의 주장에 따르면, 가능은 이미 도래한 것으로서 우리가 실제한다고 부르는 것이거나, 도래할 수 있지만 아직 도래하지 않은 것이기 때문이다. 반면, 필론의 주장에 따르면, 가능이란 도래한 것이거나, 아직 도래하지는 않았지만 도래할 수 있는 것으로, 이를테면 우리가 바다 속에 있는 조개를 감각할 수 있는 것이라고 말하는 것과 같다.

---

131 "사물의 고유 성향"은 tēn epitēdeiotēta tou hupokeimenou를 옮긴 것이다. 그리스어 hupokeimenon은 존재론에서는 "기체(基體)"를, 문법에서는 "주어(主語)"를 뜻한다. 예컨대 짚단이라는 기체는 불에 잘 타는 성질을 가지고 있다. 또한 "짚단"이라는 주어에는 불에 "잘 탄다"는 술어가 붙는다. 즉 가능이란 존재론적인 수준에서든 언어적인 수준에서든, 사물(주어)에 내재해 있는 성질이 발현될(서술될) 수 있음을 뜻한다.

137 심플리키오스, 『아리스토텔레스의 「범주론」 주석』 195, 31 – 196, 24 [= SSR II F 27]

그들은 또 다른 난점들에 봉착하였는데, 그것들은 이른바 가능과 관련된 문제에 속하는 것들로서, 다음을 통해 구별될 수 있는 것들이었다. 그들은 다음과 같이 말한다. "왜냐하면, 실로 어떻게 우리는 감각할 수 있는 것과 알 수 있는 것을 판단할 것인가? 그것은 필론이 말하듯이, 설령 그것에 대한 앎이 지금이나 앞으로나 있지 않다 하더라도, |196| 마치 대서양 한복판에 있는 나무조각이 자신의 힘과 자신의 본성에 따라 연소될 수 있는 것처럼, 그저 고유한 성향에 의해서인가? 그렇지 않으면, 어떤 확실한 장애물이 가로막지 않는 한, 그것들은 본래 자기들 스스로 지식과 감각의 대상에 속하는 것들이라 할 수 있거니와, 그런 방해 받지 않는 성향을 통해 그러한 것들을 판단해야 할까? 그게 아니면 이 둘 중 어느 것도 아니고, 알 수 있는 것이라고 말해질 때는 그 대상에 대한 앎이 지금이나 앞으로나 있으며, 대상의 도래 여부에 따라서[132] 가능을 판단하려 할 때가 아닐까? […]."

한편으로 아리스토텔레스가 설령 지식이 없어도 지식의 대상은 존재하며, 모든 동물이 사라져도 감각적인 것이 함께 소멸하는 것은 아니라고 주장할 때, 가능에 대한 그의 판단은 단순한 성향들로 이전된다. 반면에 몇몇 사람들이 말하듯이, 대상에 대한 앎이 없다면, 앎의 대상은 전적으로 존재하지 않는다면, 그 경우 가능은 결과물에 따라 판단하게 된다는 것이 그들의 생각이다. 또한 앎의 대상이 없다면, 앎은 존재하지 않는 다는 것은 사람들이 동의하는 바이다. 왜냐하면,

132　즉 결과에 따라서 […].

앎의 대상으로부터 그것과 관련된 활동이[133] 생기기 때문이다. 반면에 앎이 없어도 앎의 대상은 존재할 수 있다는 것에 대해서, 어떤 사람들은 가능을 그저 성향에 따르는 것이라고 판단하면서 가능에 동의한다(왜냐하면 그것은 알려지는 것에 고유한 본성을 갖고 있기 때문이다). 반면에 결과물을 보고서 판단하는 사람들은 그것이 전적으로 분명한 현실로 나아가지 않는 한 가능에 동의하지 않는다.

그렇다면 살펴봐야 할 것은 한편으로, 옛 선인들과 같은 방식으로, 즉 필론이 그랬던 것처럼, 가능을 일종의 경향이라는 방식으로 판단하는 사람들과, 다른 한편으로는 그에 맞서, 오늘날 디오도로스의 관점에 따라—그는 가능을 결과물에 의해 판단했다—난문을 제기하는 사람들, 그리고 이 관점에 대한 반발로써, 설령 앎이 존재하지 않는다 하더라도, 앎의 대상은 앎의 대상으로서 존재한다는 입장을 도입한 사람들이 어떻게 해서 불합리함을 겪게 되는가 하는 것이다.[134]

138 보에티우스, 『아리스토텔레스의 「명제론」 주석』 234, 10-235, 9 [= SSR II F 28]

그러므로 가능성에 관한 학설들은 셋이다. 필론에 따르면, 가능이란 고유 본성으로부터 참인 진술이 나올 수 있는 것을 말한다. 이를테면 내가 "나는 오늘 테오크리토스의 『목가(牧歌)』를 다시 읽을 것이다"라고 말할 때가 그렇다. 외부의 어떠한 것도 그것을 막지 않고, 그것이 그 자체로 있는 한, 그것은 참으로서 진술될 수 있다. 한편, 동

133 즉 지적인 활동. 여기서 "활동"은 energeia를 옮긴 것이다.
134 Cf. Simplicius, On Aristotle Categories 7-8, tr. by Barrie Fleet, London, Blumsburry, 2002, 52-53.

일한 방식으로 필론은 어떤 것이 참인 경우, 그 자체로 있는 한 결코 거짓이 될 수 없는 것을 그 자체로 필연이라고 정의한다. 다른 한편으로 그는 그 자체로 있는 것인 한에서 오류가 나올 수 있는 것을 그 자체로 필연적이지 않은 것이라고 규정한다. 고유한 본성에 따를 때 절대로 참이 나올 수 없는 것은 불가능하다. 하지만 그는 우연과 가능이 그 자체로 동일한 것이라고 단언한다.

디오도로스는 가능을 있는 것이거나 있을 것이라고 규정한다. 불가능은 거짓인 것으로서 참일 수 없는 것이다. 필연적인 것은 참인 것으로서 거짓일 수 없는 것이다. 필연적이지 않은 것은 이미 거짓인 것이거나 거짓일 것이다.

스토아주의자들에 따르면 가능이란 어떤 것의 외부에서 접촉하는 것들이 아무런 방해도 하지 않을 경우, 참인 진술이 나올 수 있는 것이다. 반면에 불가능은 바깥에서 그것의 산출을 방해하고 있는 다른 것들 때문에 어떠한 참도 나오지 않는 것이다. 반면에 필연적인 것은 참인 경우에 거짓 진술이 어떠한 이유로도 나오지 않는 것이다.[135]

---

135  다음의 도식을 참고하라.

|      | 가능하다 | 불가능하다 | 필연적인 | 필연적이지 않은 |
|------|----------|------------|----------|-----------------|
| 필론 | 고유본성으로부터 참이 나오는 것 (외부 환경이 방해하지 않을 경우) | 고유본성으로부터 참이 나올 수 없는 것은 불가능하다. | 어떤 것이 그 자체로 참인 한, 절대로 거짓일 수 없다. | 어떤 것이 그 자체로 있는 것임에도 오류가 나오는 경우 |
| 디오도로스 | 있는 것이나 있을 것 | 거짓(으로서 참일 수 없는 것) | 참인 것으로서 거짓을 수 없는 것 | 거짓이거나 거짓일 것 |
| 스토아주의 | 참인 것(외부 환경이 막지 않을 경우) | 참일 수 없는 것 (외부 환경의 방해로 인해) | 참인 경우, 결코 거짓일 수 없는 것 | (외부 환경으로 인해 거짓일 수 있는 것) |

하지만 모든 것들이 필연적으로 이루어진다면, 의심의 여지 없이 디오도로스의 주장 쪽으로 가게 될 것이다. 비록 그것이 옳지 않더라도 말이다. 사실 그는 만일 누군가가 바다에서 죽는다면 그의 시체를 땅에서 찾을 수는 없을 것이라고 진술한다. 그것은 필론과 스토아주의자들도 부정하는 것이다.

139 보에티우스, 『아리스토텔레스의 「명제론」 주석』 412, 8-21 [= SSR II F 29]

그러므로 가능들에는 주요하게 두 가지가 있다. 하나는 있지는 않지만 있을 수 있는 것이라 말해지는 것이고, 다른 하나는 가능으로서뿐만 아니라 현실로서도 이미 무엇인가로 있다고 진술되는 것이다. 이미 현실로서 있는 후자의 가능의 경우 그것은 자신으로부터 두 가지 종류를 산출한다. 하나는 있지만 필연적인 것은 아니요, 다른 하나는 있으며 또한 필연적이게끔 하는 것을 지닌 것이다. 그것을 파악한 것은 아리스토텔레스의 통찰력 만이 유일한 것은 아니었다. 사실은 디오도로스 역시 가능을 그런 식으로, 즉 있는 것이거나 있을 것으로 규정했다. 그리하여 아리스토텔레스는 디오도로스가 "있을[~일] 것이다"라고 말하는 것을 가능이라고 생각했으니, 그것은 있지는 않지만 일어날 수 있는 것이다. 다른 한편, 디오도로스가 "있다[~이다]"라고 말하는 것을 아리스토텔레스는 가능이라고 설명하니, 그것은 이미 현실로서 있기에 그런 이유로 가능한 것이라고 말해지는 것이다.

140 키케로, 『아카데미아학파 전서(루쿨루스)』 XLVII, 143 [= SSR II F 23]

변증가들이 기본적으로 가르치는 것 안에서도, 즉 "만일 낮이면 빛이 있다"처럼 결합된 명제[136]의 경우, 그것이 참인지 거짓인지를 어떻게 판단해야 할지에 대해서도 얼마나 많은 논쟁이 있었습니까! 디오도로스의 의견이 다르고, 필론의 의견이 다르고, 크뤼시포스의 의견이 다르니 말입니다.

141 섹스토스 엠페이리코스, 『퓌론주의 개요』 II, 110-111 [= SSR II F 19]

왜냐하면 필론은 건전한 조건문을 참에서 출발하여 거짓으로 귀결되지 않는 명제라고 주장하기 때문이다. 예컨대 낮이고 내가 대화를 나눌 경우, "만일 낮이면, 나는 대화한다"라는 명제가 그렇다. 반면에 디오도로스는 조건 명제를 참에서 출발하여 거짓으로 귀결되는 것이 과거에도 지금도 불가능한 것이라고 주장한다. |111| 그에 따르면, 위에 언급된 조건문은 거짓인 것처럼 보이는데, 왜냐하면 설령 낮이라 해도 내가 잠자코 있다면, 그것은 참에서 출발하여 거짓으로 끝날 것이기 때문이다. 반면에 다음은 참인 것처럼 보인다. "만일 존재하는 것들의 나눌 수 없는 원소들이 있지 않다면, 존재하는 것들의 나눌 수 없는 원소들이 있다." 왜냐하면 그것은 언제나 "존재하는 것들의 나눌 수 없는 원소들이 있지 않다"는 거짓에서 출발하더라도, 그가 보기에 참인 것, 즉 "존재하는 것들의 나눌 수 없는 원소들이 있다"로 끝날 것이기 때문이다.

---

**136** 즉 조건문(if $p$, then $q$).

142 섹스토스 엠페이리코스, 『학자들에 반대하여』 VIII, 112-117[137] [= SSR II F 20]

사실 모든 변증가들은 공통적으로 조건문 안의 귀결문이 그 안의 선행 명제를 따라 나올 때, 그 조건문은 건전하다고들 말한다. 하지만 그것이 언제, 또 어떻게 귀결되는지에 관해서는 서로 간에 일치를 보지 못하며, 경쟁 관계에 있는 것들을 귀결의 기준들로 제시한다. |113| 이를테면 필론은 조건문이 참에서 출발하여 거짓으로 귀결되지 않을 때, 그 조건문은 참이 된다고 말했다. 따라서 그에 의하면, 조건문이 참이 되는 방식은 세 가지인 반면, 거짓이 되는 방식은 한 가지이다. 왜냐하면, 조건문이 참에서 출발하여 참으로 끝날 때, 그것은 참이다. 이를테면 "만일 낮이면, 빛이 있다"가 그렇다. 또한 거짓에서 출발하여 거짓으로 끝날 때, 그것 역시 참이다. 이를테면 "만일 지구가 난다면, 지구는 날개를 갖는다"가 그렇다. |114| 또한 마찬가지로 거짓에서 출발하되 참으로 귀결되는 것도 참이다. 이를테면, "만일 지구가 난다면, 지구는 존재한다"가 그렇다. 반면에 조건문이 거짓이 되는 유일한 경우는 참에서 출발하여 거짓으로 귀결될 때뿐이다. 예컨대 "만일 낮이면, 밤이다"와 같은 경우가 그렇다. 왜냐하면 낮일 경우, "낮이다"는 선행하는 명제로서 참인 반면, "밤이다"는 귀결되는 명제로서 거짓이기 때문이다. |115| 다른 한편, 디오도로스는 조건문이 참이 되는 것은 참에서 출발하여 거짓으로 끝나는 것이 과거에도 불가능했고 지금도 불가능한 경우라고 말한다. 그것은 필론의 입장과 대결하는 부분이다. 사실 다음과 같은 조건문, 즉 "만일 낮이면,

---

137 『논리학자들에 반대하여』 II, 112-117.

나는 대화를 나눈다"의 경우, 그 시점이 낮이고 나 역시 대화를 하고 있다면, 필론에 의하면 그것은 참이다. 왜냐하면 그것은 "낮이다"라는 참에서 출발하여 "내가 대화를 나눈다"라는 참으로 귀결되기 때문이다. 하지만 디오도로스에 의하면 그것은 거짓이다. 왜냐하면 어떤 경우에는 "낮이다"라는 참에서 출발하지만, 내가 잠자코 있다면, "나는 대화를 나눈다"는 거짓으로 귀결되는 것이 가능하며, 과거에도 참에서 출발하지만, "내가 대화를 나눈다"가 거짓으로 귀결되는 것이 가능했을 것이기 때문이다. |116| 왜냐하면 내가 대화를 시작하기 전에, 그것은 "낮이다"라는 참에서 출발하지만, "내가 대화를 나눈다"라는 거짓으로 끝났기 때문이다. 또한 다음의 경우, 즉 "만일 밤이면, 나는 대화를 나눈다"라는 조건문은, 낮이고 내가 잠자코 있을 경우, 필론에 따르면 참이다. 왜냐하면 그것은 거짓에서 출발하여 거짓으로 귀결되기 때문이다. 반면에 그것은 디오도로스에 따르면 거짓이다. 왜냐하면 그것은 참에서 출발하지만,[138] 밤이 찾아오고, 또 이번에는 내가 대화를 나누지 않고 잠자코 있을 경우에는 거짓으로 귀결되는 것이 가능하기 때문이다. |117| 하지만 또 이번에는 "만일 밤이면, 낮이다"라는 명제는, 낮일 경우, 필론에 따르면, "밤이다"라는 거짓에서 출발하여 "낮이다"라는 참으로 귀결되었다는 이유 때문에 참이다. 반면에 디오도로스에 따르면, 밤이 찾아올 경우, 그것은 "밤이다"라는 참에서 출발하지만 "낮이다"라는 거짓으로 귀결될 수 있다는 이유 때문에 거짓이다.

---

138  즉 "만일 밤이면 […]."

143 섹스토스 엠페이리코스, 『학자들에 반대하여』 VIII, 332-333[139] [= SSR II F 22]

왜냐하면, 우리가 많은 조건문들을 판단하는 일에 매몰되지 않고, 참에서 출발하여 거짓으로 귀결되지 않는 조건문이 참이라고 바로 말하기 위해 예를 들자면, "만일 운동이 있다면, 허공이 있다"〈는 참이기 때문이다〉. […] |333| 그런데 디오도로스에 따르면, 그것은 "운동이 있다"라는 거짓에서 출발하여, "허공이 있다"라는 거짓으로 귀결되기에 그것은 참이 될 것인 반면, "그런데 운동이 있다"라는 소전제의 경우, 그는 그것을 거짓이라고 논박할 것이다.

### 3. 필론 (Fr. 144)

– 단편 **104**를 보라.

144(?) 디오게네스 라에르티오스, 『생애』 VII, 191, 194 [= SSR II G 1]

(크뤼시포스의 저술 목록 중에서)[140] 『필론의 「의미작용에 관하여」에 반대하여』 한 권. […] 『필론의 「양상에 관하여」에 반대하여, 티모스트라스에게[141]』 한 권.

– 단편 **101, 102, 110, 135-138, 140-142**를 보라.

---

139  『논리학자들에 반대하여』 II, 332-333.
140  Cf. SVF II, 13, p. 5, 23; II, 14, p. 7, 6.
141  이 논고의 헌정 대상인 티모스트라토스는 크뤼시포스의 동료 내지는 제자였을 것으로 짐작된다.

## 4. 판토이데스 (Fr. 145-146)

145 디오게네스 라에르티오스, 『생애』 V, 68 [= SSR II Q 1]
[…] 그[뤼콘]는 또 변증가 판토이데스의 강의도 들었다.

146 디오게네스 라에르티오스, 『생애』 VII, 193 [= SSR II Q ]
(크뤼시포스의 저술 목록 중에서)[142] 『판토이데스의 「애매한 표현들에
관하여(*Peri amphibolion*)」에 반대하여』 두 권.

- 단편 **63, 131, 15**를 보라.

## 5. 디오도로스의 딸들 (Fr. 144)

- 단편 **101, 102**를 보라.

---

142  Cf. SVF II 14, p. 6, 27.

# IV. 스틸폰과 그의 주변

## 1. 테바이 출신의 파시클레스

– 단편 **148A, B**를 보라.

## 2. 코린토스 출신의 트라쉬마코스

– 단편 **147**을 보라.

### 3A. 스틸폰: 생애(단편 147–186)

147 디오게네스 라에르티오스, 『생애』 II, 113 [= SSR II A 24; SSR II O 2]

스틸폰은 헬라스 지역의 메가라 사람으로 에우클레이데스를 사사한 이들의 강의를 들었다. 반면 어떤 이들은 심지어 그가 에우클레이데스에게서 직접 강의를 들었다고 말하며, 헤라클레이데스의 증언에 따르면, 그는 이크튀아스의 동료이자[143] 코린토스 사람인 트라쉬마코스의 강의도 들었다고도 한다.

148A 『수다』 "스틸폰" 항목 [= SSR II O 1]

스틸폰은 메가라 출신의 철학자로 프톨레마이오스 1세의 치세기에

---

[143] 원문은 'gnōrimos.' 1차적인 의미는 "지인"이지만, 조직의 "동료," 학교의 경우에는 "학생"이나 "제자"로 옮길 수도 있다. 스틸폰은 이크튀아스의 뒤를 이어 메가라학파의 수장이 되었으며, 이후 테바이 출신의 크라테스의 스승이 된다.

태어났다. 그는 테바이 출신의 파시클레스의 제자였는데, 파시클레스는 그의 형제인 크라테스와 메가라 출신인 디오클레이데스의 학생이었다. 그리고 디오클레이데스는 플라톤의 동료였던 에우클레이데스의 학생이었다. 또한 그는 메가라학파를 이끌기도 하였다.

148B 디오게네스 라에르티오스, 『생애』 VI, 89 [= SSR II A 25]

그(즉, 크라테스)의 형제로는 파시클레스가 있었는데, 그는 에우클레이데스의 제자였다.[144]

– 단편 **32A, 33**을 보라.

149 디오게네스 라에르티오스, 『생애』 VI, 76 [= SSR II O 35]

또한 그[견유 디오게네스]의 강의를 들은 이들로는 선인(善人)이라는 별명을 지닌 포키온과[145] 메가라 사람인 스틸폰, 그리고 다른 많은 정치인들이 있었다.

150 디오게네스 라에르티오스, 『생애』 II, 115 [= SSR II O 14]

사람들 말에 의하면, 프톨레마이오스 1세 소테르 역시 그[스틸폰]를 궁으로 불러들였다고 한다. 또 그가 메가라를 차지하게 되었을 때, 스틸폰에게 돈을 주었을 뿐만 아니라, 함께 아이귑토스로 여행

---

**144** 되링은 이 대목에서 에우클레이데스의 자리에 디오클레이데스가 와야 맞으며, 이와 같이 쓴 것은 아마도 저자(디오게네스 라에르티오스)나 필사자의 오류일 것이라고 추측한다.
**145** 포키온은 아테네의 정치인으로 알려져 있다.

을 가자고 그를 불렀다고 한다. 그런데 스틸폰은 약간의 돈을 받았을 뿐, 여행은 거절하였고, 프톨레마이오스가 항해를 떠날 때까지 아이기나에 가 있었다.

– 단편 **99, 100**을 보라.

151A 디오게네스 라에르티오스, 『생애』 II, 115–116 [= SSR II O 15]

그뿐만 아니라 안티고노스의 아들인 데메트리오스 왕 역시 메가라를 차지한 뒤에, 스틸폰이 자기 집을 유지할 수 있고, 빼앗긴 것들을 모두 돌려받을 수 있도록 배려해주었다. 또한 왕이 그에게서 잃어버린 것들의 목록을 받으려 했을 때에도, 스틸폰은 어떠한 재산도 잃지 않았다고 말했다. 왜냐하면 누구도 그에게서 교양을 앗아가지 않았으며 그는 이성과 지식을 가지고 있었기 때문이었다. |116| 스틸폰은 그[데메트리오스]와 인간의 선행에 관해 대화를 나누면서 그런 식으로 왕을 매혹시켰고, 결국 왕은 그에게 열중할 정도가 되었다.

151B 플루타르코스, 『데메트리오스의 생애』 9, 8–10 [= SSR II O 15]

하지만 메가라가 함락되고 군인들이 약탈을 행하자, 아테네인들은 강력한 탄원을 통해 메가라인들의 안전을 요청하였다. 데메트리오스 역시 주둔군을 철수시키고 도시를 자유롭게 해주었다. |9| 그가 아직 그 일을 수행하고 있을 때, 그는 철학자 스틸폰에 관해 기억해냈는데, 그는 평정한 삶을 선택하여 명성이 자자한 사람이었다. 그래서 왕은 그를 소환한 뒤에 혹시 누군가가 그에게서 무엇인가를 앗아가지 않았는지를 물었다. 그러자 스틸폰은 이렇게 말했다. "아무도 없

었소. 왜냐하면 나의 지식을 가져간 자라고는 누구도 보지 못했기 때문이오." |10| 하지만 하인들이 은밀히 납치되어 거의 모두 사라져갔고, 다시 한 번 데메트리오스는 그를 친절하게 대하였고 마지막으로 떠나면서 다음과 같이 말했다. "스틸폰, 그대들의 도시를 자유롭게 놔주겠소." 데메트리오스가 그렇게 말하자 스틸폰은 이렇게 대답했다. "맞는 말씀이오. 우리의 노예라고는 단 한 명도 놔두지 않았으니 말이오."**146**

151C 플루타르코스, 『혼의 고요에 관하여』 17, 475C [= SSR Ⅱ O 15]

데메트리오스 왕은 메가라인들의 도시를 점령한 뒤에 스틸폰에게 그의 재산들 가운데 빼앗긴 것은 없는지 물었다. 그러자 스틸폰은 "나의 것들"을 가져가는 자는 누구도 보지 못했다고 말했다.

151D 플루타르코스, 『아이들의 교육에 관하여』 8, 5F [= SSR Ⅱ O 15]

내가 보기에 메가라 출신의 철학자 스틸폰은 데메트리오스 왕이 도시를 복속시킨 뒤에 남김 없이 파괴했을 때 기억할 만한 답변을 했다고 생각한다. 그는 스틸폰에게 혹시 잃어버린 것이 있냐고 물었다. 그러자 그는 이렇게 말했다고 한다. "조금도 없소! 왜냐하면 전쟁은 덕을 전리품으로 가져가지 못하기 때문이오."

151E 고백자 막시무스, 『공통의 주제들』 XVII = 『바티칸 단장』 515a-b = 『바

---

**146** 원문은 'oudena gar hamōn doulon apoleloipas.' 다른 해석도 가능한데, 'hamōn(우리의)'이 'doulon(노예)'이 아니라 'oudena(아무도)'를 받는 것으로 볼 경우, "우리들 가운데 누구도 노예로 놔두지 않았으니까요."로 옮길 수도 있다.

티칸 단장 부록』103, p. 79 = 다마스쿠스의 요한, Exc. Florent. II, 13, 153 [= SSR II O 15]

메가라 철학자인 스틸폰은 자신의 조국이 참주 데메트리오스에게 점령되고 유린당했을 때, 왕에게 불려갔다. 왕이 그에게 혹시 개인적으로 무엇인가 잃은 것이 있냐고 묻자 그는 다음과 같이 대답했다. "내 것들 가운데는 아무것도 없소. 왜냐하면 내가 가진 것은 이성과 교육이기 때문이오. 나머지 것들에 대해서는 내가 점령자들보다 더 많이 가져야 할 이유가 무엇이겠소?" 이 동일한 인물은 자신의 조국이 유린당할 때도 데메트리오스에게 불려가 다음과 같은 질문을 받았다. "스틸폰이여, 네 것들 중에서도 무엇인가 빼앗긴 것이 있지 않은가?" 그는 이렇게 대답했다. "아무것도 없소. 왜냐하면 그들은 나의 소나 말을 몰고 간 적이 한 번도 없었고, 나 역시 군인들의 어깨 위에 덕이 실려가는 것을 하나도 보지 못했기 때문이오."

151F 테미스티우스, 『덕에 관하여』 p. 448[147] [= SSR II O 15]

스틸폰은 메가라 사람이었다. 그런데 메가라는 안티고노스에 의해 파괴되었다. 도시가 파괴되었을 때, 안티고노스는 스틸폰을 불러서 그에게 무엇인가 약탈당한 것이 있으면 말하라고 했다. 하지만 스틸폰은 그에게 다음과 같은 말로 대답했다. "나의 것들 가운데는 아무것도 약탈당하지 않았소. 또한 당신과 함께 했던 군인들 중 누군가가 나의 지혜를 약탈해가는 것 역시 보지 못했소."

---

147 쉬리아어 본만 남아 있는 테미스티우스의 연설문을 요한네스 길더마이스터(Johannes Gildermeister)가 독일어로 옮긴 것임.

151G 세네카, 『현자의 항덕(恒德)에 관하여』 5, 6[148] [= SSR II O 15]

일명 '도시의 포위자'인 데메트리오스 왕이 메가라를 점령했습니다. 그가 철학자 스틸본에게 잃은 것이 없냐고 묻자 스틸본은 대답했습니다. "아무것도 잃지 않았습니다. 내 것은 모두 나에게 있습니다." 하지만 그의 상속 재산은 약탈당했고, 딸들은 적에게 빼앗겼으며, 조국은 외국의 지배를 받았고, 자신은 승리한 군대의 무기에 둘러싸여 자신을 내려다보는 왕의 심문을 받았습니다.[149]

151H 세네카, 『편지』 9, 18 [= SSR II O 15]

[하지만 비록 현자가 그의 친구를 끔찍이 사랑하여, 종종 자기와 비교하거나 자신보다 앞에 놓거나 한다 해도,] 그는 자기 안에 좋은 것을 모두 담고 있을 것이며, 또 그는 스틸폰이, 그러니까 에피쿠로스가 편지에서 집요하게 공격한 그 스틸폰이 했던 말을 할걸세. 왜냐하면 그는 조국이 점령되고 처자식을 잃었으며, 화재로 도시를 잃어 혼자였지만 행복한 모습으로 나타나, 도시를 파괴하여 일명 '도시의 포위자'인 데메트리오스가 그에게 혹시 잃은 것이 있냐고 물었을 때, 다음과 같이 말했기 때문이네. "내 모든 재산들(omnia bona mea)은 나

---

**148** 번역은 김남우(外)의 것을 사용하였다. Cf. 세네카, 『세네카의 대화: 인생에 관하여』, 김남우(外) 옮김, 까치, 2016, 37.

**149** 되링의 텍스트는 여기까지 발췌되어 있다. 하지만 이야기는 해당 절의 끝까지 계속 이어진다. "그러나 스틸본[스틸폰]은 데메트리오스의 승리에 고개를 저었고, 국가가 점령당했을지언정 자신에게는 패배는커녕 손해조차 없었음을 입증했습니다. 타인이 소유권을 주장할 수 없는 진정한 재산은 여전히 자신이 지니고 있으며, 약탈당하여 사방으로 흩어진 것은 자기 재산이 아니라 운명에 따라온 우연적인 것으로 판단했기 때문입니다. 다만 자기 소유가 아닌 것으로서 잠시 간수했을 뿐입니다. 외부에서 흘러 들어온 것의 점유란 모두 위태롭고 불확실하기 때문입니다."

와 함께 있습니다."

151I 이암블리코스[150] in 심플리키오스, 『아리스토텔레스의 「범주론」 주석』
403, 17-19 [= SSR II O 15]

아리스토텔레스의 말에 따르면, 혼 안에 있는 좋은 것들과 자유로운 선택에 의존하는 것들의 몰수는 조금도 일어나지 않는다. 왜냐하면 누구도 정의가 몰수되었다고 말하지 않으며, "지식은 아무도 못 가져간다"라고 말하는 사람 역시 같은 생각으로부터 말하는 것이기 때문이다.

152 디오게네스 라에르티오스, 『생애』 II, 120 [= SSR II O 16]

그[스틸폰]는 늙어 죽었는데, 빨리 죽기 위해 포도주를 마셨다고 한다. 역시 그에 대한 우리의 헌시는 다음과 같다.

메가라의 스틸폰을 당신은 분명히 알 것이다.
노년이, 그리고는 질병이 그를 쓰러뜨리니, 그것들은 제압하기 힘든 멍에였네.
그러나 한 쌍의 몹쓸 말보다 포도주에서 최고의 마부를 발견하였으니,
술을 마시고는 〈앞으로〉[151] 내달렸던 것이네.

---

150  3~4세기 쉬리아 출신의 신 플라톤주의자.
151  사본에는 "내달렸다(ēlasen)" 뒤에 문장이 지워져 있다. 되링은 이 흠결 부분을 빼고 편집했지만, 여기서는 도란디(T. Dorandi 2013)의 독법을 좇아 "prosō(앞으로)"를 넣어 읽었다.

153 디오게네스 라에르티오스, 『생애』 II, 114 [= SSR II O 17]

그[스틸폰]는 아내를 두고 있었고 […] 문란한 딸을 하나 낳았는데, 그녀와 결혼한 사람은 그의 제자로 쉬라쿠사이 출신의 심미아스라는 사람이었다. 그녀가 정도에 맞게 살지 않았기에 누군가는 스틸폰에게 그녀가 그에게 수치를 안겨준다고 말했다. 그러자 그는 다음과 같이 대답했다고 한다. "내가 그녀에게 명예롭게 치장해주는 것 이상도 아니네."[152]

154 플루타르코스, 『혼의 고요에 관하여』 6, 468A [= SSR II O 17]

딸의 문란한 생활에도 불구하고, 스틸폰은 자기 시대의 철학자들 가운데 가장 즐겁게 사는 것에 아무런 방해도 받지 않았다. 그뿐만 아니라 메트로클레스가[153] 그를 비난하자, 그는 다음과 같이 말했다. "그러면 그게 내 잘못인가? 아니면 그녀의 잘못인가?" 하지만 메트로클레스가 "잘못은 그녀의 몫이지만, 불행은 당신 몫이오"라고 대꾸하자, 그는 또 이렇게 말했다. "그게 무슨 말인가? 잘못은 몰락이기도 하지 않나?" "물론이오"라고 메트로클레스가 대답했다. "그런데 몰락이란 몰락을 겪은 자들에게 있어서는 실패이기도 하지 않나?" 메트로클레스가 이에 동의했다." 또한 실패란 실패를 겪은 자들에게는 불행이기도 하지 않나?" 그렇게 그는 철학자답고 부드러운 논변을 통해 견유(犬儒)의 비방이 개소리에 불과함을 보여주었던 것이다.

---

**152** 즉 그녀가 내게 수치를 안겨주는 것이 내가 그녀에게 명예를 안겨주는 것보다 덜하다.

**153** 서기전 4세기의 견유 철학자.

155 디오게네스 라에르티오스, 『생애』 II, 114 [= SSR II O 17]

또 그[스틸폰]는 니카레테라는 유녀(遊女)와 동거를 했는데, 오네토르 역시 어딘가에서 그렇게 말한다.


156 아테나이오스, 『향연석의 현인들』 XIII, 596e [= SSR II O 17]

그런데 니카레테는 메가라 출신으로 근본이 천한 유녀가 아니었습니다. 오히려 그녀는 부모의 〈＊＊＊〉, 그리고 교육으로 인해 사랑받을 만한 사람이었으며, 다른 한편으로 그녀는 철학자 스틸폰의 강의를 듣기도 했지요.


157 아테나이오스, 『향연석의 현인들』 XIII, 584a [= SSR II O 18]

그리하여, 사튀로스가 『생애들』에서 말해주듯이,[154] 한번은 스틸폰이 글뤼케라에게 그녀가 정도에 맞지 않게 젊은이들을 타락시킨다고 비난하자, 글뤼케라는 다음과 같은 말로 응수했다고 합니다. "우리는 같은 비난을 받고 있는 거예요. 스틸폰! 왜냐하면 사람들은 당신이 당신과 만나는 이들에게 쓸데없이 싸움만 일삼는 소피스트술을 가르침으로써 그들을 타락시킨다고들 말하니까요. 나 역시 사랑을 일삼는 기술을 가르친다는 점에서[155] 마찬가지인 거예요." 그러므로 사람들이 망가지고 나쁜 일을 겪는다는 점에서 철학자와 함께 살거나 유녀와 함께 사는 것에는 아무런 차이도 없는 셈이지요.

---

154 사튀로스는 서기전 3세기의 소요 철학자로, 그의 『생애들』은 그리스의 유명 정치인들과 시인들, 철학자들의 일대기를 다뤘다고 하나, 오늘날에는 단편들만 전해지고 있다.
155 즉 "사랑을 일삼는 기술을 가르침으로써 젊은이들을 타락시킨다는 점에서는 […]."

158 키케로, 『운명에 관하여』 5, 10 [= SSR II O 19]

우리는 메가라 철학자인 스틸폰이 그의 시대에 실로 통찰력 있고 탁월한 사람이었다고 인정합니다. 그 자신의 가족들은[156] 그가 술과 여자를 좋아했다고 쓰고 있습니다. 하지만 그들이 그렇게 쓰는 것은 그를 비난하기 위해서가 아니라 오히려 예찬하기 위해서입니다. 왜냐하면 그는 열악한 본성을 교육을 통해 잘 길들이고 억제하였기에, 누구도 그가 술에 취한 모습을 본 적이 단 한 번도 없었으며, 누구도 그에게서 욕망의 흔적을 보지 못했던 것입니다.

159 플루타르코스, 『덕에서의 진보에 관하여』 12, 83C [= SSR II O 20]

철학자 스틸폰에 관해서는 다음과 같은 이야기가 전해진다. 그는 자고 있을 때 포세이돈을 보았다고 생각했는데, 포세이돈은 그가 당시 신관들에게 관습이었던 황소를 제물로 바치지 않았다 하여 그에게 화를 내고 있었다. 하지만 그는 조금도 정신을 잃지 않고 이렇게 말했다고 한다. "그게 무슨 말씀이신가요? 포세이돈이시여! 당신은 마치 어린아이처럼 투덜거리며 오시는 겁니까? 제가 돈을 빌려서라도 고기 굽는 냄새로 도시를 가득 채우는 것이 아니라, 제가 갖고 있는 것으로 분수에 맞게[157] 집에서 당신께 제사를 지냈다고 해서 말입니다." 그러자 그가 생각하기에 포세이돈은 미소를 지었고 오른손을 내밀었으며, 스틸폰으로 인해 다량의 정어리들을 메가라인들에게 보내주겠노라고 말했다는 것이다.

---

**156** 혹은 "측근들은(familiares)."
**157** 혹은 "적도에 맞게(metriōs)."

160 아테나이오스, 『향연석의 현인들』 X, 422d [= SSR II O 21]

다른 한편 스틸폰은 극기심으로 인해[158] 마늘을 먹고 신들의 어머니의 신전에서 잠이 들었을 때도 두려움에 떨지 않았답니다. 그것들 중 무엇이든 조금이라도 먹은 사람은 들어가는 것이 금지되어 있었거든요. 그런데 그가 잠들자 여신이 그에게 나타나 이렇게 말했답니다. "스틸폰, 너는 철학자이거늘 법을 위반하는구나." 그러자 그는 다음과 같이 대답했다지요. "당신이 제게 먹을 것을 주신다면, 제가 마늘을 필요로 하지는 않을 것입니다."

161 디오게네스 라에르티오스, 『생애』 II, 117 [= SSR II O 6]

그러므로 스틸폰은 단순하고 꾸밈이 없었으며 일반인과도 잘 어울렸다.

162 디오게네스 라에르티오스, 『생애』 II, 114 [= SSR II O 35]

다른 한편으로 그[스틸폰]는 매우 정치적인 사람이기도 했다.

163A 디오게네스 라에르티오스, 『생애』 II, 113 [= SSR II O 2]

그[스틸폰]는 논증기술과 소피스트술에서 다른 사람들을 월등하게 능가했기에, 소수를 제외한 거의 모든 헬라스인들이 그를 바라보고는 메가라학파에 가담할 정도였다.

---

**158** '극기심'은 'enkrateia'를 옮긴 것이다. 고통과 두려움뿐만 아니라 쾌락과 그 욕구에 맞서 자신을 다잡는 힘을 의미한다.

163B 『수다』 "메가라주의자 되기(megarisai)" 항목 [= SSR II O 2]

메가라주의자 되기: 메가라학파의 사상을 받아들이는 것. 스틸폰은 헬라스 지역의 메가라 철학자였다. 그는 논거발견술과 소피스트술에서 월등하게 다른 이들을 능가했기에, 소수를 제외하고는 헬라스 전체가 그를 바라보고는 메가라학파에 가담할 정도였다.

164A 디오게네스 라에르티오스, 『생애』 II, 113 [= SSR II O 3]

그[스틸폰]에 관하여 메가라 철학자인 필리포스는 글자 그대로 다음과 같이 말한다. "그는 테오프라스토스의 곁에서는 이론가 메트로도로스와 겔라 출신의 티마고라스를 데려왔고, 퀴레네 철학자인 아리스토텔레스의 곁에서는 클에이타르코스와 심미아스를 데려왔다. 변증가들의 경우, 그는 파이오네이오스를 아리스테이데스로부터 데려왔고, 보스포로스 출신의 디필로스를 〈＊＊＊〉로부터 데려왔으며, 〈＊＊＊〉로부터는 에우판토스의 아들 〈＊＊＊〉와 엑사이네토스의 아들 뮈르멕스를 데려왔으니, 이 둘은 그를 논박하기 위해 온 사람들이었지만, 그는 이들을 열렬한 추종자들로 만들었던 것이다."

164B 뷔잔티온의 스테파노스,[159] "에네토스인들" 항목 [= SSR II O 3]

디오게네스가 『철학사』 제2권에서 보고하고 있듯이, 에네토스라는 도시가 있는데, 변증술 철학자인 뮈르멕스는 그곳 출신이었다고 한다.

---

**159** 서기 6세기 뷔잔티온 출신의 문법학자.

165 디오게네스 라에르티오스, 『생애』 II, 114 [= SSR II O 3]

하지만 그들 외에도, 그는 소요학파 사람이자 자연학에 조예가 깊었던 프라시데모스를 끌어왔고, 수사가인 알키모스도 끌어왔는데, 그는 헬라스의 모든 수사가들 중에서도 으뜸이었다. 또한 크라테스를 비롯하여 그 밖에 그가 붙잡은 사람들은 매우 많다. 그뿐만 아니라 그는 이들과 함께 포이니케 출신의 제논도[160] 데려왔다.

– 단편 **204**를 보라.

166 세네카, 『편지』 10, 1 [= SSR II O 5]

사람들이 말하기를 크라테스는 바로 그 스틸폰의 학생이었다고 하네.

167 디오게네스 라에르티오스, 『생애』 II, 120 [= SSR II O 4]

헤라클레이데스의 말에 따르면 스토아학파의 설립자인 제논도 스틸폰의 강의를 들었다고 한다.

168 디오게네스 라에르티오스, 『생애』 VII, 2 [= SSR II O 4]

그[제논]는 […] 크라테스에게서 배웠다. 그리고는, 티모크라테스가 『디온의 생애』에서 말하듯이, 그는 스틸폰과 크세노크라테스의 강의도 10년 동안 들었으며, 그뿐만 아니라 폴레몬의 강의도 들었다고 한다.

---

**160**  스토아학파의 설립자인 키티온의 제논을 말한다. Cf. 『생애』 II, 120.

– 단편 **106**을 보라.

169 디오게네스 라에르티오스, 『생애』 VII, 24 [= SSR II O 4]

다른 한편, 투리오이 사람인 아폴로니오스의 말에 따르면, 크라테스가[161] 그[제논]의 옷을 붙잡고 그를 스틸폰의 학교에서 끌어내려하자, 제논은 이렇게 말했다고 한다. "크라테스여, 철학자들을 포획하는 좋은 방법은 귀를 통해 포획하는 것이오. 그러니 설득을 해서 귀를 끌어내시오. 반면에 당신이 나를 강제한다면, 몸은 당신 곁에 있겠지만, 혼은 스틸폰 곁에 있을 것이오."

170 디오게네스 라에르티오스, 『생애』 II, 125–126 [= SSR II O 7]

에레트리아 사람들이 메네데모스를 주둔군의 일원으로 메가라에 보냈을 때, 그는 플라톤을 만나러 아카데메이아로 갔고, 그에게 붙잡혀서[162] 그는 주둔지를 떠나버렸다. 하지만 필리우스 사람인 아스클레피아데스가 그의 마음을 끌어내자, 그는 메가라의 스틸폰 곁으로 갔고, 두 사람은 그의 제자가 되었다.

171 디오게네스 라에르티오스, 『생애』 II, 105 [= SSR II O 7]

그[파이돈]의 계승자는 엘리스 출신의 플레이스타노스였고, 그 다음 삼대째 계승자들은 에레트리아의 메네데모스와 필리우스의 아스클레피아데스였는데, 그들은 스틸폰의 학교에서 옮겨온 사람들이었다.

---

**161**　테바이 출신의 견유 철학자.
**162**　원문은 "thērateis(thēraō)". 플라톤에게 매혹되어 붙잡혔다는 뜻이다. 단편 165(ethērasen)에도 나온다.

172 디오게네스 라에르티오스, 『생애』 II, 134 [= SSR II O 7]

그[메네데모스]는 선생들 가운데 플라톤의 추종자들과 크세노파네스의 추종자들은 물론 퀴레네학파의 파라이바테스 역시 무시한 반면, 스틸폰은 존경했다. 그리고 한번은 스틸폰에 관해 질문을 받았을 때, 그는 자유로운 사람이라는 것 이외에는 다른 어떠한 말도 하지 않았다.


173 위 갈레노스, 『철학사』 3, p. 600, 13-17 [= SSR I H 8]

그러나 메가라 철학자들 가운데 에우클레이데스를 무시하는 것은 결코 올바른 일이 아니다. 그는 소크라테스주의자들 중에서도 지적인 능력에서는 누구에게도 뒤지지 않았던 사람이다. 혹은 같은 학설들을 창안했다고 여겨지는 메가라 출신의 스틸폰을 무시하는 것 역시 결코 올바른 일이 아니다. 그를 에레트리아 출신의 메네데모스가 계승했으니, 그로부터 그의 철학은 에레트리아학파라고 불리게 되었다.


174 디오게네스 라에르티오스, 『생애』 IX, 109 [= SSR II O 8]

[…] 니카이아 출신의 아폴로니데스의 말에 따르면, 티몬은 […] 어려서 홀로 남겨진 뒤에 가무단의 일원이 되었고, 그리고 나서 그 일을 비난하고는 길을 떠나 메가라의 스틸폰에게 갔다고 한다. 그리고 그와 함께 시간을 보낸 뒤에 다시 고향으로 돌아왔다고 한다.


175 『수다』 "필리스코스 아이기네테스" 항목 [= SSR II O 9]

아이기나 출신의 필리스코스. 마케도니아의 알렉산드로스에게 읽기와 쓰기를 가르친 사람. 반면 그 자신은 견유인 디오게네스의 강의를 들었으며, 헤르미포스의 보고에 따르면, 스틸폰의 강의도 들었다고 한다.

176 디오게네스 라에르티오스, 『생애』 II, 119 [= SSR II O 11]

사람들이 말하기를 그[스틸폰]는 아테네에서 워낙 사람들의 관심을 끌었기에, 사람들은 그를 보려고 가게에서 뛰어나올 정도였다고 한다. 또 누군가가 그에게 "스틸폰! 사람들이 당신을 보고 마치 짐승이라도 본 것처럼 놀란다오!"라고 말하자, 그는 이렇게 말했다고 한다. "천만의 말씀! 그게 아니라 진짜 인간을 보고서 놀란 것이겠지."

177 디오게네스 라에르티오스, 『생애』 II, 117 [= SSR II O 6]

아무튼 크라테스가 그[스틸폰]에게 신들이 무릎 꿇고 기도하는 사람들을 마음에 들어 하냐고 묻자, 사람들 말에 따르면, 스틸폰은 그에게 이렇게 대꾸했다고 한다. "그런 건 길에서 좀 묻지마, 이 멍청아. 혼자 있을 때 물으란 말이야!"

178 디오게네스 라에르티오스, 『생애』 II, 117 [= SSR II O 6]

어쨌든, 한번은 견유인 크라테스가 제기된 질문에 대답은 안 하고 줄방귀만 뀌어대자, 스틸폰은 다음과 같이 말했다고 한다. "내가 보기에 너는 해야 할 말만 빼고 온갖 소리를 다 내는구나."

179 디오게네스 라에르티오스, 『생애』 II, 118 [= SSR II O 6]

한편 한번은 크라테스가 그[스틸폰]에게 말린 무화과를 내밀면서 그와 함께 질문을 던지자, 스틸폰은 그것을 받아먹었다고 한다. 크라테스가 "이런, 맙소사! 무화과를 잃고 말았네!"라고 외치자, 그는 다음과 같이 대꾸했다. "그뿐만 아니라 너는 질문도 잃었어. 무화과가 그 담보물이었거든."

180 디오게네스 라에르티오스, 『생애』 II, 118 [= SSR II O 6]

또 그[스틸폰]는 겨울에 크라테스〈의 외투〉가 불에 그을린 것을 보고[163] 이렇게 말했다. "야, 크라테스, 내가 보기에 너 외투 하나 새로[164] 마련해야겠다." 이 말은 "외투와 함께 정신도 차리라는 의미였다."[165] 이에 모욕감을 느낀 크라테스는 그에 대하여 다음과 같이 노랫말을 바꿔서 풍자했다고 한다.[166]

나는 또 스틸폰이 심한 고통을 당하는 것도 보았네.[167]

163  원문은 "idōn ton Kratēta cheimōnos sunkekaumenon […]." 직역하면, "겨울에 크라테스가 불에 그을린 것을 보고는 […]." 몇몇 편집자들은 이 말의 의미가 불분명하여 sunkekaumenon(PF)를 sunnnekammenon(B sunkamnō: 고생, 노력하다)으로 바꿔 읽자고 제안하기도 한다. 그 경우 "겨울에 크라테스가 고생하는 것을 보고는 […]." 정도로 옮길 수 있다. Cf. T. Dorandi 2013, 222. 하지만 sunkekaumenon은 크라테스가 겨울에 화상을 입었다는 말이 아니라, 불가에 너무 가까이 갔다가 외투를 태워먹었다는 의미로 이해할 수 있다. Cf. Marie-Odile Goulez-Cazé 1999, 329, n. 1.
164  원문은 "himatiou kainou(새로운 외투)."
165  스틸폰은 크라테스를 상대로 말장난을 치고 있는데, 이 표현을 "himatiou kai nou"로 띄어 읽으면 "외투와 정신(지성, 판단력)"이 된다. 즉 외투만 마련할 게 아니라 정신도 차리라는 충고인 셈이다.
166  "노랫말을 바꿔 풍자하다"는 parōidēsai(parōideō)를 옮긴 것이다. 즉 기존의 시를 풍자적으로 패러디하여 스틸폰을 비꼬았다는 말.
167  원문은 "kai mēn Stilpōn' eiseidon chalep' alge' echonta." Cf. 『오뒷세이아』 XI 582의 패러디: "나는 또 탄탈로스가 심한 고통을 당하고 있는 것도 보았소(kai mēn Tantalon eiseidon chalep' alge' echonta)."

뤼포스가 누워있다고들 말하는 메가라에서.[168]

그리고 거기서 그와 그를 둘러싼 많은 동료들은[169] 논쟁을 하곤 했지.

그들은 낱말 바꾸기로 덕을 좇으며[170] 시간을 보내곤 했다네.[171]


181 디오게네스 라에르티오스, 『생애』 II, 119 [= SSR II O 6]

사람들 말에 따르면, 그[스틸폰]은 크라테스와 대화를 나누던 중간에 갑자기 생선을 사려고 서둘렀다고 한다. 크라테스가 그를 잡아당기면서 "너 논변을 버리겠다는 거냐?"라고 말하자, 스틸폰은 다음과 같이 대답했다고 한다. "물론 논변은 계속 간직해야지. 내가 버리려는 것은 너야. 논변은 기다려주겠지만, 생선은 팔려버릴 테니까."


182 디오게네스 라에르티오스, 『생애』 II, 100 [= SSR II O 13]

그[테오도로스]는 신이라 불렸다고 여겨지는데, 그것은 스틸폰이

---

**168** 원문은 "en Megarois, hothi phasi Tuphōeos emmenai eunas." Cf. 『일리아스』 II 783의 패러디: "튀포에우스가 누워있다고 하는 아리마에서(ein Arimois, hothi phasi Tuphōeos emmenai eunas·)."

**169** 원문은 "polloi d' amph' hetairoi·" Cf. 『일리아스』 VIII 537의 패러디: "그를 둘러싼 많은 전우들은(polees d' amph' auton hetairoi) [⋯]."

**170** 원문은 "tēn d' aretēn para gramma diōkontes [⋯]." 여기서 tēn d' aretēn의 낱말을 몇 개 바꾸면(para gramma), "Nikaretēn"이 되는데, 니카레테는 메가라의 유녀(遊女)로 스틸폰이 자주 방문했던 여성이라고 한다. 즉 스틸폰은 그의 제자들과 함께 "니카레테를 좇아다니며 시간을 때우곤 했다"는 뜻이 된다. Cf. D.R. Dudley 1937, 57; Marie-Odile Goulez-Cazé 1999, 329, n. 5.

**171** Cf. H. Lloyd-Jones & P. Parsons (ed.), *Supplementum Hellenisticum*, Berlin / New York, 1983, Fr. 347. 아리스토텔레스는 『수사학』에서(III, 11, 1412a26-b3) 한 단어의 낱말들을 바꿈으로써(para gramma) 그 의미가 달라지는(즉 다른 단어를 만드는) 말장난의 예들을 보여주기도 한다.

다음과 같이 질문한 것에서 비롯된다. "그렇다면, 테오도로스, 네가 있다고 단언하는 것, 너는 바로 그것인가?" 그가 고개를 끄덕이자, 그는 또 물었다. "그런데 너는 신이 있다고 단언하지?" 그가 동의하자 그는 이렇게 말했다. "그렇다면 너는 신이다." 테오도로스가 기쁘게 받아들이자, 스틸폰은 비웃고는 다음과 같이 말했다. "그게 아니라, 이 불쌍한 놈아, 그 논변을 통해서 너는 네가 까마귀라는 것에도 동의하고, 기타 수만 가지 것들이라는 데도 동의하게 될 거야."

183 디오게네스 라에르티오스, 『생애』 II, 116 [= SSR II O 12]

사람들 말에 따르면, 그[스틸폰]는 페이디아스의 아테나에[172] 관해 다음과 같은 논변을 제기했다고 한다. "아니, 제우스의 아테나는 신이 아닌가?" 상대방이 "그렇다"라고 답하자, 그는 다음과 같이 말했다. "하지만 이것은 제우스의 것이 아니라 페이디아스의 것이오." 상대가 동의하자 그는 이렇게 말했다. "그렇다면 적어도 이것은 신이 아니오." 그로 인해 그는 아레스의 언덕으로[173] 소환되었지만, 거기서도 그는 자신의 말을 부인하지 않았고, 바르게 논변을 펼쳤다고 주장했다. 왜냐하면 아테나는 신이 아니라 여신이기 때문이다. 반면에 신들은 남성들이라는 것이다. 하지만 중죄법정의 판관들은 그에게 즉각 도시를 떠나라고 명하였다. 그때 신이라는 별명을 지닌 테오도로스는 그를 비웃으면서 다음과 같이 말했다고 한다. "그런데 스틸폰은 어디서 그것을 알았을까?[174] 옷을 들어올려서 그녀의 정원을 보기

---

172 조각가이자 화가로 유명한 페이디아스(서기전 약 480~430년)가 제작한 아테나 여신상을 말한다.
173 이른바 "아레이오파고스(Areiopagos)"라고 부르는 중죄 법정이 있는 곳이다.

라도 했나 보지?" 솔직히 그는 가장 무례한 자였던 반면, 스틸폰은 가장 세련된 사람이었다.

– 단편 **83**을 보라.


184 스토바이오스, 『선집』 III, 4, 88 [= SSR II O 22]

스틸폰은 조각상보다 더 강한 것은 무엇이냐는 질문을 받고서 이렇게 말했다. "그야 무감각한 인간이지."[175]


185 디오게네스 라에르티오스, 『생애』 II, 120 [= SSR II O 16]

그런데 희극작가 소필로스는 희곡 『결혼』에서 그를 다음과 같이 조롱했다. "카리노스의[176] 논변이야말로 스틸폰의 입을 막는 마개라네."


186 플루타르코스, 『스토아주의자들의 모순에 관하여』 10, 1036F. [= SSR II O 28]

왜냐하면 그[크뤼시포스]가 『이성의 사용에 관하여』에서 메가라학파의 논변에 관해 다음과 같이 썼을 때 그것이 어떤지 살펴보라. "그것은 스틸폰과 메네데모스의 논변과 관련하여 귀결된 것과 같다. 왜냐하면 그들은 지혜와 관련하여 대단한 명성을 얻었지만, 오늘날 그들의 논변은 비난의 대상으로 돌아서고 말았으니, 어떤 것들은 매우

---

**174** 즉 아테나가 (남)신이 아니라 여신이라는 사실.
**175** 원문은 "anthrōpos anaisthēsis." 혹은 "멍청한 인간."
**176** 소필로스의 작품 속 주인공으로 추정될 뿐, 다른 확실한 정보는 없다.

둔했고, 또 어떤 것들은 노골적으로 복잡했기 때문이다.

- 단편 **69(?), 76**을 보라.

### 3B. 스틸폰: 저술과 교설(단편 187-201)

187 디오게네스 라에르티오스, 『생애』 II, 120 [= SSR II O 23]

그런데 그[스틸폰]의 대화편들은 다음의 아홉 편으로 차가운[177] 것들이라고 한다. 『모스코스』, 『아리스티포스』 혹은 『칼리아스』, 『프톨레마이오스』, 『카이레크라테스』, 『메트로클레스』, 『아낙시메네스』, 『에피게네스』, 『자신의 딸에게』,[178] 『아리스토텔레스』.

188 『수다』 "스틸폰" 항목 [= SSR II O 1]

그[스틸폰]는 또 스무 편 이상의 대화를 썼다.

189 디오게네스 라에르티오스, 『생애』 I, 16 [= SSR I H 6]

그리고 그들[철학자들] 가운데 어떤 이들은 저술을 남긴 반면, 어떤 이들은 글이라고는 조금도 쓰지 않았으니, 예컨대, 몇몇 사람들에 따르면, 소크라테스, 스틸폰,[179] 필리포스, 메네데모스, 퓌론, 테오도

---

177 원문은 "psuchros." 직역하면 "차가운"이라는 뜻이며, "무미건조한"이라는 의미도 갖는다. 하지만 아리스토텔레스(『수사학』 III 3)나 데미트리오스(『문체에 관하여』 114-118)의 설명에 따르면, psuchros는 표현의 과잉, 과장을 의미한다. 그런 점에서 이 대목 역시 "과장된 문체로 된 것들" 정도로 옮길 수도 있겠다.

178 딸에게 보낸 편지로 추정된다.

179 『생애』 II, 120(단편 187)에서 스틸폰이 아홉 편의 대화를 썼다고 보고하는 것과 대조

로스, 카르네아데스, 브뤼손이 그렇다.

191 『파트모스 렉시콘(*Lexicon Patmiacum*)』 "투덜대곤 했다(enebrimei)" 항목
[= SSR II O 25]

"그는 투덜대곤 했다(enebrimei)." 비교: "그는 화를 내곤 했다(ōrgizeto)."
스틸폰, 『메트로클레스』: "메트로클레스는 스틸폰에게 투덜대곤 했다."

191 아테나이오스, 『향연석의 현인들』 IV, 162b-c [= SSR II O 24]

또한 고귀한 철학자 페르사이오스가 스틸폰과 제논[180]의 『회상』을
엮은 『향연석의 대화들』도 [현자 여러분이 좋아하는 작품이지요.] 거
기서는 주연 참석자들이 |c| 잠들지 않도록 다음과 같은 물음들을 제
기합니다. 어떤 식으로 건배를 활용해야 하는가? 또 어느 시점에 청
춘 남녀들을 향연석으로 들여야 하는가? 언제 그들의 교태를 허용해
야 하는가? 그리고 언제 그들을 건방지게 구는 것으로 간주하여 내
보내야 하는가? 아울러 먹을 거리와 빵과 그 밖의 것들에 관해서뿐
만 아니라, 소프로니스코스의 아들인 그 철학자[소크라테스]가 입맞
춤과 관련하여 말했던 그 모든 세세한 것들에 대해서까지 물음을 제
기하지요.

되는 부분이다.
180 스토아학파의 설립자인 키티온의 제논이다. 스틸폰은 제논의 스승 가운데 한 명이었
다고 전해진다. 이 증언대로라면, 『회상』은 스승과 제자가 함께 쓴 작품일 수 있다.

192 텔레스.**181** 『단편』 III(추방에 관하여), 21, 2–23, 4, in 스토바이오스, 『선집』 III, 40, 8 [= SSR II O 31]

추방이 사람들을 가장 비이성적으로 만든다고 생각하는 사람에 대하여 어쩌면 기술과 관련된 사례들을 비교하는 것이 적절할 수도 있겠다. 즉 외국에 있다고 해서 결코 아울로스 연주나 연기가 서툴지 않은 것처럼, 그와 마찬가지로 숙고 하는 일 역시 서툴지 않기 때문이다. 반면에 다른 어떤 이유로 인해 추방이 해롭다고 생각하는 사람에 대해서는, 내가 앞서도 말한 바 있는 스틸폰의 일화 외에는 어떠한 것도 말할 필요가 없다. |22| 그는 이렇게 말한다. "당신은 무슨 말을 하고 있소? 추방이 무엇을, 또 어떤 좋은 점들을 앗아간다는 말이오? 혼과 관련된 좋은 것들이오? 몸과 관련된 좋은 것들이오? 아니면 외적인 재산과 관련된 것들이오? 추방이 신중함이나, 바른 행실, 혹은 선행을 앗아갑니까? 결코 그렇지 않습니다. 아니면 용기나 정의 혹은 다른 덕을 앗아갑니까? 그것도 아닙니다. 아니면 혹시 몸과 관련된 좋은 것들 가운데 무엇인가를 앗아가기라도 하나요? 그게 아니면 외국에 있더라도 마찬가지로 건강하고 힘이 넘치며 날카로운 눈과 예민한 귀를 가질 수 있을뿐더러, 심지어 어떤 경우에는 자기 땅에 머물러 있을 때보다 더 나을 수도 있지 않나요? 확실히 그렇습니다. 그러나 추방은 외적인 좋은 것들을 앗아가지 않습니까? 하지만 사람들이 추방을 당한 뒤에, 그러한 사실을 통해, 그들의 업적이 더 돋보이게 됨을 많은 사람들이 보지 않았던가요? 포이닉스는 돌로

---

**181** 서기전 2세기 메가라 출신의 견유 철학자.

피아에서 아뮌토르에게 쫓겨 테살리아로 도망치지 않았던가요?[182]

그리하여 나는 펠레우스에게로 왔으니,

그는 내게 막대한 부를 안겼고, 또 나에게 많은 백성을 주었다네.[183]

저 테미스토클레스는 이렇게 말했습니다. "애야! |23| 우리가 쫓겨 나지 않았더라면, 우리는 파멸했을 것이다."[184] 또한 오늘날 그와 같은 사례들은 인색하게 굴 필요가 없을 정도로 많습니다. 그렇다면 추방은 어떤 좋은 것들을 앗아가나요? 혹은 그것은 어떤 나쁜 것의 원인이랍니까? 왜냐하면 나로서는 어떠한 것도 볼 수 없기 때문입니다. 오히려 우리는 종종 우리 자신을 묻어버리곤 하지요. 추방을 당해 있든, 조국에 머물러 있든 간에 말입니다."

193 텔레스, 『단편』 VII(무감동에 관하여), 59, 6–60, 7 [= SSR II O 32]

친구가 죽었을 때 주저앉아 통곡하고 괴로워하며 자신을 파괴한다면, 어찌 그것이 가장 어리석을 뿐만 아니라 공허하다 하지 않겠나?

---

182　포이닉스는 보이오티아 지방의 왕 아뮌토르의 아들이다. 질투에 빠진 어머니의 강요로 아버지의 첩과 동침을 하는 바람에 아버지인 아뮌토르 왕의 저주를 받아 눈이 멀고 쫓기는 신세가 된다. 아킬레우스의 오랜 친구이며, 『일리아스』 IX권에서는 아이아스, 오뒷세우스와 함께 사절단을 이루어 전장에서 이탈한 아킬레우스를 설득하러 가기도 한다.

183　『일리아스』 IX, 478–483: "그리고는 넓은 헬라스를 지나 멀리 도망하여 / 양떼의 어머니인 기름진 프티로 펠레우스 왕을 찾아갔소. / 그러자 그분께서 나를 반가이 맞아주셨고, / 마치 아버지가 자기의 큰 재산을 물려받을 / 귀여운 외아들을 사랑하듯 나를 사랑해주셨소. / 그리고 나를 부자로 만들어주셨고 많은 백성들을 주셨소." (천병희 옮김).

184　원문은 다음과 같다. "apōlometh' an, ei mē apōlometha."

지각 없는 자들 곁에서 조금이라도 더 철학자로 보이기 위해서는, 자신의 친구가 가사자이며 인간이라는 사실을 자각함으로써, 친구가 죽기 전에 슬퍼하고 통곡해야 한다. 왜냐하면 스틸폰이 말하기를, 죽은 이들 때문에 산 자들을 무시하는 것은 바르게 숙고하는 자에게 속하는 일이 아니기 때문이다. 농부는 그렇게 하지 않는다. 나무들 가운데 하나가 시들어버린다고 해서 결코 다른 것들을 자르거나 하지 않고, 나머지 것들을 돌보면서 |60| 죽은 것의 필요한 부분을 채워주고자 노력한다. 우리는 우리에게 속한 부분들에 대해서도 결코 그래서는 안 된다. 왜냐하면, 누군가가 한쪽 눈을 잃었다고 해서 다른 한쪽마저 도려내야 한다면, 또 한쪽 발을 저는 사람이라고 해서 다른 한쪽도 불구로 만들어야 한다면, 그리고 이를 하나 잃었다고 해서 다른 이들까지 추가로 뽑아야 한다면, 이는 우스운 일일 것이기 때문이다. 하지만 그것들에 대해 누군가가 그렇게 생각한다면, 그는 멍청한 놈이다. 반면에 아들이 죽었거나 아내가 죽었을 때, 정작 살아 있는 자신은 무시하고, 더욱이 자신의 것들을 파괴하려 든다면 ⟨***⟩.[185]

194 디오게네스 라에르티오스, 『생애』 X, 27 [= SSR II B 17]

(에피쿠로스의 저술 목록 중에서) 『메가라 철학자들에 반대하여』.

195 세네카, 『편지』 9, 1-3 [= SSR II O 33]

|1| 에피쿠로스가 어떤 편지에서 현자는 자기 자신으로 만족하며

---

185  훼손된 부분의 내용은 아마도 "어찌 어리석고 공허하다 하지 않겠는가?" 정도일 것이다.

그런 이유로 친구가 필요치 않다고 말하는 사람들을 비난했는데, 그 비난이 정당한가 하는 것이 자네가 알고 싶어하는 것이지? 그것은 에피쿠로스가 스틸폰을 비롯하여 최고선이 혼의 무정념 상태라고 보는 사람들에 맞서 제기한 비난이네. [...] |3| 우리[스토아주의자들]와 그들[메가라 철학자들] 사이에는 다음과 같은 차이가 있네. 우리의 현자는 실로 모든 불행을 극복하지만 그것을 느끼는 반면, 그들의 현자는 사실상 불행을 느끼지도 않는다는 것이지.

196 위(僞) 아프로디시아의 알렉산드로스, 『아리스토텔레스의 「영혼론」 주석』 II, 150, 34-35 [= SSR II O 34]

어떤 이들은 [으뜸가는 재산이] 평정(aochlēsia)이라고 생각하는데, 예컨대 메가라 철학자들이[186] 그렇다.

197 플루타르코스, 『콜로테스에 반대하여』 22, 1119C-D; 23, 1120A-B [= SSR II O 29]

소크라테스와 플라톤 다음으로는 [콜로테스는] 스틸폰을 공격한다. 콜로테스는 스틸폰의 참된 주장들과 논의들, 즉 자기 자신과 조국과 친구들, 그리고 왕들 가운데 그를 중시했던 사람들까지 다스릴 수 있게 해준 그의 참된 주장들과 논의들에 대해서도 쓰지 않았고, 그의 혼에 깃든 지혜가 그의 온화함과 자제력과 더불어 얼마나 대단한 것인지에 관해서도 쓰지 않았다. 반대로 스틸폰이 소피스트들을

---

186 에두아르트 첼러(Eduard Zeller 1877, 277)는 여기서 메가라 철학자가 아마도 스틸폰을 가리키는 것이라고 생각한다.

상대로 장난치거나 농담으로 쓰기 위해 내놓곤 했던 짧은 글들 가운데, 하나를 언급하고는, 그것에 맞서 설득력 있게 논박하지도, 문제를 해결하지도 않으면서 스틸폰에 대해 과장된 비난을 하며, 스틸폰이 |1119D| '하나가 다른 하나로 서술되지 않는다'라고 말함으로써 삶을 전복시켰다고 주장한다. 즉 "왜냐하면, 우리가 '사람이 좋다'라든가 '사람이 장군이다'라고 말하지 못하고, '사람은 사람이다'라거나, 이와는 별개로 '좋음은 좋음이다'나 '장군은 장군이다'라고 말한다면, 또 '기병이 일만 명이다'라든가 '도시가 튼튼하다'라고 말하지 못하고, '기병은 기병이다'라거나 '일만 명은 일만 명이다'라고 말하며, 다른 것들도 그런 식으로 말한다면, 어떻게 우리가 살아갈 수 있겠는가? […]" |1120A| 하지만 어쨌든 스틸폰의 주장에 관해서라면 다음과 같다. 그가 말하는 것은, 만일 우리가 말과 관련하여 '달린다'라는 술어를 붙일 경우, 서술되는 것[술어]은 서술되는 것의 대상[주어]과 같지 않고 다르다는 것이다. 또한 인간과 관련해서 '좋다'는 술어를 붙일 경우에도 이들은 같지 않고, 인간에게 본질적인 정의와 좋음에 본질적인 정의는 다르다는 것이다. 또 이번에는 '말'은 '달린다'와 다르다. 왜냐하면 우리가 각각의 정의를 요구 받을 경우 우리는 양자에 관해 같은 정의를 제시하지 않을 것이기 때문이다. 그로부터 하나를 다른 하나로 서술하는 사람들은 오류를 범하는 셈이다. 〈＊＊＊〉만일 '사람'과 '좋다'가 같고, '말'과 '달리다'가 같다면, |B| 곡식과 약의 좋음은 어떻게 서술할 것이며, 제우스께 맹세코, 또 사자와 개가 달리는 것은 어떻게 서술할 것인가! 반면에 만일 그것들이 다르다면, '인간이 좋다'거나 '말이 달린다'라고 말하는 것은 옳지 않다. 그렇다면 만일 스틸폰이, 주어 속에서 말해지거나 또 주어를 통해 말해지는 것들의

어떠한 결합도 인정하지 않고, 그것들 하나하나만을 인정함으로써, 이것들 속에서 † 가혹할 정도로 피투성이가 되었다면, 또 만일 그것이 결코 우연적인 것과 같다고 말해지지도 않고, 그것에 관해 우연적인 것이라고 말해져야 한다고 생각되지도 않는다면, 스틸폰은 몇몇 표현들을 불편해했고 그 언어적 일상에 맞섰던 것이지, 인간의 삶과 모든 것들을 뒤엎으려 했던 것은 아니었음에 분명하다.

198 심플리키오스, 『아리스토텔레스의 「자연학」 주석』 120, 12–17 Diels [= SSR II O 30]

다른 한편, 그것들에 관한 무지로 인해, 메가라학파라고 불리는 철학자들 역시 정의를 갖는 것들은 다른 것들이며, 다른 것들은 서로 간에 구별된다는 전제를 분명한 것으로 받아들임으로써, 각각의 것들은 자기 자신에 의해 규정된다고 생각했다. 왜냐하면 '교양 있는 소크라테스'의 정의가 다르고 '하얀 소크라테스'의 정의가 다르기에, 소크라테스는 자기 자신과 구별된다는 것이다.

199 디오게네스 라에르티오스, 『생애』 II, 119 [= SSR II O 27]

스틸폰은 쟁론술 분야에서 매우 능수능란했기 때문에 형상들까지 제거할 정도였다. 즉 그는 '인간에 대해 말하는 사람은 누구에 대해서도 말하지 않는다'고 말하기까지 했던 것이다. 왜냐하면 그는 이 [개별적인] 사람을 말하는 것도 저 [개별적인] 사람을 말하는 것도 아니기 때문이다. 왜 하필 저자라기보다 이자여야 한단 말인가? [저자가 아니라면,] 그렇다면 이자도 아니어야 한다는 것이다. 또 이번에는 이런 것도 있다. '채소는 보여줄 수 있는 것이 아니다.' 왜냐하면 채소는 수만 년 전부터 있어왔기 때문이다. 그렇다면 이것은 채소가 아니라는 것이다.

200 『헤라쿨라네움 파퓌로스』 1788, fr. 2 (Cröner, Kolotes 147) [= SSR II O 36]

[.........] ων ἕως υ [.............] επαραγερ [.............] ων ὥσπερ ἀπο
[............] τι Στίλβων τὸν [.......] τῆς τέχνης καὶ [............] πάντα μὲν
[............] Δημόκριτος ε [...........] ερ ἑαυτοῦ πισ [.........] ζεινα

– 심하게 손상된 3행의 텍스트 가운데 2행에서 "스틸본"이라는 이름이 주격(nominative)으로(Stilbōn) 쓰여 있음을 확인할 수 있다.

201 『헤라쿨라네움 파퓌로스』 255, fr. 3 (Cröner, Kolotes 147) [= SSR II O 36]

[......... τ]οῦ Στίλβωνος [...........] πναι καὶ τὸ [.........] που σύνισμεν
[.........] ενος ὁ τοῦ [.............] ουν φιλοσόφου [...........] μένου τῶν
[.........] ολακότων

– 심하게 손상된 2행 반 정도의 텍스트 중 1행에서 "스틸본"이라는 이름이 속격(genitive)으로(Stilbōnos) 쓰여 있음을 확인할 수 있다.

4. 메가라학파의 필리포스

– 단편 **164A**를 보라.

5. 쉬라쿠사이 출신의 심미아스

– 단편 **153, 164A**를 보라.

6. 알키모스, 아리스테이데스, 디필로스, 클레이타르코스, 메트로도로스, 뮈르멕스, 파이오네이오스, 프라시데모스, 티마고라스

– 단편 **153, 164A, 164B, 165**를 보라.

## V. 보충: 브뤼손과 그의 제자 폴뤽세노스

### 1A. 브뤼손: 생애(Fr. 202-206)

202 아리스토텔레스, 『동물지』 VI, 5, 563a7 = IX 11, 615a10 [= SSR II S 1]
[…] 헤로도로스는 소피스트 브뤼손의 아버지로서 […].

203A 디오게네스 라에르티오스, 『생애』 IX, 61 [= SSR II S 2]
퓌론은 […] 엘리스 사람으로 플레이스타르코스의 아들이다. 그런데 아폴로도로스가 『연대기』에서 말하고 있듯이, 그는 이전에 화가였으며, 스틸폰의 아들인 브뤼손에게서 배웠고, 알렉산드로스가 『학파의 계승자들』에서 말하고 있듯이, 그 뒤에는 아낙사르코스에게서 배웠다.

203B 『수다』 "퓌론" 항목 [= SSR II S 2]
퓌론은 엘리스 사람이며 플레이스타르코스의 아들로서 철학자이다. 그는 처음에는 화가였지만, 나중에는 철학에 종사하였으며, 클레이노마코스의 제자였던 브뤼손에게서 배웠고, 그 뒤에는 알렉산드로스에게서 배웠다.

204 『수다』 "테오도로스" 항목 [= SSR II S 3]
테오도로스는 '무신론자'라는 별명으로 불리기도 하는데, 그는 키티온 출신의 제논의 강의를 들었을 뿐만 아니라, 브뤼손과 회의주의자였던 퓌론에게서도 배웠다.

205A(?) 디오게네스 라에르티오스, 『생애』 VI, 85 [= SSR V H 1]

그런데 히포보토스의 말에 따르면 그[테바이 사람 크라테스]는 디오게네스의 제자가 아니라 아카이아 사람인 브뤼손의[187] 제자였다고 한다.

205B 『수다』 "히파르키아" 항목 [= SSR V I 2]

히파르키아는 […] 견유(犬儒) 크라테스의 아내인데, 크라테스는 아테네인으로 아카이아 사람인 브뤼손의 제자였거나, 혹은 몇몇 사람들에 따르면, 디오게네스의 제자였다고 한다.

205C 『수다』 "크라테스" 항목 [= SSR V H 1]

크라테스는 아스콘다스의 아들로 테바이 사람이며, 견유 철학자인데, 디오게네스와 아카이아 사람인 브뤼손의 제자였다.

206 아테나이오스, 『향연석의 현인들』 XI, 509b-d [= SSR II S 6]

그런 이유로 희극 작가인 에피포스는 『난파자』에서 플라톤 자신과 그의 제자들 중 몇몇을 돈에 관해 모함을 일삼는 사람들로서 희화화했던 것이지요. […] 그는 다음과 같이 말했답니다.

이어서 영리한 젊은이가 일어섰는데
그는 플라톤 휘하의 아카데메이아 출신이자

---

187 이 사람이 메가라학파의 브뤼손인지가 확실치 않다. 후자의 브뤼손은 헤라클레이아 출신으로 알려져 있다.

브뤼손과 트라쉬마코스처럼 푼돈을 갈취하는 자들[188] 중 한 명으로서,

필요에 이끌려서, † 소소한 급료를 받는[189] † 기술과

관계를 맺었는데,[190] 생각해보지 않은 것들에 대해서는 말을 할 수 없었다.


## 1B. 브뤼손: 저술과 학설 (Fr. 207-210)


– 단편 **189**를 보라.


207 아테나이오스, 『향연석의 현인들』 XI, 508c-d [= SSR V A 42]

사실 키오스 사람인 테오폼포스는 『플라톤 학파에 반대하여』에서 "그의 대화들 중 다수가 쓸모 없고 거짓임을 사람들은 발견할 수 있을 것"이라고 말합니다. 즉 "그중 다수는 다른 사람들의 것으로서 아리스티포스의 논고들에서 비롯되었는가 하면, 어떤 것들은 안티스테네스의 논고들에서 왔고, 또 많은 것들이 헤라클레이아 사람인 브뤼손의 논고들에서 비롯되었다"는 것이지요.


– 단편 **63**을 보라.


---

188 원문은 "Brusōnothrasumacheiolēpsokermatōn."
189 원문은 "lēpsoligomisthōn." 여기서는 "소소한 급료를 받는(taking low pay, lēps-oligo-misthos)" 정도의 의미로 옮겼지만, "논의를 팔아서 급료를 받는(receiving pay for words, lēpsi-logo-misthos)"으로 옮길 수도 있겠다.
190 즉 소소한 급료를 받는(혹은 논의를 팔아서 급료를 받는) 학교에 다니게 되었다는 뜻.

208A 아리스토텔레스, 『수사학』 III, 2, 1405b6–11 [= SSR II S 9]

그런데 리큄니오스가 말하듯이, 단어의 아름다움은 그 단어의 소리나 의미에 달려 있으며, 이는 추함도 마찬가지이다. 아울러 세 번째로 고려할 것이 있는데, 그것은 소피스트적인 주장을 파괴하는 것이다. 예컨대 이것 대신 저것으로 말하는 것이 같은 의미라면, 상스러운 말 같은 것은 없다라는 브뤼손의 주장은 사실이 아니라는 것이다. 그 주장은 거짓이다. 왜냐하면 사태를 [청중의] 눈앞에 구현함에 있어서, 한 단어가 다른 단어보다 더 효과적이고, [사실과] 더 닮아 있으며, 더 적절할 수 있기 때문이다.


208B 스테파노스, 『아리스토텔레스의 「수사학」 주석』 315, 2–4 Rabe [= SSR II S 9]

그런데 브뤼손의 헛된 주장에 따르면 수치스럽게 말하는 것은 불가능하다. 왜냐하면 만일 내가 이 표현 대신에 같은 의미를 드러내는 다른 표현으로 말한다면, 나는 수치스럽게 말하지 않을 것이기 때문이라는 것이다.


208C 무명씨, 『아리스토텔레스의 「수사학」 주석』 171, 24–172, 2 Rabe [= SSR II S 9]

브뤼손은 철학자이다. 그 브뤼손은, 만일 우리가 이것 대신에 저것으로 말할 수 있다면, 누구도 수치스럽게 말하거나 아름답지 않게 말하는 일은 없을 것이라고 말한다. 왜냐하면 그는 이것과 저것이 같은 것을 의미한다고 말하기 때문이다. 그런 식으로 우리는 사본에서 다음의 표현, 즉 "저것 대신 이것으로(tode anti tou toude) 말하는 것이 같은 것을 의미한다면"이라는 표현을 찾아볼 수 있다. 하지만 "저것 대신"을 "안티 투 투데(anti tou toude)"라고 말한 것은 글쓰기상의 오류이다. 왜냐하면 "안티 투 토데(anti tou tode)"라고 말했어야 하기 때문이다. 그리고 오래된 모든 사본들에도 "저것 대신 이것으로 말하는 것이(tode anti toude eipein) 같은 것을 의미한다면"라고 되어 있음을 발견할 수 있다.

209A 아리스토텔레스, 『소피스트적 논박』 11, 171b3-22; 171b34-172a7[191]

[= SSR II S 11]

게다가 "예" 혹은 "아니오"라는 답변을 요구하는 것은 증명하려는 사람의 일이 아니라, 검토를 행하려는 사람의 일이다. 왜냐하면 검토술은 |5| 일종의 변증술로서 알고 있는 사람이 아니라 알지 못하면서 아는 척 내세우는 사람을 검토하기 때문이다. 그러므로 주어진 사안과 관련하여 공통적인 것을 검토하는 사람은 변증가인 데 반하여, 겉으로만 그렇게 하는 것처럼 보이는 자는 궤변가이다. 또한 쟁론적 추론과 궤변적 추론은 변증술이 검토하는 대상에 대하여 추론처럼 보이는 것에 불과하다. |10| 설령 그 결론이 참이라 할지라도 말이다(왜냐하면 그것은 이유에 관해 우리를 속이기 때문이다). 또한 각각에 고유한 방법을 따르지 않으면서도 해당 기술에 부합하는 것처럼 여겨지는 오류들도 있다. 사실 잘못 그려진 도형이 쟁론적인 것은 아니며(왜냐하면 오류는 〈그림이 아니라〉 기하학적 기술하에 놓이기 때문이다), 심지어 어떤 잘못 그려진 도형이 참에 관여한다고 해도 그것 역시 쟁론적

---

191  김재홍(2007) 역을 일부 수정하여 인용함.

인 것은 아니다. |15| 예컨대 히포크라테스의 도형, 혹은 초승달 모양
의 원을 사각형으로 만들기(求積法)[192]가 그러하다. 그러나 브뤼손이
원을 사각형으로 만들었을 경우, 설령 원이 사각형이 된다 하더라도,
그것은 대상에 부합하는 것이 아니기 때문에, 그런 이유로 궤변적이
다. 그러므로 이것들과 관련하여 추론처럼 보이는 것은 쟁론적 논변
이며, 또 대상에 대해 |20| 외견상 추론처럼 보이는 논변 역시, 설령
그것이 〈진짜〉 추론이라 할지라도, 쟁론적인 논변이다. 왜냐하면 그
것은 대상에 부합하는 것처럼 보일 뿐이기에, 결국 기만적이고 부당
하기 때문이다. […]

　그런데 어떤 면에서 쟁론가와 변증가의 관계는, 마치 도형을 잘못
그리는 사람과 기하학자의 관계와 비슷하다. |35| 왜냐하면 쟁론가
는 변증가와 같은 원리들에서 출발하여 오류를 저지르고, 도형을 잘
못 그리는 사람 역시 기하학자와 같은 원리들에서 출발하여 오류를
저지르기 때문이다. 하지만 도형을 잘못 그리는 사람은 쟁론가가 아
니다. 왜냐하면 그는 그 기술이 속해 있는 |172a1| 원리들과 결론들에
기반하여 도형을 잘못 그리는 것이기 때문이다. 반면에 변증술에 속
한 것들에 기반하여 다른 것들을 다루는 사람이 쟁론가라는 것은 분
명하다. 예컨대 초승달 모양의 원을 통해 사각형을 만드는 것은 쟁론
적이지 않은 반면, 브뤼손의 방법은 쟁론적이다. 왜냐하면 전자는 |5|
기하학의 고유한 원리에 속하는 것 때문에, 오직 기하학에 관련된 대
상 외에는 적용되지 않는 반면, 후자는 각각의 것들에 있어서 무엇이

---

192　'원을 사각형으로 만들기'는 'tetragōnizein'/'tetragōnismos'를 옮긴 것이다. 원을 인접
　　한 사각형들로 바꿔서 그 넓이를 구하는 방법으로 일종의 구적법을 뜻한다.

가능하고 무엇이 불가능한지를 알지 못하는 많은 이들에 적용될 수 있기 때문이다. 그것이 잘 들어맞을 테니까 말이다.

209B 위 아프로디시아의 알렉산드로스, 『아리스토텔레스의 「소피스트적 논박」 주석』 90, 10–21 [= SSR II S 11]

그러나 브뤼손이 행한 원을 사각형으로 만들기는 쟁론적이며 궤변적이다. 왜냐하면 그것은 기하학에 고유한 원리들에서 출발하지 않고 어떤 공통적인 원리들에서 출발하기 때문이다. 즉 원에 외접한 사각형을 그리고, 내접한 다른 사각형을 그린 뒤에, 두 사각형 사이에 또 다른 사각형을 그리고는 두 개의 사각형들 중간에 있는 원과 두 개의 사각형들 사이에 있는 사각형이 외접한 사각형보다는 작고 내접한 사각형보다는 크다고 말하는 것이다. 그런데 어떤 것들이 같은 것들보다 크고 작다면 그것들은 크기에서 같다. 그렇다면 원과 사각형은 같다고 말하는 것이다. 이는 공통적일 뿐만 아니라 거짓된 원리들에서 출발하는 것이다. 공통적인 원리에서 출발하는 이유는 이것이 수나, 시간, 장소 및 기타 공통적인 것들에 적용되기 때문이다. 반면에 거짓된 원리에서 출발하는 이유는 8과 9가 모두 10보다는 작고 7보다 크다고 해서, 이 둘이 서로 같지는 않기 때문이다.

209C 무명씨, 『아리스토텔레스의 「소피스트적 논박」 주석』 29, 38 – 30, 7 [= SSR II S 11]

그런데 브뤼손의 경우에는 어떤 공통적인 것에 따라서 원으로 사각형 만들기를 시도했지, 제기된 문제에 부합하게 만들고자 하지 않았기에, 오히려 쟁론적이라 할 수 있다. 왜냐하면 그는 원에다 세 개의 사각형, 즉 내접하는 것과 외접하는 것, 그리고 둘 사이의 것을 놓은 다음에, 그것의 증명에 자연학자나 다른 지식들에 어울리는 사람보다 특별히 더 기하학에 어울리지 않는 공통적인 논변을 이용하기 때문이다. 왜냐하면 그가 말하기를, 가운데 있는 사각형과 원은 양쪽에 놓인 각각의 사각형들 가운데 하나보다는 크고 다른 하나보다는 작거니와, 같은 것들보다 크기도 하고 작기도 한 것들은 서로 간에 같은 이상, 원과 가운데 사각형은 같으리라는 것이다.

210A 아리스토텔레스, 『분석론 후서』 I, 9, 75b37-76a1 [= SSR II S 10]

증명되는 것이 어떤 것에 그 자체로 속할 경우, 그 원리들에서 출발하는 것 말고는 그것을 증명할 수 없다는 것이 분명하기에, 참인 것들과 증명되지 않는 것들과 즉각적인 것들에서 출발하여 증명할 경우, 그것을 아는 일은 가능하지 않다. 사실 그것은 마치 브뤼손이 원으로 사각형 만들기를 했던 것처럼, 그런 식으로 증명하는 것이다. 왜냐하면 그와 같은 논증들은 다른 것에도 속할 수 있는 공통적인 원리에 따라 증명하기 때문이다. 그렇기 때문에 |76a1| 그 논증들은 같은 유에 속하지 않는 다른 주제들에도 적용될 수 있다.

210B 테미스티우스, 『아리스토텔레스의 「분석론 후서」 주석』 19, 6-17 [= SSR II S 10]

그렇기 때문에 브뤼손의 원으로 사각형 만들기를 한 사람들은 기하학적 증명이라고 말하지 않는다. 왜냐하면 그는 참이긴 하되 공통적인 원리를 사용하기 때문이다. 그것은 이를테면 어떤 것들보다 크고 작은 같은 것들이 있을 때, 이것들은 서로 같다는 것이다. 사실 이 원리는 단지 크기와 관련해서뿐만 아니라, 수와 시간, 그리고 다른 많은 것들과 관련해서도 참이다. 그렇다면 브뤼손이 추가적으로 받아들임으로써 원을 사각형으로 만든다고 생각했던 것은 무엇인가? 그것은 지금의 논의와는 아무 관계도 없는 것이나, 지적인 호사가들을 위해 말해보자. 그가 말하기를 원은 내접한 모든 다각형들보다 크고 외접한 모든 다각형들보다 작다. 또한 내접한 다각형들과 외접한 다각형들의 중간에 그려진 다각형 역시 원과 마찬가지이다. 그렇다면 원과 이 다각형은 같은 다각형들보다 더 크며 더 작다. 따라서 언급된 원리에 따라 원과 이 다각형은 크기에서 서로 같다는 것이다.

210C 필로포노스, 『아리스토텔레스의 「분석론 후서」 주석』 111, 20 - 112, 8; 112, 20-36 [= SSR II S 10]

그런데 알렉산드로스는 브뤼손이 원을 사각형으로 만드는 일에 다음의 방식으로 착수했다고 말한다. 그의 말에 따르면, 원은 그 원에 내접하는 직선도형보다 크고, 외접하는 직선도형보다 작다. (직선도형이 원 안에 그려지는 것을 원에 내접한다고 말하고, 바깥에 그려지는 곳을 원에 외접한다고 말한다.) 또한 내접한 직선도형과 외접한 직선도형의 중간에 그려진 직선도형은 외접한 직선도형보다는 작고, 내접한 직선도형보다는 크다. 그런데 같은 것보다 크고 작은 것들은 크기에 있어서 서로 같다. 그렇다면 원은 내접한 도형과 외접한 도형의 중간에 그려진 직선도형과 같다. 또한 우리는 주어진 모든 직선도형과 크기가 같은 사각형을 구성할 수 있다. 그렇다면 원과 같은 크기의 사각형을 만들 수 있다. 따라서 그런 식으로 알렉산드로스는 말했던 것이다. 하지만 그 철학자는 자신의 스승인 프로클로스가 알렉산드로스의 해석에 다음과 같이 반대했다고 말했다.[193] 즉 만일 그렇게 브뤼손이 원으로 사각형을 만들었다면, 그는 안티폰의 사각형 만들기와 일치했을 것이기 때문이다. 왜냐하면 내접한 직선도형과 외접한 직선도형의 중간에 그려진 도형이 원의 둘레와 일치한다는 것 역시 안티폰이 만들어낸 생각이기 때문이다. 그가 주장했던 것처럼, 직선이 원둘레와 일치한다는 말이다. 하지만 그것은 불가능하다. 그런데 그것에 관해서는 『자연학』에서 논의된 바 있다. 따라서 적어도 그런 식으로 브뤼손이 원으로 사각형 만들기를 한다면, 아리스토텔레스가 브뤼손의 사각형 만들기를 안티폰의 것과는 다른 것으로서 나란히 설명하지는 않았을 것이다. […].

|112, 20| 그래서 프로클로스는 브뤼손이 다음과 같은 방식으로 사각형을 만들었다고 말했다. 즉 그의 말에 따르면, 원은 내접한 직선도형보다 크고 외접한 직선도형보다 작다는 것이다. 그런데 어떤 것보다 더 큰 것과 더 작은 것이 있다면, 그것과 같은 것도 있다. 또한 원보다 큰 직선도형과 작은 직선도형이 있다. 그렇다면 원과 크기가 같은 직선도형도 있다. 아울러 프로클로스의 설명에 반대하여 다음

---

**193** 원문은 다음과 같다. "elege de ho philosophos Proklon ton hautou didaskalon episkēptein tēi Alexandrou exēgēsei […]." 여기서 '그 철학자(ho philosophos)'가 누구인지 언급되어 있지 않은데, 편집자들은 신 플라톤주의 철학자인 헤르메이아스의 아들이자, 그 자신도 신 플라톤주의 철학자인 암모니오스(Ammōnios ho Hermeiou)일 것이라고 추측한다. Cf. K. Döring 1972, 67. 이와 달리, 프로클로스를 대격(Proklon)이 아닌 주격(Proklos)으로 읽은 사본도 있는데, 그 경우, '그 철학자'는 '프로클로스'와 동격이 된다. 그 경우, "하지만 철학자 프로클로스는 자신의 스승이 알렉산드로스의 해석에 다음과 같이 반대했다고 말한다"로 옮길 수 있다. 이렇게 읽을 경우, '자신의 스승(ton hauton didaskalon)'은 프로클로스의 스승인 쉬리아노스(Surianos)가 될 것이다. Cf. R. McKirahan 2012, 16; 115, n. 5.

과 같이 말할 수도 있다. 즉 만일 그런 방식으로 브뤼손이 원을 사각형으로 만드는 논변을 확립했다면, 그것은 어떠한 면에서도 결코 확립한 것이 아니라, 원리에 속하는 것을 요청하는 것이다. 왜냐하면 원을 사각형으로 만드는 사람들은 원이 직선도형과 같은 것이 가능한지 여부를 결코 검토하지 않기 때문이다. 그들은 그렇게 되는 것이 가능하다고 생각하고서, 원과 같은 크기의 직선도형을 산출하고자 시도했던 것이다. 하지만 우리의 선생님이 말씀하셨듯이, 방금 프로클로스가 언급한 것은 사각형이 원과 같을 크기일 수 있다는 것이다. 우리가 그것을 증명했다는 데 동의한다면 말이다. 하지만 사실상 그는 원을 사각형으로 만들려는 사람들이 바라는 것, 즉 원과 같은 크기의 사각형을 그리지도 않았고, 그것이 어떻게 되는지 가르치지도 않았다. 또한 아리스토텔레스도, 브뤼손이 원을 사각형으로 만든 방식과 관련하여, 비록 그 방식이 기하학적인 것은 아닐 지라도, 그렇게 만들었다고 말했다. 따라서 프로클로스의 설명은 자연스럽게 맞는 것처럼 보이지 않는다.

### 2A. 폴뤽세노스: 생애 (Fr. 211–218)

211 플라톤, 『열세 번째 편지』 360b–c: "플라톤이 디오뉘시오스 2세에게"[194]
[= SSR II S 4]

그래서 바로 이런 일을 이루어내기 위한 준비의 일환으로 지금 나는 퓌타고라스적인 저작들과 『나눔들』, 그리고 사람 한 명을 당신에

---

**194** 번역은 강철웅(이정호 外, 2009)의 것을 일부 수정하여 인용하였다.

게 보냅니다. |c| 당신과 아르퀴테스가 [⋯] 쓸 수 있겠다 싶은 그 사람을 말입니다. 이름은 헬리콘이고 태어난 곳은 퀴지코스인데, 에우독소스의 제자이며 그 사람의 모든 가르침들에 관해 아주 밝은 사람입니다. 게다가 그는 이소크라테스의 제자들 중 한 사람과, 또 브뤼손의 동료들 중 한 사람인 폴뤽세노스와 함께 지낸 적이 있습니다. 그리고 이런 경우에 흔치 않은 일인데, 그는 대하기 불쾌하지도 않고 심성도 나쁘지 않은 것 같습니다. 오히려 온유하고 심성 좋은 사람이라 여겨질 수 있겠습니다.

212 플라톤, 『두 번째 편지』 314c–d: "플라톤이 디오뉘시오스 2세에게"[195]

그런데 당신은 폴뤽세노스와 관련하여 내가 그를 당신에게 보낸 것을 의아해했습니다. 나는 뤼코프론에 관해서든, |d| 당신의 측근에 있는 다른 사람들에 관해서든 예나 지금이나 같은 이야기를 하고 있는 겁니다. 대화하는 것과 관련하여 자질로 보나 논증 방법으로 보나 당신은 그들보다 훨씬 뛰어나고, 몇몇 사람들이 짐작하듯이 그들 중 누구도 의도적으로 논박 당하는 것이 아니라 원치 않게 논박당하는 것이라고 말입니다. 그렇지만 당신은 그들을 아주 적절히 대하기도 하고 선물도 적절히 한 것 같습니다. 그들에 관해서는 이 정도로 하죠. 그런 이들에 대해서는 이 정도도 과하니까요.

213 플라톤, 『두 번째 편지』 310c–d: "플라톤이 디오뉘시오스 2세에게"

내가 이런 말을 하는 또 다른 이유는 크리스톨로스와 폴뤽세노스

---

195 번역은 김주일(이정호 外, 2009)의 것을 일부 수정하여 인용하였다.

가 당신에게 한 말이 건실한 것이 못 된다고 내가 생각하기 때문입니다. 그들 중 한 명이 나와 함께 하는 많은 이들이 올륌피아에서 |d| 당신을 비난하는 것을 들었다고 말한다는 소리가 들리더군요. 아마 그들이 나보다 더 또렷하게 들었기 때문인 모양입니다. 나는 듣지 못했으니 말입니다.

214A 소크라테스주의자들의 편지 33, 3: 『스페우시포스가 디온에게』

아이들은 거리에서, 폴뤽세노스는 문 앞에 앉아서,[196] 또 목자들은 산에서 당신에 관해 이야기들을 나누고 있으니, 당신이 그런 방식을 유지한 채 살아온 것인지, 아니면 우리가 보기에 당당하고 자신감 넘치는 사람이 된 것인지를 관찰할 수단이 있다면 아주 높이 살 텐데 말입니다.

214B 소크라테스주의자들의 편지 34, 3: 『디오뉘시오스 2세가 스페우시포스에게』

폴뤽세노스와 다른 사람들, 그리고 노파들과 목부들에게 명하여 그대들 사이에 있었던 회합들을 글로써 보고하도록 하라.

---

**196** 원문은 "en tois † porthasiois kathēmenos"이다. 사본이 훼손되어 있어서 † porthasiois가 무슨 단어인지는 알 수 없다. 학자들마다 "en tois prothurois kathēmenos (문 앞에 앉아서)"나, "porthmeiois(좁은 길에 앉아서)," 혹은 "hetairois(동료들 사이에 앉아서)"로 읽을 것을 제안한다. 여기서는 "문 앞에 앉아서"로 읽었다.

215(?)[197] 아테나이오스, 『향연석의 현인들』 XI, 471f

티마이오스는 그의 『역사』 제28권에서 그 잔을 테리클레스의 잔으로 규정하는데, 그는 이렇게 쓰고 있지요. "타우로메니온에서[198] 이주해온 자들 가운데 폴뤽세노스라는 사람이 외교 사절에 임명되었는데, 그는 니코데모스 왕에게서[199] 다양한 선물들과 함께 테리클레스의 잔[200]을 받아 들고 돌아갔다."

216 플루타르코스, 『왕들과 통치자들이 남긴 말들』 176C–D

또한 디오뉘시오스 2세의 말에 따르면, 그가 많은 지혜로운 자들[201]을 대접해준 것은 그들에게 경탄해서가 아니라, 그들을 통해서 그가

---

**197** 이 증언에 나오는 폴뤽세노스에 우리의 메가라 철학자인지에 대해서는 논란이 있다. 긍정적으로 보는 입장에 따르면, 이 인물은 메가라학파의 폴뤽세노스가 맞다. 그는 디오뉘시오스 왕의 몰락 이후에 타우로메니온으로 이주하였고, 다시 그곳에서 외교사절로서 니코데모스 왕에게 갔으며, 왕으로부터 테리클레스의 잔을 포함하여 많은 선물을 받아가지고 돌아왔다고 한다(cf. C. Baeumker, "Über den Sophisten Polyxenos," in *Rheinisches Museum* XXXIV, 1879, 64–38). 반면에 이러한 해석에 의혹을 제기하는 사람들은, 아테나이오스가 언급한 티마이오스의 진술에는 소피스트나 쟁론가와 관련된 아무런 언급도 없다는 점을 감안할 때, 이 폴뤽세노스는 메가라학파나 소피스트와는 아무런 관련이 없는 타우로메니온 출신의 동명이인일 것이라고 지적한다(cf. K. Döring 1972, 167). 이 단편이 SSR에서 빠진 이유 역시 그런 의심 때문인 것으로 보인다.

**198** 시켈리아의 도시. 폴뤽세노스는 디오뉘시오스 2세의 몰락 이후에 이곳 타우로메니온으로 이주했고, 다시 이곳에서 외교 사절로서 켄토리파의 참주인 니코데모스를 방문했던 것으로 추정된다.

**199** 시켈리아의 도시 켄토리파의 참주.

**200** 테리클레스는 코린토스 출신의 유명한 도공(陶工)으로 그가 만든 잔과 컵은 '테리클레스의 잔(Thērikleia kulix)'이라 불리며, 지중해 전역에서 명품으로 큰 인기를 끌었다고 한다.

**201** '지혜로운 자들'은 'sophistas'를 옮긴 것이다. 여기서는 당대의 문인들을 비롯하여 박식한 자들과 철학자들을 모두 가리킨다.

경탄 받고 싶었기 때문이었다. 그런데 변증가인 폴뤽세노스가 그를 논박했다고 주장하자, 그는 이렇게 말했다. "하지만 나야말로 [말이 아닌] |D| 실제에서 그대를 논박하고 있다. 왜냐하면 그대는 그대 자신의 것들은 내려놓고서 나와 내가 지닌 것들에 마음을 쓰고 있기 때문이다."

217 디오게네스 라에르티오스, 『생애』 II, 76-77 [= SSR IV A 17]

한번은 소피스트인 폴뤽세노스가 그[아리스티포스]에게 가서 여인들과 산해진미를 보고는 그를 비난했는데, |77| 잠시 뒤에 아리스티포스가 "당신도 오늘 우리와 함께 할 수 있소?"라고 물었다. 그가 머리를 끄덕이자, 아리스티포스는 "그럼 왜 비난했던 거? 내가 보기에 당신이 비난한 것은 산해진미가 아니라 비용인 것 같소"라고 말했다.

218 『바티칸 단장』 194 [= SSR V B 149]

사람들이 디오게네스를 개라고 부르는 데 대하여 폴뤽세노스가 화를 내자, 디오게네스는 이렇게 말했다. "너도 나를 개라고 불러. 디오게네스는 내 별명이고, 사실 나는 개거든. 하지만 고귀하고 친구들을 지키는 혈통에 속하는 개지."

## 2B. 폴뤽세노스: 저술과 가르침 (Fr. 219-220)

219(?)[202] 코린토스의 그레고리오스, 『헤르모게네스의 「능란한 설득의 방법에 관하여」 주석』 XVII, 1272, 6-18

따라서 다음이 분명하다. 즉 만일 판관이 진리에 따라 믿고 맡긴다면, 그는 발언할 내용을 미리 살펴본다거나, 깊이 검토한다거나, 웅변조로 말하거나 하지 않고, 깊은 고려 없이 사실 그 자체만을 말할 것이다. 그런 이유로 사람들 말에 따르면, 옛 사람들 역시 이를 알고서, 미리 발언 내용을 준비했음에도 불구하고, 즉흥적인 발언을 이어나가는 척했다는 것이다. 마찬가지로 폴뤽세노스의 경우, 그의 논고가 우리 손에 들어왔거니와, 그는 델로스에 있는 성소(聖所)에 관해 쓰면서 그 머리말에서 다음과 같이 말한다. "나는 아폴론을 비롯하여 델로스를 지배하고 있는 다른 신들께 기원하겠습니다. 신들께서 그분들을 기쁘게 하고 경건하며 정의로운 것들과 관련하여, 말을 하는 나와 판정을 위해 듣는 여러분께 동의해주실 수 있도록 말입니다." 당신은 그가 경건하고 정의로운 것들을 신들에게서 바로 얻을 수 있도록 기도함으로써, 그것들을 주장하기 위해, 즉흥적으로 연설하는 척하는 것을 보게 된다.

---

202 되링은 이 둘이 동일인이 아닐 것이라고 추측하지만, 그렇다고 해서 이 두 사람이 동일인이라는 주장을 막을 만한 (연대기적이거나 학설상의) 결정적인 이유도 없음을 인정한다. 이 단편이 SSR에서 누락된 것 역시 같은 의심으로 인해서일 것이다.

220 아프로디시아의 알렉산드로스, 『아리스토텔레스의 「형이상학」 주석』 84, 16-21 [= SSR II F 32]

파니아스는 그의 『디오도로스에 반대하여』에서 말하기를 소피스트인 폴뤽세노스가 다음과 같은 말로 제3인간 논변을 소개했다고 한다. "만일 이데아들과 인간 자체의 참여와 분유를 통해서 인간이 있는 것이라면, 그 이데아에 관계해서 존재를 갖게 될 어떤 인간이 있어야 한다. 하지만 인간 자체는, 이데아인 것으로서, 그 이데아의 참여를 통해 존재하지 않으며, 개별적인 인간도 그렇지 않다. 그렇다면 그 이데아에 관계해서 존재를 갖는 다른 어떤 세 번째 인간이 있게 될 것이다."[203]

---

[203] 이 논변의 의미를 좀 더 잘 이해하기 위해서는 위 대목의 문단 전체를 읽어보는 편이 낫다. 위 대목의 앞 부분 내용은 다음과 같다. 아프로디시아의 알렉산드로스, 『아리스토텔레스의 「형이상학」 주석』 84, 7-16: "소피스트들이 주장한 논변이 하나 있는데, 그것은 제3인간 논변으로 인도하는 것으로서, 그 내용은 다음과 같다. 만일 우리가 '사람이 산책한다'라고 말할 때, 그것이 이데아로서의 인간이 산책함을 말하는 것이 아니고(왜냐하면 이데아는 부동이기 때문이다), 개별적인 사람 한 명이 산책함을 말하는 것도 아니라면(왜냐하면 우리가 알지 못하는 사람에 관해 무슨 수로 그런 말을 할 수 있겠나? 왜냐하면 우리는 '사람이 산책한다'는 것은 알지만, 우리가 말하고 있는 사람이 개별적 사람들 중에 누구인지는 알지 못하기 때문이다), 우리는 그들 이외에 '세 번째 사람이 산책한다'고 말하게 된다. 그렇다면 우리가 산책한다고 서술한 제3의 인간이 있게 되는 셈이다. 이러한 소피스트적인 성격의 논변에 기회를 준 사람들은 개별적인 것들로부터 공통적인 것을 분리시키는 사람들로서, 이는 이데아를 주장하는 자들이 하는 일이기도 하다. 파니아스는 그의 […]."

# 참고문헌

## 1. 1차 문헌

### 1. 메가라학파의 단편들

Döring, Klaus (Hrsg. & Komm.), 1972a, *Die Megariker. Kommentierte Sammlung der Testimonien* [= **Döring**], Amsterdam, B.R. Grüner.

Giannantoni, Gabriele (a cura di), 1990, *Socratis et Socraticorum Reliquiae* [= **SSR**], vol. I, Napoli, Bibliopolis.

Montoneri, Luciano (intro. & trad. ital.), 1984, *I Megarici. Studio storico-critico e traduzione delle testimonianze antiche*, Catania, Università di Catania.

Muller, Robert (trad. franç. & comm.), 1985, *Les mégariques. Fragments et témoingnage*, Paris, J. Vrin.

## 2. 메가라학파 이외의 고전 문헌들

### (1) 소크라테스 이전 철학자들

김인곤(外)(옮김), 2017, 『소크라테스 이전 철학자들의 단편 선집』, 파주, 아카넷.

Diels, Hermann & Walther Kranz (Hrsg.), 1959-1960, *Die Fragmente der Vorsokratiker* [= **DK**], 3 vols., Berlin, Weidmannsche Verlagsbuchhandlung.

Gemelli Marciano, Laura (Hrsg. & Übers.), 2013, *Die Vorsokratiker* [= **Gemelli**], 3 vols., Berlin, Akademie Verlag.

Praedeau, Jean-François (et alii), 2009, *Les Sophistes*, 2 vols., Paris, GF-Flammarion.

Reale, Giovanni (et alii), 2008, *I Presocratici* (traduzione italiane di **DK**), Milano, Bompiani.

Untersteiner, Mario (a cura di), 2009, *I Sofisti: testimonianze e frammenti*, Milano, Bompiani.

### (2) 소크라테스와 소크라테스주의자들

Giannantoni, Gabriele (a cura di), 1971, *Socrate. Tutte le testimonianze: da Aristofane e Senofonte ai Padri Cristiani*, Bari, Editori Laterza.

_____, 1990, *Socratis et Socraticorum Reliquiae* [= **SSR**], 4 vols., Napoli, Bibliopolis.

Boys-Stones, Georges & Christopher Rowe (trs.), 2013, *The Circle of Socrates. Reading in the Firtst-Generation Socratics*, Indianapolis/Cambrige, Hackett.

Decleva Caizzi, Fernanda (a cura di), 1966, *Antisthenis Fragmenta* [= **DC**], Milano/Varese, Istituto Editoriale Cisalpino.

Mannebach, Erich (ed.), 1961, *Aristippi et Cyrenaicorum Fragmenta* [= **Mannebach**], Leiden/Köln, E.J. Brill.

(3) 플라톤과 아카데메이아

강성훈(옮김), 2021, 『프로타고라스』, 파주, 아카넷.

_____, 2021, 『에우튀프론』, 파주, 아카넷.

강철웅(옮김), 2020, 『소크라테스의 변명』, 파주, 아카넷.

김유석(옮김), 2019a, 『티마이오스』, 파주, 아카넷.

김인곤 · 이기백(옮김), 2021, 『크라튈로스』, 파주, 아카넷.

김주일(옮김), 2020, 『에우튀데모스』, 파주, 아카넷.

이정호(外)(옮김), 2021, 『편지들』, 파주, 아카넷.

전헌상(옮김), 2020, 『파이돈』, 파주, 아카넷.

정준영(옮김), 2022, 『테아이테토스』, 파주, 아카넷.

Brisson, Luc (trad.), 2017, *Platon: Timée/Critias*, Paris, GF-Flammarion.

_____, 2018, *Platon: Parménide*, Paris, GF-Flammarion.

Burnet, John (ed.), 1900-1907, *Platonis Opera*, 5 vols, Oxford, Oxford University Press.

Burnyeat, Myles, *The Theaetetus of Plato*, Inidanapolis/Cambridge, Hackett, 1990.

Cambiano, Giuseppe (trad.), 2000, *Platone: Parmenide*, Roma-Bari, Editori Laterza.

Canto Monique (trad.), 1989, *Platon: Euthydème*, Paris, GF-Flammarion.

Cornford, Francis McDonald, 1935, *Plato's Theory of Knowledge. The Theaetetus and the Sophist*, London, Routledge & Kegan Paul.

Diès, Auguste (éd. & trad.), 1925, *Platon: le Sophiste, Œuvres Complètes*, tom. VIII-3, Paris, Les Belles Lettres.

Fronterotta, Francesco (trad.), 2003, *Platone: Timeo*, Milano, BUR.

Isnardi Parente, Margherita (a cura di), 1980, *Speusippo: Frammenti* (precedono testimonianze sull'Academia scelte e ordinate da Marcello Gigante) [= **IP 1980**], Napoli, Bibliopolis.

_____, 1982, *Senocrate–Hermodoro: Frammenti* [= **IP 1982**], Napoli, Bibliopolis.

Narcy, Michel, (trad.), 1995, *Platon: Théétète*, Paris, GF-Flammarion.

(4) 크세노폰

김주일(옮김), 2021, 『소크라테스 회상』, 파주, 아카넷.

오유석(옮김), 2015, 『향연/경영론』, 서울, 부북스.

_____, 2018, 『소크라테스 회상록 / 소크라테스의 변론』, 서울, 부북스.

Chantraine, Pierre (éd. & trad.), 1949, *Xénophon: Économique*, Paris, Les Belles Lettres.

Dorion, Louis-André & Michele Bandini (éd. & trad.), 2001-2011, *Xénophon:Mémorables*, 3 vols., Paris, Les Belles Lettres.

Olier, François (éd. & trad.), 1961, Xénophon: *Banquet / Apologie de Socrate*, Paris, Les Belles Lettres.


(5) 아리스토텔레스

김재홍(옮김), 2007, 『소피스트적 논박』, 파주, 한길사.

_____, 2008, 『변증론』, 서울, 도서출판 길.

김진성(옮김), 2007, 『형이상학』, 서울, 이제이북스.

_____, 2015, 『자연학 소론집』, 서울, 이제이북스.

조대호(옮김), 2017, 『형이상학』, 서울, 도서출판 길.

천병희(옮김), 2017, 『수사학/시학』, 서울, 도서출판 숲.

Berti, Enrico (trad.), 2017, *Aristotele: Metafisica*, Bari/Roma, Laterza.

Brunschwig, Jacques (éd. & trad.), 1968-2007, *Aristote: Topiques*, 2 vols., Paris, Les Belles Lettres.

Chiron, Pierre (trad.), 2007, *Aristote: Rhétorique*, Paris, GF-Flammarion.

Dorion, Louis-André (trad. & comm.), 1995, *Aristote: Les refutations sophistiques*, Paris, Vrin.

Duminil, Marie-Paul & Annick Jaulin (trad.), 2008, *Aristote: Métaphysique*, Paris, GF-Flammarion.

Fine, Gail (ed. & comm.), 1993, *On Ideas. Aristotle's Criticism of Plato's Theory of Froms*, Oxford, Clarendon Press.

Hecquet, Myriam (éd. & trad.), 2019, *Aristote: Les réfutations sophistiques*, Paris,

Vrin.

Makin, Stephen (trs.), 2007, *Aristotle: Metaphysics Book Θ*, Oxford, Clarendon
    Press.

Morel, Pierre-Maris (trad.), 2000, *Aristote: Petits traités d'histoire naturelle*,
    Paris, GF-Flammarion.

Pellegrin, Pierre, (trad.), 2002, *Aristote: Physique*, Paris, GF-Flammarion.

_____, 2017, *Aristote: Histoire des animaux*, Paris, GF-Flammarion.

Ross, William David (ed. & comm.), 1924, *Aristotle's Metaphysics*, 2 vols.,
    Oxford, Clarendon Press.

_____, 1936, *Aristotle's Physics*, Oxford, Clarendon Press.

_____, 1955, *Aristotle: Parva Naturalia*, Oxofrd, Clarendon Press.


(6) 헬레니즘과 그 이후, 고대 후기와 상고 중세(가나다순)

■ 누메니오스

de Places, Édouard (éd. et trad.), 1973, *Numénius: Fragments*, Paris, Les Belles
    Lettres.


■ 디오게네스 라에르티오스

이정호(外)(옮김), 2021, 『디오게네스 라에르티오스: 유명한 철학자들의 생애
    와 사상』, 2 vols., 파주, 나남.

Dorandi, Tiziano (ed.), 2013, *Diogenes Laertius: Lives of Eminent Philosophers*,
    Cambridge, Cambridge University Press.

Gigante, Marcello (trad.), 1962, *Diogene Laerzio: Vite dei filosofi*, Bari, Editori
    Laterza.

Goulet-Cazé, Marie-Odille (et alii), 1999, *Diogène Laërce: Vies et doctrines des
    philosophes illustres*, Paris, Le Livre de Poche.


■ 보에티우스

Smith, Andrew (trs.), 2014, *Boethius: On Aristotle On Interpretation 1-3*,

London, Bloomsburry.

■ 세네카

김남우(外)(옮김), 2016, 『세네카의 대화: 인생에 관하여』, 서울, 까치.

Graver, Margaret & Anthony A. Long (trs.), 2015, *Seneca: Letters on Ethics. To Lucilius*, Chicago, The University of Chicago Press.


■ 섹스토스 엠페이리코스[1]

Annas, Julia & Jonathan Barnes (trs.), 2000, *Sextus Empiricus: Outlines of Scepticism*, Cambridge, Cambridge University Press.

Bett, Richard (trs.), 2005, *Sextus Empiricus: Against the Logicians*, Cambridge, Cambridge University Press.

_____, 2012, *Sextus Empiricus: Against the Physicists*, Cambridge, Cambridge University Press.

_____, 2018, *Sextus Empiricus: Against those in the Disciplines*, Oxford, Oxford University Press.

Bury, Robert Gregg (trs.), 1933–1949, *Sextus Empiricus*, 4 vols (I: *Outlines of Pyrrhonism*; II: *Against the Logicians*; III: *Against the Physicists*; IV: *Against the Professors*), Cambridge / Massachusetts, Harvard University Press (Collection: Loeb Classical Library).

Dalimier, Catherine (et alii) (trad.), 2002, *Contre les professeurs*, Pars, Éditions du Seuil.

---

1 섹스토스 엠페이리코스의 저술은 크게 『퓌론주의 개요』와 『학자들에 반대하여』가 있는데, 후자에는 여러 논고들이 수록되어 있으며, 다음과 같이 분류된다. 『학자들에 반대하여』 vol. I [= 『문법학자들에 반대하여』]; vol. II [= 『수사학자들에 반대하여』]; vol. III [= 『기하학자들에 반대하여』]; vol. IV [= 『수학자들에 반대하여』]; vol. V [= 『천문학자들에 반대하여』]; vol. VI [= 『음악가들에 반대하여』]; vols. VII & VIII [= 『논리학자들에 반대하여』 I & II]; vols. IX & X [= 『자연학자들에 반대하여』 I & II]; vol. XI [= 『윤리학자들에 반대하여』].

Lefevre, René (trad.), *Sextus Empiricus: Contre les logiciens*, Paris, Les Belles Lettres.

Pellegrin, Pierre (trad.), 1997, *Sextus Emiricus: Esquisses pyrrhoniennes*, Pars, Éditions du Seuil.


■ 스테파노스

Charlton, William (trs.), 2014, *Philoponus: On Aristotle On the Soul 3.9-13 & Stephanus: On Aristotle On Interpretation*, London, Bloomsbury.


■ 심플리키오스

Fleet, Barrie (trs.), 2002, *Simplicius: On Aristotle Category 7-8*, London, Bloomsburry.

Gaskin, Richard (trs.), 2014, *Simplicius: On Aristotle Category 9-15*, London, Bloomsburry.

Huby Pamela & Christopher Charles Winston Taylor (trs.), 2011, *Simplicius: On Aristotle Physics 1.3-4*, London, Bloomsburry.

Konstan, David (trs.), 2014, *Simplicius: On Aristotle Physics 6*, London, Bloomsburry.


■ 아우구스티누스

성염(옮김), 2016, 『아우구스티누스: 아카데미아학파 반박』, 칠곡, 분도출판사.


■ 아프로디시아의 알렉산드로스

Dooley S.J., W.E. (trs.), 1989, *Alexander of Aphrodisias: On Aristotle's Metaphysics 1*, Ithaca/New York, Cornell University Press.

Gould, Josiah (trs.), 2014, *Alexander of Aphrodisias: On Aristotle Prior Analytics 1.14-22*, London, Bloomsburry.

■ 암모니오스

Blank, David (trs.), 2014, *Ammonius: On Aristotle On Interpretation 1-8*, London, Bloomsbury.

Blank, David & Norman Kretzmann (trs.), 2014, *Ammonius & Boethius: On Aristotle On Interpretation 9*, London, Bloomsbury.


■ 에피쿠로스

Arrighetti, Graziano (a cura di), 1960, *Epicuro: Opere*, Torino, Giulio Einaudi Eidtore.

Delattre, Daniel (et alii), *Les Épicuriens*, 2010, Paris, Gallimard (coll. Bibliothèque de la Pléiade).

Morel, Pierre-Marie (trad.), 2011, *Épicure: Lettres, maximes et autres textes*, Paris, GF-Flammarion.


■ 에픽테토스

Hard, Robin (trs.), 2014, *Epictetus: Discourses, Fragments, Handbook*, Oxford, Oxford University Press.

Muller, Robert (trad.) 2015, *Épictète: Entretiens*, Paris, Vrin.

Souilhé, Joeseph (éd. & trad.), 1945-1965, *Épictète: Entretiens*, 4 tomes, Paris, Les Belles Lettres.


■ 키케로

강대진(옮김), 2012, 『신들의 본성에 관하여』, 파주, 나남.

양호영(옮김), 2021, 『키케로: 아카데미아 학파』, 파주, 아카넷.

Brittain, Charles (trs.), 2006, *Cicero: On Academic Scepticism*, Indianapolis/ Cambridge, Hackett.

Kany-Turpin, José (trad.), 2010, *Cicéron: Les Académiques*, Paris, GF-Flammarion.

Rackham, Harris M.A. (trs.), 1942, *Cicero: De Oratore/De Fato/Paradoxa*

*Stoichorum/De Partitione Oratoria*, London/Massachusetts, Harvard University Press.

Yon, Albert (éd. & trad.), 1991, *Cicéron: Traité du destin*, Paris, Les Belles Lettres.


■ 플루타르코스

Casevitz, Michel & Daniel Babut (éd. & trad.), 2002, *Plutarque, Œuvres morales*, tom. XV−2, Paris, Les Belles Lettres.

Dumortier, Jean & Jean Defradas (éd. & trad.), 1975, *Plutarque, Œuvres morales*, tom. VII, Paris, Les Belles Lettres.

Einarson, Benedict & Phillip H. de Lacy (trs.), 1967, *Plutarch's Moralia*, vol. XIV, Cambridge / Massaschusetts, Harvard University Press (col.: Loeb Classical Library).

Flacelière, Robert (et alii), (éd. & trad.), 1977, *Vies*, tom. XIII, Paris, Les Belles Lettres.

_____, 1987, *Plutarque, Œuvres morales*, tom. I−1, Paris, Les Belles Lettres.

Helmbold, William Clark (trs.), 1944, *Plutarch's Moralia*, vol. VI, Cambridge/Massachusetts, Harvard University Press (col.: Loeb Classical Library).


■ 필로데모스

Dorandi, Tiziano (a cura di), 1991, *Filodemo: Storia dei filosofi: Platone e l'Academia (PHerc. 1021 e 164)*, Napoli, Bibliopolis.

_____, 1994, *Filodemo: Storia dei filosofi: la Stoa da Zenoe a Panezio (PHerc. 1018)*, Leiden, E.J. Brill.

Obbink, Dirk & Andrew Dyck (trs. & comm.), 2006, *Philodemus On Rhetoric Books 1 & 2*, New York/London, Routledge.

Obbink, Dirk (ed.), 1995, *Philodemus and Poetry: Poetic Theory and Practice in Lucretius, Philodemus and Horace*, Oxford, Oxford University Press.

■ 필로포노스

McKirahan, Richard (trs.), 2012, *Philoponus: On Aristotle Porterior Analytics 1. 9-18*, London, Bloomsbury.


(7) 기타 고전 문헌(가나다순)

■ 데메트리오스

Innes, D.C. (trs), 1995, *Demetrius, On Style* (with Aristotle, *Poetics* & Longinus, *On Sublime*), London/Massachusetts, Harvard University Press.


■ 루키아노스

Costa, Charles Desmond Nuttal (ed. & trs.), 2006, *Lucian: Selected Dialogues*, Oxford, Oxford University Press.


■ 스트라본

Roller, Duane W. (trs.), 2014, *The Geography of Strabo*, Cambridge, Cambridge University Press.


■ 아리스토파네스

천병희(옮김), 2010, 『아리스토파네스 희극 전집』, 2 vols., 고양, 도서출판 숲.


■ 아울루스 겔리우스

Marche, René (éd. & trad.), 1967-1978, *Aulu-Gelle: Les nuits attiques*, 4 vols., Paris, Les Belles Lettres.


■ 아테나이오스

Canfora, Luciano (a cura di), 2001, *Ateneo: I Deipnosofisti*, 3 vols., Roma, Salerno Editrice.

Douglas Olson, S. (trs.), 2006-2011, *Athenaeus: The Learned Banqueters*, 7 vols., London/Massachusetts, Harvard University Press.

■ 아풀레이우스,

Beaujeu, Jean (éd. & trad.), 1973, *Apulée: Opuscules philosophiques / Fragments*, Paris, Les Belles Lettres.

Magnaldi, Iosephina (ed.), 2020, *Apulei Opera Philosophica*, Oxford, Oxford University Press.

■ 에우세비오스

Mras, Karl (Hrsg.), 1982−1983, *Eusebius: Die Praeparatio Evangelica, in Eusebius Werke*, Bd. I−II, Berlin, Akademie Verlag.

■ 텔레스

O'Neil, Edward (trs.), 1977, *Teles(the Cynic Teacher)*, Montana, Society of Biblical Literature.

■ 투퀴디데스

천병희(옮김), 2011, 『투퀴디데스: 펠로폰네소스 전쟁사』, 고양, 도서출판 숲.

■ 편지들

Borkowski, Josef−Friedrich (Hrsg. u. Übers.), 1997, *Socratis quae feruntur epistolae*, Wiesbaden, Springer.

Costa, Charles Desmond Nuttal (ed. & trs.), 2002, *Greek Fictional Letters*, Oxford, Oxford University Press.

■ 헤시오도스

천병희(옮김), 2009, 『헤시오도스: 신들의 계보/일과 날들』, 고양, 도서출판 숲.

■ 호메로스

천병희(옮김), 2007, 『호메로스: 일리아스』, 고양, 도서출판 숲.

_____, 2007, 『호메로스: 오뒷세이아』, 고양, 도서출판 숲.

## 2. 2차 문헌

구리나, 장바티스트, 2019, 『스토아주의』, 김유석 옮김, 파주, 글항아리.

김유석, 2009, 「플라톤의 초기 대화편에 나타난 소크라테스의 엘렝코스」, in 《서양고전학연구》(35), 57-92.

_____, 2013a, 「개와 늑대의 시간: 소피스트 운동 속에서 바라본 소크라테스의 재판」, in 《철학연구》(100), 5-37.

_____, 2013b, 「소크라테스」, in 강성훈(外), 『서양고대철학 1』, 서울, 도서출판 길, 273-304.

_____, 2015, 「아이아스, 오뒷세우스, 그리고 소크라테스: 안티스테네스의 시범 연설 연구」, in 《대동철학》(71), 1-29.

_____, 2016a, 「소(小) 소크라테스학파」, in 『서양고대철학 2』, 서울, 도서출판 길, 341-368.

_____, 2016b, 「크세노폰의 엥크라테이아에 관하여」, in 《철학연구》(113), 33-59.

_____, 2017a, 「메가라학파의 변증술 연구: 에우클레이데스, 에우불리데스, 디오도로스를 중심으로」, in 《서양고전학연구》(56), 29-57.

_____, 2017b, 「안티스테네스의 단편에 전개된 소크라테스주의」, in 《철학연구》(119), 265-289.

_____, 2019b, 「안티스테네스와 반플라톤주의의 전통」, in 《서양고전학연구》(58-1), 51-78.

_____, 2019c, 「소크라테스의 날(hēmera)과 파르메니데스의 옷(histion): 「파르메니데스」 130e4-131e7」, in 《서양고전학연구》(58-2), 51-71.

_____, 2020, 「소크라테스의 엘렝코스에서 여가의 의미와 역할」, in 《동서철학연구》(97), 167-188.

_____, 2021, 「견유 디오게네스의 수련(askēsis)에 관하여」, in 《동서철학연구》(100), 230-254.

김재홍, 1990, 「필연과 결정론: 아리스토텔레스와 디오도로스의 논증 분석」, in 《철학》(33), 257-278.

닐, 윌리엄 & 마사 닐, 2015, 『논리학의 역사 1』, 박우석(外) 옮김, 파주, 한 길사.

도리옹, 루이-앙드레, 2009, 『소크라테스』, 김유석 옮김, 서울, 이학사.

송대현, 2009, 「아리스토테레스의 「형이상학」 9권 3장에서 메가라학파에 대한 비판」, in 《서양고전학연구》(37), 161-191.

_____, 2014, 「아리스토텔레스의 「정치학」 7-8권에서 '여가(scholē)' 개념」, in 《서양고전학연구》(53-2), 123-164.

송유레, 2009, 「문명에 대한 냉소: 견유주의의 '반 문명' 운동」, in 《인물과 사상》(139), 137-151.

_____, 2018, 「'진짜' 견유(犬儒)를 찾아서: 율리아누스 황제의 견유주의 수용과 그 한계」, in 《철학연구》(123), 61-89.

오지은, 2018, 「아리스티포스와 전기 키레네 학파의 쾌락주의에서 절제와 인식의 문제」, in 《철학》(129), 49-74.

최화, 2004a, 「'대지의 아들들'과 존재의 정의」, in 《서양고전학연구》(25), 85-105.

_____, 2004b, 「「소피스트」편의 완전한 존재(pantelōs on) - 「소피스트」편 248a-249d」 in 《철학연구》(64), 95-112.

칸, 찰스, 2015, 『플라톤과 소크라테스적 대화: 문학 형식의 철학적 사용』, 박규철(外) 옮김, 서울, 세창출판사.

헤겔, 게오르크 빌헬름 프리드리히, 1996, 『철학사 1』, 임석진 옮김, 서울, 지식산업사.

_____, 2018, 『청년 헤겔의 신학론집: 베른/프랑크푸르트 시기』, 정대성 옮김, 서울, 그린비.


Allen, James, 2018, "Megara and Dialectic", in *Dialectic after Plato and Aristotle*, ed. by T. Bénatouïl & K. Ierodiakonou, Cambridge, Cambridge Unviersity Press, 17-46.

Barnes, Jonathan & Susanne Bobzien, 1999, "The Megarics", in *The Cambridge History of Hellenistic Philosophy*, ed. by K. Algra (et alii), Cambridge,

Cambridge University Press, 83−92.

Baeumker, Clemens, 1879, "Ueber den Sophisten Polyxenos", in *Rheinishces Museum* (XXXIV), p. 69.

Becker, Oskar, 1956, "Über den *Kyrieuōn logos* des Diodoros Kronos", in *Rheinisches Museum für Philologie* (4), 289−304.

Blanché, Robert, 1965, "Sur l'interprétation du *kyrieuōn logos*", in Revue Philosophique de la France et de l'Étranger (155), 133− 149.

Bobzien, Susanne, 2011, "Dialectical School", in *Stanford Encyclopedia of Philosophy* (https://plato.stanford.edu/entries/dialectical−school/#5).

Bochenski, I.M. 1951, *Ancient Formal Logic*, Amsterdam, North−Holland Publ. Comp.

Bolduc, Ghyslin, 2011, "L'appropriation critique de la pensée aristotélicienne par Diodore Kronos", in *Gnosis* (12−1), 1−14.

Brancacci, Aldo, 1990, *Oikeios logos: la filosofia del linguagio di Antistene*, Napoli, Bibliopolis.

_____, 2005, *Le discours propre* [= 2ème éd. d'A. Brancacci 1990], trad. franç. par S. Aubert, Paris, Vrin.

Brandwood, Leonard, 1976, *A Word Index to Plato*, Leeds, W.S. Maney & Son.

Brian, Calvert, 1976, "Aristotle and the Megarians on the Potentiality− Actuality Distinction", in *Apeiron* (X), 1976, 34−41.

Brisson, Luc, 2001, "Vers un dialogue apaisé. Les transformations affectant la pratique du dialogue dans les corpus platoniciens", in *La forme dialogue chez Platon*, éd. par F. Cossutta & M. Narcy, Grenoble, Millon, 209− 226.

_____, 2018, "Plato and the Socratics", in *Socrates and the Socratic Dialogue*, ed. by A. Stavru & C. Moor, Leiden, E.J. Brill, 237−267.

Cambiano, Giuseppe, 1977, "Il problema dell'esistenza di una scuola Megarica", in G. Giannantoni 1977, 25−53.

Celluprica, Vincenza, 1977, "L'argomento dominatore di Diodoro Crono e il concetto di possibile di Crisippo", in G. Giannantoni 1977, 55−73.

Denyer, Nicholas, 1981, "The Atomism of Diodorus Cronus", in *Prudentia* (13−1), 33−45.

_____, 1998, "Philoponus, Diodorus, and Possibility", in *The Classical Quarterly* (48−1), 327.

_____, 1999, "The Master Argument of Diodorus Cronus: A Near Miss", in *Logical Analysis and History of Philosophy* (2), 239−252.

_____, 2002, "Neglected Evidence for Diodorus Cronus", in *The Clasical Quarterly* (52−2), 597−600.

Deycks, Ferdinandus, 1827, *De Megaricorum Doctrina eiuque apud Platonem et Aristotelem vestigiis*, Bonne, E. Weberum.

Diès, Auguste, 1963, *La définition de l'être et la nature des Idées dans le Sophiste de Platon*, Paris, J. Vrin.

Dillon, John, 2003, *The Heirs of Plato: A Study of the Old Academy*, Oxford, Clarendon Press.

Dorandi, Tiziano, 2002, "Organization and the Structure of the Philosophical Schools", in *The Cambridge History of Hellenistic Philosophy*, ed. by K. Algra (et alii), Cambridge, Cambridge University Press, 55−62.

Döring, Klaus, 1972b: "Über den Sophisten Polyxenos", in *Hermes* (100), 29−42.

_____, 1989, "Gab es eine dialektische Schule?", in *Phronesis* (34/3), 293−310.

Dorion, Louis−André, 2000, "Euthydème et Dionysodore sont−ils des Mégariques?", in *Plato Euthydemus, Lysis, Charmides. Proceedings of the V Symposium Platonicum*, ed. by T.M. Robinson & L. Brisson, Sankt Augustin, Academia, 35−50.

_____, *L'autre Socrate: Études sur les écrits socratiques de Xénophon*, Paris, Les Belles Lettres.

Dudley, Donald R., 1937, *A History of Cynicism from Diogenes to the 6th Century A.D.*, London, Methuen.

Follet, Simone, 2018, "Aristoclès de Messine", in *Dictionnaire des philosophes grecs*, tom. I, Paris, Éditions CNRS, 382–384.

Furley, David J., 1967, *Two Studies in the Greek Atomists*, Princeton/New Jersey, Princeton Univ. Press.

Gaskin, Richard, *The Sea Battle and the Master Argument*, Berlin/New York, Walter de Gruyter.

Giannantoni, Gabriele & Michel Narcy (eds.), 1997, *Lezioni socratiche*, Napoli, Bibliopolis.

Giannantoni, Gabriele (a cura di), 1977, *Scuole socratiche minori e filosofia ellenistica*, Bologna, Il Mulino.

_____, 1981, "Il *kyrieuōn logos* di Diodoro Crono", in *Elenchos* (2), 239–272.

_____, 2005, *Dialogo socratico e la nascita della dialettica nella filosofia di Platone*, Napoli, Bibliopolis.

Gigon, Olof, 1947, *Sokrates. Sein Bild in Dichtung und Geschichte*, Bern/München, Francke Verlag.

Goulet, Richard, 2005, "Moschos d'Élis", in *Dictionnaire des philosophes grecs*, tom. IV, Paris, Éditions CNRS, 554.

Goulet–Cazé, Marie–Odile, 1986, *L'ascèse cynique: un commentaire de Diogène Laërce VI, 70-71*, Paris, Vrin.

_____, 2017, *Le cynisme, une philosophie antique*, Paris, Vrin.

_____, 2018, "Aischinès de Sphettos", in *Dictionnaire des philosophes grecs*, tom. I, Paris, Éditions CNRS, 89–94.

Hartmann, Nicolai, 2017, "The Megarian and the Aristotelian Concept of Possibility", in *Axiomathes* (27), 209–223 [English translation of "Der Megarische und der Aristotelische Möglichkeitsbegriff: ein Beitrag zur Geschichte des ontologischen Modalitätsproblems" (1937)].

Henne, Désiré, 1843, *École de Mégare*, Paris, Chez Joubert.

Hintikka, Jaakko, 1964, "Aristotle and the 'Master Argument' of Diodorus", in *American Philosophical Quarterly* (I-2), 101-114.

Husson, Suzanne, 2015, *La* République *de Diogène: une cité en quête de la nature*, Paris, Vrin.

Isnardi Parente, Margherita, 1974, "Carattere e struttura dell'Accademia antica", in E. Zeller & R. Mondolfo, *La filosofia dei Greci nel suo sviluppo storico*, III-2, Firenze, La Nuova Italia, 861-877.

Malet, Charles Auguste, 1845, *L'École de Mégare et des Écoles d'Élis et d'Érétrie*, Paris, Librairies Ve Maire Nyon / Ladrange / Amyot / Delalain.

Massie, Pascal, 2016, "Diodorus Cronus and the Logic of Time", in *The Review of Metaphysics* (70-2); 279-309.

Mates, Benson, *Stoic Logic*, Berkeley/Los Angeles, Univ. of California Press, 1961.

Mondolfo, Rodolfo, 2012, *L'infinito nel pensiero dell'antichità classica*, Milano, Bompiani.

Muller, Robert, 2005a, "Euboulidès de Millet", in *Dictionnaire des philosophes grecs*, tom. III, Paris, Éditions CNRS, 245-248

_____, 2005b, "Euclide de Mégare", in *Dictionnaire des philosophes grecs*, tom. III, Paris, Éditions CNRS, 272-277

_____, 2005c, "Euphanthe d'Olynthe", in *Dictionnaire des philosophes grecs*, tom. III, Paris, Éditions CNRS, 334-335.

_____, 2012, "Philon de Mégare", in *Dictionnaire des philosophes grecs*, tom. V-a, Paris, Éditions CNRS, 438-439.

_____, 2016, "Stilpone de Mégare", in *Dictionnaire des philosophes grecs*, tom. VI, Paris, Éditions CNRS, 599-601.

_____, 2018a, "Alexinos d'Élis", in *Dictionnaire des philosophes grecs*, tom. I, Paris, Éditions CNRS, 149-151.

_____, 2018b, "Apollonios de Cyrène", in *Dictionnaire des philosophes grecs*, tom. I, Paris, Éditions CNRS, 288-289

_____, 2018c, "Bryson d'Héraclée", in *Dictionnaire des philosophes grecs*, tom. II, Paris, Éditions CNRS, 142−143.

_____, 2018d, "Diodoros dit Cronos", in *Dictionnaire des philosophes grecs*, tom. II, Paris, Éditions CNRS, 779−782.

Natorp, Paul, 1907a, "Eubulides", in *Paulys Realencyclopädie*, Bd. VI−1, col. 870.

_____, 1907b, "Eukleides", in *Paulys Realencyclopädie*, Bd. VI−1, col. 1000−1003.

Prior, Arthur N., 1955, "Diodoran Modalities", in *The Philosophical Quaterly* (20), 205−213.

Purtill, Richard L., 1973, "The Master Argument", in *Apeiron* (7−1), 31−36.

Rankin, H.D., 1983, *Sophists, Socratics and Cynics*, Abingdon / New York, Routledge.

Rotta, Paolo, 1948, *Le scuole socratiche minori*, Brescia, La "Scuola" Editrice.

Rowe, Christopher, 2015, "The First−Generation Socratics and the Socratic Schools: The Case of the Cyrenaics", in Zilioli 2015, 26−42.

Rüstow, Alexander, 1910, *Der Lügner*, Leipzig, B.G. Teubner.

Santos, Ricardo, 2019, "The Pre−Analytic History of the Sorites Paradox", in *The Sorites Paradox*, ed. by S. Oms & E. Zardini, Camridge, CUP, 289−306.

Schule, Pierre−Maxime, 1960, *Le dominateur et les possibles*, Paris, PUF.

Sedley, David, 1977, "Diodorus Cronus and Hellenistic Philosophy", in *Proceedings of the Cambridge Philological Society* (203), 74−120.

_____, 2018, "Diodorus Cronus", in *Stanford Encyclopedia of Philosophy* (https://plato.stanford.edu/entries/diodorus−cronus/)

Sillitti, Giovanna, 1977, "Alcune considerazioni sull'aporia del sorite", in Giannantoni 1977, 75−92.

Verde, Francesco, 2013, *Elachista. La dottrina dei minimi nell'Epicureismo*, Leuven, LUP.

_____, 2015, "Diodorus Cronus on Perceptible Minima", in Zilioli 2015, 134-148.

von Friz, Kurt, 1931, "Megariker", in *Paulys Realencyclopädie*, Suppl. Vol, col. 707-724.

_____, 1975, "Die Megariker. Kommentierte Sammlung der Testimonien von Klaus Döring, Amsterdam, Grüner, 1972, XII, 185 S", in *Gnomon*, XLVII, 128-134.

Vuillemin, Jule, 1979, "L'argument dominateur", in *Revue de Métaphysique et de Morale* (2), 225-257.

_____, 1996, Neccessity or Contingency. The Master Argument, Stanford, CSLI.

Wright, Georg Henrik, 1979, "The 'Master Argument' of Diodorus", in *Essays in Honour of Jaakko Hintikka*, ed. by Esa Saarinen (et alii), Dordrecht/Boston/London, D. Reidel Publishing Company.

Zeller. Eduard, 1877, *Socrates and the Socratic Schools*, trs. by O.W. Reichel, London, Longman.

_____, 1882, *Über den kyrieuōn logos des Megarikers Diodorus*, Berlin, Reichsdruckerei.

Zilioli, Ugo (ed.), 2015, *From the Socratics to the Socratic Schools: Classical Ethics, Metaphysics and Epistemology*, London, Routledge.

## 3. 사전 및 기타 연구 자료

그리말, 피에르, 2009, 『그리스 로마 신화 사전』, 최애리(外) 옮김, 파주, 열린책들.

Bizos, Marcel, 1997, *Syntaxe grecque*, Paris, Vuibert.

Chaintraine, Pierre, 1968, *Dictionnaire étymologique de la langue grecque*, Éditions Klincksieck.

Denniston, John Dewar, 1950, *The Greek Particles*, Oxford, Oxford University Press.

Hornblower, Simon & Antony Spawforth (eds.), 2012, *The Oxford Classical Dictionary*, Oxford, Oxford University Press.

Smyth, Herbert Weir, 1920, *Greek Grammar*, Oxford, Oxford University Press.

# 찾아보기

## 1. 인명 · 작품 · 학파

의의 전조로 평가받음: [39],
[106]
니카고라스(Nikagoras), 아테네의 소
피스트, 아리스토텔레스와 동
시대인: [90]
니코데모스(Nikodēmos), 시켈리아의
참주: 110, [215]

ㄷ

단장(斷章, Gnomologium), 명문집(名
文集, Florilegium), 각종 토막글
모음
『가장 훌륭하고 제일가는 학문
의 글모음』42: [13]; 49: [12]
『그리스 도서 목록』II2, No.
2363, col. I, 10: [17]
『파리 단장』171: [10D]
『파리 라틴 단장』8: [14]
『뮌헨 명문집』100: [10E]
『바티칸 단장』194: [218];
277: [11]; 278: [10E]; 515a-
b: [151E]
『팔라티움 단장』160: [10E]
데메트리오스 1세, 일명 '도시의 포
위자'(Dēmētrios ho Poliorkētēs),
마케도니아의 왕: 143, 213,
214, 233, 234, [71], [151A~H]
데모스테네스(Dēmosthenēs): 89,
118, 119, [51A~52], [53B~56]

되링(K. Döring): 9, 10, 46~49, 89,
93, 100, 115, 143, 145, 210,
238, 296, 317, 337, 341, 342,
380
디오게네스, 시노페 출신(Diogenēs
ho Sinōpeus), 견유(ho kunikos):
35, 49, 56, 57, 93, 95, 120,
218, 236~238, 244, [6], [7],
[32A], [32B], [67], [149], [175],
[205A~C], [218]
디오게네스 라에르티오스(Diogenēs
Laertios), 서기 3세기 무렵의
전기작가이자 학설사가: 16,
24, 35, 41, 57, 61, 62, 64,
67, 68, 86, 94~97, 102, 109,
118, 121, 122, 132, 142, 147,
151, 154, 204, 205, 207, 208,
211, 215, 217, 219, 223, 228,
234
『생애』I, 16: [189]; I, 17:
[44A]; I, 18-19: [35]; I, 19:
[41]; II, 17: [8]; II, 26: [18];
II, 30: [9]; II, 41-42: [66];
II, 47: [36]; II, 76-77: [217];
II, 98: [46]; II, 100: [182]; II,
105: [171]; II, 106: [4B], [24],
[31]; II, 107: [8], [29], [30];
II, 108: [15], [50], [51A], [64];
II, 109: [59], [73], [92]; II,

## ㅇ

ho Chios), 『플라톤 학파에 반대
하여』의 저자: 102, [207]
테오프라스토스(Theophrastos), 뤼
케이온의 수장: 239, [106],
[164A]
텔레스(Telēs), 서기전 2세기 메가라
출신 견유 철학자
『단편』 III(추방에 관하여), 21,
2 - 23, 4: [192]
『단편』 VII(무감동에 관하여),
59, 6 - 60, 7: [193]
투퀴디데스(Thoukudidēs): 52
트라쉬마코스, 코린토스 사람
(Thrasumachos ho Korinthios), 메
가라학파의 철학자: 49, 90,
93, 94, 97, 217, [147], [206]
티마이오스(Timaios), 역사가, 『역
사들(Historiōn)』의 저자: [62],
[215]
티모크라테스(Timokratēs), 『디온의
생애』의 저자: [168]
티몬(Timōn), 회의론자: 57, 91, 93,
[8], [106], [107], [174]

## ㅍ

파니아스(Phanias), 『디오도로스에 반
대하여』의 저자: 112, [220]
파라이바테스(Paraibatēs): [172]
파르메니데스(Parmenidēs): 36, 44,

60, 69, 73, 76~78, 80, 81,
111, 113~116, 126, 162, 169,
179, 223, 232, 244, [26A],
[27], [31], [122]
파시클레스(Pasiklēs): 49, 55, 90,
93, 96, 97, 217, [148A], [148B]
파이돈(Phaidōn), 소크라테스의 제자
이자 엘리스 학파의 설립자:
24, 28~30, 32, 49, 52, 63,
64, 145, 220, 221, [3A], [3B],
[8], [18], [35], [36], [171]
『파트모스 렉시콘』 "투덜대곤 했다
(enebrimei)" 항목: [190]
판토이데스(Panthoidēs): 49, 185,
193, 206, 210, 211, [63], [131],
[145]
『애매한 표현들에 관하여』:
[146]
페르사이오스(Persaios): 222, [191]
『향연석의 대화들』: [191]
포티오스(Phōtios), 9세기 콘스탄티
노플의 총대주교이자 신학자
『도서관』 cod. 265, p. 493b:
[53B]
폰 프리츠, 쿠르트(Kurt von Fritz):
45, 61
폴레몬(Polemōn), (구) 아카데메이아
의 수장, 크세노크라테스의 계
승자: [106], [168]

플레이스타르코스(Pleistarchos), 퓌론
　의 부친: [203A], [203B]
플루타르코스(Ploutarchos): 41, 53,
　109, 213, 216, 221, 223,
　225~227, 229, 233~235
　『나쁜 수치심에 관하여』18,
　536A-B: [83]
　『덕의 진보에 관하여』12,
　83C: [159]
　『데메트리오스의 생애』9,
　8-10: [151B]
　『스토아주의자들의 공통 개념
　에 관하여』X, 1062F-1063A:
　[79]
　『스토아주의자들의 모순에 관
　하여』10, 1036F: [186]; 46,
　1055D-E: [134]
　『아이들의 교육에 관하여』8,
　5F: [151D]
　『연설가 10인의 생애』VIII,
　845C: [53A]
　『왕들과 통치자들이 남긴 말
　들』176C-D: [216]
　『콜로테스에 반대하여』22,
　1119C-D; 23, 1120A-B:
　[197]
　『형제애에 관하여』18, 489D:
　[10A]
　『혼의 고요에 관하여』6,

468A: [154]; 17, 475C: [151C]
　『화의 조절에 관하여』14,
　462C: [10C]
플리니우스, 가이우스-세쿤두스
　(Gaius Plinius Secundus, 서기
　23~79년), 로마의 정치인, 박
　물학자
　『박물지』VII, 53, 180: [100]
필로데모스(Philodêmos), 서기전 1세
　기 가다라(쉬리아) 출신 에피쿠
　로스 철학자: 145, 146, 209
　『수사학』II, 206: [52]; II, col.
　XLIV 19-XLV 28; XLVIII
　31-XLIX 19: [88]; VI, fr.
　XXIV 3-7: [89]
　『스토아주의자들에 관하여』, in
　『헤라쿨레네움 파퓌로스』339,
　col. VI: [72]
　『시작품들에 관하여』, in『헤
　라쿨라네움 파퓌로스』128 fr.
　VI: [58]
필로포노스, 요아네스(Iōanēs
　Philoponos) 6세기 아리스토텔
　레스 주석가이자 기독교 신학
　자: 42
　『아리스토텔레스의「분석론 전
　서」주석』169, 17-21: [136]
　『아리스토텔레스의「분석론 후
　서」주석』111, 20-112, 8;

112, 20-36: [210C]

『아리스토텔레스의 「범주론」
주석』 1, 19 - 2, 2: [44B]

필론(Philōn), 변증가: 49, 90, 93,
155, 194~200, 203, 206,
207, 210, 212, [101], [102],
[104], [105], [110], [135~138],
[140~142]

『의미작용에 관하여』: [144]

『양상에 관하여』: [144]

필롤라오스(Phlolaos): 30

필리스코스, 아이기나 출신(Philiskos
ho Aiginētēs), 견유 철학자:
237, [175]

필리포스 2세(Philippos ho deuteros),
마케도니아의 왕, 알렉산드로
스의 아버지: 119, 146, [60],
[90]

필리포스(Philippos ho Megarikos), 스
틸폰의 제자: 49, 220, 238,
[164A], [189]


ㅎ

헤게몬(Hēgēmōn): [72]

헤겔, 게오르크 빌헬름 프리드리히
(Georg Wilhelm Friedrich Hegel):
26, 43~45, 61, 139

『철학사 1』: 43, 44, 139

『청년 헤겔의 신학론집』: 26

『헤라쿨라네움 파뤼로스』 255 fr. 3:
[201]; 418 fr. 4: [75]; 1112 fr.
2: [69]; 1788 fr. 2: [200]

헤라클레이데스(Hērakleidēs), 헤라클
레이아 지방(폰티케) 출신, 퓌
타고라스주의자: 64, 65, 147,
[42], [81], [84], [147], [167]

헤릴로스(Herillos), 서기전 3세기 칼
케돈 출신의 스토아 철학자:
[38]

헤로필로스(Hērophilos), 의사, 디오
도로스의 친구: 153, [127]

헤르모게네스(Hermogenēs): 29, 111,
176, 177

헤르미포스(Hermippos), 서기전 3세
기 무렵의 문법학자이자 학설
사가: [74], [91], [175]

헤쉬키오스(Hēsuchios ho Alexandreus),
5세기 알렉산드리아 출신의
문법학자

『렉시콘』 A 5559(I, p. 191): [21]

호메로스(Homēros): 64, 66, [88]

히에로뉘모스(Hierōnumos, 서기
347~420년) 교부, 불가타 성서
번역자: [72]

『요비니아누스에 반대하여』 I,
42: [102]

『펠라기우스주의자들에 반대
하여』 I, 9: [132B]

## 2. 사항

더미 논변 ⇨ 논변

덕(aretē): 7, 15, 17, 20, 21, 27,
31, 34, 44, 58~60, 64, 66,
67, 74, 75, 80, 82, 214, 235,
237, 238, 243, [25], [151D],
[151E], [180], [192]
　덕으로 난 지름길(suntomos ep'
aretēn hodos): 237, 244
　덕의 단일성(the unity of virtue):
36, 60, 74~76, 88

덩어리(sōros): 130, 131, 138, 172,
[129]

도시(국가) ⇨ 공동체

동료/동지(hetairos): 28, 29, 33, 90,
98~100, [6], [147], [148A],
[180], [211]

두건 쓴 사람 논변 ⇨ 논변

디아도케(diadochē) ⇨ 학파의 계승자

**ㅁ**

말/언표/진술: 80, 81, 103, 104,
105, 112, 123, 126~128,
131~134, 170, 180, 181, 190,
195, 196, 198, 199, 231, 235,
[77], [132A], [138], [139]
　말 더듬는 수다
(rhombostōmulēthra): 118, [51A],
[51B]
　간결하게 말하기(brachulogia):
121
　길게 말하기/장광설
(makrologia): 121

말(hippos)/말임(hippotēs): 230, 231

메가라주의자 되기(megarisai): 217,
[163B]

명제(axiōma): 96, 104, 113, 127,
128, 158, 170, 183~187,
189~191, 193, 195~197,
199, 200, 207, [32A], [84],
[123], [131], [141], [142]
　결합된 명제 ⇨ 조건문
　긍정 명제(kataphatikon axiōma):
[84], [110]
　부정 명제(apophatikon axiōma):
[84]
　명제 논리(학) ⇨ 논리(학)

모상(eikōn): 84, 111, 114, 244

모순/상충(machē): 98, 99, 102,
104, 105, 121, 127, 184, 185,
[131]

모호하다(obscurus): 133, 140, 147,
180, 186, 228, 229, [84], [111]

무지/알 수 없음: 15~17, 21, 22,
25, 58, 73, 125, 208, [28],
[198]

무한(정): 134~139, 159, 160,
[117A], [118]
　무한 퇴행: 111, 113, 114

술어(katēgorēma): 96, 105, 141, 175, 226, 227, 229, [32A], [197]

숨은 사람 논변 ⇨ 논변

스콜레(scholē) ⇨ 여가

스토아학파/스토아 철학(자): 7, 24, 35, 38, 40, 46, 68, 87, 91, 92, 122, 132, 146, 148, 149, 176, 183, 192~194, 196, 200, 218, 222, 234, 238, 246, [35], [79], [105], [167]

시간(chronos): 131, 137, 161, 164~166, 168, 171, 189, 199~201, [128], [209B], [210B]

시를 쓸 수 있는/시적인(poiētikos): 148~150, [94]

신(theos)/신적인 것(theion): 16, 22, 24, 25, 36, 59, 66, 74, 76, 135, 154, 155, 223, 234, [11], [24], [177], [182], [183]
　신화: 24, 64, 66, 67, 72, 73, 154, 155, 244

신념 ⇨ 믿음

실천: 7, 34, 56, 74, 86, 92, 137, 138, 206, 223, 232, 235, 236, 242~244


**ㅇ**

아름다움: 28, 80, 84, 102, 103, [208]

아메레(amerē) ⇨ 부분 없음

악(덕) ⇨ 나쁨

알 수 없음 ⇨ 무지

앎/지식(epistēmē)/아는 것: 6, 34, 39, 44, 105, 116, 131, 134, 138, 201, 213, 214, 237, 244, [88], [137], [151A], [151B], [151I]

애매하다(ambiguus): 133, 180, 181, [111]

양도 논법(dilemma): 121, 127

양상 개념/양상 논리/양상 명제/양상 이론: 40, 158, 181, 182, 187, 189~191, 193~195, 197, 200, 201, 203, 206, 207, 210

양질전화: 139

언어: 6, 34, 104, 123, 129, 131, 132, 150, 151, 176~179, 193, 206, 212, 218, 226, [197]
　언어 철학/언어 이론: 90, 132, 179, 206, 210
　규약주의 언어관: 158, 177, 179, 206

언표(하다) ⇨ 말(하다)

엘렉트라 논변 ⇨ 논변

엘렝코스(elenchos) ⇨ 논박술

여가(scholē): 18, 20, 24

여럿/다자: 69, 72, 75, 76, 80,

## 3. 지명 · 역사적 사건들

## ■ 저자소개

## 김유석

숭실대학교 철학과를 졸업하고 동 대학원에서 석사학위를, 파리1팡테옹소르본대학교에서 플라톤의 초기 대화편 연구로 박사학위를 취득하였다. 현재 (사)정암학당 연구원이자 대교협 학술연구교수로 활동하면서 플라톤주의 전통의 기원과 역사에 관한 연구를 진행하고 있다. 번역으로는 장바티스트 구리나, 『스토아주의』(글항아리, 2016)와 플라톤, 『티마이오스』(아카넷, 2019) 등이 있고, 저서로는 『서양고대철학』 I, II(길, 2013/2016, 공저), 『플라톤의 그리스문화 읽기』(아카넷, 2020, 공저)가 있으며, 주요 논문으로는 「아이아스, 오뒷세우스, 그리고 소크라테스: 안티스테네스의 시범 연설 연구」(2015), 「크세노폰의 엥크라테이아에 관하여」(2016), 「메가라학파의 변증술 연구」(2017), 「안티스테네스의 단편에 전개된 소크라테스주의」(2017), 「안티스테네스와 반플라톤주의의 전통」(2019), 「견유 디오게네스의 수련에 관하여」(2021) 등이 있다.

# 메가라학파

## 변증가, 쟁론가 혹은 소피스트

**대우학술총서 636**

1판 1쇄 찍음 ┊ 2022년 4월 18일
1판 1쇄 펴냄 ┊ 2022년 5월 16일

지은이 ┊ 김유석
펴낸이 ┊ 김정호

책임편집 ┊ 신종우
디자인 ┊ 이대응

펴낸곳 ┊ 아카넷
출판등록 ┊ 2000년 1월 24일(제406-2000-000012호)
주소 ┊ 10881 경기도 파주시 회동길 445-3
전화 ┊ 031-955-9511 (편집) · 031-955-9514 (주문)
팩시밀리 ┊ 031-955-9519
www.acanet.co.kr

Printed in Paju, Korea.

ISBN 978-89-5733-789-9 94160
ISBN 978-89-89103-00-4 (세트)

이 책은 대우재단의 지원을 받아 연구 및 출간되었습니다.